CB064388

A *vida* de Andrés Bello

Erudição e construção de nação na América Latina do século XIX

A vida de
Andrés Bello
Erudição e construção de nação na América Latina do século XIX

Iván Jaksić

Tradução:
Vera Caputo

EDIÇÕES DE
janeiro

Rio de Janeiro 2018

© 2018 desta edição, Edições de Janeiro
© 2001 Iván Jaksić
Título original
Andrés Bello: Scholarship and Nation-Building in Nineteenth-Century Latin America

Editor
José Luiz Alquéres

Coordenador editorial
Isildo de Paula Souza

Copidesque
Tarcila Lucena

Revisão
Patrícia Weiss
Raul Flores
Marcelo Carpinetti

Projeto gráfico e Capa
Casa de Ideias

Imagem da capa
Juanjo Tugores/Shutterstock

CIP-BRASIL. CATALOGAÇÃO NA PUBLICAÇÃO
SINDICATO NACIONAL DOS EDITORES DE LIVROS, RJ

J13v

Jaksić, Iván
   A vida de Andrés Bello : erudição e construção de nação na América Latina do século XIX / Iván Jaksić ; tradução Vera Caputo. - 1. ed. - Rio de Janeiro : Edições de Janeiro, 2018.
   360 p. : il. ; 16 cm.
   Tradução de: Andrés Bello : scholarship and nation-building in nineteenth-century Latin America
   Inclui bibliografia e índice
   ISBN 978-85-9473-014-5
   1. Bello, Andrés, 1781-1865. 2. Revolucionários - América Latina - Biografia. 3. América Latina - História - Séc. XIX. I. Caputo, Vera. II. Título.

17-46560   CDD: 980.02
                                            CDU: 94(8)

Todos os direitos reservados e protegidos pela Lei 9.610, de 19/2/1998.
É proibida a reprodução total ou parcial sem a expressa anuência da editora e do autor.
Este livro foi revisado segundo o Acordo Ortográfico da Língua Portuguesa de 1990, em vigor no Brasil desde 2009.

EDIÇÕES DE JANEIRO
Rua da Glória, 344 sala 103
20241-180 – Rio de Janeiro-RJ
Tel.: (21) 3988-0060
contato@edicoesdejaneiro.com.br
www.edicoesdejaneiro.com.br

Apoio:
CEBRI
CENTRO BRASILEIRO DE RELAÇÕES INTERNACIONAIS

Para Caroline e Ilse

Em sua época duas gerações de homens mortais pereceram, aquela que com ele cresceu e os que nasceram dela na sagrada Pilos, e ele foi rei na terceira idade. (Tradução livre)

Homero, Ilíada, Livro 1, p. 250-252

Apresentação

Em toda a América Latina, os processos de independência e construção nacional obedeceram a uma mesma circunstância histórica: o desmoronamento dos Impérios coloniais da Espanha e de Portugal nessa região do mundo, produto da invasão das tropas napoleônicas na península Ibérica no início do século XIX. As diferenças com as quais ambas as monarquias enfrentaram a invasão francesa – bem como as características individuais de seus domínios coloniais – determinaram que os processos de construção nacional fossem, no entanto, muito diferentes. A antiga colônia portuguesa na América do Sul conseguiu tornar-se um único grande Estado, o qual foi transformado em Império e, logo em seguida, na República do Brasil.

Na América espanhola, ao contrário, a independência de suas colônias deu origem a uma diversidade de Estados, constituídos ao longo de um complexo processo consolidado definitivamente apenas em meados do século XIX.

Apesar das diferenças, a questão da natureza política e social da nova ordem pós-colonial, e os debates que surgiram diante das diferentes opções de jogo – monarquia ou república no plano político; reforma dos regimes escravistas e de servidão herdados na esfera social –, ocuparam um lugar central na política de todos os países da região. Um estudo histórico sobre esses processos ainda está em desenvolvimento, e seu conhecimento e discussão parece-nos um importante passo para desbravar as origens de nossas identidades nacionais e de nossas histórias compartilhadas.

No processo de construção dos Estados Nacionais na América espanhola, a figura de Andrés Bello ocupa um lugar proeminente. Como destaca o autor do livro que apresentamos: "Ele foi um dos arquitetos da independência da América espanhola; o humanista que fez, com sua pena, mais do que muitos guerreiros (soldados) fizeram com sua espada".

Nascido em Caracas, Bello adquiriu desde jovem uma sólida formação cultural, tanto humanística como científica. Após ter participado na administração colonial e dado apoio à Primeira Junta Venezuelana, Bello acompanhou Simón Bolívar na Primeira Missão diplomática a Londres, realizada em 1810, aos 28 anos de idade. Lá, ele permaneceu durante dezenove anos, defendendo a causa da independência americana, servindo em missões diplomáticas do Chile e da Colômbia, e desenvolvendo um vasto e variado trabalho intelectual. Em 1829, foi convidado pelo governo do Chile a trabalhar no país, onde iniciou uma longa e brilhante carreira no serviço público até a sua morte, em 1865.

Bello foi um intelectual excepcionalmente dotado e versátil: linguista, poeta, filósofo, historiador medievalista, educador e jurista. Particularmente no Chile, combinou sua inesgotável produção intelectual com o serviço público: foi senador, diplomata e fundador e primeiro reitor da Universidade do Chile.

Como afirma Iván Jaksić, existe um fio condutor que está presente praticamente em toda a sua obra. A obsessão intelectual e política de Bello durante toda a sua vida foi a construção de uma nova ordem que daria estabilidade e condições de progresso aos novos Estados americanos. Depois de defender o estabelecimento de monarquias constitucionais, chegou à convicção de que o regime mais apropriado para eles era o republicano, e que uma república exigia governos fortes e instituições sólidas, protegidos pelo Estado de direito. Foi no Chile que ele teve a oportunidade de contribuir para moldar suas ideias na realidade social. Seu legado foi contundente, destacando a Constituição de 1833, que sobreviveu um século; a Universidade do Chile, concebida como um centro de excelência em pesquisas e formação profissional, aberta ao mundo e responsável pela supervisão de todo o sistema educacional do país; o Código Civil; e uma Gramática da Língua Castelhana, que expressava sua convicção de que a manutenção e a melhoria da linguagem constituíam um elemento central da identidade das novas nações.

A Embaixada do Chile no Brasil junta-se entusiasticamente à iniciativa do CEBRI em publicar em português o livro *A vida de Andrés Bello – Erudição e construção de nação na América Latina do século XIX*, uma investigação minuciosa sobre sua vida e obra realizada pelo pesquisador chileno Iván Jaksić, a qual permitirá ao público brasileiro conhecer a obra de um dos mais ilustres pensadores e estadistas latino-americano do século XIX.

Brasília, janeiro de 2018.

Embaixador Jaime Gazmuri
Embaixador do Chile no Brasil

Prefácio

Graças à oportuna iniciativa da Edições de Janeiro de traduzir a biografia de Andrés Bello escrita por Iván Jaksić, os estudiosos passam a dispor em português de um livro sobre a vida de uma das personalidades mais fascinantes da política e do pensamento hispano-americano. Dele disse o intelectual chileno Ignacio Domeyko: "É impossível [...] enumerar friamente os méritos e os serviços prestados por dom Andrés Bello[...] até a razão duvidaria que um homem, em uma única vida, pudesse saber tanto, fazer tanto, amar tanto".[1] De fato, Bello serviu à diplomacia de três países e tem uma notável produção intelectual, que abrange estudos inovadores em matéria de educação, de filologia, de literatura e de direito. Sua poesia é lida até hoje. No Chile, colaborou na redação da Constituição de 1833 e foi o principal responsável pela redação do Código Civil de 1857, modelo, aliás, adotado por vários países latino-americanos e referência para o *Esboço* de Augusto Teixeira de Freitas.[2] Esteve próximo a Diego Portales, exerceu funções na administração chilena e foi redator dos discursos dos presidentes Joaquín Prieto, Manuel Bulnes e Manuel Montt. Exerceu o mandato de senador por Santiago entre 1837 e 1864. Trabalhou como jornalista e redator do *El Araucano*. Fundou a Universidade do Chile e foi seu primeiro reitor. Trabalhou como o "oficial maior" da chancelaria chilena a partir de 1829 até sua morte.[3] As menções poderiam continuar, lembrando que foi professor de Simón Bolívar e Francisco de Paula Santander, amigo de Francisco Miranda, acompanhou a Alexander von Humboldt em suas pesquisas na Venezuela e escreveu uma gramática do espanhol,

---

1 Palavras proferidas durante os funerais de Andrés Bello, transcritas na p. 303 do presente livro.
2 O *Esboço de Código Civil* foi redigido por Teixeira de Freitas em 1864. O texto não chega a se transformar em lei, mas será modelo para o Código Civil de 1916, elaborado por Clóvis Beviláqua.
3 O cargo seria equivalente ao do atual secretário-geral na Chancelaria Brasileira e, no Império, do diretor-geral. O Visconde de Cabo Frio ocupou o cargo de 1869 a 1907.

considerada por anos a melhor desse idioma. Durante os vinte anos que viveu em Londres, foi interlocutor de Jeremy Bentham e James Mill. Teve contato com George Canning. É autor de uma versão do *Cantar de Mio Cid* que constitui uma contribuição definitiva para a reconstituição do poema... Em qualquer continente, em qualquer tempo, Bello seria personagem exemplar, a ser estudado permanentemente, como o é até hoje no Chile e na América hispânica. Era necessário abrir uma porta brasileira para Bello.

Assim, a publicação desta biografia escrita por Iván Jaksić, um competente estudioso do pensamento chileno do século XIX, vale, inicialmente, em si mesma. De forma impecável, apresenta ao público brasileiro um personagem que participou decisivamente no processo de formação da nacionalidade de repúblicas vizinhas, especialmente a partir das negociações pelo reconhecimento da independência dos novos Estados pela Grã-Bretanha. Bello participou do, e, sobretudo, pensou o processo. Jaksić resume a atitude intelectual e política de Bello, quando diz que ele "reconheceu que o desafio da construção de nação na América espanhola após a independência era de que maneira conciliar a autonomia política local e regional com as demandas de uma economia internacional e a emergência de nações poderosas como a Grã-Bretanha. Ele resistia equiparar independência com isolamento autossuficiente, como também resistia ver a América espanhola tornar-se um mero satélite de uma ordem internacional definida por nações poderosas". Estudar como equilibrar os dois movimentos foi um dos temas centrais de Bello e, de certa maneira, o problema, com roupagens diferentes, continua até hoje entre nós.

A biografia parte de um estudo abrangente de fontes bibliográficas e se apoia amplamente em fontes primárias. Mérito inegável do texto é ter sabido combinar uma clara e precisa apresentação do pensamento de Bello com fatos de sua história de vida, revelando o que ela possui de mais pessoal, e mesmo, trágico: por exemplo, a situação de sua família (só quatro dos quinze filhos estavam vivos quando sua esposa faleceu) ou as dificuldades do cotidiano em Londres, em virtude da irregularidade de sua fonte de renda. No primoroso capítulo final, os dois aspectos se entrelaçam e, assim, a biografia cumpre o seu papel: o de criar intimidade do leitor com o biografado e oferecer iscas para que se vá adiante, procurando-se saber mais da vida de Bello e de suas reflexões que, sem dúvida, incorporam o melhor do pensamento republicano no século XIX na América Latina.

Como vivi em Santiago – entre 2002-2006 –, conhecia sua importância na história das instituições chilenas, especialmente no campo da educação. De fato, uma das iscas que o livro de Jaksić lança está justamente no tema da educação, sobre a qual sublinha a dimensão progressista e inovadora do pensamento de Bello. Ao preconizar a educação universal e a importância de que o governo apoie os que são mais carentes, ele mostra a educação como uma necessidade para a afirmação republicana.[4] A propósito, ele diz que "o sistema democrático representativo prepara todos os seus membros para participar mais ou menos diretamente de seus assuntos e as nações não podem progredir politicamente a menos que a educação seja suficientemente difundida para dotar cada pessoa do real conhecimento de seus deveres e direitos. Se não conseguir, é impossível cumprir esse dever ou conceder esse direito". Nada mais atual...[5]

Também atual é seu livro sobre *Direito das Gentes*, o Direito Internacional, como se diz hoje, tendo sido Bello um dos primeiros a usar essa nomenclatura. Impressiona o seu conhecimento dos tratadistas europeus, seus contemporâneos e os clássicos (especialmente Emer de Vattel), e não seria exagero dizer que se coloca ao lado do melhor pen-

---

4   Sobre o assunto, vale uma citação longa: "O direito dos governos de intervir em matéria de tal importância não poderia ser subestimado. Estimular a criação de instituições públicas destinadas a uma pequena fração da população não é promover a educação, pois não basta formar pessoas para o exercício de altas funções. É necessário também educar cidadãos úteis, melhorar a sociedade, e isso não pode ser feito sem abrir os campos do progresso à maioria das pessoas. Que bem nos faria ter oradores, juristas e homens públicos se a grande massa da população vive mergulhada nas sombras da ignorância, privada de seu direito de compartilhar do comércio e da riqueza e incapaz de ascender ao bem-estar a que as pessoas estão autorizadas a esperar de um Estado? Falhar em dedicar atenção aos meios mais adequados para educar o povo seria o equivalente a não dar atenção à prosperidade nacional." Andrés Bello, Gregório Weinberg (orgs.), *Andrés Bello*, Coleção Educadores do MEC, Recife: Fundação Joaquim Nabuco e Editora Massangana, 2010, p. 27-28.

5   O seu discurso de inauguração da Universidade do Chile é um clássico e é comentado amplamente por Jaksić (p. 178ss). A íntegra pode ser lida em I. Jaksić (org.), *Selected Writings of Andrés Bello*, Nova York: Oxford University Press, p. 124.

samento sobre Direito Internacional no século XIX. O objetivo maior do texto é legitimar internacionalmente os países recém-independentes, garantindo que os Estados – fortes e fracos – fossem iguais, porque soberanos. Assim, partindo do estudo das condições para o exercício da soberania, ele discute, com sólidos argumentos, as razões que sustentam a não intervenção e, não por acaso, Bello pode ser considerado um dos pais daquele princípio no Direito Internacional.[6] Examinando o Direito Europeu, ele percebeu que faltavam normas mais contundentes para garantir que os países fracos se protegessem diante da ameaça das potências.[7] Afinal, quando escreve a primeira versão, ainda pairavam as ameaças do apoio da Santa Aliança a alguma tentativa de retomada espanhola das antigas colônias.[8] A consistência de sua argumentação, apresentada pela primeira vez em 1832, e sua atitude, sempre crítica a qualquer tipo de intervenção, pode ser lida com proveito ainda hoje. Vale lembrar que a não intervenção só vai ganhar força normativa depois de longa batalha nas conferências interamericanas. De fato, apesar da maioria hispano-americana defender o princípio, a permanente resistência dos Estados Unidos a aceitá-lo só termina em meados da década de 1930, com Franklin Delano Roosevelt e a Política da Boa Vizinhança. Bem, o fato de ter se convertido em norma não evitou uma trajetória de violações, especialmente pelo governo americano, mas não apenas por ele.

Vale lembrar que o pensamento de Bello sobre relações internacionais tem uma vertente econômica e influencia, por exemplo, os projetos de acordo comercial que o Chile tentou negociar ao longo do século XIX. A versão que ele propôs para a aplicação da cláusula de nação mais favorecida, em que um dos objetivos era justamente ampliar as possibi-

---

[6] Dawson, Frank Griffith. "The Influence of Andrés Bello on Latin-American Perceptions of Non-Intervention and State Responsibility", in *British Yearbook of International Law*, vol. 57, nº 1, 1 jan. 1987, p. 253-315.

[7] É interessante, por exemplo, a sua objeção a intervenções por contágio revolucionário, afirmando "that intervention caused by or on the pretext of a danger of revolutionary contagion has almost always been disastrous, of fleeting effects, and seldom free of pernicious results [...]" (apud F.G. Dawson, op. cit., p. 275). O texto é pleno de frases contundentes sobre os "males" das formas de intervenção.

[8] Basta lembrar que Bello ainda era vivo quando a Espanha declara guerra ao Chile e bombardeia, de forma covarde, Valparaíso.

lidades de concessões a vizinhos, sem estendê-las aos países europeus, é conhecida como "Cláusula Bello".[9]

Jaksić também chama atenção para concepção de direito que Bello desenvolve, moldada por uma visão de ordem. É interessante a aproximação que ele faz entre pátria e lei, quando diz que "[...] a nossa verdadeira pátria é a da regra de conduta indicada pelos direitos, obrigações e funções que temos e devemos uns aos outros; é a regra que estabelece a ordem privada e pública, que fortalece, assegura e transmite todo o vigor aos relacionamentos que nos unem, formando um corpo de seres racionais no qual encontramos as coisas desejáveis de nosso país. Assim sendo, a regra é a nossa verdadeira pátria, e essa regra é a lei, sem a qual tudo desaparece". (p. 244).

A visão do direito é conservadora e explicável pela preocupação de garantir a ordem em sociedades ainda instáveis, sem instituições consolidadas. Bello seria, assim, para forçar uma definição, uma espécie de conservador progressista, pois, se ele prega a ordem, prega também a participação democrática (na medida da época). A independência é vista como uma sequência natural do processo histórico que começa com a colonização e, por isso, não haveria porque não absorver da cultura e das instituições espanholas o que serviria às novas repúblicas.[10]

As reflexões sobre educação, direito e relações internacionais seriam os alicerces de um projeto republicano de nação. Os três fatores vão

---

9 Vale ler o artigo de Francisco Orrego Vicuña, "Estudio de la Cláusula Bello y la crisis de la solidaridad latinoamericana en el Siglo XIX", in F. O. Vicuña, *América Latina y la cláusula de nación más favorecida*, México: Fondo de Cultura Económica, 2010.

10 Uma das formas para distinguir os conservadores dos progressistas seria a maneira como lidam com a herança espanhola, se a rejeitam ou a absorvem. Bello evita juízos absolutos sobre o passado colonial e, sem defendê-lo, quer aproveitar o que poderia fazer a passagem para a nova realidade republicana. A sua posição leva a polêmicas exaltadas com Lastarria e Sarmiento, bem estudadas por Jaksić. Lastarria, por exemplo, é um dos que rejeitam o passado colonial e acusa Bello de uma atitude antiquada e autoritária (ver "A polêmica da historiografia", p. 189ss). Já Sarmiento critica a preferência de Bello pelos clássicos no ensino da língua e da literatura e pelo cuidado com as regras da gramática espanhola, enquanto Sarmiento preferia a liberdade romântica, sem cânones, até para a criação de uma língua nacional. Para uma introdução ao sentido do conservadorismo no pensamento hispânico e uma interessante comparação com o brasileiro, ver B. Ricupero, "O Conservadorismo Difícil", texto apresentado na ANPOCS e consultado através do link <http://www.anpocs.com/index.php/papers-34-encontro/st-8/st34-2/1690-bricupero-o-conservadorismo/file>. Acesso em 31jan2018.

juntos. Educação universal, que inclua os de família mais carente, forma cidadania; normas jurídicas que reflitam a realidade nacional e sirvam à sociedade, de tal forma que as leis, porque aceitas, sejam obedecidas naturalmente, e não por medo da punição. Em uma palavra, legitimidade, como explica Jaksić, "Farto de lideranças personalistas e consciente de que a época da legitimidade monárquica já tinha passado, ele investiu todo o seu talento na construção de nações cuja legitimidade deriva do compromisso impessoal com o Estado de direito." (p. 295) Finalmente, o país deve estar protegido de influências externas negativas (mantendo interação ativa com potências e vizinhos) para que possa fazer a escolha democrática de seu regime.

E o Brasil? Como ligar Bello ao Brasil?[11]

Além da escala no Rio de Janeiro feita pelo navio que traz Bello da Europa para o Chile (p. 141), a única menção que Iván Jaksić faz ao Brasil diz respeito à eventual influência do Código Civil chileno nos trabalhos de Teixeira de Freitas. De fato, Teixeira de Freitas leu o Código Civil chileno e faz mais de vinte menções no texto de seu *Esboço*, que é de 1867, como revela um minucioso estudo de Silvio Meira, professor de Direito Romano da Universidade Federal do Pará (UFPA).[12] Mostrando pontos de convergência e divergência, Meira lembra uma frase de Teixeira de Freitas, "O Código Civil chileno é um belo trabalho, mas está longe de agradar-nos" (em vista da diferença metodológica que distingue os dois projetos). Um dos raros cultores de Bello no Brasil, o professor Meira foi autor também de uma excelente apresentação da personalidade do venezuelano-chileno, ligando-o à tradição humanística de Bolonha.[13] Vale ainda uma menção ao trabalho da professora Sônia Maria da Silva Araújo, também da UFPA, no qual ela faz uma

---

11 Agradeço a Rubens Ricupero e a Luis Cláudio Villafañe pelas informações, que foram essenciais para a redação desta parte do prefácio.
12 Disponível em <http://www.ablj.org.br/revistas/revista1/revista1%20SILVIO%20MEIRA%20%20Andr%C3%A9s%20Bello%20e%20Teixeira%20de%20Freitas%20Um%20Paralelo.pdf>. Acesso em 31jan2018.
13 S.A.B. Meira, "A Universidade de Bolonha e a cultura universal: os herdeiros espirituais de Bolonha no Ocidente - Andrés Bello", in *Revista de informação legislativa*, vol. 28, nº 111, jul./set. 1991, p. 393-404.

interessante comparação entre as concepções de Bello e de José Veríssimo sobre educação.[14]

O fato é que, como ensaísta, intelectual e poeta, sabe-se pouco de Bello no Brasil.[15] Para isto, pode-se tentar uma explicação geral, que seria simplesmente confirmar a distância que nos afastava de nossos vizinhos ao longo do século XIX, a começar pela distância física – afinal, uma missão diplomática nos anos 1930 do século XIX levava três meses para ir do Rio de Janeiro a Santiago. Havia a distância política e a desconfiança das Repúblicas em relação a um Império que tinha tentado extensão dinástica no Prata e foi visto, num primeiro momento, como instrumento da Santa Aliança na América do Sul. É bem verdade que, com o estabelecimento das relações diplomáticas, alguma aproximação houve, especialmente com o Chile, que nos via como aliado potencial em algum conflito com os vizinhos. Mas, creio que o problema da distância intelectual nascia mesmo com o fato de que estávamos voltados para a Europa – era de lá que vinham a inspiração intelectual, os modelos de pensamento e os padrões culturais. Hoje, os latino-americanos são mais conhecidos no Brasil, a literatura de Jorge Luis Borges, Julio Cortázar e tantos outros é traduzida, o cinema é mais visto, os cursos de História e Literatura Latino-americana são oferecidos nas universidades, as trocas acadêmicas são constantes. Com a vigência do ideal de integração, desde os projetos iniciais da Comissão Econômica para a América Latina (CEPAL), a distância se encurtou, mas ainda falta muito para uma aproximação cultural mais profunda. Creio que esta biografia, pela amplitude da temática, será uma peça importante nesse processo maior de aproximação cultural.

---

14 S.M. da S. Araújo, "José Veríssimo (Brasil) e Andrés Bello (Venezuela): um estudo comparado do pensamento educacional latino-americano no século XIX", Belém: Universidade Federal do Pará (UFPA). Disponível em <http://sbhe.org.br/novo/congressos/cbhe7/pdf/08-%20 IMPRESSOS-%20INTELECTUAIS%20E%20HISTORIA%20DA%20EDUCACAO/ JOSE%20VERISSIMO%20(BRASIL)%20E%20ANDRES%20BELLO%20(VENEZUELA)-%20UM%20ESTUDO.pdf>. Acesso em 31jan2018.

15 Na nota 4, mencionei que Bello está presente na coleção Educadores do MEC, mas o ensaio de apresentação é escrito por um professor argentino (Gregorio Weinberg). Vale lembrar que no livro *O Brasil e o ensaio hispano-americano* (Rio de Janeiro: Academia Brasileira de Letras, 2010), Vamireh Chacon não estuda Bello, mencionado *en passant*, mas traz informações úteis para a história da reflexão brasileira sobre o pensamento hispano-americano.

Finalmente, há que considerarmos os contatos de Bello com os nossos representantes diplomáticos em Santiago durante o tempo em que foi oficial maior da secretaria chilena das relações exteriores.[16] Estabelecidas as relações diplomáticas em 1836, Cerqueira Lima foi nomeado o nosso primeiro encarregado de negócios, que chega a Santiago depois de uma atribulada viagem que demora quatro meses. Nessa primeira fase, os contatos entre o Brasil e o Chile são limitados, embora se desenhasse uma sintonia geopolítica pois, de uma maneira ou outra, um país via o outro como eventual aliado e contrapeso em relação à Argentina. Nesse contexto, existem uns poucos temas que ressaltam. O primeiro é uma tentativa de assinar um acordo comercial que não vai adiante porque o Parlamento brasileiro não ratifica o texto acordado.[17]

Em outro tema, a participação de Bello é mais direta. O primeiro é a possibilidade, lançada pelo México em 1831, de reunir um congresso de países americanos para continuar a obra inacabada do Congresso Anfictiônico do Panamá, ocorrido em 1826. Cerqueira Lima é substituído em 1836 por Miguel Maria Lisboa, que chega quando o assunto do Congresso estava no alto da agenda política. O tema é levantado em seu primeiro encontro com o presidente Prieto.[18] Em relação ao Panamá, os objetivos não mudavam em essência. Tratava-se de proteger os países de eventuais incursões europeias (lembremos que a invasão do México pela França ocorre em 1861; o bombardeio de Valparaíso em 1866).[19] Aliás, sobre o assunto, Bello deixa um ensaio riquíssimo sobre o significado do multilateralismo, que começava a ser articulado

---

16 Formalmente, quem comanda a pasta é o ministro. Porém, enquanto foi chefe do Departamento de Relações Internacionais, Bello era o comandante efetivo da diplomacia chilena.

17 Juan José Fernández, *La República de Chile y el Imperio de Brasil*, Santiago: Editorial Andrés Bello, 1959, p. 30. Ainda que não exista um documento específico sobre a participação de Bello na negociação – o representante brasileiro se entendia com o ministro –, a participação de Bello no processo deve ter sido decisiva, porque é ele o mentor da aplicação da cláusula de nação mais favorecida aos acordos chilenos de comércio e, como assinala Orrego Vicuña, tinha restrições a aplicá-la no caso do Brasil.

18 Ofício nº2, de 16 de outubro de 1938, escrito pelo encarregado de negócios do Brasil no Chile, transcrito em Cadernos do CHDD, nº2, 1º semestre de 2003, p. 71.

19 A reflexão de Bello sobre não intervenção é muita clara quando condena o uso da força para cobrança de dívidas, e que estaria na origem da invasão francesa ao México.

com base no modelo do Congresso de Viena.²⁰ A atitude brasileira, um tanto ambígua a princípio, transforma-se rapidamente graças, sobretudo, a Lisboa, que se torna um entusiasta do projeto, como ele diz, "um Congresso Geral Americano será infalivelmente tão fatal aos interesses do Império, sendo este excluído, como útil à América e ao Brasil, se nele entrarmos".²¹ A Corte se convence com seus argumentos, adere ao projeto e chega mesmo a considerar a possibilidade de realizá-lo no Rio de Janeiro. Ainda que houvesse dificuldades, o processo avançava e a participação do Brasil se mostrava aceitável, quando, em novembro de 1840, nosso representante descobre que é Andrés Bello que está atrasando o convite que, a pedido do México, deveria expedir ao Imperador para que o Brasil participasse do Congresso. Lisboa, através de terceiros, faz chegar ao presidente e a ministros amigos que a ausência do Brasil e a constituição de uma Liga de Repúblicas seriam entendidos negativamente, como tal Liga ocultasse "fins pouco favoráveis à monarquia americana". Como queria, os "escrúpulos de Bello" foram combatidos por Mariano Egaña, ministro da Justiça, com o aval presidencial. Aparentemente, Bello ainda tenta procrastinar a emissão do convite, o que levou Lisboa a "exprimir-se energicamente contra semelhante tergiversação; e então ouvi de boa fonte, tanto de Egaña quanto de Montt, uma decidida repulsa de tal marcha".²² A resistência de Bello é, portanto, real, e a solução de Lisboa foi contorná-lo, usando a amizade com o ministro da Justiça e a autoridade do presidente para obter a confirmação do convite. Não interessa seguir as peripécias que levam às frustrações do Congresso de Lima (que se realizou), mas, sim, procurar mostrar o que revela o episódio. Na opinião de Fernández, "[...] en el plano de las relaciones chileno-brasileñas, esa iniciativa contribuyo a promover un mayor acercamiento entre los Gobiernos de Santiago y Rio de Janeiro y a que el Imperio se sintiese más vinculado a la familia

---

20 A. Bello, "American Congress", in I. Jaksić (org.), *Selected Writings of Andrés Bello*, Nova York: Oxford University Press, p. 213.

21 Ofício Reservado nº2, de 25 de janeiro de 1840, escrito pelo Encarregado de Negócios do Brasil no Chile, transcrito em *Cadernos do CHDD*, nº2, 1º semestre de 2003, p. 109.

22 A narrativa de Lisboa está no Ofício Reservado nº8, de 4 de novembro de 1840, op. cit., p. 136.

americana de naciones".²³ Isso é fato. Porém, também é fato a relutância de Bello em admitir o Brasil no Congresso. As razões da distância de Bello não aparecem com clareza na correspondência diplomática. De qualquer modo, não surpreende constatar que uma personalidade desse calibre guardasse, como aliás muitos hispano-americanos, uma medida de desconfiança do Império. Fosse por seu arraigado republicanismo, fosse pelo sentimento de que o Império era um ator cujo papel ainda era difícil de decifrar naquele momento, a atitude de Bello é, no fundo, somente mais um exemplo da ambiguidade (fortemente marcada por desconfiança) que os vizinhos do Pacífico tinham em relação a nós. Pouco a pouco, os chilenos abandonaram a distância e aceitaram, depois das gestões da missão de Duarte da Ponte Ribeiro, a guardar neutralidade na Guerra contra Oribe e Rosas e, em 1853, uma corveta da Marinha Imperial comandada pelo então capitão Barroso faz a primeira visita de um navio de guerra brasileiro ao Chile, recebido com "simpatias e festas".

Mas, não fica apenas aí a ligação de Bello com o Brasil. É dele um parecer importante sobre a política brasileira de fronteiras. Como se sabe, a posição brasileira nas negociações de limite nem sempre se inclinou pelo *uti possidetis*. Na realidade, como mostram Synesio Sampaio Goes Filho e Rubens Ricupero, as posições entre negociar com base na linha definida por tratados e na posse efetiva variou até meados dos anos 1850.²⁴ Um dos defensores da teoria da posse é justamente Miguel Maria Lisboa que, em 1857, graças às boas relações que mantinha com Bello (apesar da desavença em relação ao Congresso de Lima), pede a ele um parecer sobre o problema.²⁵ É evidente que a palavra do maior

---

23 Op. Cit., p. 33. A posição de nosso enviado é elogiada em despacho do ministro brasileiro, Aureliano de Sousa e Oliveira Coutinho, em despacho de 23 de fevereiro de 1841, em que repete o que já está contido em comunicações anteriores do apoio da Corte à participação brasileira no Congresso.

24 S.S. Goes, *Navegantes, Bandeirantes, diplomatas: um ensaio sobre a formação das fronteiras no Brasil*, Brasília: FUNAG, 2015, p. 243; e R. Ricupero, *A diplomacia na construção do Brasil: 1750-2006*, Rio de Janeiro: Versal, 2017, p. 233ss.

25 Outro tema interessante é procurar ver a proximidade dos argumentos que Lisboa usa em suas comunicações sobre o Congresso com textos de Bello. Em matéria de não intervenção, vale comparar o Ofício nº2, de 25 de julho de 1841 (op. cit., p. 149) com as ideias de Bello sobre o assunto.

jurista latino-americano pesaria nas considerações sobre a definição da política. O parecer de Bello está contido em uma carta a Lisboa que a divulga e é utilizado por Rio Branco na exposição de motivos sobre as fronteiras com o Peru.[26] No trecho que interessa, Bello diz que, "En cuanto a la definición del *uti possidetis*, soy enteramente de la opinión de U., porque esta conocida frase, tomada del derecho romano, no se presta a otro sentido que el que U. la da. El *uti possidetis* a la época de la emancipación de las colonias españolas era la posesión natural de España, lo que España poseía real y efectivamente con cualquier título o sin título alguno; no lo que España tenía derecho de poseer y no poseía."[27] Bello acaba, assim, por prestar um serviço importante para a argumentação brasileira nas negociações sobre fronteiras com os vizinhos.

Por muitas razões, Andrés Bello é um personagem singular e que vai para o panteão dos fundadores das nações americanas não por vitórias militares, mas por seus dotes de intelectual e de político, pela sua capacidade de servir, com ideias, à causa da independência e, depois, à criação das instituições chilenas. Serve como paradigma para entender como se cria e se organiza um Estado. Sua preocupação com a estabilidade era natural em um momento em que as repúblicas recém-nascidas viviam divisões e perplexidades quanto a como governarem a si mesmas.

O nosso Bello terá sido José Bonifácio, outro que combateu com palavras, projetos e capacidade política. Há coincidências entre os dois. O Patriarca também viveu na Europa, tendo estudado em Coimbra e vivido na França; foi amigo de Humboldt; tinha inclinação pela ciência natural e era dotado de uma imensa cultura humanística. Não era evidentemente republicano, mas queria um Brasil mais moderno, sem escravos, com mais liberdade, com mais educação. Sem passar pelos dois, é impossível conhecer a formação das nossas nacionalidades. É evidente que as realidades chilena e brasileira são diferentes, a começar pela es-

---

26 J.M. da S. Paranhos Júnior (Barão do Rio Branco), "Questões de Limites", in *Obras Completas*, vol.5, Brasília: FUNAG, 2012, p. 109.

27 Carta de Andrés Bello a Miguel Maria Lisboa datada de Valparaíso, 28 de fevereiro de 1857. *Documentos relativos a la cuestión de límites entre el Imperio del Brasil y la República de Venezuela*, Caracas: Imprenta Eloi Escobar por E. Lopez, 1859. Disponível em <https://hdl.handle.net/2027/hvd.32044103251948>. Acesso em 31jan2018. Ver especialmente os documentos 9 (p. 10) e 15 (p. 99).

cravidão, um dos temas centrais no projeto de Bonifácio. Ainda assim, a biografia de Iván Jaksić, ao propor uma rica e inspiradora interpretação do mundo em que Bello viveu e de suas ideias, sugere caminhos para compreender as primeiras etapas do mundo hispano-americano e, quem sabe, ajudar, por comparação, a entender melhor os caminhos que o Brasil escolheu nos primeiros e conturbados anos do período Imperial. Lendo Bello, talvez ganhe a leitura de Bonifácio, e vice-versa...

EMBAIXADOR GELSON FONSECA JR.
Embaixador do Brasil no Chile
(2003–2006)

Sumário

Prólogo 11
Introdução 15
Nota sobre as obras completas de Andrés Bello 25
1. A formação de um intelectual do período colonial, 1781-1810.. 29
    A educação de Bello 33
    Bolívar e Humboldt 37
    O servidor colonial 40
    A Junta Central de Vacinação 41
    A *Gazeta de Caracas* 43
    Os eventos de 1810 48
    Perfil intelectual e político de Bello 52
2. O exílio e os estudos em Londres 63
    Anos difíceis 68
    Atividade política e intelectual 76
    A opção pela monarquia 80
    Pesquisa filológica: os *Cuadernos de Londres* 83
    A poesia 92
3. A diplomacia da Independência, 1820-1829 103
    A ofensiva cultural 106
    Novas ansiedades 116
    O papel de Bello na diplomacia hispano-americana 120
    A Embaixada chilena 124
    Grão-Colômbia 131
    A decisão de se mudar para o Chile 137
4. Na "Terra da Anarquia", 1829-1840 141
    A crise política do Chile pós-independência 142
    A chegada e as primeiras atividades de Bello 145
    Bello e Diego Portales 149
    O papel de Bello nas relações internacionais 153
    A reestruturação da educação jurídica 160

O estudo da língua espanhola 165
A situação pessoal e familiar de Bello 169
5. A década triunfal, 1840-1850 .... **177**
A Universidade do Chile 178
Bello e José Victorino Lastarria 187
A polêmica da historiografia 189
Bello e Sarmiento 200
Gramática de la lengua castellana 208
Gramática, filosofia e legislação 211
6. O Estado de direito **217**
O Chile busca uma codificação legal 218
Bello, o codificador 226
Os fundamentos do Direito Romano no Código Civil 234
A difusão do Código na América Latina 239
Direito e cidadania 242
7. A retomada do Mio Cid **249**
Memórias da Venezuela 250
A mãe de Bello, Ana Antonia López 253
A família chilena de Bello 255
A deterioração da saúde 265
Uma aposentadoria atarefada 268
Língua e literatura medievais 273
A crônica de Turpin 278
A história de El Cid 284
8. Conclusão: O adeus a Nestor **297**
Homenagem 299
Anexos **309**
Bibliografia **318**
Índice Remissivo **337**

Prólogo

Como todos que viveram na América espanhola, ouvi falar de Andrés Bello já nos primeiros anos escolares. Mas o conheci melhor quando ingressei na Universidade do Chile, ou *La Casa de Bello*, no início dos anos 1970. Mais tarde, nos anos 1980, escrevi sobre ele no contexto de um estudo sobre filosofia chilena e, com a colaboração de Sol Serrano, sobre a fundação da universidade. Mas senti que poderia realizar um estudo mais abrangente sobre sua vida quando ultrapassei a marca dos dezenove anos vivendo em um país diferente e, como ele, falando uma nova língua. Então pensei que poderia avaliar melhor alguns aspectos--chave da sua biografia, em especial a ânsia de mergulhar e se mover entre culturas do passado e do presente. Mas a perspectiva de desafiar as biografias incontestáveis de Miguel Luis Amunátegui, *Vida de don Andrés Bello* (1882), e de Rafael Caldera, *Andrés Bello* (1935), deixava-me apreensivo. Foi graças ao incentivo de Simon Collier, a quem devo muitíssimo, que decidi iniciar esta pesquisa, que se estendeu por seis anos, levou-me a quatro países e a inúmeros arquivos e bibliotecas. Outro incentivo importantíssimo veio da equipe editorial da Oxford University Press, coordenada por Jean Franco, por confiar a mim a preparação de uma seleção dos escritos mais importantes de Bello em inglês. Essa tarefa permitiu-me conhecer os 26 volumes da obra completa de Bello, partes da qual reli inúmeras vezes. Agora familiarizado, era hora de buscar as respostas para muitas questões biográficas que levantei durante a leitura de seus trabalhos, publicados e inéditos.

Incorri em inúmeros outros débitos durante a preparação deste livro. O primeiro e mais importante, aos funcionários do Archivo Central Andrés Bello da Biblioteca Central de la Universidad de Chile em Santiago, que pacientemente atenderam às minhas requisições de material e frequentes visitas às suas instalações. Agradeço particularmente a Darío Oses, diretor, e Gladys Sanhueza, bibliotecária de Coleções Especiais, pelo generoso investimento de tempo e genuíno interesse por meu trabalho. A *Señora* Gladys facilitou o acesso a todas as informações que precisei e foi muito prestativa quando um pesadelo ocorreu já no final da minha pesquisa: a mudança radical, porém necessária, no sistema de classificação de originais do Arquivo. Também no Chile consultei o material de Bello disponível na Sala Medina da Biblioteca Nacional, além de obter informações pertinentes no Arquivo Nacional. Os livreiros especializados em obras raras Erasmo Pizarro e Luis Rivano ajudaram-me a localizar materiais impressos que precisava ter comigo o tempo todo, em vez de só consultá-los rapidamente.

Na Venezuela, contei com o suporte de Pedro Grases, cujo auxílio foi ainda mais valioso graças a décadas de trabalho e ao excepcional conhecimento das várias facetas da obra e biografia de Andrés Bello. Oscar Sambrano Urdaneta e Rafael Di Prisco, sucessivos diretores de La Casa de Bello, e Edgar Páez, bibliotecário pesquisador, disponibilizaram originais e raridades impressas. O dr. Rafael Caldera interessou-se por minha pesquisa e desde o início foi um grande incentivador e um auxílio precioso. Fomos apresentados pelo dr. Gonzalo Palacios, em outras épocas adido cultural da legação da Venezuela em Washington, D.C. no final da década de 1980, que me ajudou sempre que necessário com leituras cuidadosas dos meus rascunhos.

Tive a sorte de localizar excelentes materiais originais e coleções em vários países. Refiro-me aos arquivos centrais do British Museum, à Biblioteca Guildall e à British and Foreign Bible Society. E também à Biblioteca Sidney Jones da Universidade de Liverpool e à Biblioteca do Manchester College da Universidade de Oxford e suas importantes coleções dos originais de José María Blanco White, uma das referências mais ricas sobre a vida de Bello na Inglaterra. Na Espanha, o Arquivo Histórico Nacional guarda algumas informações fundamentais sobre o papel de Bello no período da independência sul-americana. Nos Estados Unidos, tive a surpresa de encontrar materiais importantes sobre Bello nos Arquivos Nacionais em Washington, D. C., na Biblioteca Lilly de Bloomington, Indiana, na Biblioteca Pública de Boston e na Biblioteca Bancroft da Universidade da Califórnia em Berkeley. Encontrei pessoas prestativas e dedicadas em cada um desses repositórios. Sou muito grato a todas elas.

A maior parte deste livro foi escrita entre 1997 e 1998 em três instituições que generosamente me permitiram alongar minhas visitas: o David Rockefeller Center for Latin American Studies da Universidade Harvard, onde fui recebido por John Coatsworth, Steve Reifenberg, Dan Hazen e Doris Sommer, além de outros estudiosos que me auxiliaram de várias maneiras com suas descobertas nas respectivas áreas de estudo: Juán Enríquez Cabot, Juan Carlos Moreno e Francisco Valdés-Ugalde. Passei o terceiro e último período acadêmico (1998) no Centre for Latin American Studies do St. Antony's College da Universidade de Oxford, onde privei da companhia agradável e útil de Alan Angell, Malcolm Deas e Alan Knight. O administrador do St. Antony's surpreendeu-me com um interesse genuíno por minha pesquisa; agradeço-lhe particularmente por ter-me posto em contato com vários estudiosos, especialmente James Hamilton, que disponibilizou informações importantes sobre Londres na década de 1820. No Kellogg Institute da Universidade de Notre Dame aproveitei as férias semestrais para me concentrar em meus textos. Agradeço a Guillermo O'Donnell, então diretor acadêmico do Instituto, pela ajuda oportuna e fundamental por me permitir residir na universidade durante a primavera de 1998. Ainda na Notre Dame, agradeço ao Institute for Scholarship in the Liberal Arts (ISLA), graças ao qual pude percorrer várias bibliotecas internacionais. Jennifer Warlick e Christopher Fox, sucessivos diretores do ISLA entre 1994 e 1999, foram um suporte decisivo na maior parte do tempo.

Entre os estudiosos que generosa e pacientemente leram todas as partes do meu original, ou que me ajudaram a esclarecer ideias centrais do trabalho estão Simon Collier, Jaime Concha, Olivia Constable, Jorge Correa, Antonio Cussen, Frank Dawson, Malcolm Deas, Angel Delgado-Gómez, Judith Ewell, Pedro Grases, Charles A. Hale, Tulio Halperín-Donghi, Gary Hamburg, J. León Helguera, Cristián Gazmuri, Alejandro Guzmán Brito, Gwen Kirkpatrick, Alan Knight, Brian Loveman, Matthew C. Mirow, Wilson Miscamble, C. S. C., Gonzalo Palacios, Eduardo Posada-Carbó, Guillermo O'Donnell, Karen Racine (por disponibilizar os inúmeros registros da sua própria pesquisa sobre intelectuais e políticos do período da independência), David Rock, Norman P. Sacks, David Scott-Palmer, Sol Serrano,

Daniel J. Sheerin (que fez as traduções do latim), reverendo Robert Sullivan, Juan Carlos Torchia-Estrada, James C. Turner, J. Samuel Valenzuela e Erika Maza Valenzuela.

Por muitos anos, Carolina e Ilse conviveram com as intermináveis conversas sobre Andrés Bello, ouviram relatos sobre meus progressos e ao mesmo tempo mantiveram-me presente na nossa vida familiar. Ilse demonstrou um revigorante talento comercial ao sugerir que eu escreva um livro sobre Bello para crianças. Talvez um dia eu o faça.

Introdução

Andrés Bello é reconhecido intelectual e estadista na América Latina e fora dela. Seus principais trabalhos são publicados repetidamente e seu nome e imagem estão presentes por toda a região na forma de marcos urbanos (avenidas, estátuas e parques), nas instituições de ensino superior e casas editoriais, em medalhas, prêmios e até mesmo em notas de dinheiro. Os estudiosos deram continuidade ao seu trabalho por intermédio das gramáticas, do Direito Internacional e Civil, e de muitas outras áreas, da filologia à literatura. O primeiro centenário do nascimento de Bello foi celebrado em 1881, quando o Chile lançou a primeira edição de suas obras completas em quinze volumes. Graças a isso, o mundo hispânico pôde conhecer sua enorme presença intelectual. No fim do século XIX, o nome de Bello já era tão conhecido quanto o de grandes líderes do movimento pela independência da América espanhola – Bello é considerado, ao lado de Francisco Miranda e Simón Bolívar, um dos arquitetos da independência da América espanhola, o humanista que fez, com sua pena, mais do que muitos guerreiros fizeram com suas espadas.

O reconhecimento avançou pelo século XX. Em 1917, o escritor venezuelano Rufino Blanco Fombona comentou que "raramente um escritor e pensador exerceu e ainda exerce tanta influência em tantos países de língua hispânica como Andrés Bello".[1] A voz de Blanco Fombona foi a primeira de muitas outras vozes do século XX que celebraram o papel e as contribuições de Bello na criação das novas nações da América espanhola. Em 1928, o literato da República Dominicana Pedro Henríquez Ureña afirmou que Bello é "um criador de civilizações" e "o pai da nossa independência literária".[2] Rafael Caldera, futuro presidente da Venezuela, disse em 1935 que Bello "é o cérebro e o coração da América".[3]

---

[1] R. Blanco Fombona, *Grandes escritores de América (siglo XIX)*.
[2] P. Henríquez Ureña, "El Descontento y la promesa", *Obra crítica*, p. 241-249.
[3] R. Caldera, *Andrés Bello*, p. 190. Também em tradução inglesa de John Street, *Andrés Bello: Philosopher, Poet, Philologist, Educator, Legislator, Statesman*.

Em 1953, o poeta chileno Pablo Neruda (mais tarde laureado com o prêmio Nobel de Literatura), disse que Bello "mostrou-me o caminho da simplicidade no uso da língua e da visão da unidade continental", e acrescentou que "ele começou a escrever *Canto general* (1950) muito antes que eu", referindo-se claramente aos dois poemas mais importantes de Bello, "Alocución a la poesía" [Alocução à poesia] (1823) e "Silva a la agricultura de la zona tórrida" [Ode à agricultura tropical] (1826).[4] Em 1955, outro laureado Nobel, Miguel Angel Asturias, da Guatemala, atribuiu a Bello o crédito por "ter aberto o diálogo entre os americanos e a literatura mundial".[5] Do outro lado do Atlântico, em 1954, o literato Ramón Menéndez Pidal elogiou o trabalho de Bello e afirmou que, se é verdade que Bello pertence a toda a América espanhola, "ele também pertence à Espanha" por suas contribuições à literatura medieval espanhola.[6] O termo "Bellista", criado em referência ao número crescente de estudiosos de Bello, foi introduzido oficialmente no léxico da língua espanhola em 1956, pela Real Academia Espanhola, e ganhou uma entrada no *Diccionario de la Lengua Española* a partir da 18ª edição.

Tão evidente apreço contribuiu para se conhecer melhor o *corpus* do trabalho de Bello. Duas novas edições de suas obras completas foram lançadas na Venezuela, uma na década de 1950 e a outra por ocasião do bicentenário de seu nascimento em 1981. A data foi celebrada no mundo todo, obviamente de maneira mais enfática em países em que ele viveu: Venezuela, Inglaterra e Chile.[7] Surgiram na ocasião trabalhos acadêmicos volumosos – e outros nem tanto –, e várias

---

4 Pablo Neruda, "A la paz por la poesía", *El Siglo*, 31 maio 1953. Agradeço ao professor Manuel Gutiérrez pelo artigo que será incluído em seu *Pablo Neruda habla de poesía, arte y cultura* (no prelo). Ver também Pablo Neruda, *Canto general*, ed. Fernando Alegría, Caracas: Biblioteca Ayacucho, 1976.

5 Miguel Angel Asturias, in Manuel Gayol Mecías (ed.), *Andrés Bello: valoración múltiple*, La Habana: Ediciones Casa de las Américas, 1989, p. 761.

6 Ramón Menéndez Pidal, "La nueva edición de las obras de Bello ", in Pedro Grases (ed.), *España honra a don Andrés Bello*, p. 251. O ensaio foi originalmente publicado em 1954 na *Revista Nacional de Cultura* (Caracas).

7 Um relato mais completo das celebrações do bicentenário em todo o mundo é o de O. Sambrano Urdaneta, in *El Andrés Bello Universal: Crónica del bicentenario de su nacimiento*. Ver também "Crónica del bicentenario de Andrés Bello", in *Anales de la Universidad de Chile*, Quinta Serie, nº 2, ago 1983.

instituições reconheceram a importância de Bello dando seu nome a trabalhos, prêmios e cadeiras acadêmicas.[8] Em 1981, o secretário-geral das Nações Unidas declarou-o "um dos fundadores da legislação Interamericana Internacional" e elogiou suas contribuições às regras das relações consulares e diplomáticas.[9]

A fama, porém, teve um efeito inesperado. Por um lado, cristalizou o nome de Bello ao ponto de inibir investigações sobre sua vida e seus trabalhos. Por outro, o caráter complexo de seus trabalhos deu origem a um tipo de especialização que, embora valioso para a compreensão da riqueza de seus textos, deixou de lado suas atividades políticas e intelectuais. Até as valiosas exceções que tentaram fazer justiça a sua obra enumeram as contribuições, mas não a apresentam como um todo coerente. Por essa razão, Bello continua sendo, ao mesmo tempo, uma figura familiar e desconhecida, uma presença reconhecível da qual as pessoas se lembram, mas não conseguem assimilar. As comemorações periódicas que nos lembram de suas contribuições falam de um modelo de erudição e de estadista. Também o celebram pelo seu comprometimento com o Estado de direito e sua perspectiva hemisférica. Mas, apesar dos abundantes estudos sobre os inúmeros aspectos de seu trabalho, a valorização acadêmica pela sua importância e vasta produção intelectual ainda está longe de se concretizar.

Existem duas biografias clássicas de Bello, *Vida de don Andrés Bello* (1882), de Miguel Luis Amunátegui, e *Andrés Bello* (original de 1935 e inúmeras edições revisadas), de Rafael Caldera, além das muitas biografias subsequentes que avançaram pouco além do que se já se conhecia sobre Bello e fora comprovado pelos dois autores.[10] Amunátegui, em particular, teve a vantagem de estudar com ele, entrevistá-lo em

---

8   A inauguração mais recente foi a Cadeira Andrés Bello do Centro Rei Juan Carlos I, na Universidade de Nova York, em setembro de 1998. A bolsa de estudos Andrés Bello do St. Antony's College, da Universidade de Oxford, existe desde 1974.

9   Fundación La Casa de Bello, *Homage to Andrés Bello in the United Nations Organization*, Caracas: La Casa de Bello, 1981, p. 23-24.

10 Outras biografias de Bello incluem: E. Orrego Vicuña, *Don Andrés Bello*; P. Lira Urquieta, *Andrés Bello*; e F. Murillo Rubiera, *Andrés Bello: Historia de una vida y una obra*. A obra *Don Andrés Bello, 1781-1863*, de Raúl Silva Castro, é uma coleção de ensaios mais do que uma biografia. O excelente *El otro Andrés Bello*, de Emir Rodríguez Monegal, aproxima-se de uma biografia, mas se concentra principalmente nos trabalhos literários de Bello.

várias ocasiões e, eventualmente, ter acesso privilegiado aos seus manuscritos. Mas não teve acesso aos materiais de arquivo, especialmente os da Venezuela e da Inglaterra, e contou apenas com as lembranças do próprio Bello. Caldera não montou uma biografia detalhada e o valor de seu trabalho reside mais nas suas interpretações do multifacetado trabalho de Bello. Contudo, seu relato ainda conserva grande parte do frescor e faz jus ao atual status de principal monografia de Bello no século XX. Mas não significa que não existam outros trabalhos importantes, especialmente os dois volumes de *Estudios sobre Andrés Bello* (1981), de Pedro Grases.[11]

Proponho-me neste livro a alcançar três objetivos. O primeiro deles é identificar novos originais de Bello e outras informações sobre ele, e o que mais houver nos arquivos da Venezuela, do Chile, da Inglaterra, da Espanha e dos Estados Unidos, que biógrafos anteriores teriam deixado passar ou não tiveram oportunidade de consultar. E oferecer uma interpretação de sua obra que enfatize as relações entre campos e áreas que lhe interessavam, mas que vá além da usual compartimentalização em disciplinas distintas. Meu argumento é que a importância de Bello será mais bem entendida se seus trabalhos e suas ações forem inseridos no contexto histórico. E o contexto, neste caso, é a importantíssima transição da América espanhola no início do século XIX de colônia para nação, que foi vivenciada por Bello e para a qual ele tanto contribuiu. É claro que muitos outros atores do período pós-independência participaram dessa transição, mas poucos cumpriram uma agenda de construção de nação com a mesma tenacidade, conhecimento e originalidade. Bello identificou a ordem, doméstica e internacional, como

---

11 Pedro Grases nasceu na Espanha em 1909 e foi para a Venezuela no período que se seguiu à Guerra Civil Espanhola. O trabalho sobre Bello teve início na década de 1940 e faz parte de suas obras completas. Ver *Estudios sobre Andrés Bello*, 2 vols. Existem outras coleções acadêmicas de autores variados sobre Andrés Bello, mas são muito desiguais quanto à qualidade. Entre as melhores estão as editados pela Universidade do Chile: *Andrés Bello, 1865-1965: Homenaje de la Facultad de Filosofía y Educación de la Universidad de Chile* e *Estudios sobre la vida y obra de Andrés Bello*. E também, do Instituto de Chile, *Homenaje a don Andrés Bello* e as publicações da Fundación La Casa de Bello em Caracas, Venezuela: *Bello y Caracas* (1979), *Bello y Londres*, 2 vols. (1981) e *Bello y América Latina* (1982). Uma coleção menos acadêmica, mas muito útil, de ensaios é a de G. Feliú Cruz (ed.), *Estudios sobre Andrés Bello*. Para uma coleção de ensaios em inglês, ver J. Lynch (ed.), *Andrés Bello: The London Years*.

um desafio fundamental para a América espanhola do século XIX; essa visão lhe permitiu dar foco e coerência aos seus trabalhos acadêmicos bem como às suas ações públicas.

O segundo objetivo é salientar as dimensões pessoais da biografia de Bello. O colapso da ordem colonial, o rompimento dos laços afetivos e familiares na Venezuela, a experiência do exílio e as incertezas da fase inicial pós-independência, tudo isso contribuiu para um perfil pessoal muito mais ambivalente e complexo do que um texto elogioso reconheceria. As perdas familiares, de sua primeira esposa e de nove filhos, foram mais significativas do que se costuma reconhecer para entender sua personalidade e suas atividades criativas. Bello viveu decepções intensas que influenciariam suas ideias e sua política. Novamente, eventos específicos e as reações aqui relatadas traduzem uma pessoa complexa. Sem entender essa complexidade, dificilmente a importância de seu trabalho será reconhecida.

E o terceiro objetivo é determinar a centralidade das contribuições de Andrés Bello no processo de construção de nação pós-independência da América espanhola. Faço isso para tentar remediar uma omissão importante na nossa historiografia. A maioria dos estudiosos da América Latina não se debruçou o suficiente sobre a história intelectual e política das últimas décadas. Em parte, isso se deve a uma compreensível reação à velha *história pátria*, caracterizada pela celebração acrítica dos líderes que tiraram a América espanhola do controle imperial. Essa literatura talvez fosse muito superficial, mas nada me convence de que o que foi mal feito no passado não possa ser bem feito no presente, especialmente agora que temos acesso a mais material e melhor compreensão do contexto. Ainda assim, se percorrermos os sumários dos dez melhores compêndios em inglês sobre a história da América Latina nos últimos 25 anos, encontraremos escassa cobertura ou meras menções a figuras como Andrés Bello. Uma gratificante exceção é *The Emergence of Latin America in the Nineteenth Century*, de David Bushnell e Neill Macaulay, que dá mais atenção a Bello na parte dedicada ao Chile. Mas, obviamente, há muito mais a ser dito; meu objetivo é fechar o foco em Bello e contribuir para uma compreensão mais ampla da história da América Latina desde a independência. Andrés Bello, Juan Bautista Alberdi,

Lucas Alamán e muitos outros que são centrais nessa história merecem tratamentos biográficos modernos.

Mais especificamente, este livro quer demonstrar que a história da América espanhola pós-colonial será mais rica se lançarmos um olhar atento à interação de ideias e à construção política e institucional dos países. Em primeiro lugar, em meio ao caos resultante dos conflitos armados, os líderes se envolviam em sofisticadas discussões sobre modelos políticos. Seria a monarquia tradicional, a monarquia constitucional ou a república que dominaria os novos arranjos políticos? Se as regiões libertadas se tornassem repúblicas, teriam caráter federalista ou centralista? Essas questões exigiam grande esforço intelectual, em geral sob o calor de batalhas, na tentativa de identificar modelos políticos viáveis. Um exame mais atento dos textos, dos discursos e das ações dos atores da época mostrará quão sofisticadas eram essas discussões.[12]

Exatamente porque as ideias políticas foram deixadas de lado na historiografia, a tendência é identificar o liberalismo como a primeira ideologia vitoriosa na construção nacional da América espanhola do século XIX. A nova geração de liberais que abraçou as reformas em países como México, Colômbia e Argentina, por exemplo, costuma ser vista como membros da elite *laissez-faire* que encontrou nos modelos europeus a correspondência perfeita ao desejo de entrar em contato com a economia internacional e informá-la sobre seus sistemas políticos emergentes. Novamente, Andrés Bello nos mostra como esses relatos são simplistas. Os liberais não surgiram no vácuo criado pela passagem dos velhos *caudillos* nem foram os únicos atores políticos que se engajaram

---

12 Bons exemplos de literatura nessa direção incluem D.A. Brading, *The First America: The Spanish Monarchy, Creole Patriots and the Liberal State, 1492-1867*; A. Pagden, *Spanish Imperialism and the Political Imagination: Studies in European and Spanish-American Social and Political Theory, 1513-1830*; François-Xavier Guerra, *Modenidad e independencias: Ensayos sobre las revoluciones hispánicas*, Madri: Editorial Mapfre, 1992; M.P. Costeloe, *Response to Revolutions: Imperial Spain and the Spanish American Revolutions, 1810-1840*; Eduardo Posada--Carbó (ed.), *In Search of a New Order: Essays on the Politics and Society of Nineteenth-Century Latin America*, Londres: Institute of Latin American Studies, 1998; Jaime E. Rodríguez O., *The Independence of Spanish America*; S. Collier, "Nationality, Nationalism, and Supranationalism in the Writings of Simón Bolívar", *Hispanic American Historial Review*, vol. 63, nº 1, fev 1983, p. 37-64; e Brian R. Hamnett, "Process and Pattern: A Re-Examination of the Ibero-American Independence Movements, 1808-1826", *Journal of Latin American Studies*, vol. 29, nº 2, maio 1997, p. 279-328.

nos esforços de construção de nações. As discussões políticas e ideológicas resultaram em alguns experimentos liberais, mas o escopo e a profundidade das discussões ainda necessitam ser examinados. Bello, que não pode ser chamado de liberal nem de conservador, é figura-chave nos esforços para definir modelos políticos pós-independência viáveis.

As mudanças não aconteceram de forma tranquila na América espanhola ao longo do século XIX. As revoluções, precisamente por acontecerem após a Revolução Francesa, caracterizaram-se pela deliberada rejeição, melhor dizendo, pelo horror aos métodos jacobinos. Os líderes da independência hispano-americana visavam à destruição do *ancien régime*, mas só para introduzir na vida política de seus países a ordem e a previsibilidade quando o moribundo Império Espanhol deixou claro que não faria isso. Alguns líderes mais visionários entenderam que a república exigia uma representação expandida e o fortalecimento das instituições governamentais, mas não quiseram introduzir o igualitarismo radical, a diversidade religiosa e alterar profundamente (exceto pela abolição da escravatura em vários lugares) a estrutura da economia e da sociedade. Quem defendia as mudanças geralmente queria fazê-las de maneira gradual. Era o medo da desordem que os fazia agir com tanta precaução e buscar arranjos políticos que permitissem mudanças controladas.

Essa questão no Chile, a última morada de Bello de 1829 a 1865, não era diferente do modelo hispano-americano como um todo. Mas, diferentemente das outras repúblicas irmãs, o Chile não tinha fortes clivagens regionais, étnicas e econômicas. Era um país pequeno tanto em termos de população quanto de sua geografia. Após um curto período de experimentações políticas na década de 1820, o Chile alcançou um tipo de ordem que o diferenciou dos demais países da região: um modelo político constitucional que permitia a distribuição de poderes, mas baseado em fortes salvaguardas executivas e, como era comum na época, um eleitorado pequeno, porém crescente.[13] Então, num país como esse, era

---

13 Ver o esclarecedor livro de J.S. Valenzuela, *Democratización via reforma: La expansión del sufragio en Chile* e seu "Building Aspects of Democracy: Electoral Practices in Nineteenth-Century Chile", in Eduardo Posada-Carbó (ed.), *Elections Before Democracy: The History of Elections in Europe and Latin America*, Londres: Institute of Latin American Studies, 1996, p. 223-257.

possível liberalizar, mesmo que gradualmente, e ao mesmo tempo fortalecer as instituições governamentais. Bello entendeu isso com uma clareza singular e orientou seu trabalho no aperfeiçoamento dessa agenda.

É importante não exagerar nem o sucesso de Bello nem do Chile. Houve períodos em que o destino do país equilibrou-se precariamente, quando turbulências, guerras civis e até conflitos internacionais ameaçaram a estabilidade das nações-Estado ainda incipientes. Bello apostou, não nos que propunham a rápida liberação, mas nos elementos conservadores que entendiam a necessidade de mudança, mas dispensavam e reprimiam as demandas por mudanças radicais de cima ou de baixo. Provavelmente, ele estaria ciente do descontentamento dos liberais com as políticas arrogantes e repressivas de Diego Portales, a repressão à liberdade de imprensa sob Manuel Bulnes e a presteza com que Manuel Montt conseguiu debelar duas rebeliões sangrentas. Mas se manteve afastado dos três líderes por razões que serão esclarecidas neste livro. Ele se via como um defensor da ordem, aceitava o preço a ser pago por ela e, sobretudo, estava disposto a subordinar suas opiniões políticas às políticas dos governos aos quais servia. Era uma escolha difícil, certamente impopular, mas parecia dar bons resultados, ao menos em termos comparativos.[14] O Chile saiu relativamente incólume das dificuldades políticas que enfrentou durante o período pós-independência, à frente de seus vizinhos que passaram a prestar mais atenção à suas novas instituições e mais especificamente nas contribuições de Bello.

O próprio Bello é um exemplo extraordinário das complexidades pessoais e intelectuais vividas por um indivíduo alimentado pelo regime colonial; manteve-se leal a ele, mas acabou sendo um dos arquitetos da sua extinção. Se alguns membros da geração da independência eram apaixonados pelos escritos de Rousseau e dos *philosophes*, Bello não abriu mão de sua educação clássica e religiosa. Lamentou o colapso do Império Espanhol, tentou retornar a ele no momento mais crítico, mas acabou

---

14 Brian Loveman esta à frente dos estudiosos para os quais o tecido político e constitucional dos países hispano-americanos é ditatorial e repressivo. Ver seu *The Constitution of Tyranny: Regimes of Exception in Spanish America* e, no caso específico do Chile (com Elizabeth Lira), *Las suaves cenizas del olvido: Via chilena de reconciliación política* , 1814-1932, Santiago: LOM Ediciones, 1999.

abraçando as revoluções hispano-americanas. Enquanto uma nova geração de líderes queria acelerar e radicalizar o rompimento com o passado, Bello viu a independência como uma transição para o restabelecimento da ordem legítima. Seu ato mais importante, a introdução de uma nova legislação civil, prova que ele aceitou a nova realidade da independência, acreditou firmemente nas virtudes do republicanismo, mas preservou grande parte de seu passado colonial. A mente pós-colonial da América espanhola, lembrando o título de Biancamaria Fontana na biografia de Benjamin Constant, aceitou e incorporou a própria história.[15]

Em suma, este livro pretende mostrar a importância de Andrés Bello para a história moderna da América Latina, esforço que requer algum distanciamento da literatura hagiográfica desenvolvida após sua morte. Requer também que seja feita uma reavaliação da sua importância histórica, intelectual e política em um campo que vem sendo ignorado há muito tempo. Se é verdade que a imersão no universo dos intelectuais e construtores de nações do século XIX nos desafia a tomar caminhos muitas vezes tortuosos, consultar fontes e temas muitas vezes idiossincráticos, também é verdade que esses indivíduos nos dão pistas importantes para melhor entender os fatos históricos que eles confrontaram e muitas vezes provocaram. Nesse sentido, Andrés Bello é uma das fontes mais ricas, uma das melhores companhias que um historiador poderia desejar.

---

15 B. Fontana, *Benjamin Constant and the Post-Revolucionary Mind*.

Nota sobre as obras completas de Andrés Bello

Quando cito os trabalhos de Bello publicados, uso, neste livro, a última edição de suas obras completas (*Obras Completas*, 26 vols., 1981-1984). Existem quatro edições anteriores de suas obras completas: Chile, (15 vols., 1991-1894); Espanha (7 vols., 1882-1905); Chile (9 vols., 1930-1935) e Venezuela (24 vols., 1951-1981). Esta última edição venezuelana segue de perto a primeira, exceto quanto à organização de conteúdo e ao novo material adicional. Os conteúdos e os autores das introduções estão listados abaixo.

Citações extraídas dos vários volumes serão anotadas no texto entre parênteses. O volume virá em numerais romanos e as páginas em arábicos. Títulos específicos e datas originais das publicações serão indicados no texto ou em notas de rodapé. Da mesma maneira, quando for importante destacar as diferenças do mesmo título nas várias edições, a citação apropriada virá em nota de rodapé. As traduções, a menos que indicar outra coisa, são do próprio autor ou de Frances M. López--Morillas. Normalmente, cito o original espanhol, e se houver uma tradução, ambos serão citados. Como muitas traduções foram extraídas da obra *Selected Writings of Andrés Bello*, trad. de Frances M. López-Morillas (Nova York: Oxford University Press, 1997), serão identificadas pelas letras SW seguidas dos números de página.

Obras Completas de Andrés Bello

Contenido completo: (Conteúdo completo)

I *Poesías. prólogo* de Fernando Paz Castillo
 (I Poesias / prefácio de Fernando Paz Castillo)
II *Borradores de poesía / prólogo sobre La poesía de Bello en sus borradores*, de Pedro Pablo Barnola, S.J.

(II Rascunhos de poesia / prefácio sobre "A poesia de Bello em seus rascunhos", de Pedro Pablo Barnola, S.J.)

III *Filosofía del entendimiento y otros escritos filosóficos / prólogo* de Juan David García Bacca
(III Filosofia do entendimento e outros escritos filosóficos / prefácio de Juan David García Bacca)

IV *Gramática de la lengua castellana destinada al uso de los americanos / prólogo* de Amado Alonso
(IV Gramática da língua espanhola para norte-americanos / prefácio de Amado Alonso)

V *Estudios gramaticales / prólogo sobre Las ideas ortográficas de Bello*, de Ángel Rosenblat
(V Estudos gramaticais / prefácio sobre "As ideias ortográficas de Bello", de Ángel Rosenblat)

VI *Estudios filológicos.* (1): *Principios de la ortología y métrica de la lengua castellana y otros escritos / introducción a los estudios ortológicos y métricos de Bello*, de Samuel Gili Gaya
(VI Estudos filológicos. (1) Princípios da ortoépia e da métrica da língua espanhola e outros escritos / introdução aos estudos ortoépicos e métricos de Bello, de Samuel Gili Gaya)

VII *Estudios filológicos.* (2): *Poema del Cid y otros escritos / prólogo* de Pedro Grases
(VII Estudos filológicos. (2): "Poema de Cid" e outros escritos / prefácio de Pedro Grases)

VIII *Gramática latina y escritos complementarios / prólogo y notas* de Aurelio Espinosa Pólit, S.I.
(VIII Gramática latina e escritos complementares / prefácio e notas de Aurelio Espinosa Pólit, S.I.)

IX *Temas de crítica literaria / prólogo sobre Los temas del pensamiento crítico de Bello*, de Arturo Uslar Pietri
(IX Temas de crítica literária / prefácio sobre "Os temas do pensamento crítico de Bello", de Arturo Uslar Pietri)

X *Derecho Internacional.* (1): *Principios de Derecho Internacional y escritos complementarios / prólogo* de Eduardo Plaza
(X Direito Internacional. (1): Princípios de Direito Internacional e escritos complementares / prefácio de Eduardo Plaza)

XI *Derecho Internacional. (2): Temas de política internacional*
    (XI Direito Internacional. (2): Temas de política internacional)
XII *Derecho Internacional. (3): Documentos de la Cancillería Chilena / prólogo* de Jorge Gamboa Correa
    (XII Direito Internacional. (3): Documentos da Chancelaria Chilena / prefácio de Jorge Gamboa Correa)
XIII *Derecho Internacional. (4): Documentos de la Cancillería Chilena / prólogo* de Jorge Gamboa Correa
    (XIII Direito Internacional. (4): Documentos da Chancelaria Chilena / prefácio de Jorge Gamboa Correa)
XIV *Código Civil de la República de Chile. (1) / introducción y notas* de Pedro Lira Urquieta
    (XIV Código Civil da República do Chile. (1) / introdução e notas de Pedro Lira Urquieta)
XV *Código Civil de la República de Chile. (2) / introducción y notas* de Pedro Lira Urquieta
    (XV Código Civil da República do Chile. (2) / introdução e notas de Pedro Lira Urquieta)
XVI *Código Civil de la República de Chile. (3) / introducción y notas* de Pedro Lira Urquieta
    (XVI Código Civil da República do Chile. (3) / introdução e notas de Pedro Lira Urquieta)
XVII *Derecho Romano / introducción* de Hessel E. Yntema
    (XVII Direito Romano / introdução de Hessel E. Yntema)
XVIII *Temas jurídicos y sociales / prólogo* de Rafael Caldera
    (XVIII Temas jurídicos e sociais / prefácio de Rafael Caldera)
XIX *Textos y mensajes de gobierno /prólogo sobre Andrés Bello y la Administración Pública de Chile*, de Guillermo Feliú Cruz
    (XIX Textos e mensagens governamentais / prefácio sobre Andrés Bello e a Administração Pública do Chile, de Guillermo Feliú Cruz)
XX *Labor en el Senado de Chile: Discursos y escritos / recopilación, prólogo y notas* de Ricardo Donoso
    (XX Trabalho no Senado do Chile: Discursos e escritos / compilação, prefácio e notas de Ricardo Donoso)

XXI *Temas educacionales*. (1) / prólogo de Luis Beltrán Prieto Figueroa
(XXI Temas educacionais. (1) / prefácio de Luis Beltrán Prieto Figueroa)
XXII *Temas educacionales*. (2) / prólogo de Luis Beltrán Prieto Figueroa
(XXII Temas educacionais. (2) / prefácio de Luis Beltrán Prieto Figueroa)
XXIII *Temas de historia y geografía / prólogo sobre Bello y la Historia*, de Mariano Picón Salas
(XXIII Temas de História e Geografia / prefácio sobre Bello e a História, de Mariano Picón Salas)
XXIV *Cosmografía y otros escritos de divulgación científica / prólogo y notas a la Cosmografía*, de F. J. Duarte
(XXIV Cosmografia e outros escritos de divulgação científica / prefácio e notas sobre Cosmografia de F. J. Duarte)
XXV *Epistolario* (1) / prólogo de Oscar Sambrano Urdaneta
(XXV Epistolário (1) / prefácio de Oscar Sambrano Urdaneta)
XXVI *Epistolario* (2)
(XXVI Epistolário (2))

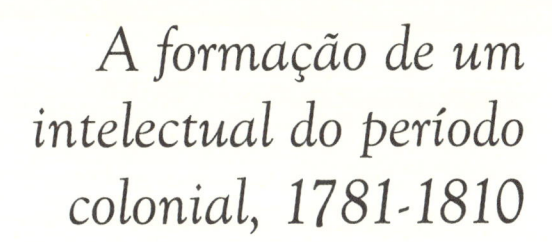

1.
A formação de um intelectual do período colonial, 1781-1810

Andrés de Jesús María y José Bello López nasceu em Caracas em 29 de novembro de 1781, o filho mais velho entre oito irmãos. Seus pais vieram das Ilhas Canárias e, apesar dos recursos modestos, ofereceram ao jovem Andrés um crescimento estável e uma sólida educação. O pai, Bartolomé Bello, era advogado e músico por formação, cujas composições, entre elas uma missa intitulada *Misa del Fiscal*, foram executadas na Venezuela por mais de um século. Bartolomé Bello era funcionário do governo encarregado do monopólio do tabaco e responsável pela coleta de impostos na província de Cumaná, trabalho que frequentemente o afastava de Caracas por longos períodos. Era um servidor eficiente e respeitado, como é possível constatar na vasta documentação comprobatória reunida pela viúva, Ana Antonia López, após a morte dele em 1804, mas parece ter tido pouca influência sobre o filho primogênito.[1] Andrés Bello raramente faz menção ao pai ou ao relacionamento de ambos.

A mãe, Ana Antonia, foi a principal figura da vida doméstica de Andrés Bello; era ela quem supervisionava as finanças da família e a educação dos filhos. Ela nasceu em Caracas em 1764 em uma família de artistas. Seu pai, Juan Pedro López, foi um pintor admirado na Caracas colonial. O casamento de Ana Antonia aos dezessete anos de

---

1   Ana Antonia reuniu a documentação referente ao trabalho e à atuação do marido para conseguir a pensão junto à Coroa. Os arquivos de documentos estão no *Archivo General de Indias* (Sevilha, Espanha, doravante AGI), Audiencia de Caracas, Legajo 395. Ver também Eduardo Lara Espejo, "El padre de don Andrés Bello", in P. Grases (ed.), *Antología del Bellismo en Venezuela*, p. 455-457.

idade com Bartolomé (ele tinha 23) parece ter sido precipitado pela gravidez, pois o espaço de tempo entre a cerimônia e o nascimento de Andrés é de apenas três meses (8 de setembro e 29 de novembro de 1781, respectivamente).[2] Eles se casaram não em uma igreja, mas na residência dela, com a permissão do vigário-geral do bispado. Pode-se imaginar o efeito que esse fato deve ter causado na vida do casal e na situação deles perante a comunidade, mas o que se sabe é que Andrés cresceu mais próximo da mãe do que do pai. O vínculo entre mãe e filho teria se fortalecido com as ausências frequentes de Bartolomé a partir de 1790, quando Andrés tinha nove anos de idade. A morte de Bello, pai, aproximou ainda mais mãe e filho, que se uniram para sustentar os membros mais jovens da família. Eles se separaram em 1810 e nunca mais se viram depois que Bello foi para Londres. A correspondência trocada entre eles, porém, revela a forte ligação que superou as dificuldades da fase da independência e a transferência permanente de Bello para o Chile. Entre seus três irmãos e quatro irmãs, Andrés era mais próximo de Carlos, com quem continuou se comunicando durante toda a vida, e em sua homenagem deu seu nome ao primeiro filho, Carlos Bello Boyland.[3]

Andrés Bello nasceu em meio à intensa atividade governamental que reuniu seis províncias da Venezuela e requalificou a região de governadoria a Capitania Geral em 1777. Logo após seu nascimento, o reinado dos Bourbon aboliu a empresa basca Guipúzcoa, conhecida como Companhia de Caracas. Era uma empresa de frete que a partir de 1728

---

2 Informação extraída dos registros paroquiais por David W. Fernández, *Los antepasados de Bello*, Caracas, La Casa de Bello, 1978. E confirmada pelo historiador Ildefonso Leal, que reproduziu os documentos do batismo de Bello e do casamento de seus pais. Ambos exigidos para a concessão de graus universitários. Ver *El grado de bachiller en artes de Andrés Bello*, de Leal (Caracas: La Casa de Bello, 1978). Ver também Alfredo Boulton, *El Solar Caraqueño de Andrés Bello*, Caracas: La Casa de Bello, 1978.

3 As biografias de Bello são em geral sucintas na fase de Caracas. A melhor delas é a de Miguel Luis Amunátegui, que entrevistou Bello pessoalmente e foi merecedor de sua confiança. Ver o seu *Vida de don Andrés Bello*. Miguel Luis e seu irmão Gregorio Victor escreveram uma biografia anterior, *Don Andrés Bello*, que motivou o estudioso venezuelano Arístides Rojas (1826-1894) a checar e expandir muitas das lembranças de Bello sobre o período que viveu em Caracas. Ver de Rojas "Infancia y juventud de Bello", in *Segundo libro de la semana de Bello en Caracas*, p. 203-231. Uma recente e útil biografia é a de F. Murillo Rubiera, *Andrés Bello: historia de una vida y de una obra*. O volume *Bello y Caracas*, doravante abreviado BYC, traz informações úteis que complementam a breve cobertura biográfica da fase de Caracas.

monopolizou o comércio da Venezuela e, no processo, causou grande descontentamento entre a população crioula. Caracas já era uma cidade com mais de 20 mil habitantes na época do nascimento de Bello e rapidamente se transformou em um vibrante centro urbano. Ao visitá-la em 1799, o importante cientista alemão Alexander von Humboldt nos conta que Caracas "abriga oito igrejas, cinco conventos e um teatro capaz de acomodar entre 1.500 a 1.800 pessoas". Observa ainda que "encontrei em muitas famílias de Caracas um amor pela informação, uma familiaridade com as obras-primas da literatura francesa e italiana, e uma clara predileção pela música, que é amplamente cultivada".[4] A família Bello foi uma das que ele frequentou.

Grande parte do desenvolvimento e da importância da província e cidade de Caracas se deveu às reformas administrativas implantadas pelo último período Bourbon e que induziram a uma explosão econômica baseada na demanda por produtos agrícolas, especialmente o cacau, exportado para mercados mexicanos e em grandes volumes para a Espanha. As reformas administrativas incluíram a introdução da Intendência em 1776, a criação da Capitania Geral em 1777, a fundação da Real Audiência (Corte de apelação e tribunal administrativo) em 1786 e a criação do Real Consulado (corporação mercantil) em 1793. Essas medidas representaram o ponto alto da reafirmação da autoridade da Coroa. Como nos mostra Robert Ferry, o fortalecimento da presença real na Venezuela foi uma resposta à rebelião de 1749 comandada pelos plantadores das Canárias contra a impopular Companhia Guipúzcoa. Mais de dez anos antes de os britânicos invadirem Havana, quando as reformas dos Bourbon ganhavam força, a Coroa agiu rapidamente para reprimir rebeliões e retomar o controle das províncias venezuelanas.[5]

Na época do nascimento de Bello, o poder da Coroa estava consolidado e não havia razão para prever a luta sangrenta pela independência que explodiu na geração seguinte. Os criolous de Caracas tomaram o partido da Coroa em seus esforços de centralização. A Caracas das

---

4   A. von Humboldt, *Personal Narrative of Travels to the Equinoctial Regions of America During the Years 1799-1804*, p. 404, 415.

5   R.J. Ferry, *The Colonial Elite of Early Caracas: Formation and Crisis, 1567-1767*.

últimas duas décadas do século XVIII tinha alcançado um nível de prosperidade econômica e estabilidade política que foram desafiadas apenas temporariamente, e sem sucesso, pela rebelião dos escravos em Coro, em 1795, pela conspiração antiespanhola de Manuel Gual e José María España, em 1797, e pela malfadada expedição de Francisco Miranda, o "Precursor" da independência, em 1806.

Esta última talvez tenha sido a mais importante; Miranda era o principal e o mais obstinado conspirador contra o Império Espanhol. Nascido em Caracas em 1750, ele ingressou no exército espanhol e lutou pela Espanha no Norte da África e no Caribe. Após enfrentar e ser derrotado por seus superiores foi para os Estados Unidos e em seguida para a Europa, lá chegando em 1785. Miranda, que dizia representar os povos oprimidos da América espanhola, obteve o apoio de protagonistas influentes na Grã-Bretanha, Rússia e França. Embora pouco reconhecido na sua Venezuela natal, tinha o apoio de Catarina, a Grande, da Rússia, e chegou a comandar o exército revolucionário francês como general. O agitador venezuelano finalmente se estabeleceu na Grã-Bretanha, onde obteve permissão para ficar por mais de vinte anos e com algum acesso aos altos níveis do governo. Ele era útil aos britânicos como fonte de informação, embora estes últimos nunca tivessem endossado inteiramente seus planos de libertação da América espanhola. A expedição de Miranda à Venezuela em 1806 foi um projeto somente seu. Ele recebeu alguns recursos dos Estados Unidos, basicamente um exército voluntário de caçadores de fortunas, mas a campanha foi um completo fiasco. Miranda aportou em Coro, na Venezuela, em agosto de 1806, para descobrir que seus anseios de liberdade seriam recebidos com total descrença pela população local, o que o fez dar meia volta e bater em retirada.[6] Seu talento como comandan-

---

[6] As melhores fontes sobre Miranda continuam sendo W.S. Robertson, *The Life of Miranda* e uma extensa coleção de documentos, cuja versão publicada é *Archivo del General Miranda*, 24 vols., Caracas/Havana: Editorial Sur-América/Editorial Lex, 1929-1950. Ver também Garry Miller, "Franscisco Miranda", in B. Tenenbaum (ed.), *Encyclopedia of Latin American History and Culture*, IV, p. 67-69. Há uma descrição da expedição de1806 em M. Rodríguez, *"William Burke" and Francisco Miranda: The Word and the Deed in Spanish America's Emancipation*, p. 83-121. Sobre Miranda e Rússia, ver R.H. Bartley, *Imperial Russia and the Struggle for Latin American Independence, 1808-1828*.

te, e até seu caráter, foram duramente questionados por alguns de seus próprios seguidores.[7]

O episódio Miranda deixa claro que o controle da Espanha sobre a Venezuela não só era forte como tinha o apoio da elite crioula, sempre disposta a negociar uma posição subalterna em troca de segurança e ordem. Michael McKinley sugere que "nenhuma outra colônia, com possível exceção de Havana, experimentou essa combinação de crescimento econômico e calma política e social internas nas décadas finais do Império".[8] Entretanto, as tensões não devem ser minimizadas, especialmente após uma rebelião dos escravos no Haiti, que resultou na fundação de uma República em 1804 e ameaçou alastrar-se por outras sociedades escravagistas do Caribe. No entanto, mesmo nesses casos, os crioulos preferiam manter o controle colonial espanhol. O colapso da ordem imperial em 1810 se precipitou não pelo descontentamento local, mas por fatos que tiveram lugar na Europa.

A formação de Bello nesse ambiente determinaria suas posições sobre o passado colonial; as boas lembranças da comparativa prosperidade e tranquilidade de Caracas, ainda mais favoráveis pelo fato de ter morado muitos anos na Inglaterra e no Chile, conduziriam sua eterna busca por instituições estáveis e legítimas. Sua infância e juventude parecem ter sido relativamente tranquilas quando revisitadas nostalgicamente em seus últimos anos de vida. A vida de Bello em Caracas só foi anuviada pela morte de seu pai em 1804, pelas dificuldades financeiras que se seguiram e pelos meses tensos que culminaram na criação da Primeira Junta de Caracas em 1810, quando o domínio da Espanha sobre a Venezuela já começava a ceder.

A EDUCAÇÃO DE BELLO

A formação de Bello, após a escola fundamental, começou no convento da Ordem Mercedária, localizado a uma pequena distância da

---

7   Ver, por exemplo, Moses Smith, *History of the Adventures and Suffering of Moses Smith, During 5 Years of His Life, from the Beginning of 1806, When he was Betrayed into the Miranda Expedition*, Brooklin: Thomas Kirk, para o autor, 1812, e James Biggs, *The History of Don Francisco de Miranda's Attempt to Effect a Revolution in South America, in a Series of Letters*, Boston: Oliver and Munroe, 1808.

8   P.M. McKinley, *Pre-Revolutionary Caracas: Politics, Economy and Society, 1777-1811*, p. 98.

casa em que ele nasceu no centro de Caracas. Foi ministrada pelo frei Cristóbal de Quesada, um estudioso da literatura latina que durante quatro anos, de 1792 a 1796, apresentou o jovem aprendiz aos clássicos bem como ao vernáculo espanhol. Frei Quesada ingressara na Ordem Mercedária ainda muito jovem, mas confrontou-se com algumas dúvidas vocacionais que o levaram a abandonar a ordem nos anos 1770. Reintegrado, foi um estudioso e professor ativo na época de seu contato com o jovem Bello, no início da década de 1790. Era ele quem cuidava da biblioteca do convento.[9] Bello admirava os ensinamentos de Quesada e transmitiu suas boas recordações sobre as habilidades e a personalidade envolvente de seu mentor ao seu próprio discípulo, Miguel Luis Amunátegui. Quesada teria iniciado Bello nos estudos da gramática e dos estilos literários graças à leitura de clássicos latinos e em especial da poesia de Horácio e Virgílio. A qualidade de seu treinamento em latim ficou evidente quando, após a morte de Quesada em 1796, ingressou no curso de Latim avançado do Seminário Santa Rosa, ministrado por outro latinista venezuelano notável, o frei José Antonio Montenegro. A impressionante atuação de Bello lhe valeu o primeiro prêmio em tradução latina, e seu preparo permitiu-lhe completar o *trienio* em Latim, um curso de três anos, em apenas dois, em 1797.

Quesada também apresentou a Bello os clássicos espanhóis, despertando nele um amor por Cervantes, Calderón de la Barca e Lope de Vega que perdurou por toda a vida. Mas a principal ênfase de seus ensinamentos foi o latim, requisito básico para os estudos universitários. Após completar o *trienio* com Montenegro, Bello foi admitido na Real e Pontifícia Universidade de Caracas em 1797,[10] no curso de Filosofia

---

9   Sobre frei Cristóbal de Quesada, ver Lucas Guillermo Castillo Lara, "Nuevos Elementos Documentales sobre Fray Cristóbal de Quesada", in BYC, p. 111-163.

10 Uma condição para a admissão na Universidade de Caracas era a comprovação do nascimento em uma família branca [*Padres blancos*]. O documento de admissão, assinado por Pedro Martínes, está na "Colección de Manuscritos Originales" na Fundación La Casa de Bello em Caracas, Venezuela, doravante CMO e FLCB (que usarei ao referir-me à biblioteca), respectivamente. A coleção de originais está distribuída em duas caixas; não está organizada, mas está bem identificada. Numerarei os itens na ordem em que os encontrei; portanto, "Constancia expedida por Pedro Martínes, maestre de escuelas de la Catedral de Caracas, a Bello, para cursar estudios en la Real y Pontificia Universidad de Caracas", 17 set 1797, in CMO, caixa 2, item 62.

preparatório para o grau de bacharel em Artes, obtido em 14 de junho de 1800. Um comentário de Montenegro relatado por Bello a Amunátegui relata que, por volta de 1797, Bello sabia ler também em francês (mais adiante estudou a gramática inglesa por conta própria e praticou a leitura em jornais britânicos). Quando frei Montenegro o viu lendo uma peça de Racine exclamou, consternado, "que pena, meu amigo, você deveria ter aprendido francês!", talvez preocupado com o tipo de literatura que Bello passaria a ter acesso.[11] Bello praticou seu francês traduzindo *Zulime*, de Voltaire. Ele contou a Amunátegui que o versado Simón Bolívar, frequentador do mesmo círculo literário em Caracas, comentara que sua escolha fora muito pobre. *Zulime* é, de fato, uma peça de literatura menor e certamente não é o trabalho mais memorável de Voltaire, mas a defesa pouco convincente de Bello em resposta a Bolívar foi que a sua tradução ao menos seria nova.[12] O fato revela, contudo, a curiosidade intelectual de Bello e sua facilidade para línguas.

Os estudos de Filosofia na Universidade de Caracas, também um *trienio*, consistiam de um primeiro ano de Lógica (quando Bello também estudou Matemática e Geometria), um segundo ano de Filosofia Natural e um terceiro ano de Metafísica. Essa foi a configuração dominante dos estudos filosóficos, bastante influenciada por Aristóteles, durante todo o período colonial. Por volta de 1790, as reformas dos Bourbon deram maior ênfase às ciências práticas, e os acadêmicos passaram a absorver a literatura científica da época. Um deles era frei Rafael Escalona, professor de Bello até 1799, que pode tê-lo influenciado a estudar Medicina. Bello não permaneceu nesse campo por muito tempo, mas desenvolveu um interesse duradouro por questões científicas e um notável dom para a popularização científica.[13]

Além dos temas científicos, Bello absorveu muito da filosofia moderna, que se tornou comum na Universidade de Caracas em 1778 graças aos

---

11 M.L. Amunátegui, *Vida...*, p. 16.
12 Ibid., p. 61.
13 O historiador venezuelano Ildefonso Leal localizou a matrícula de Bello na Faculdade de Medicina, mas não há nenhum registro de quanto tempo ele teria permanecido nesse campo. Ver o seu "Bello y la Universidad de Caracas", in *BYC*, p. 180-181. Bello disse a Amunátegui que abandonou o estudo de Medicina logo no início e começou a estudar Direito. Seja como for, ele só pode ter estudado esses assuntos entre 1800 e 1802, porque no ano anterior assumira um cargo administrativo no governo colonial e passou a trabalhar em período integral.

ensinamentos de Baltasar Marrero. Como qualquer outra universidade da América espanhola na segunda metade do século XVIII, a Universidade de Caracas era abertamente crítica à escolástica, em geral, e aos silogismos como instrumentos de conhecimento, em particular. Em seu clássico estudo do currículo de Filosofia da Universidade de Caracas nos anos em que Bello lá estudou, Caracciolo Parra-Léon cita os seguintes filósofos que foram apresentados por Marrero e ministrados por seus sucessores: Descartes, Leibniz, Berkeley, Locke e Condillac, entre outros.[14] Destes, os dois últimos tiveram uma influência sobre Bello que talvez se deva ao fato de ele ter estudado em Caracas. Bello tinha lido e provavelmente traduzido partes do *Ensaio sobre o entendimento humano*, de John Locke. A obra de Condillac era um componente importante do currículo universitário, e Bello demonstrou o domínio das ideias centrais do filósofo francês nos exames exigidos para a graduação. Em 9 de maio de 1800, ele defendeu a seguinte tese: *Vim habet sola analysis claras exactasque ideas gignendi* [Só a análise é capaz de produzir ideias claras e exatas], que é desenvolvida por Condillac em *Logique* (1780) e em outros textos.[15] Bello continuou estudando a gramática de Condillac, sobre a qual falaremos mais adiante, e testando a sua aplicação na conjugação do verbo espanhol. Para ele, a filosofia moderna significava, sobretudo, uma exposição às tendências intelectuais que ligavam Locke a Condillac e à última novidade, porém pouco duradoura, a escola francesa da "ideologia". Esses autores e a escola davam muito valor à experiência do senso comum como a base da aquisição de ideias. Bello preservou essa ênfase, enriqueceu-a mais tarde com seus estudos dos filósofos da escola escocesa do senso comum, e finalmente a expos de maneira sistemática em seu *Filosofía del entendimiento*, escrito principalmente durante a década de 1840, mas publicado após sua morte em 1881.[16]

---

14 Caracciolo Parra-Léon, *Filosofía universitaria venezuelana*, in *Obras*, Madri, Editorial J.B., 1954, p. 310. Ver também Ildefonso Leal, "Bello y la Universidad de Caracas", p. 172-179.

15 Na Parte I, Cap. III da *Logique*, Condillac afirma, por exemplo, que "só a análise é capaz de gerar ideias precisas e conhecimento verdadeiro". Esse era o texto que circulava na América espanhola, por ter sido publicado em tradução para o espanhol por Bernardo María de Calzada em 1784. Ver E.B. de Condillac, *La Lógica, o los primeiros elementos del arte de pensar*, Madri: Joachim Igbarra, 1784.

16 F. Murillo Rubiera, *Andrés Bello*, p. 83-93. Ver também Arturo Ardao, "La iniciación filosófica de Bello. Su *Análisis ideológica de los tiempos verbales*", in BYC, p. 329-390. Compreensivelmente, Ardao não acredita, ao contrário de Amunátegui, que Bello tenha traduzido o *Ensaio*

Bello era um aluno brilhante que impressionava professores e colegas com suas habilidades em vários campos. Em 1796, ganhou um prêmio por uma tradução do latim para o curso de Retórica. No ano seguinte, ganhou outro prêmio pelo domínio da ortografia espanhola em uma competição pública. Em 1799, foi premiado em Filosofia Natural. Em maio de 1800, não teve nenhum problema para ser aprovado nos exames das cinco áreas (*Ex Logica, Ex Physuicam, Ex Generatione, Ex Anima* e *Ex Mephysica*) necessárias para completar o bacharelado. Sua dedicação aos estudos foi recompensada com o primeiro lugar entre os formandos daquele ano.[17] Bello foi singularmente bem preparado pela academia e obteve o justo reconhecimento da maioria dos intelectuais e das instituições da colônia.

Bolívar e Humboldt

Entre seus estudos nas décadas de 1790 e até 1802, Bello trabalhou na administração colonial e teve contato com homens notáveis. Um deles foi o futuro Libertador, Simón Bolívar, apenas dois anos mais novo, a quem deu aulas de Geografia e Literatura a partir de 1797, até Bolívar partir para a Espanha em 1799.[18] Bello relatou essa experiência a Amunátegui, que dedicou a ela apenas alguns breves parágrafos em sua biografia.[19] Bello e Bolívar eram bastante próximos e até viajaram juntos a Londres como representantes diplomáticos da Venezuela. Posteriormente, o relacionamento de ambos foi marcado por desentendimentos que anuviariam as lembranças que Bello tinha de Bolívar em suas reflexões no final da vida. Bolívar deixa um claro testemunho da relação aluno-professor em uma carta de 1829 ao

---

de Locke. É possível que Bello tenha traduzido partes da obra de Locke, sim, mas para fins de estudos e não de divulgação.

17 Ver I. Leal, "Bello y la Universidad de Caracas", e idem, *El Grado de Bachiller...*, p. 25. As áreas de exame correspondiam, aproximadamente, à Lógica, Filosofia Natural, História Natural, Psicologia e Metafísica, disciplinas que, na época, eram estudadas na Inglaterra e nos Estados Unidos.

18 Oscar Sambrano Urdaneta, "Cronología de Bello en Caracas", in *BYC*, p. 96. Ver também P. Grases, "Andrés Bello, humanista de Caracas", in *Estudios sobre Andrés Bello* [doravante *ESAB*], 2 vols., II, p. 20. Ver também G. Masur, *Simón Bolívar*, p. 24.

19 M. L. Amunátegui, *Vida...*, p. 26-27.

poeta e diplomata José Fernández Madrid: "Conheço bem os talentos superiores de [Bello]. Ele foi meu mentor quando éramos jovens, e eu o amei com todo o respeito".[20] Contou também ao estadista colombiano Francisco de Paula Santander que "o nosso famoso Bello ensinou-me Geografia e a Arte da Composição".[21] Professor e aluno costumavam frequentar a mansão da ilustre família Ustáriz, famosa pelas reuniões culturais que promovia. Além destes, Bello e Bolívar tiveram muitos outros encontros sociais e intelectuais na primeira década do século XIX, quando Bolívar retornou à Venezuela de suas duas viagens à Europa. Foram, portanto, muito amigos enquanto viveram em Caracas. Bolívar tinha boas lembranças dessa época e reconhecia com tristeza a distância que mais tarde se interpôs entre eles. Esse tema será explorado em mais detalhes no Capítulo 3.

Também foi muito importante o relacionamento de Bello com Alexander von Humboldt, que esteve em Caracas de novembro de 1799 a fevereiro de 1800, quando Bello concluía seus estudos na universidade e ainda estava bastante familiarizado com temas científicos, além de Filosofia e Literatura. Para um estudante de dezoito anos em Caracas, a visita de Humboldt e seu assistente Aimé Bonpland foi uma verdadeira revelação intelectual, uma oportunidade de conhecer em primeira mão o trabalho de naturalistas experientes e seus instrumentos científicos. Bello acompanhou Humboldt e Bonpland na escalada ao monte Ávila, a imponente montanha que se ergue sobre Caracas. Embora se esforçasse, era fisicamente fraco e não conseguiu chegar ao topo. Mas acompanhou Humboldt em outras excursões e provavelmente também em ocasiões sociais. Humboldt preocupava-se com Bello ao ponto de sugerir a sua mãe que o dissuadisse de estudar tanto. Outro benefício dessa amizade foi Bello ter aprendido a conversar.[22] Mais importante, porém, Humboldt inspirou-o a desenvolver um genuíno interesse pelas ciências naturais, que passaram a ser tema de seus últimos trabalhos. Provavelmente foi em contato

---

20 Simón Bolívar para José Fernández Madrid, 27 abr 1829, in *Cartas del Libertador*, 8 vols., Caracas: Fundación Vicente Lecuna, 1969, VII, p. 128.
21 Bolívar para Santander, 20 maio 1825, in Simón Bolívar, *Selected Writings of Bolívar*, II, p. 501.
22 M.L. Amunátegui, *Vida...*, p. 25; A. Rojas, "Infancia y juventud", p. 219-221.

com Humboldt que Bello conheceu as ideias de seu irmão Wilhelm sobre língua e sociedade, que se tornariam centrais em seu projeto intelectual.[23] Humboldt ainda se lembrava de Bello cinquenta anos depois, quando surpreendeu o historiador chileno Benjamín Vicuña Mackenna ao referir-se ao venezuelano em junho de 1855, quando se encontraram em Berlim.[24]

Segundo uma testemunha, o jovem Bello gostava de caminhar pela cidade, em geral sozinho, mas também na companhia de amigos. Gostava particularmente dos "rios" Catuche, Guaire e Anauco, arroios situados a uma curta distância de sua casa, que por sua vez ficava a poucos quarteirões da casa de Bolívar no Callejón de la Merced (no cruzamento das atuais ruas Mercedes e Luneta) e a poucos metros de onde Humboldt se hospedava em Caracas.[25] Bello caminhava muito pelo vale de Caracas e além, em lugares como Petare, Los Teques e o vale do Aragua. Em Petare, alguns quilômetros a leste de Caracas, a família de Bello adquiriu, em 1806, uma pequena fazenda de café chamada "El Helechal", uma ótima oportunidade para visitar o interior da província. Agustín Codazzi, geógrafo italiano que lá esteve a trabalho entre 1820 e 1830, descreve uma região "localizada em posição privilegiada: com vista para o vale do Guaire e para a capital da República". Também destaca "a proximidade com a cidade, a terra fértil e o clima ameno e saudável".[26] A região, e a vista de Caracas, continuam belas até hoje e forneceram muito material para os textos de Bello, em especial a poesia que ele começava a compor e as memórias da terra em que nasceu.

---

23 Ver Amado Alonso, "Introducción a los Estudios Gramaticales de Andrés Bello", in A. Bello, *Obras Completas* [doravante OC], IV [*Gramática*], p. xxvi-xxvii. Wilhelm von Humboldt (1767-1935) fez contribuições importantes ao estudo comparativo da linguística, incluindo os revolucionários estudos do basco e do kawi, a língua ancestral de Java.

24 Ricardo Donoso, *Don Benjamín Vicuña Mackenna. Su vida, sus escritos y su tiempo, 1831-1886*, Santiago: Imprenta Universitaria, 1925, p. 65.

25 Para uma descrição de Caracas na época de Bello, ver F. Depons, *Travels in Parts of South America, During the Years 1801, 1802, 1803 & 1804*. Ver também Armila Troconis de Veracoechea, *Caracas*, Madri: Editorial Mapfre, 1992.

26 A. Codazzi, *Resumen de la Geografía de Venezuela (Venezuela en 1841)* III, p. 29. Andrés Bello recordou-se mais tarde, em carta a Antonio Leocadio Guzmán datada de 24 de setembro de 1864, de El Helechal, "que por alguns anos pertenceu a mim e a meus irmãos e irmãs, e passaram para outras mãos nas Guerras da Independência", in OC, XXVI, p. 449; SW, p. 225.

O SERVIDOR COLONIAL

De 1802 a 1810, Bello serviu a três governadores (*Capitanes Generales*) da Venezuela: Manuel Guevara Vasconcelos (1802-1807), Juan de Casas (1807-1809) e Vicente Emparán (1809-1810). Não causa surpresa que um jovem crioulo com educação universitária e facilidade para línguas fosse logo notado e recrutado pelo governo real. Mas Bello deve ter atraído uma atenção especial, porque foi recrutado antes de completar seus estudos formais. A recomendação de Pedro Gonzáles Ortega, *Oficial Mayor* (primeiro-secretário) da Capitania Geral é uma indicação clara da sua reputação precoce: "[Bello] tem se concentrado na literatura com tanto afinco que o público em geral e os intelectuais o recomendam para os serviços reais. Tenho visto trabalhos de sua autoria. Alguns são traduções de clássicos, outros são textos originais que, embora inferiores aos primeiros, revelam um talento extraordinário [...] aliado a um julgamento superior."[27] Com a força da recomendação de Gonzáles e o apoio de outro crioulo influente, Luis Ustáriz, o governador Guevara Vasconcelos nomeou Bello *Oficial Segundo* (segundo-secretário) da Capitania Geral em 6 de novembro de 1802, pouco antes de completar 21 anos. Assim teve início a sua participação na ordem colonial.[28]

Seu trabalho na Capitania Geral era principalmente administrativo. Bello preparava relatórios, mantinha registros e traduzia a correspondência da França e das ilhas britânicas no Caribe. Entre 1802 e 1810, afirma Pedro Grases, "não há fato cultural ou político na Capitania Geral em que a presença e a mão de Bello não sejam visíveis".[29] Porém o fato mais importante talvez tenha sido a desastrosa invasão de Miranda em Coro, em 1806. Na época, Bello tinha 24 anos e certamente estava ciente da gravidade do fato. Ele traduziu várias cartas e documentos detalhando os movimentos de Miranda para Guevara Vasconcelos, mas não há qualquer indicação sobre a sua própria posição perante os acon-

---

27 Citado por F. Murillo Rubiera, *Andrés Bello*, p. 62.
28 "Nombramiento de Bello como Oficial Segundo de la Capitanía General de Venezuela, firmada por Manuel Guevara Vasconcelos, Capitán General", 6 nov 1802, in *CMO*, caixa 2, item 63.
29 P. Grases, "Andrés Bello: Humanista de Caracas", in *ESAB*, II, p. 31.

tecimentos.³⁰ Quanto a isso, era um perfeito burocrata colonial: fazia o que lhe mandavam e guardava as opiniões para si. É mais provável que, como a maioria dos crioulos, não se deixasse inflamar pelo fervor revolucionário da expedição de Miranda. Era, sem dúvida, um fato dramático, mas não mais que um frenesi temporário em meio às operações normais do governo colonial.

Outros eventos importantes em que a participação de Bello está documentada são a campanha de vacinação contra a varíola em 1804, a introdução da imprensa escrita em 1808 e a instabilidade política que resultou na criação da primeira Junta Venezuelana em 1810. Essas atividades, porém, não o impediram de avançar em seus progressos intelectuais. Na verdade, como ainda veremos, suas responsabilidades administrativas e os temas de muitos de seus escritos estão intimamente relacionados.

A Junta Central de Vacinação

A campanha de vacinação contra a varíola na Venezuela (e em todo o Império Espanhol) exigia estruturas administrativas para cobrir imensas expansões geográficas. O rei Carlos IV enviou uma missão científica, liderada por Francisco Javier de Balmis, que chegou à Venezuela em 1804. Em apenas dois meses, a missão foi extremamente bem-sucedida, aplicando vacinas em grandes números em duas cidades, uma delas Caracas, e quatro portos. A missão inicial foi a criação da Junta Central de Vacinação (*Junta Central de Vacuna*) em 1804, sob a jurisdição da Capitania Geral. A Junta encarregou-se da distribuição das vacinas para as províncias do interior, e o número de inoculações, que em 1804 foi de 25 mil em 51 locais, aumentou para 104.700 em 107 locais em 1808, apesar da interrupção por mais de um ano causada pela campanha militar fracassada de Francisco Miranda.³¹ Quando a Junta Central de Vacinação retomou as atividades em novembro de 1807, Bello assumiu o papel central de se-

---

30 As traduções de Bello estão em *AGI*, Audiencia de Caracas, Legajos 105, 485 e 187. Elas consistem de uma carta escrita pelo Governador de Curaçao (13 maio 1806), uma carta escrita por Miranda e extraída de um jornal francês e uma carta para Guevara Vasconcelos enviada de Barbados (5 jun 1807), respectivamente.

31 Ricardo Achila, "La Junta Central de Vacuna", in *BYC*, p. 240-241.

cretário.³² Nesse cargo, ele registrou reuniões de novembro de 1807 a abril de 1808, dezenove ao todo, e preparou dois relatórios sobre questões administrativas relacionadas.³³

As atividades da Junta de Vacinação foram, sem dúvida, de grande importância política e social para a Venezuela, e Bello teve participação nisso. Nessa época, teve oportunidade de trabalhar com seu antigo professor José Antonio Montenegro e colaborar com José Domingo Díaz, médico e realista fervoroso que mais tarde se tornou seu inimigo. Pouco antes de ser indicado para a Junta, Bello tinha sido nomeado por Guevara Vasconcelos para o posto de comissário de guerra. Era um cargo honorífico que não envolvia o comando das tropas, mas importante por ter sido autorizado pelo rei, pelo secretário de Estado, pelo governador e pelo intendente. Uma rara distinção, na verdade, por ser o primeiro crioulo nomeado para o cargo na Venezuela.³⁴ A atuação de Bello deve ter sido exemplar, porque em dezembro de 1809 ele foi promovido a *Oficial Mayor* da Capitania Geral por Juan de Casas, o sucessor de Guevara Vasconcelos.

Até aqui, suas atividades sugerem um servidor atento e dedicado, completamente absorvido por uma promissora carreira administrativa. A ausência de documentos dificulta especular sobre as facetas mais importantes da sua vida pessoal, mas os estudiosos sugerem um possível relacionamento com María Josefa Sucre, irmã do herói da independência Antonio José de Sucre. Bello visitou seu pai em Cumaná, onde moravam

---

32 "Nombramiento de Bello como Secretario Político de la Junta Central de Vacuna, firmado por Juan de Casas, Capitán General de la Provincia deVenezuela", 22 mar 1808, in CMO, caixa 2, item 65.

33 Os dois relatórios, "Reglas que pueden servir a la creación, forma y primeras funciones de las juntas subalternas de vacuna" (1807) e "Plan de arbitrios presentado a la Junta por el secretario" (1808), estão incluídas em OC, XXIV, p. 683-700. Ver também comentário de P. Grases, "Dos textos de Andrés Bello en la Junta Central de Vacuna, 1807-1808", in *ESAB*, II, p. 204-209. Mais tarde, na Inglaterra, Bello escreveu um relatório sobre os efeitos da vacinação antivaríola na Venezuela, que foi apresentado ao National Vaccine Establishment em Londres e publicado no *Report*, n° 9, mar 1813, p. 11-12, daquela instituição. A carta na qual José María Blanco White incentiva Bello a escrever o relatório está incluída em OC, XXV, p. 58-59.

34 Aprovada pelo rei em 11 de outubro de 1807, a nomeação se completou em fevereiro de 1808, como se vê nas várias assinaturas no verso do documento, "Real Cédula de Carlos IV concedendo a Bello el nombramiento de Comisario de Guerra de la Capitán General de Caracas", in CMO, caixa 2, item 64.

os Sucre. Como uma das principais famílias crioulas do lugar, era natural que se visitassem socialmente. Em passagem pela região entre 1803 e 1804, o irônico observador francês François Depons notou, admirado, a qualidade das interações sociais na cidade. Afirma ele: "Os crioulos de Cumaná que se dedicam a cultivar a literatura caracterizam-se por sua penetração, julgamento e aplicação."[35] Bello e María Josefa apreciavam poesia e provavelmente as declamavam nesses encontros sociais. Bello teria se aproximado muito de María Josefa, pois falou de seus sentimentos com o discípulo e biógrafo Amunátegui, que por sua vez refere-se a esse relacionamento como o "primeiro amor" de Bello.[36] Amunátegui investigou sobre María Josefa junto ao intelectual venezuelano Arístides Rojas, que por sua vez recebeu informações em 1883 dos membros da família Loynaz.[37] Se o relacionamento existiu de fato, foi interrompido pela viagem de Bello à Inglaterra. María Josefa morreu prematuramente em um naufrágio no Caribe em dezembro de 1821. Em Caracas, a vida pessoal de Bello foi ofuscada pelas atividades políticas, que por volta de 1808 se intensificaram na colônia normalmente tranquila. A Venezuela, bem como todo o resto do Império, começou a assistir ao colapso da sua ordem tradicional.

A GAZETA DE CARACAS

A invasão de Espanha e Portugal por Napoleão em 1807-1808 e os crescentes sinais da grave crise no Império Espanhol levaram o governo colonial a publicar um periódico para que as notícias se espalhassem o mais rapidamente possível. O governador Casas requisitou uma impressora à vizinha ilha de Trinidad em agosto de 1808, e no final de setembro o equipamento, juntamente com os gráficos britânicos Matthew

---

35 F. Depons, *Travels...*, p. 134.
36 M.L. Amunátegui, "El primer amor de don Andrés Bello", in *Ensayos biográficos*, 4 vols., II, p. 233-242. Os estudiosos acompanharam também o que afirma Alberto Sanabria, versado na história local de Cumaná, em "Recuerdos de Andrés Bello", in *Primer libro de la semana de Bello en Caracas*, p. 281-282. Pedro Grases comprova esse relato em "Andrés Bello: Humanista de Caracas", ESAB, II, p. 36. Ver também Manuel Salvat Monguillot, "Vida de Bello", in *Estudios sobre la vida y obra de Andrés Bello*, p. 23.
37 Ver carta de Alejandro e Agustín Loynaz, e Josefa Salcedo, in Enrique Planchart, "Bello, Arístides Rojas y la familia Loynaz", in P. Grases, *Antología...*, p. 280-285.

Gallaguer e James Lamb, chegaram à Venezuela.[38] À luz das habilidades linguísticas de Bello e de sua bem-sucedida carreira administrativa, foi nomeado redator da primeira publicação periódica venezuelana, responsabilidade que envolvia preparar, traduzir e editar as matérias a serem publicadas. A primeira tiragem da *Gazeta de Caracas* saiu em 24 de outubro de 1808; Bello foi o responsável por essa publicação até viajar para a Inglaterra em junho de 1810.[39]

Exceto por um ou dois artigos notáveis, a importância do papel de Bello na *Gazeta* não tem sido devidamente apreciada. Deve-se avaliá-la de duas maneiras. A primeira é a criação e a articulação de uma "linha editorial" que interpretava e transmitia as confusas informações recebidas da Espanha e repercutiam a forte rejeição crioula à ocupação de Napoleão. E a segunda é o papel que Bello exercia na *Gazeta* e que lhe permitiu adquirir experiência nos vários aspectos de uma publicação e, especialmente, entender a utilidade e a influência da imprensa na formação da opinião pública. Essa experiência foi posta em prática posteriormente nos influentes periódicos *Biblioteca Americana*, *El Repertorio Americano* e *El Araucano*, mais tarde publicados na Inglaterra e no Chile.[40]

A *Gazeta* não poderia ter surgido em um momento mais crítico. Em março de 1808, uma disputa entre o rei Carlos IV e seu irmão Fernando, mais tarde Fernando VII, explodiu publicamente, e em maio Napoleão obrigou-os a abdicar em favor de José Bonaparte, em Bayonne, na França. As primeiras notícias desse conflito dramático chegaram a Caracas no início de julho de 1808. Vieram em duas matérias do *Times* de Londres enviadas por oficiais de Cumaná ao governador Juan de Casas, que imediatamente passou-as a Andrés Bello para serem traduzidas. Bello leu as notícias no dia seguinte e, "atordoado", comunicou o conteúdo ao governador.[41] Casas convocou imediatamente uma reunião dos emi-

---

38 Manuel Pérez Vila, "Andrés Bello y los Comienzos de Imprenta en Venezuela", in *BYC*, p. 265-303.

39 Consultei a *Gazeta de Caracas* em fac-símile (Paris: Établissements H. Dupuy, 1939) no *FLCB*. Notei que os números são inconsistentes, mas as datas estão na sequência certa.

40 Ver Raúl Silva Castro, "Andrés Bello en el periodismo", in *Estudios sobre la vida y obra de Andrés Bello*, p. 219-235. Ver também P. Grases, "Tres empresas periodisticas de Andrés Bello", in *ESAB*, II, p. 307-314.

41 M.L. Amunátegui, *Vida...*, p. 38.

nentes moradores espanhóis de Caracas para discutir as notícias, mas tentando mantê-las confidenciais ao excluir diretamente os crioulos. É claro que Casas e Bello sabiam que o que de fato estava acontecendo era o potencial colapso do Império Espanhol.

Casas estava em estado de choque quando o emissário francês tenente Paul de Lamanon chegou a Caracas (15 de julho de 1808) para comunicar oficialmente o confisco do trono da Espanha pelos franceses. Bello, que serviu de intérprete na ocasião, conta que Casas chorou copiosamente quando Lamanon confirmou o que o governador não quis acreditar no dia anterior.[42] Orgulhoso e obviamente confiante, o tenente francês espalhou a notícia por Caracas após reunir-se com Casas, provocando um tumulto instantâneo que pôs em risco sua própria vida. Foi Andrés Bello quem transmitiu a ordem do governador para que Lamanon deixasse Caracas imediatamente, o que ele fez nessa mesma noite, escoltado.

A reação da população de Caracas contra os franceses surpreendeu o próprio governador. Pressionado pelo *Cabildo* (conselho municipal), convocou uma reunião que resultou no voto de lealdade a Fernando VII.[43] Quando Lamanon embarcava na manhã do dia 16, uma fragata britânica ancorou no porto com novas notícias e instruções: os espanhóis tinham reagido massivamente contra a França e José, o "rei intruso"; a Grã-Bretanha aliara-se à Espanha contra Napoleão e ali estava para oferecer proteção contra as incursões francesas na América espanhola. O emissário britânico, capitão Philip Beaver, informou aos oficiais de Caracas que um governo provisório tinha sido criado em Sevilha e transmitia o apoio de seu país aos resistentes espanhóis contrários a Napoleão.[44]

O capitão Beaver deixou Caracas no dia 19 de julho com a clara impressão de que as notícias tinham caído em ouvidos moucos. Ele re-

---

42 Ibid., p. 40-41.

43 Os fatos são descritos em detalhes por Caracciolo Parra-Pérez, *Historia de la Primeira República de Venezuela*, Caracas: Biblioteca Ayacucho, 1992. A maior parte do relato baseia-se num estudo clássico, originalmente publicado em Caracas em 1939, e nas memórias de Bello para Amunátegui.

44 Um estudo sobre a política e as alianças britânicas contra Napoleão é o de R. Muir, *Britain and the Defeat of Napoleon, 1807-1815*. O texto do tratado da aliança entre Grã-Bretanha e Espanha (14 de janeiro de 1809) foi publicado na *Gazeta de Caracas*, nº 41, 26 maio 1809.

latou ao almirante Alexander Cochrane, então comandante das forças britânicas no Caribe, que fora recebido "com muita frieza, quase incivilidade" por Casas, mas que a população o acolhera calorosamente. E detectou o que de fato se tornaria uma acusação contra Casas e seu sucessor Vicente Emparán: os crioulos suspeitavam que eles fossem pró-franceses. Quando se encontraram, Beaver deixou claro para Casas, "em linguagem tão forte que o intérprete [Bello] hesitou muitas vezes antes de traduzir", que os argumentos da França eram inaceitáveis para a Grã-Bretanha. Beaver disse também que os crioulos eram solidamente leais a Fernando VII e se mostraram bastante receptivos à aliança com a Grã-Bretanha.[45]

Embora Casas esperasse uma audiência mais simpática aos argumentos franceses, o conselho municipal insistia em inequívocas expressões de lealdade a Fernando VII. Os crioulos começaram a suspeitar seriamente do governador e dos espanhóis e exigiram a criação de uma Junta, uma comissão governamental nos moldes da que surgira na Espanha ocupada pela França. A princípio, Casas permitiu algumas deliberações sobre essa questão, mas ignorou as recomendações do conselho. Quando a questão foi colocada novamente em novembro, ele mandou prender os signatários.[46]

Em consequência, o governador e as autoridades espanholas permaneceram no poder, mas tiveram que fazer uma declaração de lealdade mais convincente a Fernando VII em deferência aos sentimentos crioulos. A posição deles foi reforçada pelo reconhecimento da política britânica e pela chegada em 5 de agosto dos emissários da nova Suprema Junta espanhola para confirmar as autoridades em seus postos.[47]

---

45 A carta detalhada de Beaver está em P. Beaver, *The Life and Services of Captain Philip Beaver; Late of His Majesty's Ship Nisus*, p. 334-340. Há uma versão mais curta dessa mesma carta em Manuel Palacio Fajardo, *Outline of the Revolution in Spanish America*, Londres, Longman, Hurst, Rees, Orme and Brown, 1817, p. 29-33. Acredito que a inclusão da carta no livro de Palacio prova que Bello participou da preparação do volume, porque só ele estava ciente de sua importância. Mais tarde Bello entregou a carta a Amunátegui, que publicou o relato do capitão Beaver na Espanha em *Vida...*, p. 47-49.

46 P. McKinley, *Pre-Revolutionary Caracas*, p. 151. Ver também J.E. Rodríguez O., *The Independence of Spanish America*, p. 55-56.

47 C. Parra-Pérez, *Historia...*, p. 158.

Foi nessas circunstâncias tão críticas que Bello participou da montagem da "linha editorial" da *Gazeta de Caracas*.[48] A primeira edição mostrou a que vinha ao afirmar que "antes a morte a se submeter ao jugo de Napoleão". Esse e os números subsequentes discutiram os eventos ibéricos que provocaram tanta confusão e instabilidade em Caracas, interpretando as últimas informações. É óbvio, como sugere Manuel Pérez Vila, que o propósito da *Gazeta* era controlar a informação para combater os rumores politicamente tendenciosos sobre a situação da Espanha e da Venezuela.[49] A primeira edição da *Gazeta* decreta: "O público pode estar certo de que nada será publicado sem a prévia autorização do governo."[50] Esse comentário dificilmente seria tranquilizador nos dias de hoje, mas na época serviu ao propósito de centralizar as informações e neutralizar os boatos potencialmente prejudiciais. O periódico também publicava material não político, como anúncios, informações sobre finanças e moradia, relatórios da atividade portuária e pedidos de informação sobre o destino dos escravos fugitivos. Além disso, transcrevia documentos oficiais e publicava notícias e artigos traduzidos de jornais estrangeiros, como o *Times* de Londres e o *L'Ambigu, ou Variétés littéraires et politiques*, um jornal anti-Napoleão publicado em Londres entre 1802 e 1818.[51] Nos dezoito meses que Bello ficou na *Gazeta*, a posição do jornal era inequivocamente anti-Napoleão, apoiava a resistência espanhola e era leal a Fernando VII. E também se alinhava aos interesses britânicos na medida em que o Império era aliado da Espanha contra Napoleão.

Foi nesse contexto que se desenvolveu um contato mais próximo entre as colônias britânicas e espanholas do Caribe, especialmente entre Curaçao e Venezuela. Os secretários dos respectivos governos, coronel John Robertson e Andrés Bello, iniciaram uma correspondência que in-

---

48 Sobre o papel de Bello na *Gazeta de Caracas* ver Péres Vila, que afirma que nem todos os textos entre outubro de 1808 a junho de 1810 podem ser atribuídos a Bello, mas determina a centralidade de Bello na seleção, tradução e apresentação das notícias. Ver seu "Andrés Bello y los Comienzos de la Imprenta em Venezuela", p. 265-303.
49 Ibid., p. 272.
50 *Gazeta de Caracas*, nº 1, 24 out 1808.
51 M. Pérez Vila, "Andrés Bello y los Comienzos de la Imprenta em Venezuela", p. 296. Também C. Pi Sunyer, *Patriotas americanos en Londres: Miranda, Bello y Otras Figuras*, p. 313-318.

cluía a troca de informações extraídas especialmente dos jornais britânicos. Mas logo as exigências mercadológicas envolveram os responsáveis em outras questões. Em 19 de novembro de 1808, Bello escreveu ao governador detalhando suas conversas com Robertson e recomendou a redução de tarifas para os produtos britânicos em razão da recente aliança entre a Grã-Bretanha e Espanha.[52] Nessa época, os dois oficiais desenvolveram uma calorosa amizade; Robertson enviou livros a Bello, entre eles uma gramática da língua inglesa para ajudá-lo a se familiarizar com o idioma. Essa troca de informações entre eles foi fundamental para esclarecer os confusos acontecimentos na Espanha.

Além do trabalho na *Gazeta*, há indicações de que Bello pretendia publicar um periódico menos restrito à política oficial. Realmente, no final de 1809, ele e Francisco Isnardy publicaram o prospecto de um jornal intitulado *El Lucero*. O jornal contava com o patrocínio do Real Consulado e pretendia cobrir áreas de interesse cultural e científico, como ciências naturais, literatura, montagens teatrais e história e geografia da Venezuela. Era um projeto ousado, em parte pelas obrigações de Bello na *Gazeta*, em parte pela falta de assinantes e em parte pelos acontecimentos de 1810 que apressaram a sua ida para a Inglaterra. Mas no prospecto de *El Lucero* já é possível identificar a abordagem cultural--científica de duas editoras que publicavam na Inglaterra na década de 1820, o *Biblioteca Americana* e *El Repertorio Americano*.[53] Enquanto isso, desenvolvimentos políticos de consequências imprevisíveis prendiam a atenção da sociedade de Caracas.

Os eventos de 1810

A crise imperial agravou-se rapidamente. A precária Junta Central, criada em Sevilha em 1808 como governo emergencial, entrou

---

52 O relatório original escrito à mão por Bello está em CMO, caixa 2, item 74, e é catalogado erroneamente como "carta não identificada". Duas cartas originais de Robertson a Bello de 1809 (10 de janeiro e 2 de fevereiro) estão em CMO, caixa 1, itens 23 e 24. Há um total de seis cartas de Robertson para Bello em OC, XXV.

53 Nenhuma cópia do prospecto do jornal sobreviveu, mas a prova de sua existência está na *Gazeta de Caracas*, nº 78 e 79, de 5 e 12 de janeiro de 1810. Uma cópia do prospecto deve ter chegado a Bogotá, porque o cientista colombiano Francisco de Caldas comentou o seu conteúdo no *Semanario del Nuevo Reyno de Granada*. Ver P. Grases, "El Lucero, de Andrés Bello y Francisco Isnardy", in *ESAB*, II, p. 305.

em colapso sob ataque francês em janeiro de 1810; soldados e oficiais dispersados se refugiaram no porto fortificado de Cádiz, onde a Junta foi substituída por uma Regência de cinco membros e um Conselho fraco e sitiado que dependia do apoio dos comerciantes e mandatários da América espanhola. Em 14 de fevereiro de 1810, num apelo desesperado aos hispano-americanos, o Conselho divulgou um comunicado que incluía uma declaração espantosa: "Deste momento em diante os hispano-americanos são elevados à dignidade de homens livres; seu destino não depende mais de ministros, vice-reis e governadores. Está nas suas próprias mãos."[54] O objetivo era reunir as Cortes espanholas, o parlamento, e criar uma representação diplomática hispano-americana para estabelecer um relacionamento mais igualitário entre Espanha e as possessões de além-mar. O efeito disso em Caracas, como em toda a América espanhola, foram rebeliões. A retórica de liberdade foi recebida mais como coação do que convicção. Os crioulos duvidavam que os espanhóis tivessem capacidade de formar um governo e oferecer qualquer coisa substancial que apaziguasse suas preocupações. E sabiam muito bem que os remanescentes do Império Espanhol precisavam muito mais das colônias do que da própria Espanha.

Em Caracas, os crioulos andavam agitados desde que tentaram criar uma Junta em 1808. Após maio de 1809, as tensões entre eles e o novo governador, Vicente Emparán, aumentaram visivelmente: Emparán agia sem dar muita atenção ao conselho municipal e à Real Audiência nos compromissos, e também tendia a acelerar a repressão. Como se isso não bastasse, os crioulos sabiam que Emparán fora nomeado pelas autoridades francesas em Madri.[55] O descontentamento crioulo resultou em uma tentativa prematura de revolução pela milícia do coronel Marques Francisco Rodríguez del Toro em 2 de abril de 1810, mas Emparán conseguiu desarmá-la rapidamente, talvez porque a notícia tivesse se

---

54 Citado por Timothy Anna em seu *Spain and the Loss of America*, p. 61. Ver também C. Parra-Pérez, *Historia...*, p. 196. Parte da declaração da Regência está na *Gazeta de Caracas*, nº 97, 11 maio 1810, mas certamente já era conhecida.

55 Essa foi uma das justificativas do movimento de 19 de abril. Ver "Instruciones de la Junta de Caracas para sus Comisionados en Londres", in Cristóbal de Mendoza (ed.), *Las primeras misiones diplomáticas de Venezuela*, 2 vols., Caracas, Academia Nacional de la Historia, 1962, p. 244-245. Ver também Tomás Polanco Alcántara, *Simón Bolívar: Ensayo de una interpretación biográfica a través de sus documentos*, Caracas: Academia Nacional de la Historia, 1994, p. 230.

espalhado. José Domingo Díaz declarou mais tarde que Bello teria sido o informante do governador da conspiração em curso. Foi um evento violento, mas apenas o prenúncio de outros muito mais dramáticos que viriam nas semanas seguintes.[56]

Em meados de abril de 1810 finalmente chegaram a Caracas as notícias do colapso da Junta Central e o decreto da Regência. A reação crioula foi rápida: um *Cabildo Extraordinario*, ou assembleia de emergência, foi convocado pelo conselho municipal na manhã de 19 de abril. O governador Emparán relutou, mas aceitou participar da reunião. E ouviu argumentos em favor da criação de uma junta local que protegesse os interesses legítimos de Fernando VII, especialmente agora que a autoridade central espanhola tinha desmoronado. Na mesma época, muitos crioulos já tinham outras motivações e alguns até manobravam abertamente para depor Emparán. E foi o que de fato aconteceu, quando o governador, subjugado pelas circunstâncias e enfrentando multidões hostis, renunciou publicamente e transferiu o poder para o *Cabildo*, que por sua vez nomeou a *Junta Suprema Conservadora de los Derechos de Fernando VII* [Junta Suprema para Proteger os Direitos de Fernando VII], encarregada de governar em nome do rei cativo. Emparán e várias autoridades espanholas deixaram a Venezuela em segurança nos dias e semanas que se seguiram.

E assim os crioulos deram os primeiros passos para se autogovernar. A nova Junta agiu com decisão e firmeza: abriu seus portos para o comércio com nações amigas e neutras, eliminou taxas de exportação, derrubou o *alcabala* (imposto sobre vendas), eliminou o tributo dos índios

---

56 Díaz publicou sua versão na Espanha em 1829 (Madrid: Imprenta de D. León Amarita). Os ataques mais amargos foram contra Bolívar, mas ninguém que estava envolvido na criação da Primeira República, Bello, inclusive, foi poupado de insinuações, de acusações explícitas de traição e de, no mínimo, comportamento moralmente repreensível. O relato que Díaz faz dos acontecimentos entre 1808 a 1810 é questionável, porque ele se ausentou da cidade por motivos pessoais de 9 de abril de 1808 a 26 de abril de 1810. Ver seus *Recuerdos sobre la rebelión de Caracas*, Caracas: Biblioteca de la Academia Nacional de la Historia, 1961, p. 571 (na edição original de 1829 p. 400-401), em que cita Bello como um dos que cometeram o crime de "esfaquear o coração da mãe pátria com as lâminas da mais indecente e irracional rebelião". Bello estava sendo acusado de traição (p. 60-61 e p. 13 do original). A mesma acusação foi repetida por Mariano Torrente em seu *Historia de la revolución hispanoamericana*, I, p. 56-57, embora atribua erroneamente o ano de 1809 a esse pretenso papel de Bello. O livro de Torrente foi usado mais tarde no Chile para atacar Bello. Pedro Grases comenta as fontes de acusação em seu "La acusación de infidencia contra Bello", in *ESAB*, II, p. 63-69. Ver também C. Parra-Pérez, *Historia...*, p. 190-192.

e pôs fim ao comércio de escravos.⁵⁷ Os 23 membros da Junta, a maioria da elite crioula, concordaram facilmente com as reformas econômicas. Mas não houve concordância quanto à organização política. Alguns membros eram a favor da autonomia dentro da estrutura do Império Espanhol, outros defendiam um rompimento radical com a Espanha.⁵⁸ A tensão entre essas duas alas acabou cedendo em 1811, em favor da independência total, embora a princípio o movimento prometesse, ao menos formalmente, lealdade à Coroa espanhola.

Bello conservou seu cargo como servidor no governo Emparán durante a crise e continuou trabalhando, com os mesmos títulos, na nova junta chefiada por Juan Germán Roscio na recém-criada divisão das Relações Exteriores.⁵⁹ Foi com essa atribuição que ele preparou a resposta oficial ao decreto da Regência, que discutiremos a seguir. A permanência de Bello a serviço do governo demonstra que o movimento de 19 de abril não teve o intento revolucionário de destruir a burocracia imperial, e sim de realinhar as forças que pretendiam eliminar as fontes de instabilidade, identificadas principalmente com o vácuo de poder na Espanha e o papel não confiável de Emparán e outras autoridades espanholas na colônia. Bello, um crioulo importante e bem-educado, um competente funcionário do governo que conhecia muito bem os meandros da administração colonial, além de ser amigo pessoal de muitos membros da Junta de Caracas, fez uma transição tranquila para o novo governo. Logo foi convidado para integrar a primeira missão diplomática na Inglaterra juntamente com Simón Bolívar e o representante do governo Luis López Méndez. Certamente, a confiança das novas autoridades deixou-o lisonjeado.

---

57 C. Parra-Pérez, *Historia...*, p. 205. Ver também *Gazeta*, nº 95, 27 abr 1810, para uma racionalização desta e de outras medidas. Nessa edição, a primeira após o movimento de 19 de abril, há uma convocação às demais províncias da Venezuela para que sigam o exemplo de Caracas. O argumento é que a Regência não pode prometer a proteção da Espanha, por isso a Venezuela toma suas próprias medidas para promover a causa de Fernando VII.

58 Ver John Lynch, *The Spanish American Revolutions, 1808-1826*, 2ª ed., Nova York/Londres: W.W. Norton, 1986, p. 196. Ver J. Rodríguez O., *The Independence...*, p. 110-112, e também David Bushnell, "The Independence of Spanish South America", in Leslie Bethell (ed.), *The Cambridge History of Latin America*, vol. 3, Cambridge: Cambridge University Press, 1985, p. 103-104, 109.

59 A posição e os títulos de Bello são indicados na *Gazeta de Caracas*, nº 102, 8 jun 1810.

PERFIL INTELECTUAL E POLÍTICO DE BELLO

Bello tinha 28 anos quando foi para a Inglaterra. Por ser muito jovem e em razão de seus deveres profissionais produziu muito pouco durante esse período se comparado à abundância de anos posteriores. Algumas de suas obras, principalmente poemas e traduções, não sobreviveram à devastação causada pelas guerras da independência. Mas um conjunto significativo de trabalhos iniciados em Caracas e elaborados e publicados mais tarde nos dá uma ideia da sua espantosa gama de interesses e de onde ele se situava política e intelectualmente num momento tão crítico de transição. Alguns desses temas serão examinados agora.

A formação clássica de Bello forneceu-lhe a base de um interesse duradouro pela poesia. Os setenta poemas que ele compôs e traduziu durante a vida, dez dos que chegaram até nós, pertencem à fase de Caracas. Quanto aos temas, vão de imitações dos clássicos ("Egloga", "A la nave", "Mis deseos"); a situações específicas como a vacinação contra a varíola ("Oda a la vacuna", Venezuela consolada"); à morte do arcebispo ("Octava a la muerte del I.S.O. Francisco Ibarra"); à luta espanhola contra Napoleão ("A la victoria de Bailén"); e à celebração de belezas naturais ("El Anauco", "A un samán", "A una artista"). Como sugere o literato Emir Rodríguez Monegal, o tom bucólico da maioria dos poemas, reminiscente das *Geórgicas* de Virgílio, tem suas raízes na tradição neoclássica.[60] A crítica não costuma dar o devido valor a esses poemas, exceto talvez a "Egloga". Um crítico um pouco mais simpático, quase um admirador, Marcelino Menéndez y Pelayo avalia que os poemas sobre a vacinação contra a varíola, "aqueles lânguidos, irritantes e adulatórios poemas de gratidão a Carlos IV", estão entre os piores[61] e sequer merecem serem chamados de poesia. Talvez seja um julgamento severo demais para um poema que pode ser interpretado de várias maneiras. Tomadas na sua totalidade, as referências que estes e outros poemas da

---

60 E.R. Monegal, *El outro Andrés Bello*.
61 M. Menéndez y Pelayo, *Historia de la poesía hispanoamericana*, I, p. 374. O intelectual colombiano Miguel Antonio Caro (1843-1909) foi um dos primeiros a estudar a poesia de Bello em Caracas (1882). Ele também traduziu muitos dos poemas para o latim. Ver seu "Educación y Estudios de Bello. Sus Primeros Ensayos Poéticos (1781-1810)", in C. Valderrama Andrade (ed.), *Escritos sobre don Andrés Bello*, p. 17-35.

fase de Caracas fazem a fatos históricos concretos e às riquezas naturais da Venezuela, bem como as referências e associações com a poesia romana e espanhola, são indicadores importantes da desenvoltura política e intelectual de Bello. Outros escritos que ainda serão considerados neste capítulo complementam e reforçam as mesmas visões transmitidas através de suas poesias.

Antonio Cussen nos oferece um tratamento moderno e criterioso da poesia de Bello. O que é essencial nesses poemas, argumenta, especialmente em "Oda a la vacuna", são as referências a Augusto, uma convenção poética muito usada na poesia romana e espanhola em homenagem ao rei. Em "Oda", Carlos VI é representado conduzindo a Venezuela para longe do flagelo da varíola e outras epidemias, entre elas "a praga dos conflitos civis e internacionais causados pela Revolução Francesa".[62] Cussen também indica que temas como as belezas rurais, as virtudes morais e a mítica era de ouro que caracterizam os primeiros poemas de Bello são "venerados pelo poder imperial". O Bello que emerge da sua obra poética, Cussen prossegue, é um Bello que não é só um entusiasta da ordem imperial, mas está satisfeito com ela.[63]

Elementos da poesia de Bello revelam um lado pessoal que reflete uma profunda ligação com a terra natal. Embora os poemas sejam repletos de referências mitológicas, típicos da moda neoclássica, trazem também nomes de rios e paisagens de Caracas e da Venezuela. Um deles, "A un samán", não traz nenhuma referência mitológica, mas alude principalmente à natureza da Venezuela e a uma de suas árvores nativas. Em poemas posteriores, especialmente em "Silva a la agricultura de la zona tórrida" [Ode à agricultura tropical] (1826), as referências à fauna e à flora são mais explícitas: ele as descreve em notas de rodapé acompanhadas de seus nomes científicos. Podemos ver que as raízes dessa ênfase, que tornaria Bello inconfundível na poesia hispano-americana, estão nos poemas da fase de Caracas. Podemos também especular se essa ênfase não deveria ser atribuída ao contato de Bello com Alexander von Humboldt, que ao descrever Caracas observa que "em meio às maravi-

---

62 A. Cussen, *Bello and Bolívar: Poetry and Politics in the Spanish American Revolution*, p. 13.
63 Ibid., p. 16.

lhas da natureza, tão rica em produções interessantes, é estranho não haver ninguém que se dedique ao estudo das plantas e dos minerais".[64] Impressionado com os conhecimentos de Humboldt, Bello sente-se desafiado a incorporar em sua poesia a observação da natureza.[65]

Além de realçar a natureza, a poesia de Bello em Caracas revela um crescente interesse pelas estruturas da língua. Em suas adaptações de Virgílio e Horácio, Bello busca formas equivalentes de expressão e talvez um aperfeiçoamento do vernáculo. Como nos mostra Pedro Grases, ao compor a "Egloga", baseada livremente nas Églogas II de Virgílio (*Formosum pastor Corydon ardebat Alexim*...), Bello levou em consideração as éclogas dos poetas espanhóis Garcilaso de la Vega e Francisco de Figueroa. Bello prestava muita atenção em como eles usavam a rima e o vocabulário.[66] Seus poemas devem ser lidos, então, como composições que seguem modelos latinos e espanhóis e ao mesmo tempo incorporam vocabulário e temas locais.

O interesse inicial de Bello pelas estruturas da língua perdurou por muito tempo e é demonstrado em seu livro *Análisis ideológica de los tiempos de la conjugación castellana* [Análise ideológica dos tempos na conjugação castelhana]. O livro só foi publicado em 1841 no Chile, embora o prólogo revele que fora escrito há mais de trinta anos, ou seja, os últimos anos que ele viveu em Caracas.[67] O livro reflete um sólido interesse pelas funções do verbo espanhol, mas que ele não consegue explicar a partir das categorias gramaticais da língua latina, a gramática "universal" racionalista de Port Royal, e nem sob o ponto de vista de filósofos do século XVIII como Nicolas Beauzée e Condillac. É evidente que elas são resultados de estudos subsequentes, embora seus conhecimentos so-

---

64 A. von Humboldt, *Personal Narrative*..., I, p. 415.
65 Fernando Paz Castillia toca nesse ponto indiretamente, mas para indicar que os estudos de Humboldt da natureza americana inspiraram o Romantismo da poesia de Bello. Ver o seu "Introducción a la poesía de Bello", in Bello, OC, I, p. xliii. Ver também J. Durán Luzio, "Alexander von Humboldt y Andrés Bello: Etapas hacia una Relación Textual" e "Nota de Bello: *Vues des Cordillères*. Alcances de una Solitaria Indicación al Margen", ambos incluídos em seu *Siete ensayos sobre Andrés Bello, el escritor*, p. 103-121 e p. 123-152, respectivamente.
66 Ver P. Grases, "La elaboración de uma egloga juvenil de Bello", in *ESAB*, II, p. 186-203.
67 A. Bello, *Estudios Gramaticales*, in OC, V, p. 7. Eu consultei a edição da *Análisis* publicada em Valparaíso: Imprenta de M. Rivadeneyra, 1841, em *FLCB*.

bre Condillac estivessem claramente solidificados.⁶⁸ A publicação desse livro em 1841 sugere décadas de reflexão e trabalho sobre o assunto. Ao mesmo tempo, o prólogo também confirma a validade da sua visão original: o verbo espanhol requer um conjunto próprio de categorias de classificação e sistematização. Mais tarde, ele estendeu essa abordagem para todo o campo da gramática. A língua espanhola falada na América espanhola, insiste Bello, precisa contar com estruturas gramaticais permanentes e inteligíveis que permitam inovar e ao mesmo tempo reconhecer as contribuições locais.

Se o estudo da língua resulta facilmente em uma reflexão filosófica, no caso de Bello foi certamente o que aconteceu. As primeiras reflexões emergiram durante a sua formação filosófica em Caracas e logo se articularam com o crescente interesse pela gramática. No prólogo de *Análisis*, Bello afirma que "poucas coisas permitem um exercício mental tão adequado para o desenvolvimento das faculdades mentais, a fim de torná-las mais flexíveis e fáceis, que o estudo filosófico da língua". Além dessa utilidade prática, Bello acreditava que "o estudo filosófico da língua revela processos mentais delicados que ninguém poderia imaginar no uso diário" (OC, V, p. 6; SW, p. 86). Bello escreveu extensivamente sobre questões filosóficas no final da vida e dedicou muita atenção à relação entre a língua e as ideias em seu *Filosofía del entendimiento*, publicado após sua morte.

Os conceitos gramaticais e filosóficos de Bello, por mais lúcidos que sejam, foram só uma parte das suas atividades. Como sugerimos anteriormente, ele passava grande parte do seu tempo no dia a dia em tarefas da administração e com escritos relacionados de outra natureza. Além de relatórios, correspondência, minutas, artigos e traduções para a *Gazeta*, Bello envolveu-se em um projeto ainda maior, o *Calendario manual*

---

68 Bello contou a Amunátegui que em Caracas tinha consultado o volume I de *Cours d'études pour l'introduction des jeunes gens*, de Condillac (*Vida...*, p. 67-68). Os estudiosos acreditavam que Bello traduzira também *L'Art d'écrire*, editado por Ramón Aguilar e publicado em Caracas em 1824. Bello negou ter sido o tradutor em uma carta a seu irmão Carlos de 16 de fevereiro de 1825, afirmando que "não gostaria de ser responsabilizado pelas ideias de outros; e nem pelas minhas depois de muitos anos" (OC, XXV, p. 151-152). Em "Contribuición caraqueña de don Andrés Bello", in *ESAB*, II, p. 53-60, Pedro Grases não hesita em atribuir essa tradução a Bello. É bem possível que Bello mantivesse esse trabalho inédito até sentir-se absolutamente confortável com ele. Ver também F. Murillo Rubiera, *Andrés Bello*, p. 87-88.

y *guía universal de forasteros em Venezuela para el año* de *1810* [Manual e guia universal para visitantes da Venezuela, 1810]. A *Gazeta de Caracas* de 27 de outubro de 1809 publicou uma resenha indicando que o *Calendario* oferecia informações úteis sobre vários aspectos da história e da vida contemporânea na Venezuela. A obra tinha cinco divisões: assuntos civis e econômicos, fiscais, eclesiásticos, militares e comerciais. Incluía também um *resumen* [resumo] da história da Venezuela, desde a sua colonização até o momento atual.

Era um projeto ambicioso, que não conseguiu avançar conforme o plano original devido aos acontecimentos de abril de 1810 e a partida de Bello para a Inglaterra em junho. Mas uma versão resumida do *Calendario* com 64 páginas contendo o *Resumen de la historia de Venezuela* veio à luz em 1810. Pedro Grases rastreou uma cópia dessa publicação no British Museum na década de 1940 – uma das três únicas cópias que sobreviveram. Embora o livro não esteja assinado, Grases confirma com segurança a autoria de Bello.[69] A autoria desse texto foi particularmente problemática, porque Bello não se identifica explicitamente como o autor. Além disso, ele sempre relutou em reconhecer as partes que não considerava terminadas. A própria história do *Resumen* era complicada, por ter sido escrito durante o regime colonial a fim de enaltecê-lo.

Além do valor intrínseco por ser o primeiro livro impresso na Venezuela (e o texto histórico mais importante), o *Resumen* nos permite conhecer o pensamento de Bello durante o período colonial. Sua breve versão da história da Venezuela é interpretativa e expressa orgulhosamente a originalidade da região. Ele descreve os primeiros colonizadores e imputa grande parte das suas dificuldades à busca desenfreada por riquezas, especialmente minério, e à resistência da população indígena. A intenção é clara: oferecer uma narrativa de transição da conquista e do ouro para a agricultura e um governo estável. Ao referir-se ao colonizador Francisco Fajardo, Bello escreve que "a descoberta do ouro foi o começo das desgraças de Fajardo e não uma recom-

---

[69] Ver P. Grases, "El *Resumen de la historia de Venezuela* de Andrés Bello" e "Calendario manual y guía universal de forasteros em Venezuela para el año de 1810", in *ESAB* I, p. 109-277, e I, p. 279-334, respectivamente. As referências do próprio Bello na *Gazeta* e a exaustiva pesquisa de Grases não deixam dúvida sobre a autoria. Ver também F. Murillo Rubiera, *Andrés Bello*, p. 96-105, e Luis J. Ramos e Demetrio Ramos, "Bello y el *Resumen de la historia de Venezuela*", in *BYC*, p. 305-327.

pensa por seus esforços" (OC, XXIII, p. 21). E acrescenta que "na Venezuela, a busca do El Dorado [ouro] foi o principal motivador de todas as atividades, a causa de todos os males, a fonte da expansão [territorial]" (OC, XXIII, p. 29). A busca pelo ouro tornou os conquistadores "cegos de ganância e surdos com as vantagens da indústria do trabalho" (OC, XXIII, p. 40). A Venezuela só começou a mudar quando passou a receber mais atenção real, mesmo que aos trancos e barrancos, em razão de outra calamidade: os ataques dos estrangeiros. Só no final do século XVII, e graças à influência combinada da Igreja e do governo, o país alcançou alguma estabilidade.

Um dos temas de Bello, os efeitos benéficos da política real e da agricultura, e não por coincidência as reformas dos Bourbon, ganha a devida ênfase no *Resumen*. A exaltação à agricultura, entretanto, é particularmente notória e complementa parte de sua poesia. Terminada a fase da mineração, ele nos diz, os conquistadores buscam outras atividades. "A agricultura foi o que encontraram em um lugar em que a natureza ostenta tão rica vegetação" (OC, XXIII, p. 44). Bello faz uma leve crítica à negligência real porque, no princípio, a Espanha não importava diretamente o cacau venezuelano e privava a colônia de um comércio necessário. Essa restrição à produção agrícola foi relaxada em 1728 com as operações de frete da Companhia Guipúzcoa (iniciadas em 1730), cujas práticas tanto descontentamento causaram à população crioula até o final daquele século. Bello toca nessa questão delicada reconhecendo os abusos da empresa, mas descreve o monopólio comercial como um passo decisivo para o desenvolvimento da Venezuela (OC, XXIII, p. 48). O país cresce com as novas exportações agrícolas, tanto em termos de produção quanto pela crescente capacidade de importar. O comércio aproxima a Venezuela não só da Espanha, mas de outras regiões da América espanhola. A agricultura ganha um papel gigantesco na história da Venezuela e se torna o *leitmotiv* das visões de Bello sobre a América espanhola.[70]

O *Resumen* pode ser lido como uma homenagem incondicional a uma política econômica iluminada, especialmente as reformas de Carlos

---

70 Pedro Grases encontrou uma relação direta entre a terminologia do *Resumen* e a de "Silva a la agricultura de la zona tórrida". Ele argumenta que o humanismo de Bello tem raízes na contemplação da natureza de seu país. Ver seu "El paisaje de Venezuela, base del humanismo de Andrés Bello", *Discurso de incorporación como individuo de número de la Academia Nacional de Historia*, Caracas, Venezuela, 1996.

III. Mas também pode ser visto como uma homenagem aos laços que uniam Espanha e Venezuela, e que se torna emocionada quando, já no final, faz uma referência à invasão da Espanha por Napoleão. A Venezuela é descrita como um dos primeiros países em que:

> [...] o voto de ódio eterno foi jurado, espontaneamente e unanimemente, ao Tirano [Napoleão] por tentar romper tão estreito vínculo. A Venezuela deu a mais relevante e definitiva prova da convicção de seus habitantes de que a felicidade e a tranquilidade dependem de que sejam mantidas as relações às quais a América deve sua preservação e crescimento há tantos séculos.[71]

Para se avaliar a importância dessa descrição é preciso levar em conta a sequência de datas: Bello refere-se à reação espontânea da população em 15 de julho de 1808, quando Caracas toma conhecimento por intermédio do emissário francês, o tenente Lamanon, que o trono da Espanha foi ocupado por José Bonaparte. Mas a efervescência desse e dos dias que se seguiram não foi apenas uma expressão de amor à Coroa espanhola, foi também um desabafo dos sentimentos antifranceses misturados à raiva e à desconfiança pelo governador Juan de Casas. Mais que isso, foi uma expressão de insegurança e perplexidade em um momento em que a crise espanhola, a abdicação dos monarcas espanhóis em Bayonne e a criação das Juntas ainda não eram conhecidas e muito menos estavam resolvidas. Bello *interpretou* os eventos de 15 de julho ressaltando, de forma exagerada, os laços tradicionais de lealdade que uniam Espanha a suas colônias.

É ainda mais significativo que suas palavras tenham sido escritas pouco antes dos eventos de 1810 e publicadas *depois* do movimento de abril. Desde que a criação da Junta tenha sido inspirada, embora oportunisticamente, em defesa dos direitos legítimos de Fernando VII, não há nenhuma incompatibilidade entre a efusividade de Bello e os objetivos explícitos do movimento. Ao mesmo tempo, isso o mantém afastado dos elementos mais radicais do novo governo. Que essas eram as suas opiniões e que ele as pretendia divulgar, fica evidente nos vários anúncios publicados na *Gazeta*. Como já mencionado, o prospecto do *Calendario* con-

---

71 In *Historia y Geografía*, OC, XXIII, p. 55. A tradução deste trecho é de A. Cussen, *Bello and Bolívar*, p. 23.

tendo o *Resumen* apareceu na *Gazeta* em 24 de outubro de 1809. Foram anunciados vários adiamentos, nas edições de 1º de dezembro de 1809; 5 de janeiro de 1810; 2, 9 e 16 de fevereiro de 1810. Por fim, em 2 de junho, provavelmente o último número da *Gazeta* do qual Bello participou, anunciou-se que o livro estaria disponível no dia 10, ou seja, quase dois meses depois da criação da Junta. Em outras palavras, Bello decidiu publicá-lo apesar dos acontecimentos de 19 de abril e descreve as consequências desse fato como "a recente e desejada nova ordem das coisas".[72]

A "nova ordem das coisas" era, obviamente, a criação de uma Junta independente – não independente da Coroa de Bourbon, mas do precário Conselho da Regência. O rompimento dos laços com a Espanha, justificado como necessário à luz da vitória da França percebida como iminente na distante Caracas, conseguia unir os separatistas radicais e os leais à Coroa. Bello, que se aproximava mais desses últimos do que dos primeiros, transmitiu o sentimento de ambos os grupos em uma apaixonada rejeição às pretensões da Regência. E o fez em uma carta dirigida aos cinco membros da Regência, datada de 3 de maio de 1810 e assinada pelos funcionários do governo José de las Llamosas e Martín Tovar Ponte.[73] Bello confirma a autoria do documento em carta para Juan María Gutiérrez, datada de 9 de janeiro de 1846 (OC, XXVI, p. 114) e mencionada novamente a Amunátegui. Mas não destaca a importância histórica do documento que provocou a retaliação da Regência e o bloqueio naval na costa da Venezuela.[74] Trinta e seis anos depois, ele cita esse mesmo documento como prova de seus serviços à causa da independência.

---

72 *Gazeta de Caracas*, nº 101, 2 jun 1810. O esforço de Bello para publicar o livro, mesmo com tanta coisa importante acontecendo, não foi apenas por zelo ideológico, mas por lealdade aos assinantes que já tinham comprado o livro no início do ano e reclamavam dos adiamentos. Ele também achava que deveria justificar a conclusão com um resumo histórico dos eventos de 15 de julho de 1808, "porque várias partes do governo e da administração ainda não estão definidas". E acrescentou um comentário, bastante comovente em retrospectiva, que retomaria o trabalho no ano seguinte. Isso nunca aconteceu.

73 Foi publicada na *Gazeta de Caracas*, nº 97, 11 maio 1810. Também incluída em A. Bello, *Derecho Internacional*, OC, X, p. 411-418.

74 Em 15 de julho de 1810, Eusebio de Bardaxi y Azara, em Cádiz, informa o almirante Juan Ruiz de Apodaca, em Londres, que a Regência ordenava um "rigoroso bloqueio". A notícia obriga Bolívar, que estava em Londres, a retornar a Caracas, mas o bloqueio só se materializa em janeiro de 1811. Ver P. McKinley, *Pre-Revolutionary Caracas*, p. 162. Bardaxi anuncia o

Realmente, o documento aproximou a Venezuela da sua independência. Se comparado ao *Resumen,* há pouca exaltação ao rei e ao amor filial de seus súditos. Embora expresse lealdade a Fernando VII, a linguagem é de separação mais do que de união. "Vocês estão absolutamente enganados se pensarem que nossa lealdade e obediência serão transferidas às diversas corporações que vivem trocando uma coisa pela outra [na Espanha]" (OC, X, p. 413), lê-se em uma das passagens-chave, implicando que a Regência não tinha nenhuma legitimidade e por essa razão não podia reivindicar a representação nacional. A Regência era arrogante em sua comunicação com as colônias e cometia injustiças ao distribuir cadeiras nas Cortes aos representantes da América espanhola. Além disso, a Regência não era muito diferente dos administradores corruptos que, em nome do rei, imobilizavam os conselhos municipais e oprimiam as colônias. Além de outras acusações, o documento conclui com uma estrondosa declaração separatista: "Em poucas palavras, não reconhecemos o novo Conselho da Regência." (OC, X, p. 417). Até uma tentativa de amenizar a declaração lembra aos destinatários que não haverá volta ao status quo anterior: "Se a Espanha se salvar, seremos os primeiros a prestar obediência a um governo que seja legítimo e constituído sobre a igualdade." (ibid.) Certamente o documento foi lido em um processo de separação. A Regência considerou que a Venezuela estava em estado de rebelião e respondeu à altura.

Quando vista no contexto da publicação contemporânea do *Resumen,* a carta à Regência parece ser um pronunciamento radical, porém compatível com as demonstrações de lealdade a Fernando VII. É duvidoso que Bello abraçasse incondicionalmente declarações como "um artifício banal que prolongou a nossa infância e as correntes que nos prendem durante três séculos" como uma caracterização fidedigna da história da Venezuela sob o domínio da Espanha.[75] Não era o que ele pensava sobre o período colonial, como demonstrou na publicação do *Resumen* um mês depois. Mas no documento público que transmitia o

---

bloqueio às autoridades da Venezuela em 1º de agosto de 1810. O documento aparece na *Gazeta de Caracas,* nº 5, 6 nov 1810.
75 OC, X, p. 416. A tradução é de A. Cussen, *Bello and Bolívar,* p. 20.

consenso da Junta de Caracas, que incluía tanto radicais quanto moderados, ele deve ter feito os ajustes necessários.

Em suma, o Bello que viajou para a Inglaterra em 10 de junho de 1810 foi impelido pelo curso precipitado dos acontecimentos que o tiraram dos serviços leais à Coroa para as incertezas de uma nova ordem política, ainda bastante precária para necessitar de ajuda estrangeira. Ele estava preocupado com a situação da família, pois deixaria para trás a mãe viúva e sete irmãos e irmãs mais novos. Preparou-se para a viagem à Inglaterra com poucas informações e sob pressão para cumprir suas obrigações junto ao governo e seus deveres editoriais em Caracas. Mas devia estar entusiasmado por viajar em tão distinta companhia e em tão importante missão em nome de seu país.[76] O fato de levar consigo alguns de seus textos indica que pretendia que a visita fosse intelectualmente produtiva. "Aprender um pouco mais, meu amigo, para iluminar o nosso povo", Bello escreve a seu amigo Juan Germán Roscio, ministro das Relações Exteriores, quando cruzava o Atlântico.[77] Ele planejava uma estadia curta, mas não seria. Em uma carta ao irmão Carlos, datada de 17 de fevereiro de 1846, ele recorda: "Lembro-me claramente da última vez que vi Caracas a caminho de La Guaira. Quem poderia ter me dito que seria a última?" (OC, XXVI, p. 116-117). E foi de fato a última.

Os vários interesses e as muitas atividades de Andrés Bello enquanto vivia em Caracas definem claramente um perfil intelectual e político? A resposta é sim, pois foi lá que seu interesse por poesia, gramática, filosofia e ciências naturais despertou, foi alimentado e mais tarde investigado. Enquanto viveu em Caracas, Bello explorou a riqueza poética e as estruturas gramaticais da língua espanhola, tentou sistematizar os tempos verbais e mergulhou nos textos filosóficos mais relevantes para a relação entre língua e ideias. Isso serviu de base para os estudos que o acompanharam por toda a vida e resultaram na produção de dois monu-

---

76 Parece ter sido por insistência de Simón Bolívar e Luis López Méndez que Bello foi convidado a juntar-se à missão. Eles fizeram o pedido à Junta em 4 de junho e receberam a resposta favorável no dia seguinte. O grupo partiu no dia 10. Ver Juan Germán Roscio para Bolívar e López Méndez, 5 jun 1810, in C. de Mendonza (ed.), *Las primeras misiones diplomáticas de Venezuela*, p. 248-249.

77 Roscio para Andrés Bello, 29 jun 1810, in CMO, caixa I, item 3. Também em OC, XXV, p. 8-10.

mentos intelectuais da América espanhola do século XIX, a *Gramática de la lengua castellana* e a *Filosofía del entendimiento*. A resposta também é sim para o interesse de Bello pelas ciências naturais, reforçado pelo contato com Alexander von Humboldt e que também durou por toda a vida. Bello incorporou a natureza na poesia e desenvolveu um interesse secundário, porém persistente, pelo pensamento científico, essencial para o desenvolvimento econômico e educacional das novas repúblicas. Por fim, a resposta também é positiva pelo fato de Bello ter sido exposto ainda muito jovem à administração pública, inclusive às questões de ordem externa, e nelas ter permanecido até o fim de sua vida. O trabalho diplomático, a editoria de jornais, as declarações políticas em nome de líderes do governo e a administração de instituições culturais e educacionais, tudo tem precedentes nos anos vividos em Caracas.

Entretanto, a resposta talvez seja negativa em dois aspectos. O primeiro é que uma das atividades em que Bello se tornou mais conhecido, a jurisprudência, praticamente não existia na Venezuela no seu tempo. Talvez isso explique porque foi só depois da independência que o Estado de direito e a atividade legislativa passaram a ser uma necessidade, senão uma aspiração das novas repúblicas. O seu interesse pela jurisprudência surgiu e foi cultivado em Londres, mas só depois que ele foi para o Chile em 1829 que passou a ser documentado. Em segundo lugar, o seu comprometimento político evoluiu lenta, mas radicalmente, da lealdade à monarquia espanhola para as considerações das vantagens da monarquia constitucional e, por fim, para o comprometimento com o republicanismo.

Resumindo, tanto as continuidades quanto as mudanças, embora mais as primeiras que as últimas, caracterizam o desenvolvimento intelectual e político de Bello depois de Caracas. De um lado, foram continuidades importantes a educação humanística, a poesia e o gosto pelos clássicos, além do interesse por língua e filosofia. De outro, a transição da monarquia para a república e os desafios das nações independentes passam a ser planos de fundo dos seus novos e mais importantes direcionamentos intelectuais. O homem que partiu para a Inglaterra em junho de 1810 era alguém com vasta experiência e sabedoria, mas que seria testado em sua capacidade de reorientar a vida e o pensamento para as realidades da América espanhola independente.

2.
O exílio e os estudos em Londres

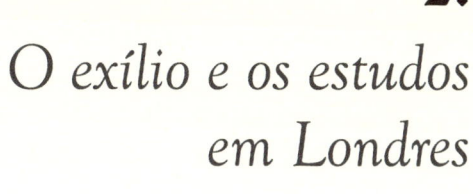

Chegando a Portsmouth, Inglaterra, a bordo do H.M.S Wellington, em 10 de julho de 1810, Simón Bolívar, Luis López Méndez e Andrés Bello imediatamente solicitaram os passaportes para seguir até Londres, onde se reuniriam com o marquês Wellesley, secretário das Relações Exteriores desde 1809.[1] As instruções da Junta de Caracas eram: pedir proteção à frota britânica; um suprimento de armas para a defesa; a mediação da Inglaterra em caso de provável retaliação do Conselho da Regência espanhol; aprovação das ações da Venezuela; o apoio da Grã-Bretanha pela ajuda da Venezuela na guerra da Espanha contra Napoleão; e a participação ativa dos oficiais britânicos no Caribe para a garantia de todos os pedidos anteriores e promover o comércio com a Venezuela. As instruções da Junta afirmavam que "as solenes declarações do governo [de Caracas] incluem a garantia de que a Venezuela, longe de aspirar romper os laços que a aproximam da metrópole [Espanha], tomará as providências necessárias para proteger-se dos perigos que a ameaçam. Embora esteja livre do Conselho da Regência, a Venezuela não está menos confiante em seu monarca nem menos interessada no sucesso da guerra santa espanhola" (OC, XI, p. 10).[2]

Wellesley recebeu a delegação, não na Secretaria das Relações Exteriores, mas em sua residência, para que as reuniões tivessem caráter

---

1 Os viajantes receberam permissão para seguir para Londres em 12 de julho. Ver *Aliens' Entry Books,* Aliens Office e Home Office (HO/5/13, p. 488), Public Records Office, Knew Gardens, Londres, Inglaterra.

2 Citação e tradução de A. Cussen, *Bello and Bolívar*, p. 33. O texto completo está em A. Bello, "Misión diplomática de Bolívar-López Méndez", OC, XI, p. 10.

menos oficial possível. O cuidado era devido à atual aliança entre Inglaterra e Espanha, por mais fraco que Wellesley reconhecesse o governo desta última (e por extensão, o da Venezuela). Nos quatro encontros entre 16 de julho e 9 de setembro de 1810, o secretário questionou, modificou e invalidou os pontos levantados pela delegação de Caracas, e expôs uma contradição política do governo venezuelano que ele considerava fundamental: apesar das proclamações de lealdade a Fernando VII, a Junta estava declarando, na verdade, a sua independência da Espanha. No primeiro encontro, Bolívar, que na época tinha 27 anos de idade, não ajudou muito ao defender, com eloquência, mas impetuosamente, a independência, contradizendo as instruções da Junta.[3] Da perspectiva da Secretaria das Relações Exteriores, o rompimento com a Espanha enfraqueceria os esforços de guerra, portanto, não atenderia aos interesses britânicos. O que o Wellesley pôde oferecer era uma mediação entre a Regência Espanhola e a Junta de Caracas.[4] Por falta de instruções e até mesmo de convicção a esse respeito, os membros da delegação não aceitaram a oferta. Bolívar parou de se esforçar para mudar a opinião de Wellesley e seis dias após o último encontro voltou para Caracas.

Os três membros da delegação supunham que voltariam à Venezuela tão logo a missão estivesse cumprida. Mas os dois meses de negociações mostraram o valor de uma representação diplomática em Londres para promover a causa oficial da Venezuela, para a qual não faltavam apoiadores fora do círculo oficial, a começar pelo eterno conspirador Francisco Miranda e sua rede de contatos. Somaram-se a isso as notícias da reação da Regência espanhola à proclamação de Caracas (mencionada no Capítulo 1) preparada por Bello, que chegaram a Londres no dia 3 de setembro: a Venezuela tinha sido declarada em estado de rebelião e fora

---

3   Andrés Bello, que redigiu as atas desses encontros, mais tarde contou a história a Miguel Luis Amunátegui, que a descreveu em *Vida...*, p. 88-91. Gherard Masur acompanha esse relato e considera as declarações Bolívar um "erro notável" em seu *Simón Bolívar*, p. 74-75. Tomás Polanco Alcántara acredita que Bolívar assumiu deliberadamente uma atitude extrema como tática de negociação; ver seu *Simón Bolívar...*, p. 230.

4   Sem o conhecimento dos enviados da Venezuela, Wellesley informou o embaixador espanhol dos propósitos da missão bem como o teor e o conteúdo dos encontros. Ver Wellesley ao Duque de Albuquerque, 14 jul 1810, Archivo Histórico Nacional, Madri (doravante *AHN*), Sección de Estado, Legajo 5462. Albuquerque, por sua vez, informou Eusebio de Bardaxi y Azara em Cádiz das reuniões de Wellesley em 18 de julho, 1º de agosto e 13 de agosto de 1810.

ordenado um bloqueio naval.⁵ O grupo decidiu que Bolívar retornaria a Caracas imediatamente, enquanto López Méndez e Bello permaneceriam em Londres, não só para manter Caracas informada, mas para transmitir as políticas da Junta ao governo britânico. Eles reconheciam a importância de serem representantes do posicionamento da Venezuela perante a opinião pública britânica, refletida na vigorosa imprensa periódica de Londres. Francisco Miranda decidiu, de sua parte, retornar à Venezuela logo depois que Bolívar partiu. Tudo isso foi devidamente observado pela Embaixada da Espanha.⁶

O retorno de Miranda exigiu alguma preparação, porque os venezuelanos ainda se ressentiam de seu papel na malfadada invasão de Coro em 1806. No melhor das hipóteses, era considerado um sonhador, e na pior, umególatra perigoso. Bello, por sua vez, reconhecia o valor de Miranda. Em uma conversa com Juan Germán Roscio, ministro das Relações Exteriores em Caracas, Bello atribuiu a Miranda os conselhos e os contatos tão necessários para que eles pudessem circular pelo ambiente pouco familiar da diplomacia britânica. Reconhecia que Miranda não era bem-visto pelos compatriotas, e certamente nem pelas autoridades britânicas, mas atribuía muitas das acusações contra ele à "inveja" e às "más intenções". Observando a rotina diária de Miranda, sua disponibilidade para ajudar a delegação de Caracas e a preocupação com os problemas da Venezuela, Bello estava convencido da sua sinceridade. Conforme um relato seu, Miranda só queria retornar em paz à sua terra natal. E não ambicionava cargos governamentais.⁷ À luz do que sucedeu em seguida, tanta confiança em Miranda demonstrou a notável ingenuidade de Bello. Tímido e introvertido, estava tão enfeitiçado pelo exu-

---

5 O Conselho da Regência indicou Bardaxi para informar o almirante Juan Ruiz de Apodaca em Londres da determinação de 15 de julho. Ver *AHN*, Legajo 5461. Parece que a posição de Wellesley não agradou nem à Espanha nem aos representantes da Venezuela. Os enviados só tomaram conhecimento disso depois que saiu na imprensa e informaram Caracas no dia 8 de setembro. A notícia saiu na *Gazeta de Caracas*, n° 123, 9 nov 1810.

6 Apodaca para Bardaxi, 26 set 1810 e 26 nov 1810, in *AHN*, Legajo 5462.

7 Como era costume nos despachos diplomáticos, o relatório foi assinado por Luiz López Mendes, mas o texto original foi escrito por Bello enquanto secretário. Ver "Misión diplomática de Bolívar-Lópes Méndez", in OC, XI, p. 64-68. O documento que se refere a Miranda é de 3 de outubro de 1810. É o próprio Miranda quem pede permissão para retornar à Venezuela em 3 de agosto de 1810. Sua carta foi publicada na *Gazeta de Caracas*, n° 7, 20 nov 1810.

berante e manipulador Miranda que se tornou um instrumento acrítico dos projetos de um homem mais velho.

Nesse caso, a intenção da descrição de Bello, endossada por López Méndez, era justificar um fato consumado, porque tanto um quanto o outro encorajavam a partida de Miranda para a Venezuela, o que o velho patriota fez no dia 10 de outubro, chegando a Caracas em meados de dezembro de 1810. O retorno de Miranda à terra natal teve consequências trágicas para ele próprio e para o país que ele deixara para trás havia trinta anos. Por recomendação de Bello e López Méndez, e do próprio Bolívar, ele foi recebido com cautela e não sem apreensão.[8] Diferentemente do que prometera aos enviados venezuelanos, Miranda logo se envolveu com a política de Caracas: tornou-se membro ativo da radical Sociedad Patriótica e teve papel fundamental na declaração da independência total em 5 de julho de 1811. Em seguida, assumiu o comando do novo exército nacional e começou a combater as forças realistas irregulares nas províncias que ameaçavam o governo da jovem República da Venezuela. Após uma série de reveses militares, Miranda capitulou às forças realistas em 25 de julho de 1812, em uma manobra lamentada por seus próprios comandados. Certos de que Miranda fizera esse movimento sem as devidas consultas, movido basicamente por derrotismo, os decepcionados patriotas, entre eles Bolívar, o detiveram quando ele tentava deixar a Venezuela e o entregaram às autoridades espanholas. Não ajudou em nada Miranda ter em sua posse o que sobrara do tesouro nacional. Ele foi detido pelas forças realistas comandadas por Domingo Monteverde em 31 de julho de 1812, fato que pôs fim efetivamente à Primeira República da Venezuela. Miranda foi para Porto Rico e depois a Cádiz, onde morreu na prisão em 1816.[9] Seu tão almejado retorno à Venezuela foi desastroso. Bolívar chamou a capitulação de Miranda de "vergonhosa" e a sua conduta de "covarde".[10] Mais tarde esse fato constituiria uma das questões que se interpuseram entre Bello e Bolívar.

---

8 W.S. Robertson, *The Life of Miranda*, II, p. 92-93.
9 Ibid., p. 179-184, traz particularidades da queda de Miranda. Embora persistam dúvidas sobre as motivações de Bolívar, a derrocada de Miranda não impede que ele seja considerado um líder do movimento pela independência. Ver G. Masur, *Simón Bolívar*, p. 118-119.
10 Simón Bolívar para a Secretaria de Estado, 8 abr 1813, in *Cartas del Libertador*, I, p. 71-74.

Na distante Londres, López Méndez e Bello não tinham ideia desses fatos tão dramáticos. Estavam hospedados na confortável casa de Miranda na Grafton Street 27 (hoje Grafton Way 58), onde Bello desfrutava da magnífica biblioteca de seu compatriota. A casa era também importante local de encontro dos hispano-americanos em passagem por Londres. Foi lá que Bello conheceu o líder da independência argentina José de San Martín, em 1811, e onde aderiu, ao lado outros, à loja maçônica Caballeros Racionales para que a confidencialidade de suas reuniões fosse preservada.[11]

Apesar das vantagens de residir em Londres, os enviados notaram que o fluxo das comunicações entre a delegação e o governo britânico e entre a delegação e a Junta de Caracas anterior a setembro de 1810 diminuíam a cada dia. Em um relatório para Caracas datado de 2 de outubro de 1810 é feita uma menção aos problemas financeiros que eles enfrentavam. Por volta de 8 de fevereiro de 1811, López Méndez e Bello se queixaram da escassez de informação sobre o que acontecia em Caracas, o que os deixava em uma posição desconfortável; os jornais londrinos sabiam o que acontecia na Venezuela antes deles. Além da falta de notícias, o dinheiro também estava acabando, porque os agentes financeiros britânicos tinham suspendido o crédito até que os depósitos fossem feitos. Eles escreveram a Caracas em 6 de julho de 1811 descrevendo a precária situação em que se encontravam. Em 4 de setembro do mesmo ano, reiteraram que os recursos tinham "se exaurido". O ano seguinte deve ter sido particularmente difícil, porque no último comunicado oficial enviado em 14 de setembro de 1812 eles mencionam "circunstâncias desagradáveis" que foram obrigados a suportar. Era uma referência às dívidas assumidas em Londres que resultaram na prisão de López Méndez e os impedia de voltar à Venezuela. O que não era de todo ruim, porque a Primeira República da Venezuela já tinha sido derrotada pelos realistas. Bello e López Méndez foram abandonados ao próprio destino.

Essa situação não foi produto de puro descaso por parte do governo de Caracas. Do ponto de vista de Francisco Miranda e Simón Bolívar,

---

11 Ver P. Grases (ed.), *Los libros de Miranda* e B. Mitre, *Historia de San Martín y de la emancipación sudamericana*, p. 78. O registro com a lista dos membros do grupo está no Archivo General de la Nación, México, Indiferentes de Guerra, vol. 22, fólios 27-29.

que combatiam desesperadamente os realistas na Venezuela, a gravidade dos acontecimentos locais tornava a situação dos representantes em Londres uma questão de menor importância. No final de julho de 1812, Bolívar fugiu para salvar a própria pele e Miranda caiu nas mãos das autoridades espanholas. O novo capitão-geral da Venezuela, Fernando Miyares, demitiu oficialmente Andrés Bello em 15 de outubro de 1812, "por sua ativa participação na revolução de Caracas".[12] O Império temporariamente restaurado se mostrou impiedoso e vingativo, inaugurando uma década de retaliações e carnificinas.

Anos difíceis

Longe de casa e sem a principal fonte de sustento, Bello e López Méndez permaneceram na casa de Miranda até receber notícias da derrota na Venezuela ou talvez um pouco mais. Em seguida, Bello iniciou uma fase de movimentos não rastreáveis e mudanças frequentes de endereço, quase sempre no distrito de Somers Town, que anos mais tarde desapareceu por completo com a construção do terminal ferroviário de St. Pancras. A situação era tão desesperadora que, à luz do colapso da República e da própria penúria em que vivia, Bello solicitou sua inclusão na anistia geral oferecida pelo Conselho da Regência Espanhola em 1813. Tinha esperança de que a anistia lhe permitisse retornar à terra natal ou a qualquer outra colônia que ainda permanecesse sob o controle espanhol. Em duas cartas datadas de 30 de junho de 1813, Bello fez declarações que devem ter lhe custado muito: ele fora um leal servidor espanhol da Capitania Geral da Venezuela e aderira à Junta de Caracas pela triste situação que a Espanha se encontrava sob os Bonaparte, e porque a criação do novo governo lhe parecera a única saída para proteger os direitos legítimos de Fernando VII. Admitia ter cometido um erro de julgamento e implorava por uma audiência receptiva. Em Londres, o conde Fernán Núñez encaminhou o pedido de Bello a Cádiz, mas endossou-o com moderação: "Recolhi alguns pareceres sobre este jovem, que me pareceu merecedor, e que são favoráveis a ele." Em 28 de julho de 1813, as autoridades de Cádiz requisitaram mais informações

---

12 O. Sambrano Urdaneta, *Cronología de Andrés Bello, 1781-1865*, p. 17-18. O documento assinado por Miyares está incluído em Héctor García Chuecos, "Apuntes para una documentada biografía de don Andrés Bello", in P. Grases (ed.), *Antología del Bellismo en Venezuela*, p. 291-292.

ao capitão-geral da Venezuela, mas não há registro de nenhuma resposta. Se e quando o pedido chegou à Venezuela na segunda metade do ano de 1813, Caracas já tinha sido reconquistada por Bolívar.[13]

É provável que na época em que Bello escreveu à Regência solicitando o perdão, certamente em 1814, ele estivesse morando na Poland Street 9, perto da Oxford Street, em um quarto alugado. Seu melhor amigo nessa época era José María Blanco y Crespo (mais conhecido como Joseph Blanco White), espanhol de descendência irlandesa e ex-cônego da Catedral de Sevilha que residia na Inglaterra sob a proteção de Lorde Holland, o chefe do círculo político liberal mais influente do país.[14] Blanco White publicava o influente periódico *El Español* (1810-1814), que era severamente crítico à política das Cortes espanholas e, consequentemente, simpático às queixas da América espanhola. Ele dava todo o apoio a Bello junto aos seus contatos. Foi a partir da correspondência entre eles que pudemos acompanhar os últimos movimentos da desesperada situação financeira de Bello. As 28 cartas trocadas entre 1814 e 1828 revelam uma forte amizade, o suficiente para que Bello, sempre tão reservado, abrisse uma janela em seu coração para Blanco após as mortes da mulher e do filho em 1821.[15] Os diários, as cartas e os textos autobiográficos de Blanco White manifestam uma contínua e crescente admiração por Bello, com quem conversava frequentemente sobre interesses intelectuais incrivelmente similares, em especial sobre a história da Espanha medieval, ou sobre questões pessoais e práticas, sobre traduções e os acontecimentos correntes da América espanhola.[16]

---

13 O *Memorial* de Bello (petição) e várias outras notas dos funcionários espanhóis estão in *AHN*, Legajo 5465, ítem 169. Ver também *OC*, XXV, p. 54-58.

14 A biografia mais completa de Blanco White em inglês é de M. Murphy, *Blanco White: Self--Banished Spaniard*. Sobre a Holland House, ver L. Mitchell, *Holland House*.

15 Blanco White converteu-se, primeiro, do catolocismo ao anglicanismo e mais adiante ao unitarismo. Bello continuou católico, mas expressou suas dúvidas religiosas em uma carta a Blanco que não chegou até nós, mas da qual tomamos conhecimento pela resposta de Blanco em 8 de julho de 1821 (*OC*, XXV, p. 108-110). Edoardo Crema escreveu um livro sobre esse momento crítico da vida de Bello. Ver o seu *Trayectoria Religiosa de Andrés Bello*.

16 Inúmeras referências a Bello são encontradas em Special Collections and Archives, Sidney Jones Library, Universidade de Liverpool (doravante *LUL*, conforme a prática do professor Murphy), especialmente nas seções I (cartas) e III (manuscritos). Uma passagem reveladora foi encontrada em *OC*, III, p. 262, quando Blanco descreve a visita de Bello para discutirem a mudança dele, Blanco, para Trinidad em 1818. Na Manchester College Library da Uni-

Foi também por intermédio das cartas de Blanco que soubemos de seus esforços para que Bello e também o patriota mexicano frei Servando Teresa de Mier recebessem algum tipo de auxílio financeiro do governo britânico.[17] Um dos contatos de Blanco White era um rico comerciante hispano-irlandês, mr. John Murphy, que tinha influência bastante nos círculos de governo para interceder em nome de seus amigos. Mesmo assim, não foi fácil garantir o sustento de Bello e Mier. Blanco escreveu a Bello em maio de 1815 informando-o de que "conversei ontem com Murphy, mas ele disse que, embora ficasse feliz em poder ajudar, não teria mais condições de fazê-lo".[18] Mesmo assim, em 14 de dezembro de 1815, Blanco insistiu, dessa vez perguntando a Murphy: "Quero saber se a solicitação de Bello [ao governo] obteve algum sucesso".[19] Blanco voltaria a recorrer aos seus protetores da Holland House, revelando em carta escrita em 30 de dezembro de 1815 e enviada a outro endereço, desta vez para Evesham Buildings 15, em Clarendon Square, que Lady Holland tinha intercedido pessoalmente junto ao governo em favor de Bello e Mier. Blanco dá a entender que o próprio lorde Wellesley intercedera e que o assunto seria discutido.[20] Parece que tudo se resolveu, porque em resposta Bello pede a Blanco que transmita sua gratidão a Lady Holland. Blanco responde em 5 de janeiro de 1816 que sua gratidão fora transmitida. Nessa carta, Blanco

---

versidade de Oxford há outros manuscritos de Blanco White, distribuídos em seis seções intituladas MS. As referências a Bello estão em MS 3 com entradas em 8 de outubro, 23 de outubro e 29 de novembro de 1822. A MS 2 traz outras informações da colaboração entre Blanco e Bello para incluir outros refugiados espanhóis em suas publicações. A autobiografia de Blanco também faz referências a Bello, mas usando só as iniciais. Ver *The Life of the Rev. Joseph Blanco White, Written by Himself; With Portions of His Correspondence.*

17 As cartas de Blanco eram endereçadas, até 1814, para a casa de Miranda, onde Bello provavelmente pegava a correspondência. Blanco White ajudou outros refugiados espanhóis, desde José Joaquín de Mora em 1813 até a segunda onda de liberais espanhóis exilados que começou em 1823. Seus desembolsos estão detalhados em seu Livro de Contas de 1813-1830, depositado em LUL. O livro está na seção III, item 263.

18 Esta carta não tem data, mas um carimbo de correio quase ilegível datado de 13 ou 23 de maio de (provavelmente) 1815, in Colección de Manuscritos Originales, Fundación La Casa de Bello, Caracas, Venezuela (doravante CMO), caixa 2, item 4.

19 Carta de Blanco White para John Murphy, 14 dez 1815, CMO, caixa 2, item 6.

20 Carta de Blanco White para Andrés Bello, 30 dez 1815, CMO, caixa 2, item 7. Carlos Pi Sunyer, importante pesquisador da fase londrina de Bello, subestima o papel do contra-almirante Charles Fleming como mensageiro. Ver o seu *Patriotas americanos...*, p. 297-298.

aproveita a chance para mudar cuidadosamente de assunto e retomar as questões intelectuais.[21]

A situação de Bello era realmente desesperadora. Em maio de 1814, ele se casou com Mary Ann Boyland e tinha muita dificuldade para equilibrar o orçamento. Pouco se sabe sobre Mary Ann, além de ser irlandesa, católica e paroquiana da capela de St. Patrick, em Soho Square. Como observa Miriam Blanco Fombona de Hood, importante pesquisadora do período de Bello em Londres, é possível que ela tivesse algum parentesco com um dos senhorios de Bello.[22] O casal viveu a maior parte do tempo em Somers Town, uma área pobre e malcuidada com grande população de imigrantes franceses e irlandeses. Bello morou nessa região pelo resto do tempo que viveu na Inglaterra, mudando-se de um lugar para o outro a fim de acomodar sua família que não parava de crescer. Pelo menos a região tinha a vantagem, para os católicos, de ter uma igreja paroquial (St. Aloysius) e um cemitério (Old St. Pancras Churchyard), onde enterravam seus mortos de acordo com o rito da Emancipação Inglesa pré-Católica. Bello batizou cinco de seus filhos na igreja de St. Aloysius, mas teve a infelicidade de enterrar a mulher e o filho caçula no cemitério de St. Pancras.

Diante das dificuldades financeiras para sustentar uma família tão grande na caríssima Londres, Bello pediu ajuda para se mudar para a Cundinamarca, a atual Colômbia. Ele escreve ao governador da Cundinamarca em 8 de fevereiro de 1815: "Não pretendo perturbá-lo com a descrição da minha situação aqui, mas não posso partir sem o seu auxílio." A carta nunca chegou ao destino: foi interceptada pelas forças de ocupação do general espanhol Pablo Morillo, que então restaurava o reino da Espanha ao norte da América do Sul.[23] No auge de seu desespero, em agosto de 1815 (seu primeiro filho Carlos nascera em 30 de maio de 1815), Bello escreveu ao governo argentino, que se mostrara solidário aos apelos dos refugiados venezuelanos, implorando pela continuidade de um modesto auxílio (150 libras) que ele vinha recebendo por intermédio do enviado Manuel de Sarratea desde 1º de junho de 1814.

---

21 Blanco White para Bello, *CMO*, caixa 2, item 8.
22 Ver M. Blanco Fombona de Hood, "El Londres de Andrés Bello", in *Bello y Londres*, I, p. 186.
23 Bello para o Secretário do Governo Federal da Cundinamarca, 8 fev 1815, Archivo General de Indias, Sevilha, Estado 57, nº 34, f. 305-307. Também em *OC*, XXV, p. 64-66.

Incapacitado de permanecer na Inglaterra sem essa ajuda de custo, e impossibilitado de receber qualquer ajuda de seu próprio país, ele pede para ir para a Argentina.[24] O governo argentino agiu com rapidez e generosidade, como está na carta de Gregorio Tagle datada de 15 de novembro de 1815, autorizando a ida de Bello para Buenos Aires.[25] Essa carta deve ter chegado às mãos de Bello depois de ele ter sido informado por Blanco White que o governo britânico lhe concedera algum auxílio financeiro, porque decidiu permanecer em Londres. A carta de Blanco de 23 de maio de 1816 é a prova de que a situação de Bello tinha melhorado: "Estou tão contente que a perspectiva de viver mais confortavelmente, sem ter que agonizar de mês a mês, apresenta-se agora para você."[26]

Bello sabia que o auxílio que recebia do governo britânico seria apenas temporário, então aceitou todas as oportunidades de trabalho que se apresentaram. Entre 1815 e 1816, ajudou um conhecido venezuelano, Manuel Palacio Fajardo, a preparar sua crônica sobre a luta pela independência. O livro, intitulado *Outline of the Revolution in Spanish America*, foi publicado em Londres em 1817.[27] Bello trabalhou também para outro compatriota hispano-americano, o representante diplomático de Nova Granada em Londres, José María del Real em 1816. Naquele ano, e por recomendação de um amigo, também fez uma tradução da Bíblia para William Blair, da British and Foreign Bible Society [Sociedade Bíblica Britânica e Estrangeira].[28] Em 19 de janeiro de 1818, Bello faz

---

24 Carta de Andrés Bello para o Supremo Gobierno del Río de la Plata, 3 ag 1815, in OC, XXV, p. 66-69.
25 Gregorio Tagle para Andrés Bello, CMO, caixa 2, item 67. Tagle também mandou instruções a esse respeito ao enviado Manuel Sarratea. Ver Archivo General de la Nación, Argentina, División Gobierno Nacional, sala 10, i. i. 6, fólio 284. A resposta de Bello está na sala 10, i. i., 7, fólio 293.
26 Blanco White para Andrés Bello, 23 maio 1816, OC, XXV, p. 74.
27 Esse livro foi publicado em Londres por Longman, Hurst, Rees, Orme & Brown. Ver comentário de C. Pi Sunyer, *Patriotas americanos...*, p. 247-249. Embora alguns discordem, está muito claro para mim que o estilo e as ideias de Bello estão presentes no *Outline*. Ali, há detalhes de fatos que só ele poderia conhecer sobre a administração colonial do capitão general Vicente Emparán. Além disso, o livro apresenta uma rara visão simpática a Francisco Miranda. Como veremos adiante, pouca gente tinha uma opinião favorável sobre o general após ter capitulado sob os espanhóis em 1812.
28 José María Fogoaga para Andrés Bello, 31 jul 1816, in OC, XXV, p. 75. Ver também Walter Hanisch, "La religión, la filosofía y la historia em los años londinenses de Andrés Bello", in

um longo comentário sobre seu trabalho, corrigiu erros tipográficos e problemas ortográficos aplicando as regras da Real Academia Espanhola, e fez inúmeras alterações editoriais, pelas quais, a conselho de Blair, obteve uma compensação adicional.[29]

Bello também dava aulas de espanhol. Seu infatigável amigo Blanco White arranjou algumas aulas para os filhos de William Richard Hamilton, subsecretário do departamento de Assuntos Estrangeiros, em outubro de 1816,[30] e também para um amigo em 1819.[31] Blanco conseguiu outra colocação em 1820 na casa comercial Gordon, Murphy & Co., que tinha negócios no exterior (com o México, inclusive), agora como responsável pela correspondência. Nesse emprego ele ficou dois anos.[32] Os nascimentos de seu segundo filho, Francisco em 13 de outubro de 1817 e de Juan Pablo Antonio em 15 de janeiro de 1820, o obrigavam a procurar trabalhos constantemente, embora fossem todos temporários.

É no contexto dos serviços prestados por Bello a William Hamilton que os leitores modernos podem apreciar as dificuldades de sua situação em Londres. Na entrada do dia 10 de março de 1817 em seu diário, Blanco White lembra-se que:

> Mr. Bello chegou no final da tarde. Estava muito desanimado. Mr. [Hamilton] deu a notícia de que pretende pôr os filhos na escola. Esse incidente leva-me a refletir sobre a especial bondade com a qual a Providência

---

Bello y Londres, II, p. 139. Ver C. Pi Sunyer, *Patriotas americanos...*, p. 225-228, para quem a versão revisada de Bello do *The New Testament* surgiu em 1817. Martín Murphy sugere que Bello e Blanco White colaboraram na tradução da Bíblia de Felipe Scio de San Miguel, publicada em Londres pela British and Foreign Bible Society em 1821. Ver M. Murphy, *Blanco White*, p. 110 e nota.

29 Andrés Bello para Mr. Tarn, 19 jan 1818, Home Correspondence-Inwards, Britsh and Foreign Bible Society, Universidade de Cambridge. Bello continuou fazendo traduções para a Society durante o ano de 1823, entre 19 e 27 de novembro.

30 Carta de Blanco White para Andrés Bello, CMO, caixa 2, item 9. Essa não foi uma boa experiência para Bello, porque não foi escolhido para substituir Blanco White como tutor na Holland House e ter sido demitido pelo próprio Hamilton em março de 1817. Ver M. Murphy, *Blanco White*, p. 223.

31 Carta de Blanco White para Andrés Bello, 25 jan 1819, CMO, caixa 2, item 11.

32 O. Sambrano Urdaneta, *Cronología...*, p. 22. Sobre as atividades de Gordon & Murphy, ver Guadalupe Jiménez Codinah, *La Gran Bretaña y la independencia de México, 1808-1821*, México: Fondo de Cultura Económica, 1991, p. 223-260.

conduz minha vida [...]. Eis um homem cujos conhecimentos certamente excedem os meus no campo da literatura que nós dois nos dispomos a ensinar; é um homem honrado e íntegro, que em vez de merecer os afetos da família à qual é apresentado, queixa-se da imensa frieza com a qual é demitido sem compaixão. Continua com aquele ar de necessidade no rosto e vive como se fosse trabalhar. Eu, pelo contrário, sou convidado a comparecer a essa casa [Holland House], e quando estou determinado a me demitir, todas as pedras são movidas para que eu fique.[33]

Blanco faz esse comentário no contexto de suas próprias atividades tutoriais na Holland House, e enfrentava um problema exatamente oposto: como abandonar um emprego que ele não queria e que acabou abandonando sem as dificuldades financeiras correspondentes. Ele tem certeza de que competência não é o motivo da demissão de Bello, mas não dá qualquer outra explicação. É possível que o tímido e retraído Bello não tivesse habilidades sociais que se comparassem à fluência coloquial de Blanco. Ele não tinha escolha senão contar com cargos temporários.

Um desses empregos temporários foi uma assistência dada ao proeminente filósofo escocês James Mill para decifrar os manuscritos de Jeremy Bentham. Sabe-se que Bello conheceu James Mill nos primeiros dias de sua permanência em Londres, trazendo informações recentes sobre os acontecimentos na América do Sul. Mill se interessava muito pelo que acontecia na América espanhola e era amigo de Francisco Miranda. Bello conheceu bem a família de Mill, inclusive seu filho mais novo John Stuart, a quem causou boa impressão, principalmente pelo domínio precoce do grego e do latim.[34] Uma carta de James Mill para Bello em 1812 indica que Bentham o conheceu e o hospedou em Salisbury Botanical Gardens, Sloan Street,[35] mas não há nenhuma indi-

---

33 Blanco White, Private Journal, 1812-1820, *LUL*, III, item 56.
34 M.L. Amunátegui, *Vida...*, p. 118. Mario Rodríguez diz que Mill escreveu vários artigos sobre a América espanhola sob o pseudônimo William Burke entre 1807 e 1812, muitos deles publicados na *Gazeta de Caracas*. Mill se consultava frequentemente com Bello e é bem possível que, se Mill fosse realmente o autor, que Bello tenha feito as traduções. Ver M. Rodríguez, "*William Burke*" *and Francisco Miranda*, p. 518.
35 Carta de James Mill a Andrés Bello, CMO, caixa 2, item 24. A data da carta não está clara, mas certamente é de 1812.

cação de por quanto tempo ou qual tenha sido a natureza do trabalho que Bello realizou para Bentham. Mais tarde, porém, Bello comentou sobre a indecifrável letra de Bentham em conversa com Miguel Luis Amunátegui, que por sua vez aproveitou a oportunidade para bater com força contra seu mentor: "parece que mr. Bentham afligiu Bello com o contágio de um terrível manuscrito".[36]

Apesar dos vários empregos temporários que Bello teve por intermédio da mediação de amigos e por seus inúmeros talentos, sua situação continuava muito precária em 1821. Nessa época, ele conheceu e se aproximou de Antonio José de Irissari, representante diplomático da nova nação chilena em Londres desde 1819. Irisarri, sobre quem falaremos mais tarde no Capítulo 3, tinha um cargo importante no primeiro governo nacional do Chile, derrubado em outubro de 1814 pelo Vice--Reino do Peru, controlado pela Espanha, e agora estava engajado na busca do reconhecimento britânico. Irisarri pediu que Bello o auxiliasse em um jornal de língua espanhola intitulado *El Censor Americano,* fundado em Londres em 1820. Bello procurou Irisarri em 18 de março de 1821 e de uma forma muito direta pediu que lhe arrumasse um cargo na legação diplomática da Inglaterra:

> É em razão das muitas demonstrações de amizade de sua parte que lhe escrevo sobre um assunto que, por ser pessoal, muita reticência me causa. O senhor conhece a desesperada condição em que a falta de um emprego seguro me coloca, expondo-me a constantes alterações de renda que me impedem de sustentar minha mulher e meus filhos, pelos quais sofro de maneira indescritível.[37]

Bello não exagerava: seu filho mais novo acabara de falecer, em 10 de janeiro de 1821, na modesta residência da Bridgewater St. 18, não distante da Clarendon Square em Somers Town. E apenas quatro me-

---

36 M.L. Amunátegui, *Vida...*, p. 145. A letra de Bentham era realmente quase impossível de se entender. Bello transcreveu parte dos manuscritos, levou alguns originais de Bentham para o Chile e em seguida os entregou ao historiador Diego Barros Arana. Hoje, estão depositados na Sala Medina, Biblioteca Nacional. Como discutiremos mais detalhadamente no Capítulo 6, esses manuscritos dizem respeito à legislação civil.
37 Carta de Andrés Bello a Antonio José de Irisarri, 18 mar 1821, in OC, XXV, p. 102-104.

ses depois, há um registro de sepultamento na paróquia de St. Pancras: "no ano de 1821, nome: Mary Bello, endereço: Somers Town, sepultada em 16 de maio, idade: 26".[38] Mary Ann morreu de tuberculose. Bello ficou viúvo aos quarenta anos de idade com dois filhos ainda pequenos, Carlos e Francisco.

Irisarri comoveu-se com o pedido de Bello e reconheceu a oportunidade de recrutar um servidor talentoso e experiente para o recém-criado serviço chileno de assuntos estrangeiros. Em 1º de junho de 1822, Irisarri ofereceu a Bello o posto de secretário na legação chilena em Londres e ajudou a dar início a uma nova fase de sua vida.[39] Após os primeiros dez anos da vida de Bello em Londres, que não foram nada animadores, seria uma mudança extremamente bem-vinda.

Atividade política e intelectual

Mesmo naquele contexto de enorme instabilidade pessoal, Bello não abandonou sua inclinação natural para os estudos. Seria mais difícil, porém, entender plenamente suas atividades intelectuais e políticas sem uma referência às suas vicissitudes pessoais. Quando López Méndez escreveu, em 1814, "nosso país não existe mais; tem sido espezinhado por homens transformados em animais sedentos de sangue" (OC, XXV, p. 62), dá para imaginar o desespero de Bello e o que as más notícias constantes, inclusive doenças e morte na família, a falta de um emprego seguro e a mínima probabilidade de retornar à Venezuela estariam causando em suas emoções. Ele tinha ido para a Inglaterra como representante diplomático de um país que dizia representar os interesses de Fernando VII. Também tinha sido um servidor fiel da administração imperial espanhola. Apoiara a criação de Junta de Caracas porque acreditara que seria legitimada por suas declarações de apoio ao monarca espanhol. Mas a exposição cada vez maior aos altos e baixos da luta pela independência, somada ao contato com os círculos britânicos que defendiam um novo status para a América espanhola e, não menos importante, as políticas reacionárias do restaurado Fernando VII após 1814, tudo isso

---

38 Citado por M. Blanco Fombona de Hood, *Bello y Londres*, I, p. 187.
39 Cartas de Antonio José de Irisarri para Andrés Bello, 1º jun 1822, CMO, caixa 2, itens 26 e 68.

o aproximou da promoção da independência total. Por volta de 1822, Bello ainda acreditava que o futuro político da América espanhola seria uma monarquia constitucional, mas tinha abandonado definitivamente qualquer ilusão de uma monarquia *espanhola* restaurada na região.

Politicamente, essa transformação começou quando ele conheceu Francisco Miranda em 1810. Bello ficou muito amigo do velho compatriota venezuelano cuja paixão pela causa da independência da América espanhola o encantava, mesmo que não compartilhasse plenamente dessa ideia. Apesar das opiniões de Bolívar e de muitos outros amigos, a impressão inicial que Bello teve de Miranda se manteve inabalável. Era uma admiração com um forte elemento pessoal. Bello admirava sua sabedoria, a vida movimentada, a perspectiva hemisférica.[40] Mas se sentia dividido entre a admiração que sentia por ele e a persistente lealdade à Coroa espanhola. É bem possível que estivesse tão fascinado pelo carisma de Miranda que tivesse dificuldade de conciliar convicções conflitantes. De qualquer maneira, o contato entre os dois não durou o tempo suficiente para influenciá-lo em questões políticas específicas. As visões políticas de Bello tinham se desenvolvido em resultado da sua própria luta pela independência combinada com a política externa europeia, especialmente a britânica, e suas reflexões sobre o futuro político da América espanhola quando ficou claro, no final da década de 1810, que as probabilidades tinham se voltado contra a Espanha.

Durante seus primeiros anos na Inglaterra, suas memórias de uma monarquia espanhola benigna ainda não tinham sido completamente dissipadas. Ele continuou sendo um leal servidor de uma Junta que governava em nome de Fernando VII. Com o colapso da Primeira República da Venezuela e com o pedido feito ao cônsul da Regência em 1813, Bello estava pronto para retornar à casa e continuar servindo à Espanha. Mas o caos provocado pela guerra e suas próprias circunstâncias pessoais suspenderam todas as escolhas políticas até o final da década, quando ele expressou sua preferência pela monarquia constitucional como saída política preferível à luta pela independência. Essa evolução

---

40 De acordo com Oscar Sambrano Urdaneta, Bello teria dado o nome a seu filho Francisco, nascido em 1817, como um gesto de admiração por Francisco Miranda. Ver seu *Cronología...*, p. 21. Bello e Miranda também partilhavam o amor pelos clássicos da Antiguidade. Ver o estudo de M. Castillo Didier, *Miranda y la Senda de Bello*.

talvez seja mais bem entendida no contexto da atitude britânica perante o processo de independência da América espanhola e a influência dos contatos de Bello em Londres.

Como resultado das reuniões da delegação de Caracas com lorde Wellesley, Bello logo percebeu que o governo britânico não apoiaria a independência hispano-americana enquanto a aliança entre Inglaterra e Espanha contra Napoleão existisse. Mas a opinião pública e dos intelectuais não era tão rígida, e Bello teve uma oportunidade de participar da sua elaboração. Um exemplo é a sua autoria, confirmada por Carlos Pi Sunyer, do prefácio do livro bilíngue intitulado *Interesting Official Documents Relating to the United Provinces of Venezuela*, publicado em Londres em 1812.[41] Nele, Bello justifica as ações da Junta de Caracas como a única opção disponível após o desaparecimento da Junta Central na Espanha, seguindo a linha que ainda era a política oficial da Venezuela, mesmo que, na época em que foi publicado, a Primeira República já tivesse desmoronado. A clara intenção do livro era informar os hispano-americanos que estavam fora da Venezuela e apelar para a opinião pública britânica, e não aos círculos oficiais, a fim de combater a propaganda dos representantes do governo de Cádiz em Londres. Um deles, Alvaro Florez Estrada, precipitou-se em acusar o movimento de Caracas de enfraquecer a luta contra Napoleão.[42]

Bello também se encontrou com alguns dos principais representantes das várias posições britânicas perante a América espanhola. De acordo com J. R. Dinwiddy, as mais importantes eram, de um lado, a de Lorde Holland e do círculo do *Edinburgh Review*, e de outro a de Jeremy Bentham e seus seguidores, entre eles James Mill. Havia também a opinião conservadora representada pelo *Quarterly Review*, a qual, como era de se esperar, via com pouca simpatia o caos e a carnificina causados

---

41 O livro, publicado por Longman and Co., incluía os seguintes documentos: o "Ato da Independência" e o "Decreto do Supremo Poder Executivo" que o pôs em vigor; "Artigos compreendidos na Declaração da Sessão do Legislativo, de 1º de Julho de 1811"; "Manifesto ao Mundo pela Confederação da Venezuela"; "Constituição Federal da Venezuela"; e "Discurso de Juan Toro, Presidente, e Francisco Isnardi, Secretário".

42 C. Pi Sunyer, *Patriotas americanos...*, p. 211-223.

pelas guerras hispano-americanas.⁴³ O *Edinburgh Review* e o *Quarterly Review* eram os dois jornais britânicos mais influentes da época.

Muita coisa aproximava Bello das visões do círculo benthamista em Londres; como vimos, ele mantinha contato frequente com James Mill, que era muito amigo de Francisco Miranda e já publicara seus artigos que promoviam a emancipação da América espanhola no *Edinburgh Review*.⁴⁴ Com a partida de Miranda, Mill passou a contar com Bello para obter informações sobre os acontecimentos na América espanhola. Bello trabalhou ao lado de Mill nos manuscritos de Bentham, e não há dúvida de que tenha sido influenciado pelo pensamento legal de Bentham, especialmente sobre Direito Penal.⁴⁵ Mas, à parte esses contatos pessoais e profissionais, Bello era pouco inclinado a aceitar as ideias mais radicais de seus amigos notáveis sobre a América espanhola. Especialmente Bentham, que imaginava que as suas concepções de sufrágio, representação e organização civis seriam facilmente aplicáveis à *tabula rasa* da América espanhola. Bentham e Mill até gostariam de se mudar para a Venezuela a fim de introduzir seus sistemas legislativos. Dificilmente a experiência de Bello na administração de um país tão diversificado e complexo quanto a Venezuela lhe permitiria imaginar uma possível aplicação do modelo legal de Bentham. Além disso, Bentham era ateu, e Bello não era. Bentham, que não era famoso nem pelo charme nem pela perspicácia, mas pelo servilismo, pouco se interessava pela escrita criativa e pela poesia, ao passo que Bello extraía grande parte de seu sustento da literatura imaginativa. Evidentemente, a influência de Bentham não durou muito tempo.

Bello se aproximava muito mais das visões de Lorde Holland e dos colaboradores do *Edinburgh Review* que lhe eram transmitidas por Blanco White.⁴⁶ Também apreciava muito os textos de Blanco White em *El*

---

43 John Dinwiddy, "Liberal and Benthamite Circles in London, 1810-1829" e José Alberich, "English Attitudes Towards the Hispanic World in the Time of Bello as Reflected by the *Edinburgh Review* and the *Quarterly Review*", in J. Lynch (ed.), *Andrés Bello*, p. 119-136 e p. 67-81, respectivamente.

44 Francisco Miranda, "Emancipation of Spanish America", *Edinburgh Review*, vol. 13, jan 1908, p. 277-311 e idem, "Molina's Account of Chile", *Edinburgh Review*, vol. 14, jul 1809, p. 333-353.

45 A. de Avila Martel, "The Influence of Bentham in the Teaching of Penal Law in Chile", *Revista de Estudios Histórico-Jurídicos*, vol. 5, 1980, p. 257-265, e idem, "Londres en la Formación Jurídica de Andrés Bello", in *Bello y Londres*, II, p. 211-242.

46 Sobre a extensa gama de opiniões de Lorde Holland e seu círculo, ver L. Mitchell, *Holland House*.

Español, uma publicação que refletia suas próprias visões. Era, portanto, uma afinidade política, porque *El Español* era um defensor convicto da luta antinapoleônica e, ao mesmo tempo, defendia reformas na Espanha que assegurassem um vínculo satisfatório com a América espanhola.[47] Blanco White, a Holland House e o *Edinburgh Review* simpatizavam com a luta da América espanhola, mas se opunham à separação total das colônias e da mãe terra sitiada. A Holland House não via com bons olhos as consequências da Revolução Francesa, embora Lorde e Lady Holland tivessem grande admiração por Napoleão.[48] Seja como for, os Holland preferiam a monarquia constitucional ao dúbio histórico do republicanismo. Os próprios hispano-americanos, de Agustín de Iturbide a José de San Martín, viam a monarquia constitucional como opção. Havia um temor compartilhado dos dois lados do Atlântico de que os excessos da Revolução Francesa ressurgissem sob o manto da independência e do republicanismo. Entre os círculos moderados da Inglaterra acreditava-se que uma monarquia limitada fosse a melhor garantia de ordem social.

A OPÇÃO PELA MONARQUIA

É no contexto do fluido contato de Bello com Blanco White que se percebe as primeiras indicações de seu ativo interesse pela monarquia constitucional como modelo político para uma América espanhola independente. No final do ano de 1817, quando Bolívar conquistou uma posição segura na Venezuela e já declarava comandar um governo soberano, Bello podia começar a considerar outros cenários políticos no caso de uma vitória patriota.[49] Foi o que aconteceu após o "Discurso de

---

[47] C. Pi Sunyer, *Patriotas americanos...*, p. 319-343, M. Murphy, *Blanco White*, p. 63-76 e André Pons, *Blanco White et la Crise du Monde Hispanique, 1808-1814*, 4 vols., Thèse d'Etat, Universidade de Paris III, 1990.

[48] Ver Henry Richard Vassal Lord Holland, *Foreign Reminiscences*, ed. por Henry Edward Lord Holland, Londres: Longman, Brown, Green and Longmans, 1850.

[49] Bolívar voltou a indicar López Méndes e Bello em 1817 como representantes em Londres em caráter não oficial, pois havia mais instruções do que recursos para as suas atividades. López Méndez recebeu o encargo mais importante de recrutar mais de seis mil voluntários britânicos, incorrendo em dívidas pessoais que o levaram à prisão várias vezes e forçando o governo britânico a decretar a Foreign Enlistment Bill em 1819. Há pouca evidência de que Bello tenha atuado nessa área. Ver Bolívar para Gual, *Cartas del Libertador*, I, p. 356-357;

Angostura" (1819) de Bolívar e as vitórias militares que se seguiram em Boyacá (1819) e Carabobo (1821), que selaram a libertação de todo o norte da América do Sul. A causa da independência tinha triunfado na Argentina e no Chile, e o general José de San Martín estava posicionado para desferir um ataque contra o Vice-Reino do Peru. Na Espanha, a revolução liberal de janeiro de 1820 comandada por Rafael Riego forçou Fernando VII a compartilhar o poder sob os termos da Constituição de 1812 – uma reviravolta nos acontecimentos que abriu caminho definitivamente para o triunfo da independência hispano-americana. Até da distante Inglaterra os observadores viam realisticamente que a situação era irreversível e podiam especular sobre as opções políticas. Em carta a Blanco White de 25 de abril de 1820, Bello transferiu ao amigo duas perguntas que recebera de um representante diplomático sul-americano (provavelmente Antonio José de Irisarri): a Europa seria favorável à instalação de um monarca europeu na América espanhola? O que seria preciso fazer para promover um sistema como este nos novos Estados?

> A pergunta é sim ou não, caso um dos governos [hispano-americanos] queira constituir uma monarquia (não como a monarquia espanhola contemplada pela Constituição de 1812, mas uma que seja verdadeira, embora não absoluta), e pedir às Cortes europeias um príncipe pertencente a uma das famílias reinantes, incluindo os Bourbon, se a proposta seria bem recebida nas atuais circunstâncias. Parece-me que nenhuma outra proposta reflete melhor os interesses dos hispano-americanos (os quais, como se sabe, não são feitos para serem republicanos).[50]

Bello acrescenta: "Estou convencido de que [os países hispano-americanos] não encontrarão a paz se quiserem se organizar sobre princípios outros que não sejam os de uma monarquia". É uma avaliação pragmática, pois a violência que se seguiu ao movimento pela independência em várias regiões parece confirmar a rejeição aos princípios republicanos e à estatura, bem como à legitimidade, da Coroa Espanhola. Blanco White não

---

Eric Lambert, "Los Legionarios Británicos", in *Bello y Londres*, p. 357-358, 364, e 375; e C. Pi Sunyer, *Patriotas americanos...*, p. 231-243.
50 Bello para Blanco White, *LUL*, I, 41 (I). A carta também aparece em OC, XXV, p. 93-95.

precisou de muito tempo para se convencer disso. Respondeu imediatamente, em 26 de abril de 1820, que a única maneira de se alcançar a paz era "abandonando as ideias republicanas". Mas alertava para o fato de que, se a monarquia realmente fosse contemplada em qualquer país da América espanhola, necessitaria do apoio da "opinião pública".[51] Bello não se envolveu em nenhuma negociação nesse sentido, mas deixa claro que apoiava uma forma monárquica de governo. Em parte, também, essa opção se deveu ao posicionamento do governo britânico. Como ele próprio indica em uma carta a Servando Teresa de Mier (15 de novembro de 1821), "é verdade que a Inglaterra, como outras grandes potências da Europa, ficaria feliz de ver que as ideias monárquicas prevalecem em nossos países". E acrescentou:

> Eu diria que neste ponto os interesses dos governos europeus coincidem com aqueles dos povos americanos; que a monarquia (limitada, obviamente) é o único governo adequado para nós e que considero particularmente desafortunados aqueles países que, devido às circunstâncias, não podem pensar nesse tipo de governo... É uma infelicidade que por falta de um governo regular (porque o governo do tipo república jamais estará entre nós), a Venezuela continue a ser palco de uma guerra civil, mesmo não tendo mais nada a temer dos espanhóis! (OC, XXV, p. 114-117; SW, p. 190).

A carta de Bello a Mier jamais chegou ao destino. Foi interceptada, e foi parar nas mãos de Pedro Gual, ex-colega de Bello que agora era ministro das Relações Exteriores do governo da Grão-Colômbia. Gual não gostou do que leu. Em uma nota brusca ao representante diplomático da Colômbia em Londres, José Rafael Revenga, o governo oficial determinou em 17 de julho de 1822 que as opiniões de Bello contrariavam as do governo, por isso "[era] preciso manter a devida reserva em todas as comunicações com esse indivíduo" (OC, XXV, p. 118). Bello teria sido tocado por essa medida, porque, em uma carta de 28 de outubro de 1824, pergunta a Mier se teria alguma responsabilidade no caso. Mier responde do México em 15 de novembro de 1826 que jamais recebera essa carta com tal comentário e que não se surpreenderia se a correspondência tivesse sido interceptada, o que de fato aconteceu.

---

51 Blanco White para Bello, *LUL*, I, 41 (2). A carta também aparece em *OC*, XXV, p. 96.

Quando recebeu a garantia de Mier, Bello estava tão bem com o governo da Colômbia que foi nomeado secretário da Embaixada colombiana em Londres em novembro de 1824 (e assumiu o cargo em 7 de fevereiro de 1825).[52] Nessa mesma época, também tinha um bom relacionamento com Gual e Revenga. Com a queda do breve "Império" de Agustín de Iturbide no México (1822-1823) e a instalação definitiva de governos republicanos por Bolívar em toda a América do Sul espanhola na década de 1820, a questão da monarquia passou a ser menos sensível, e o próprio Bello teve que aceitar as realidades de um governo republicano. Seu posicionamento perante a monarquia, embora amaldiçoado por crises posteriores, era absolutamente razoável no contexto internacional da época. E simplesmente deixou de ser relevante quando George Canning anunciou que a Grã-Bretanha desejava estabelecer relações com a América espanhola independentemente de seus sistemas de governo. Ao aceitar essa realidade política, Bello completou sua evolução política e começou a buscar meios de fortalecer as instituições republicanas, agora que elas pareciam ter uma chance de sobreviver. E foi nessa busca que os estudos ganharam um papel central.

Pesquisa filológica: os *Cuadernos de Londres*

Apesar das dificuldades financeiras, das transformações políticas e dos problemas pessoais, Andrés Bello dedicou-se ao desenvolvimento de alguns temas acadêmicos com uma concentração inabalável desde que chegou a Londres. Essa ênfase só veio confirmar a sua inclinação natural para a atividade intelectual, mesmo que a necessidade o obrigasse a assumir uma variedade de cargos administrativos tanto em Caracas quanto em Londres. Nesta última cidade, ele se concentrou nos estudos das origens do idioma espanhol, com especial ênfase no *Poema de Mio Cid*, e de modo mais geral na evolução das línguas românicas, desde o declínio do latim até o ressurgimento delas em diferentes regiões geográficas. Muito pouco do que Bello pensou e escreveu sobre esses temas foi publicado em vida,[53]

---

52 "Nombramiento de Bello como Secretario de la Legación de Colombia en Londres, firmado por [Francisco de Paula] Santander y [Pedro] Gual, November, 9, 1824", CMO, caixa 2, item 60.

53 Uma importante exceção é o seu "Uso antiguo de la rima asonante en la poesía latina de la Media Edad y en la francesa; y observaciones sobre su uso moderno", *El Repertorio Americano*, nº 2, jan. 1827, p. 21-33.

mas o material estudado e reunido na Biblioteca do British Museum constitui a base de praticamente todos os seus trabalhos em filologia, literatura e gramática. Enquanto as ideias se desenvolviam em um diálogo íntimo com os eventos da independência e da pós-independência, as notas reunidas no British Museum constituem o núcleo de um conhecimento que nos informa sobre todos os seus outros interesses, especialmente Direito Civil, história e filosofia da educação.

O leitor que consultar os originais de Bello relativos ao período de 1814 e 1823, mais especialmente os intitulados *Cuadernos de Londres*, guardados no Archivo Central Andrés Bello em Santiago do Chile, irá se defrontar com um enigma que será solucionado somente através de outros textos que foram publicados posteriormente. Embora estejam bem preservados e armazenados em segurança desde a morte de Bello, estes textos não foram discutidos entre os acadêmicos. Pedro Grases é um dos poucos *Bellistas* que fez referência aos *Cuadernos*. Miguel Luis Amunátegui, que conhecia Bello intimamente, conseguiu interpretar somente alguns textos do primeiro *Cuaderno*. Estes textos são muito importantes para se compreender a origem das ideias de Bello, sua linha de raciocínio e comprovar seu domínio da linguagem.

Antes de examinar o conteúdo desses originais, faremos um breve resumo do formato e das datas aproximadas da composição. Talvez a característica mais marcante desses cadernos seja a determinação intencional do autor. Raramente ele discorda de qualquer uma de suas próprias especulações e jamais dá qualquer informação pessoal ou mesmo a data de quando escreve. É possível que alguns cálculos aritméticos rabiscados em algumas páginas refiram-se a questões pessoais, como empréstimos e débitos, mas nem mesmo nesses casos Bello nos dá qualquer indicação. Os cadernos estão escritos à mão em letras muito pequenas e difíceis de ler, com inúmeras e breves referências entre parênteses, e todos os espaços completamente preenchidos, as capas, inclusive. Isso nos revela uma mente disciplinada, embora a estrutura dos conteúdos seja compreensível só para Bello, porque vão de uma fonte a outra, primária ou secundária, transcrevendo extensas citações sem transições nem explicações.

Quanto à época em que os cadernos foram escritos, temos apenas as marcas d'água no papel para determinar as datas aproximadas. Um exame de outros materiais que possuem datas, como as cartas pessoais e os carimbos do correio, nos permite inferir que os cadernos foram preenchidos dois ou três anos depois de terem sido confeccionados. Mas é possível dizer com segurança que a maioria deles foi escrita entre 1814 e 1823, um espaço de tempo importante para identificar o contexto histórico dos textos. A data mais antiga é determinada pelo primeiro "Reader´s Ticket" [cartão de identificação] de Bello do British Museum: 1814.[54] A marca d'água do primeiro *Cuaderno* é de 1811 e o inclui, portanto, no período do primeiro registro de Bello na Biblioteca do British Museum. Em muitos outros registros, as marcas d'água vão de 1815 a 1818. Bello escrevia seus cadernos exatamente quando compunha seus poemas "americanos", ou seja, entre o colapso da Primeira República e as vitórias políticas e militares de Bolívar, entre 1819 e 1821. Por aí é possível localizar com algum grau de precisão a sua evolução intelectual em relação ao processo de independência da América espanhola.

À primeira vista, os assuntos contidos nesses cadernos pouco revelam sobre o contexto histórico mais amplo, porque se parecem mais com elucubrações filológicas eruditas, quase uma fuga da dura realidade do dia a dia no exílio. Alguns biógrafos com pendor para o drama veem o comparecimento disciplinado de Bello à biblioteca – que tinha uma lareira – como fuga do frio londrino.[55] A "tese" da fuga, porém, torna-se dúbia em função da intensa natureza da própria pesquisa, que pode ser descrita como um esforço deliberado para entender o surgimento dos Estados-nação, fenômeno que Bello observava na extensa documentação histórica disponível na Biblioteca do British Museum. O desmoronamento do Império Espanhol, afinal, comparava-se ao colapso do Império Romano, e não seria uma especulação frívola indagar se as regiões hispa-

---

54 O documento foi examinado por estudiosos antes dos anos 1970 e da infeliz decisão do British Museum de eliminar os cartões de identificação; ver R. Caldera, "La incomprendida escala de Bello en Londres", in *Primer libro de la semana de Bello en Caracas*, p. 26. Há mais informações sobre as admissões de Bello após 1820 e seguintes, inclusive muitas renovações e novos endereços. O registro do British Museum mostra que Bello renovou sua admissão em 9 de maio de 1820; 10 de fevereiro de 1821; 6 de fevereiro de 1822; 4 de novembro de 1822; 1º de setembro de 1823; 8 de novembro de 1824; 5 de setembro de 1825; e 15 de fevereiro de 1827. O responsável pela coleção de História Natural no British Museum era Charles Konig. Ver Admissions to Reading Room, janeiro de 1820 – novembro de 1826, Central Archives, British Museum.

55 Ver, por exemplo, P. Lira Urquieta, *Andrés Bello*, p. 85 e R, Blanco Fombona, *Grandes escritores de América (siglo XIX)*, p. 53.

no-americanas se fragmentariam como acontecera com suas contrapartes europeias na Idade Média, e de que forma elas ressurgiriam.

Dois estudiosos de Bello demonstram que havia mais coisa envolvida que uma fuga. Pedro Grases destaca o significado dos seus esforços filológicos, vistos como um desejo de rastrear as raízes culturais da América espanhola a períodos anteriores ao colonial.[56] Colin Smith, mais recentemente, enfatiza que o "medievalismo" característico da geração romântica europeia, ao lado do forte prestígio dos estudos filológicos, eram, naquela época, particularmente fortes em Londres.[57] E, por fim, um exame mais acurado dos *Cuadernos* revela a busca das dinâmicas da fragmentação imperial a partir de uma perspectiva filológica, bem como o papel do idioma na construção das novas identidades culturais.

Grande parte do trabalho de Bello refletida neste corpo de manuscritos, e talvez seja este o seu aspecto mais importante, envolve o *Poema de Mio Cid*, há muito considerado o épico nacional da Espanha. O *Poema de Mio Cid*, também conhecido como *Cantar de Mio Cid*, foi escrito no final do século XII, possivelmente no início do século XIII.[58] Bello se familiarizou com o texto do poema na *Colección de poesías castellanas anteriores al Siglo XV* (1779), de Tomás Antonio Sánchez, que ele consultava na biblioteca de Francisco Miranda e considerava mal preservado em transcrições subsequentes. No British Museum ele pôde consultar inúmeros documentos que o ajudaram a reconstruir as práticas linguísticas do período, e também rastrear as similaridades entre o castelhano e as línguas românicas irmãs e também com as de origem latina. Por ser ele próprio um poeta, imediatamente se concentrou nas diferentes mé-

---

56 P. Grases, "Estudio preliminar", in OC, VII, p. cxv. Também o seu "Los estudios de Bello en Londres sobre literatura medieval", in *Bello y Londres*, II, p. 41-58.

57 Colin Smith, "Los trabajos de Bello sobre el *Poema de Mio Cid*", in *Bello y Chile*, I, p. 61-73. Ver também John M. Ganim, "The Myth of Medieval Romance", in R. Howard Bloch e Stephen G. Nichols (eds.), *Medievalism and the Modernist Temper*, Baltimore/Londres, The Johns Hopkins University Press, 1996, p. 163, que nos lembra que a agenda central do Romantismo era "criar histórias literárias nacionais". Os importantes estudos das questões de linguística durante o período que Bello passou na Inglaterra são de H. Aarsleff, *The Study of Language in England, 1780-1860* e O. Smith, *The Politics of Language, 1791-1829*.

58 A edição crítica referência do *Poema de Mio Cid*, com gramática e vocabulário, em três volumes, é de Ramón Menéndez Pidal, que fixou a data da composição em 1140, a primeira data amplamente aceita, mas o fez por mera aproximação.

tricas e na rima peculiar do poema épico. O poema é escrito em versos alexandrinos ou linhas de catorze sílabas divididas por uma cesura, mas também em vários outros tipos de métrica (como linhas de nove e dez sílabas). A rima do poema é em *stanzas* assonantes ou *laisses* (em que o ritmo de cada verso é dado pela acentuação das vogais), que partem da aliteração e das consoantes usadas para rimar na poesia medieval de outras regiões europeias. Na época, o espanhol era única língua moderna que preservava a assonância; a sua mais elaborada expressão foi alcançada na poesia de Lope de Vega (1562-1635). Dois cadernos de Bello são dedicados a Lope de Vega.

Bello estabeleceu rastrear as origens da rima baseada na assonância. No primeiro *Cuaderno*, ele observa que "a rima deriva da poesia provençal, que ela tirou do latim; o latim incorporou a rima em sua poesia quando os normandos chegaram à Itália em 1032". Nesse mesmo *Cuaderno*, ele recua o uso da assonância até o século VI, mais especificamente no hino eclesiástico latino de São Columbano. Em anotações subsequentes, parece vagar entre fontes e idiomas, mas sempre mantendo o foco na prosódia. Presta especial atenção nas *chansons de geste (canções de gesta)* francesas, que acredita ter as conexões mais próximas do *Poema de Mio Cid* no uso da assonância, mas com práticas e conteúdos linguísticos implantados em outros países, nos antigos romances ingleses, inclusive. O mundo da Europa medieval, a partir dessa perspectiva linguística, estava em constante mudança, facilitada, em parte, por partilhas de heranças, religiosas e intelectuais, que convergiram na Espanha na luta contra o Islã.

Há muito mais coisas no poema que repercutem uma grande variedade de questões pessoais e políticas do momento. Afinal, a história de *Mio Cid* é uma história de derrota e redenção pessoal, uma história de coragem frente à adversidade, uma história de um nacionalismo triunfante sustentado por crenças religiosas. Mais importante, é uma história sobre justiça e o Estado de direito, que, à luz das atividades intelectuais subsequentes de Bello, pode ser considerada seguramente o seu primeiro grande encontro com a centralidade da lei na construção de nações. O Cid do *Poema*, Rodrigo Díaz de Vivar, começa como exilado. Ele perde suas propriedades e é alijado da família; é rejeitado e estigmatizado por seu rei. Ainda assim, luta para recuperar os favores do monarca com coragem e um respeito inabalável pela legitimidade da regra dinástica. O Cid mata e saqueia, mas por uma boa causa. Ele está, afinal, em território infiel, no exílio, e precisa ganhar dinheiro para si e para manter suas tropas. Seu crescente prestígio e riqueza acabam impondo ao rei Afonso VI que o receba de volta ao seu rebanho. Até este ponto da história, a narrativa é heroica, talvez comparável às guerras que então assolavam a América espanhola. Os poemas concomitantes de Bello sobre os desdobramentos da independência sugerem um forte paralelo, talvez até a esperança de que o monarca contemporâneo, Fernando VII, demonstre a mesma diplomacia de Afonso VI e reconheça a suprema bondade de seus súditos rebeldes.

Mas, no terceiro e último *Cantar* do poema, alguma coisa dá muito errado: os nobres genros do Cid, os Infantes de Carrión, brutalizam e abandonam as filhas que ele lhes dera em casamento por insistência do rei Afonso. Os Infantes também tomam o dinheiro do Cid, acrescentando aí um direito de propriedade. Mas em vez de buscar a vingança pessoal, Rodrigo insiste em que o rei convoque uma sessão das Cortes, com toda a nobreza local, para ouvir sua defesa. Os procedimentos do julgamento não são apenas a parte mais efervescente do poema, como o desfecho também representa a maior das vitórias do Cid. Depois de vencer vários aspectos do julgamento, o Cid exclama (linhas 3250-57):

> *Estas apreciaduras Mio Cid presas las ha,*
> *Sos omnes las tienen e d'ellas pensarán,*
> *Mas quando esto ovo acabado pensaron luego d'ál:*
> *"¡Merced, ya rrey señor, por amor de caridad!*
> *La rrencura mayor non se me puede olbidar.*
> *Oídme toda la corte e pésevos de mio mal;*
> *De los ifantes de Carrión, quem' desondraron tan mal,*
> *a menos de rriebtos no los puedo dexar."*

[O Cid aceita o pagamento em espécie

e entrega os vários itens aos cuidados de seus seguidores.
Finda essa empreitada, outro ponto é levantado (pelo Cid):
"Rogo um favor ao rei meu senhor, em nome de Deus.
Não se pode esquecer a maior causa da minha queixa.
Permita que a Corte me ouça e se solidarize com o mal que tenho sofrido.
Não posso permitir que os Infantes de Carrión, que tanto me desonram,
Se safem sem um desafio."][59]

Em vez de recorrer a uma vingança pessoal, o mais poderoso dos guerreiros de Espanha do século XI leva seu caso aos tribunais e lá ele vence. Há uma demonstração tal de habilidade retórica e virtuosismo legal nos procedimentos que até mesmo o leitor moderno se sentiria tocado pela natureza cativante do caso e da narrativa da história. Dá para imaginar a impressão que o poema teria causado a um estudioso sul-americano solitário que pagava um preço por ter tido um papel na Junta de Caracas, sentia-se apreensivo com o caos provocado pela guerra em sua terra natal e se perguntava qual seria o futuro dela quando a justiça parecia ser mais uma de suas vítimas. Se a meticulosa pesquisa de Bello sobre o que na época devia ser uma história obscura pode nos dar alguma indicação, é que ele estaria almejando um desfecho similar para a América espanhola: um rei que reconhecesse o valor do vassalo injustiçado, um líder popular poderoso e suficientemente cauteloso para levar o caso perante um Tribunal de Justiça. No poema, a lei triunfa, e a virtude cívica que lhe é própria também triunfa.

O *Poema de Mio Cid* representa o primeiro contato documentado de Bello com o Direito Romano, porque, como demonstrado amplamente por estudiosos, as passagens da Corte no primeiro *Cantar* revelam uma familiaridade muito sofisticada com as práticas e a língua da profissão legal que surgia na Espanha.[60] Per Abad, o autor do poema, era advo-

---

59 *The Poem of the Cid*, p. 190.
60 Milija N. Pavlovic e Roger M. Walker, "Roman Forensic Procedure in the *Court* Scene in *Poem de Mio Cid*", *Bulletin of Hispanic Studies*, vol. 60, nº 2, abr. 1983, p. 95-107. Colin Smith reconhece e subscreve as mesmas concepções em seu *The Making of the "Poema de Mio Cid"*, p. 83-86. Ver também Irene Zaderenko, "El Prodecimientoi Judicial de Riepto entre Nobles y la Fecha de Composición de la *Historia Roderici* y el *Poema de Mio Cid*", *Revista de Fitología Española*, vol. 88, 1998, p. 183-194.

gado, na verdade, um inovador em seus *duelos* advocatícios controlados pelo governo que ele defendia. Foi só no final do século XIII que um número significativo de espanhóis começou a estudar o Direito Romano na Universidade de Bolonha, mas o poema é uma prova de que os trâmites nas Cortes já tinham informação sobre os procedimentos legais do modelo romano, especialmente para adjudicação de disputas de propriedade. Andrés Bello, que no futuro se tornaria um dos incentivadores dos estudos do Direito Romano e que também assina um livro sobre esse assunto, foi o primeiro a identificar a utilidade desses princípios no *Poema de Mio Cid*, no qual um final feliz depende inteiramente da aplicação adequada da regra da lei baseada na jurisprudência romana.

Uma das infelizes consequências do período da independência é que os trabalhos de Bello sobre o *Poema de Mio Cid* e outros sobre língua e literatura medieval espanhola sejam completamente desconhecidos. Bello encontrou inúmeras tarefas urgentes quando foi para o Chile em 1829, e ainda assim conseguiu não se desviar da filologia, não pela filologia em si, mas para ancorar a língua hispano-americana em suas antigas tradições e oferecer uma referência épica à importância do Estado de direito. Bello fez várias tentativas de publicar uma versão do poema e suas conclusões, especialmente quando acompanhava a distância, com certo orgulho, mas também com alguma decepção e discordância, os novos estudos sobre a Espanha medieval. Como discutiremos no Capítulo 7, ele não concordava com o bostoniano George Ticknor, ex-professor da Universidade de Harvard, sobre as origens da poesia assonante espanhola. Ticknor subestimava e até descartava as relações com outras línguas românicas, e por essa razão seu trabalho poderia ser interpretado como prova da não conexão da Espanha com a tradição europeia no que dizia respeito à legislação e a língua.[61]

Os trabalhos de Andrés Bello em filologia, que muito nos informam sobre sua filosofia legal, foram publicados postumamente, e uma longa tradição de estudiosos, de Marcelino Menéndez y Pelayo na década de 1880 a Colin Smith na década de 1980, concorda que as descobertas de Bello teriam mudado o curso da pesquisa se tivessem

---

61 Bello consultou a *Historia de la Literatura Española*, de George Ticknor, trad. De Pascual de Gayangos, 4 vols., Madri, Imprenta de la Publicidad, 1851-1856, I, p. 117.

sido publicadas mais cedo. Essa foi, sem dúvida, uma das desvantagens de estar tão distante (quando no Chile) do mundo desenvolvido e do conhecimento medieval, além da falta de documentação e fontes para publicar. Uma indicação do efeito que os textos de Bello causaram em quem os consultou são as muitas ocasiões em que autores europeus citam e até plagiam seus poucos textos sobre literatura medieval que foram publicados em Londres.[62]

O lugar que a pesquisa de Bello em filologia medieval ocupa no contexto histórico, entretanto, ainda merece mais atenção. Os manuscritos sugerem respostas muito fragmentadas, mas que são dadas de maneira mais completa nos textos publicados no período londrino e após. A princípio, esses textos indicam que Bello temia a fragmentação da América espanhola em razão da "corrupção" da língua espanhola, o que sucedeu durante o "tenebroso período de emergência das línguas modernas" (OC, VII, p. 17), quando "a guerra e a desolação destruíram a cultura romana e o mundo das letras por muito pouco não morreu" (OC, VII, p. 501) e quando "tantos séculos de barbarismo e desolação" se seguiram à corrupção do latim (OC, VI, p. 367). Mas Bello também tinha esperança de que, assim como a língua espanhola surgira de uma matriz latina e conservara muitas das antigas tradições ao criar novas (como a poesia épica em rimas assonantes), a preservação do idioma nas nações independentes fortaleceria a ordem emergente da região e impediria a multiplicação de línguas que ameaçassem provocar cisões. Uma maneira concreta de essa unidade linguística contribuir para a condição de nação era facilitando o acesso às melhores tradições legais, como é exemplificado heroicamente no *Poema de Mio Cid*.

A pesquisa filológica de Bello é um modelo de disciplina metódica, por rastrear as mudanças do espanhol falado e escrito ao longo de séculos em uma pletora de documentos originais, auxiliada por um profun-

---

62 Os artigos mais importantes são "Noticia sobre la obra de Sismondi sobre la Literatura del Mediodía de Europa", *Biblioteca Americana*, nº I, 1823, p. 42-60 e "Uso antiguo de la rima asonante en la poesía latina de la Media Edad y en la francesa; y observaciones sobre su uso moderno", *El Repertorio Americano*, nº 2, jan. 1827, p. 21-33. George Ticknor acreditava que François Just Marie Raynouard (1761-1836) baseara sua análise nas origens da assonância presentes no ensaio de Bello para *El Repertorio*. Ver G. Ticknor, *History of Spanish Literature*, I, p. 119. O artigo de Raynouard, "Trouvères", foi publicado no *Journal des Savants*, fev 1833, p. 65-74. Bello é citado nas páginas 69, 71.

do conhecimento do latim e um apreço às interligações entre língua e sociedade. Seus estudos iniciais buscavam documentar os processos de corrupção e colapso, mas também enfatizar a unidade bem como inovar dentro da tradição linguística. Ele não queria que a América espanhola se parecesse com a Europa da Idade Média. Queria que fosse unida tanto pela língua quanto pela cultura. A língua, parecia-lhe, era um dos pilares mais fortes dessa unidade. A sua famosa *Gramática de la lengua castellana destinada al uso de los Americanos* (1847) foi escrita, na verdade, para propor uma unificação linguística entre os países emergentes da América Latina e evitar a fragmentação da língua.

À medida que ele penetrava nas dinâmicas da história para compreender as dinâmicas da língua, tinha mais certeza de que a língua seria também um guia para o futuro. A história do idioma era uma história de mudanças, variações e pontos de partida; mas era também uma história de contatos, de beleza e harmonia, e de unidade. O significado de seu minucioso trabalho filológico, quando visto relativamente aos caprichos do processo de independência, é uma tentativa de entender o colapso imperial e o nascimento da nacionalidade. Ele retorna dessa busca com a clara sensação, para não dizer otimista, do papel da língua na promoção dessa unidade. Por volta da década de 1820 em Londres, Bello encontrou um nicho para si nas nações recém-independentes da América espanhola: estruturar a nacionalidade através do cultivo e da adaptação do idioma espanhol às realidades da independência, em íntima conexão com o estabelecimento do Estado de direito.

A POESIA

Na época da sua pesquisa mais intensa sobre a literatura medieval espanhola, Bello compôs alguns de seus melhores poemas. Como vimos, ele já escrevia poesia em Caracas, mas em Londres adquiriu um vasto conhecimento da história e evolução da versificação. Agora aplicava tudo que lia na concepção de seus próprios poemas, que por sua vez se tornaram, assim como era o *Poema de Mio Cid* na Espanha, os alicerces poéticos de um senso de nacionalidade da América Latina emergente.[63]

---

63 Na poesia de Bello, o exemplo recente mais importante de investigação é o de A. Cussen, *Bello and Bolívar*. A poesia de Bello recebeu muita atenção no século XIX. Alguns dos estu-

Como fazia em Caracas, Bello continuou traduzindo poesias. Em Londres, traduziu poemas de Jacques Delille, o poeta francês, que possuía uma veia virgiliana, e os versos dos poetas romanos de Tibulo e Horácio. Bello trabalhava, portanto, sobre a estrutura da poesia clássica e neoclássica, com abundância de imagens rurais, de virtudes cívicas e de belezas e simplicidades da vida. De várias maneiras, é um exercício que tem uma relação íntima com seus dois principais poemas da época, o "Alocución a la poesía" e "Silva a la agricultura de la zona tórrida", originalmente concebidos como partes de um poema mais longo intitulado "América". A maioria dos poemas e traduções escritos ou publicados durante a fase londrina tem forte correlação com a utilização de motivos pastorais e arcadianos, mas diferem, especialmente "Alocución", na incorporação de imagens de guerra e lutas políticas. Embora esses poemas usem inúmeras referências romanas, também possuem uma abundância de informações concretas e muito específicas sobre a luta pela independência na América espanhola.

Tanto "Alocución" quanto "Silva" são as realizações poéticas mais ambiciosas da época em que Bello viveu em Londres, e certamente duas das melhores. São também demonstrações singularmente significativas por representarem fatos históricos, o que eles significaram e as propostas políticas resultantes de uma guerra. Os estudiosos há muito reconhecem a qualidade desses poemas que estimularam um importante corpo da crítica literária. No contexto deste capítulo, porém, nossa ênfase recairá sobre as dimensões políticas e intelectuais da poesia de Bello, não só por oferecerem importantes perspectivas de sua

---

diosos mais sérios da América Latina escreveram a respeito e editaram os poemas de Bello, entre eles Juan María Gutiérrez (1846); Miguel Luis e Gregorio Victor Amunátegui (1861); José María Torres Caicedo (1863); Arístides Rojas (1881); e Miguel Antonio Caro (1882). Na Espanha, Marcelino Menéndez y Pelayo fez uma atenta revisão da poesia de Bello em seu *Historia de la poesía hispanoamericana*, I, p. 353-416. A poesia do período londrino também foi estudada por Emir Rodríguez Monegal, *El Outro Andrés Bello*, especialmente capítulos II e III, p 41-138. Ver também P. Grases, "La silva 'Agricultura de la zona tórrida'", in *ESAB*, II, p. 225-231; os artigos de Pedro Pablo Paredes, "La realidad americana vista por don Andrés Bello desde Londres a través de la silva a 'La agricultura de la zona tórrida'", Mario Torrealba Lossi, "Los temas del romanticismo en las 'Silvas americanas'" e Pedro Pablo Barnola, "Poesía de Bello em Londres", in *Bello y Londres*, II, p. 75-112; também J. Durán Luzio, *Siete ensayos...* e M. Gomes, "Las *Silvas Americanas* de Andrés Bello: Uma Relectura Genológica", *Hispanic Review*, vol. 66, nº 2, primavera 1998, p. 181-196. Uma análise abrangente da poesia de Bello está no prólogo de Fernando Paz Castillo no *Poesías* de Bello, in *OC*, I, p. xxxvii-cxxxi.

biografia, mas por representarem uma tentativa de propor uma agenda pós-independência de construção de nação.

Graças à pesquisa de Antonio Cussen, foi possível datar a criação desses dois grandes poemas com maior precisão. Cussen estima que as partes substanciais dos poemas tenham sido escritas de 1814 a 1817, e de 1823 a 1826, datas que correspondem aproximadamente ao "Alocución" no primeiro período e ao "Silva" no segundo, embora ele tenha escrito e revisado os poemas várias vezes, especialmente o primeiro. O "Alocución" foi publicado em *Biblioteca Americana* em 1823, e o "Silva" em *El Repertorio Americano* em 1826, embora a disposição dos versos seja bem diferente da composição original.

Os primeiros 206 versos do "Alocución" (187 na tradução inglesa) cantam as riquezas da paisagem americana, celebram a flora e a fauna do continente, e revelam um domínio impressionante da geografia e das peculiaridades regionais do México ao Cone Sul. O poema é uma alegre celebração da beleza e da abundância, uma crescente saudação poética da natureza, até o verso 207, quando Bello passa para um modo diferente. Até aqui, o tema é a própria poesia, que segue cantando as belezas da região:

> *Mas ¡ah! ¿prefieres de la guerra impía*
> *Los horrores decir, y al son parche*
> *que los maternos pechos estremece,*
> *pintar las huestes que furiosas corren*
> *a destrucción, y el suelo hinchen de luto?*
> *Oh si ofrecieses menos fértil tema*
> *a bélicos cantares, patria mía!*
> *¿Qué ciudad, qué campiña no ha inundado*
> *la sangre de tus hijos y la ibera?*
> *¿Qué páramo no dió en humanos miembros*
> *pasto al cóndor? Qué rústicos hogares*
> *salvar su oscuridad pudo a las furias*
> *de la civil discordia embravecida?* (OC, I, p. 48).

[Mas ah! preferes tu [poesia] cantar os horrores
da ímpia guerra, e ao som dos tambores
que estremecem os seios maternos representar
as hostes furiosas que se arrastam para a destruição
e encharcam a terra com lamentos?
Oh, se ao menos ofertasses um tema menos fértil
a bélicos cantares, pátria minha!
Que cidade, que campina não terão sido inundadas
pelo sangue de teus filhos, e também dos espanhóis?
Que planície não terá oferecido membros humanos
para alimentar o condor? Que lares rústicos,
remotos o bastante para escapar ao feroz conflito civil,
evitaram tua fúria?] (SW, p. 12).

Bello segue narrando os principais eventos da guerra da independência, descrevendo lutas em regiões antes representadas em uma veia arcadiana. Os feitos que ele relata têm um tom heroico, mas também se destinam a causar uma sensação de horror, como algumas passagens da *Eneida*, de Virgílio, para deixar evidente a rejeição à violência, especialmente a violência entre espanhóis e hispano-americanos. O "Alocución" refere-se principalmente aos heróis mortos, mas com duas exceções que Bello não pôde evitar: José de San Martín e Simón Bolívar. Na época da publicação deste poema, os dois líderes estavam vivos e a libertação de Lima ainda era atribuída a San Martín. Bolívar, por sua vez, está representado no final do poema por uma curiosa mistura de respeitosa admiração e estudada omissão; é quando Bello dá sinais de que a tarefa de homenagear Bolívar é simplesmente grande demais para as suas habilidades: "Mas não é por minha débil voz que a soma/ das vitórias [de Bolívar] é enumerada; a pátria agradecida/ merece mente mais refinada, pena mais polida/ para propósito tão elevado" (versos 765-768; versos espanhóis 821-824). Ainda assim, Bello dedica trinta versos de celebração incondicional a Miranda, que Bolívar considerava um covarde e responsabilizava pelo colapso da Primeira República. Como Bolívar estava entre os que detiveram Miranda e o entregaram aos militares espanhóis, os versos anteriores que aludem à queda de Miranda não são exatamente elogiosos. "E assim, atormentado pelo infortúnio, nenhuma resistência/ por meios humanos foi possível; tiveste que te render/ e morrer preso em correntes por perfídia" (versos 644-646; versos espanhóis 694-697). Mais adiante (versos 681-695; versos espanhóis 736-750), Bello elogia Manuel Piar, o *Pardo*, líder negro executado em outubro de 1817 por rebeldia e conspiração por ordem de Bolívar. Se podemos dar crédito ao *Diario de Bucaramanga* de Luis Perú de Lacroix, um relato diário das conversas entre o autor e o general, Bolívar ficou enraivecido com a glorificação de seu inimigo quando leu o poema em 1828.[64] Esse não foi nem o primeiro nem o último fato a perturbar a amizade de ambos. Como discutiremos no próximo capítulo, inúmeros fatores e circunstâncias distanciaram os velhos amigos e os transformaram em rivais. Mas Bello talvez tenha acreditado que parte de seus infortúnios, assim como os de Ovídio, o poeta que ele tanto admirava, tinham relação com suas referências pouco elogiosas a César. Bello viu-se envolvido no papel de oponente que costuma confrontar intelectuais e ditadores ao longo da história. A independência da América espanhola fez surgir líderes militares que dominaram a cena política, em geral com pouca consideração aos princípios liberais. A deterioração do relacionamento de Bello e Bolívar inaugurou uma tendência infeliz na história moderna da América Latina.

Em contraste com "Alocución", o "Silva a la agricultura de la zona tórrida", publicado em 1826, detém-se não principalmente nas guerras, mas nos cenários das suas consequências. Nele, Bello usa toda a força de seu talento poético para reforçar a visão de uma América espanhola independente que extrai seus valores da economia agrícola e de um sistema político republicano. O poema tem valor estético muito grande, mas a mensagem política não é tão significativa. É também rico em informações científicas – extensas notas de rodapé sobre espécies de plan-

---

64 L. Perú de Lacroix, *Diario de Bucaramanga: Vida pública y privada del Libertador Simón Bolívar*, p. 104-108. Antonio Cussen descreve a cena em seu *Bello and Bolívar*. Ele acredita que os problemas de Bello estavam diretamente relacionados com as suas críticas a Bolívar (p. 140-141).

tas e animais da América espanhola acrescentam uma camada adicional de riqueza. A palavra *tórrida* no título do poema era muito usada pelos cronistas espanhóis, entre eles José Oviedo y Baños em seu *Historia de la conquista y población de la provincia de Venezuela* (1723). Mas Bello parece seguir o emprego de Humboldt para dar uma conotação científica contemporânea.[65] Realmente, "Silva" tem correlação direta com as homenagens anteriores à ciência e à natureza em "Oda a la vacuna" e em *Resumen de la historia de Venezuela*. A mensagem política, porém, é nova: sugere que os bens naturais do continente são alicerces de Estados-nação viáveis, política e economicamente. Primeiro, Bello prepara o cenário do que seria a maneira errada de iniciar uma nacionalidade independente: contar com a natureza abundante para sustentar uma vida de prazeres urbanos e ociosidade. Ele mostra os perigos da seguinte maneira:

> ¿Sabrá con firme pulso
> de la severa ley regir el freno;
> brillar em torno aceros homicidas
> en la dudosa lid verá sereno;
> o animoso hará frente al genio altivo
> del engreído mando en la tribuna,
> aquel que ya en la cuna
> durmió al arrullo del cantar lascivo,
> que riza el pelo, y se unge, y se atavía
> con feminil esmero,
> y en indolente ociosidade el día,
> o en criminal lujuria passa entero? (OC, I, p. 68).

[Pode o homem, que ainda no berço
dorme sob o murmúrio de canções lascivas,

---

65 Ver A. von Humboldt, *Personal Narrative*.... Um paralelo interessante entre Humboldt e Bello, bem como a análise da parte final de "Silva" estão em M.L. Pratt, *Imperial Eyes: Travel and Transculturation*, p. 172-182.

o homem que enrola os cabelos e se perfuma,
e se veste com um cuidado quase feminino
e passa o dia no ócio,
pior ainda, em criminosa luxúria: pode esse homem
segurar com firmeza as rédeas da lei,
manter-se sereno em combate duvidoso ou enfrentar
o espírito insolente de um líder tirano?] (SW, p. 31).

Bello ataca o ponto verbalmente e afirma que é uma questão retórica. O dom de construir uma nação, que, mais especificamente, é a habilidade de defender a lei e evitar a tirania, é então atribuído ao povo que resiste à preguiça e encontra a virtude no trabalho pesado – a agricultura. E antes que essa ética pessoal seja considerada utópica, Bello acrescenta a seguinte referência quase histórica:

No así trató la triunfadora Roma
las artes de la paz y de la guerra;
antes fió las riendas del estado
a la mano robusta
que tostó el sol y encalleció el arado;
y bajo el techo humoso campesino
los hijos educó, que el conjurado
mundo allanaron al valor latino (OC, I, p. 68).

[A triunfante Roma não viu então
as artes da paz e da guerra; mas entregou
as rédeas do Estado à mão forte,
queimada de sol e calejada pelo arado,
que criou os filhos sob teto campesino enfumaçado,
e fez o mundo submeter-se ao valor latino] (SW, p. 31-32).

Bello promove abertamente o exemplo da República romana: valoriza o trabalho agrícola, rejeita os prazeres da vida urbana e usa a simplicidade e a força da vida rural para construir um sistema político que, praticamente, assim como a ideologia, opõe-se à tirania. É, porém, um exagero sugerir que Bello deriva essa noção de republicanismo de fontes puramente clássicas. A revitalização do republicanismo ocupa o próprio centro do pensamento político no início da Era Moderna e está presente também na ideologia das Revoluções Norte-americana e Francesa.[66] Mas, no último caso, a república levou aos excessos jacobinos, e o exemplo dos Estados Unidos ainda iria traduzir em respeito inequívoco a soberania da América espanhola. A prudência ditou uma referência segura à República romana. Mais que isso, a intenção do poema é destacar a importância também da agricultura.

O próprio Bello talvez não percebesse a importância da sua mensagem: as opções econômicas na América espanhola após a guerra eram quase nenhuma, além da agricultura. A mineração (exceto em áreas remotas como o Chile) não conseguiu retomar os níveis de produção coloniais após as destrutivas guerras de independência. Não havia capital suficiente para a extração em minas danificadas, o que muitos empreendimentos britânicos descobriram quando o mercado financeiro londrino entrou em colapso em 1825-1826. Além disso, os círculos financeiros internacionais não confiavam na lucratividade dos investimentos na América espanhola. O futuro do continente, tanto econômica quanto politicamente, dependia do seu setor agrícola. A percepção de Bello pode ter se aguçado pela sua experiência em Londres, mas a defesa que ele fazia de uma economia agrícola para a América espanhola estava estreitamente associada à relação que ele próprio estabelecera entre vida rural e as virtudes republicanas, incorporadas por Roma. Certamente, o precedente histórico era mais palatável que a destrutiva República francesa logo após a Revolução. O que mais teria acontecido na longa

---

66 Ver J. G. A. Pocock, *The Machiavellian Moment: Florentine Political Thought and the Atlantic Republican Tradition*; Harold T. Parker, *The Cult of Antiquity and the French Revolutionaries: A Study in the Development of the Revolutionary Spirit*, Chicago: University of Chicago Press, 1937; e Carl J. Richard, *The Founders and the Classics: Greece, Rome and the American Enlightment*, Cambridge: Harvard University Press, 1994.

história do Império Romano, a lição a ser aprendida, do ponto de vista de Bello, ainda era válida: a América espanhola poderia encontrar um modelo de republicanismo nos valores do trabalho rural e na cidadania.[67] Os versos 112-113 (147-148 em espanhol) dizem: "a terra é sua herança; desfrute-a/ Ama a liberdade? Vá então para o campo." Bello também expressou em versos o desejo de que a América espanhola deixasse para trás as dores da guerra: "Enterra a maldita guerra em profundos abismos,/ e, por temor à espada da vingança,/ permita que o desconfiado fazendeiro não desista/ de tão nobre labuta, que alimenta/ famílias e todo o país" (versos 229-233; 294-299 em espanhol). Já no final do poema, Bello faz um apelo direto pela adoção do modelo republicano romano:

> ¡Oh jóvenes naciones, que ceñida
> alzáis sobre el atónito occidente
> de tempranos laureles la cabeza!
> honrad el campo, honrad la simple vida
> del labrador, y su frugal llaneza.
> Así tendrán en vos perpetuamente
> la libertad morada,
> y freno la ambición, y la ley templo (OC, I, p.74).

[Oh, jovens nações, com lauréis coroados,
Erguei-vos ante o olhar atônito do Ocidente!
Honra teus campos, honra tua vida simples,
e a frugal simplicidade do agricultor.
Que a liberdade em ti habite para sempre,
a ambição seja reprimida, a lei encontre seu templo] (SW, p. 36-27).

---

67 Bello tinha uma predileção especial pelos poetas latinos que realçavam a natureza, a vida agrícola e o amor pela terra. Bello se aproximava mais de Virgílio, mas também admirava Horácio, Tibulo e Lucrécio. Mais tarde, escreveu uma seção substancial à poesia latina, na qual expressa claras preferências, no *Compendio de historia de la literatura*, publicado em 1850. O texto está em OC, IX, p. 106-196. Ver também Durán Luzio, "La agricultura de la zona tórrida: Expréssion literaria de un proyecto de identidad nacional" e "Sobre Bello en Londres: Textos y contextos durante la elaboración de sus Silvas Americanas", in *Siete ensayos...*, p. 53-84 e p. 85-102, respectivamente.

Referências simpáticas à República romana também podem ser encontradas em Simón Bolívar, que absorveu a intensa ênfase do Iluminismo de fontes clássicas e usou-as em abundância em sua "Carta da Jamaica" (1815) e no "Discurso de Angostura" (1819).[68] Bello, porém, atribui ao modelo republicano romano uma participação maior na construção dos novos arranjos políticos para a América espanhola. O uso dos clássicos não era só uma maneira conveniente de se comunicar com um público educado, mas era o que melhor se adequava ao potencial agrícola do continente. Ao transmitir essa mensagem por intermédio de um veículo como o poema, Bello esperava alcançar uma audiência maior. Ele aprendera em *Poema de Mio Cid* que a poesia podia servir de base para a nacionalidade.

Além de promoverem um modelo específico de desenvolvimento político e econômico, os poemas de Bello refletem uma transição importante nas relações entre as repúblicas emergentes da América espanhola e a Grã-Bretanha – relacionamento esse que Bolívar sempre considerou fundamental. Entre a publicação de "Alocución" em 1823, com suas celebrações marciais, e a de "Silva" em 1826, com suas propostas de desenvolvimento para o pós-guerra, o próprio governo britânico passou a olhar com outros olhos as repúblicas da América espanhola. A Grã-Bretanha abandonara uma política de aliança com a Espanha para adotar uma posição de reconhecimento de fato dos novos Estados-nação que tornou possível, ao menos para Bello, pensar no futuro político deles. Foi no contexto do turbilhão de atividades diplomáticas que se seguiram à nova política externa britânica na década de 1820 que Bello passou a se preocupar com os problemas prementes da construção de repúblicas a partir das cinzas do Império Espanhol na América.

---

68 Este aspecto foi convincemente defendido por D. A. Brading em *The First America: The Spanish Monarchy, Creole Patriots, and the Liberal State, 1492-1867*, p. 603-620 e por A. Pagden, *Spanish Imperialism and the Political Imagination: Studies in European and Spanish American Social and Politic Theory, 1513-1830*, p. 133-153.

3.
A diplomacia da Independência, 1820-1829

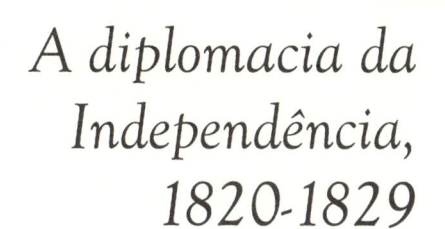

Na década de 1820, Londres era o eixo das transações diplomáticas, financeiras e culturais entre a Grã-Bretanha e os países recém-independentes da América Latina. Após a queda de Napoleão, a Grã-Bretanha passou a ser uma liderança inquestionável em todo o mundo. Não tendo mais que manter uma aliança com a Espanha, aos poucos o governo britânico foi mudando a sua estável política de neutralidade para uma política pragmática de reconhecimento limitado daqueles países da América espanhola que conseguiram avançar na consolidação de seus Estados e ofereciam propostas comerciais vantajosas. Era uma política cautelosa, mas uma cautela limitada aos círculos oficiais. Os círculos financeiros, e os investidores públicos, corriam para comprar os títulos latino-americanos na primeira metade dos anos 1820.

Os hispano-americanos que nos anos anteriores tinham sido praticamente esquecidos em Londres de repente passaram a ser o centro das atenções. Eram muito procurados para acelerar o processo de reconhecimento e promover uma visão agressiva do Novo Mundo como um continente de riquezas abundantes. Foram catapultados para a ação pela revolução liberal espanhola liderada pelo major Rafael Riego em 1820. Esse fato, conhecido como *pronunciamiento* de Riego, ou golpe militar, combateu o reinado absolutista de Fernando VII forçando o monarca a governar nos termos da Constituição de 1812. Os tumultos na Espanha combinados com as vitórias patriotas na América espanhola não fizeram outra coisa senão assegurar a independência do continente. Mesmo depois da segunda "restauração" do rei Fernando em 1823, os exilados hispano-americanos em Londres não tinham mais nenhuma dúvida de que o governo imperial espanhol estava terminado. Dedicaram-se, então, a promover o reconhecimento dos Estados-nação através de vários empreendimentos noticiosos, e nesse processo colaboraram muito de perto com a onda de liberais espanhóis que fugiam do governo reacionário de Fernando VII. Juntos, eles queriam construir pontes entre a Europa e as nações emergentes da América Latina. Andrés Bello, em Londres desde 1810, passa a ocupar agora o centro das atividades diplomáticas e culturais. Ele surge como a principal voz na interpretação da política externa europeia, bem como na articulação de uma resposta hispano-americana para as novas oportunidades e desafios da independência. Bello não apenas segue de perto as políticas da Secretaria dos Assuntos Estrangeiros Britânicos e, portanto, o primeiro-ministro George Canning (1822-1827), como tem a oportunidade de trocar com ele correspondência diplomática e até de encontrá-lo pessoalmente por ocasião do tratado celebrado entre a Grã-Bretanha e a Grão-Colômbia em 1825.

George Canning costuma ser reconhecido como o arquiteto do reconhecimento britânico da independência da América espanhola. Ele contribuiu para consagrar seu papel nessa história com a famosa máxima pronunciada na Câmara dos Comuns em 12 de dezembro de 1826: "Eu chamei o Novo Mundo a existir para reconfigurar o equilíbrio do Velho Mundo". Cabe lembrar, porém, que lorde Castlereagh, seu predecessor (1812-1822), já tinha dado um importante passo em 1822 ao reconhecer as bandeiras hispano-americanas nos portos britânicos. Também é importante lembrar que a política europeia impôs a resposta britânica à intervenção francesa – e à Santa Aliança – na Espanha, em 1823, que levantou a questão perene da situação da América espanhola sob o reinado absolutista de Fernando VII. Além disso, os Estados Unidos tinham reconhecido a independência das repúblicas do Sul em 1822 e o presidente James Monroe manifestou-se contrário à intervenção europeia em dezembro de 1823. Mesmo que os Estados Unidos não tivessem nenhuma condição de evitar qualquer tipo de intervenção, ainda assim desafiaram os interesses europeus, dos russos, inclusive, no hemisfério ocidental.[1]

Por fim, é importante lembrar que Canning adiou o reconhecimento da independência da América espanhola na esperança de que aqueles países adotassem instituições monárquicas quando captassem os sinais emitidos por seu governo. Consequentemente, até 1824, quando Canning não pôde mais adiar o reconhecimento da independência, os hispano-americanos concluíram que não haveria nenhum reconhecimento por parte do governo britânico se não considerassem seriamente um modelo político monárquico.[2] Como vimos no Capítulo 2, as consultas de Bello com Blanco White e suas conversas com frei Servando Teresa de Mier a respeito de uma monarquia constitucional representaram uma leitura sensível das intenções da política oficial britânica. Era essa política que Bello tentou transmitir, oficial e não oficialmente, aos amigos e aos países hispano-americanos.

O papel de Bello na diplomacia hispano-americana não era dos mais felizes, porque as expectativas, fossem da Grã-Bretanha fossem da América espanhola, foram dolorosamente frustradas na década de 1820. Mas, por um tempo, pareciam ser realistas, não somente para Bello, mas para outros que se permitiram, um tanto ingenuamente, acreditar que o reconhecimento da independência anunciaria uma nova era política e civilizatória do planeta. Viajantes iam e vinham; livros, artigos e reportagens forneciam informação abundante sobre os novos países; comércio e finanças alcançavam níveis sem precedentes. Por um breve momento, na década de 1820, Grã-Bretanha e América espanhola pareciam dispostas a mostrar que uma nova era estava realmente começando. Pura ilusão!

---

1 Para relatos sobre a política e as atitudes dos Estados Unidos para a América Latina, ver A.P. Whitaker, *The United States and the Independence of Latin America, 1800-1830* e L. Schoultz, *Beneath the United States: A History of U. S. Policy Toward Latin America*.

2 H. Temperley, *The Foreign Policy of Canning, 1822-1827: England, the Neo-Holly Alliance and the New World*. Ver também C.K. Webster (ed.), *Britain and the Independence of Latin America, 1812-1830, Select Documents from the Foreign Office Archives* e David A.G. Waddell, "International Politics and Latin American Independence", in L. Bethell (ed.), *The Cambridge History of Latin Americam*, III, p. 197-228.

A OFENSIVA CULTURAL

Cientes de que a onda mudava lentamente na direção de uma vitória patriota, ao menos a possibilidade de isso acontecer, em Londres os hispano-americanos não mediam esforços para espalhar notícias e informações sobre a promessa de uma América Latina independente. Como temos visto, Bello era uma das principais fontes de notícias sobre as questões sul-americanas desde 1810. Fornecia informações a Blanco White e James Mill, e suas publicações em língua inglesa, *Interesting Official Documents Relating to the United Provinces of Venezuela* e *Outline of the Revolution in Spanish America*, davam indicações claras de suas atividades. A atmosfera política dos anos 1820 era bastante favorável à colocação de notícias, porque a emergência das novas repúblicas gerava forte demanda por informações sobre o Novo Mundo.

Por inclinação e também por um senso de dever, Bello envolveu-se ativamente na publicação de materiais em língua espanhola nos anos 1820. O objetivo era disponibilizá-los em Londres, mas também distribuí-los nos novos países da América espanhola, agora que todos queriam informações sobre os demais a partir de Londres, a nova capital do mundo, e também trocá-las diretamente entre si. Os três jornais para os quais Bello contribuía permitiam-lhe publicar não só os resultados das suas próprias pesquisas, como introduzir a dimensão da cultura nas novas definições de independência e nacionalidade. Eram jornais que, além de divulgarem informações úteis, tinham também intenções políticas.[3]

Os objetivos políticos eram mais evidentes no *El Censor Americano*, publicado em Londres por Antonio José de Irisarri em 1820. Defendia abertamente a monarquia constitucional, defesa que poucos queriam fazer, ou mesmo lembrar, mas que na época era uma opção bastante ra-

---

3   Sobre a imprensa londrina em língua espanhola, ver María Teresa Berruezo León, *La lucha de hispanoamérica por su independencia en Inglaterra, 1800-1830*, Madri: Ediciones de Cultura Hispánica, 1989; Vicente Llores, *Liberales y románticos: Una emigración española en Inglaterra, 1823-1834*, 2ª ed., Madri: Editorial Castalia, 1968; e K. Racine, *Imagining Independence: London's Spanish American Community, 1790-1829*. Ver também John Ford, "Rudolph Ackermann: Publisher to Latin America", in *Bello y Londres*, I, p. 197-224 e seu "Rudolph Ackermann: Culture and Commerce in Latin Amercia, 1822-1828", in J. Lynch (ed.), *Andrés Bello*, p. 137-152.

zoável. Bello não assinava nenhum artigo nesse periódico, mas sua participação foi garantida pelo próprio Irisarri, que em 16 de junho de 1820 convidou-o para ser um colaborador: "Por favor, junte-se a mim e participe ativamente deste esforço enviando-me seus textos interessantes... considere-se meu colaborador oficial a partir deste momento."[4] Bello ficou muito agradecido. Mais tarde, Irisarri relembrou que "eu publicava um periódico mensal sob o título *El Censor Americano*, que tinha como objetivo destacar as realizações, mas também os erros dos governos da América em sua nova trajetória política. O resultado era um volume grosso que tinha algum valor por suas contribuições, mas principalmente pelos artigos do erudito e sempre gentil mr. Bello".[5]

Embora as matérias do *El Censor Americano* tenham o "imprima-se" de Irisarri, as contribuições de Bello são evidentes, especialmente sobre questões que lhe interessavam e sobre as quais escreveria mais no futuro. As edições de nº 3 (setembro de 1820) e nº 4 (outubro de 1820), por exemplo, contêm artigos como "Topografía de la provincia de Cumaná", área que Bello conhecia bem por tê-la visitado ainda jovem com o pai; extratos adicionais de *Personal Narrative of Travels to the Equinoctial Regions of America*, de Humboldt; e um artigo sobre vacinação contra varíola. Até os textos mais políticos estavam de acordo com o que Bello conversava com Blanco White e Mier sobre a monarquia constitucional. "Ao argumento de que os tempos não são favoráveis aos reis, porque em toda parte as monarquias estão sendo reformadas, respondemos que os tempos talvez não sejam favoráveis aos reis despóticos, mas certamente o são à criação de monarquias moderadas, o melhor sistema para o momento."[6] Nessa atmosfera do início da década de 1820, Bello e Irisarri partilhavam ideias políticas similares. Embora suas ideias tivessem evoluído com os eventos da

---

4 Irisarri para Bello, 16 jun 1820, in OC, XXV, p. 97-98.
5 Citado por R. Donoso, *Antonio José de Irisarri, Escritor y Diplomático*, p. 34. Ver também M.T. Berruezo Léon, *La lucha...*, p. 270-279. Guillermo Feliú Cruz rejeita a ideia de que Bello tenha colaborado com o jornal, mas por ter examinado apenas dois exemplares (dos quatro), e em bases estilísticas. Ver seu "Bello, Irisarri y Egaña en Londres", in *Andrés Bello y la redacción de los documentos oficiales administrativos internacionales y legislativos de Chile*, p. 14.
6 *El Censor Americano*, nº 4, out 1820, p. 288. É um jornal extremamente raro que pode ser consultado no Archivo Central Andrés Bello, Universidade do Chile, Santiago, Chile [doravante, ACAB].

independência, é importante notar que a ênfase que Bello dava às informações práticas e científicas estabeleceu-se durante a sua colaboração no *El Censor Americano*.

Bello ampliou muito mais seus interesses no jornal *Biblioteca Americana*, publicado em Londres em 1823.[7] O jornal foi fundado pela chamada "Sociedad de Americanos", mas seus principais redatores eram Bello e o intelectual e diplomata colombiano Juan García del Río, que chegara a Londres no ano anterior como enviado do general José de San Martín.[8] Originário de Cartagena, Colômbia, García del Río trabalhara profissionalmente na imprensa periódica de Lima e foi para Londres determinado a publicar notícias sobre os progressos da região. A caminho da Grã-Bretanha em 1822, escreveu ao ministro das Relações Exteriores chileno, Joaquín Echeverría: "Por favor, não esqueça o meu pedido a Mendoza. Alerte dom Manuel de Salas sobre meu projeto e incentive-o a enviar artigos para eu publicar na Europa: textos interessantes, dados estatísticos, biografias e retratos de ilustradores chilenos, projetos de todo tipo... tudo serve aos meus propósitos."[9] Eram exatamente os mesmos propósitos de Bello, e em Londres os dois autores hispano-americanos iniciaram uma das colaborações intelectuais mais produtivas do início do período da independência. Tiveram que interromper a publicação do jornal já no segundo volume em razão dos custos e de outras demandas, mas voltaram a colaborar com *El Repertorio Americano* em quatro edições, entre 1826 e 1827.

Como dissemos no Capítulo 2, esses jornais tornaram-se veículos para os textos de Bello e para algumas das suas pesquisas sobre literatura medieval. No *Biblioteca Americana*, publicou trabalhos especificamente

---

7 Para um relato do papel de Bello no *Biblioteca*, bem como uma identificação dos autores, ver P. Grases, "La Biblioteca Americana (Londres, 1823)", in *ESAB*, II, p. 318-328. Ver também seu "Tres empresas periodísticas de Andrés Bello", in *ESAB*, II, p. 307-314.

8 San Martín nomeou García del Río como ministro das Relações Exteriores em agosto de 1821, e o enviou para a Inglaterra em novembro do mesmo ano. Ver J.E. Rodríguez O., *The Independence of Spanish America*, p. 217. Para um relato sobre o papel de García del Río na publicação do jornal, ver Guilliermo Guitarte, "El papel de Juan García del Río en las revistas de Londres", in *Bello y Londres*, II, p 59-74.

9 García del Río para Echeverría, 13 maio 1822, ACAB, bandeja 4, caixa 36, nº 1218. Manuel de Salas (1754-1841) foi um respeitado intelectual, educador e líder crioulo da recente República chilena.

voltados à divulgação de informações úteis sobre as novas repúblicas. Dentre as questões de ordem prática que ele achava necessário circular na América espanhola, destacam-se os conhecimentos sobre geografia, os produtos da região e as espécies nativas. Na política editorial do *Biblioteca* lê-se: "A política [colonial] espanhola fechou as portas da América aos demais países durante três séculos. Não satisfeita em privar o continente da comunicação com o mundo, a Espanha também se priva de conhecer a si mesma".[10] Temas sobre o conhecimento e a libertação também ganhavam o devido destaque graças ao mote do jornal que fora extraído das *Rimas* de Petrarca:

Dunque ora è'l tempo da ritrare il collo
Dal giogo antico, e da squarciare il velo
Ch'è stato avolto intorno a gli occhi nostri

[Chegou a hora de livrarmos os nosso pescoço, de
nos abraçarmos depois do jugo, e arrancarmos o véu
que cobre nossos olhos]

A função de Bello como editor era selecionar, traduzir e preparar as revisões de artigos sobre magnetismo, química, cadeias de montanhas, flora e fauna da região. Muitos deles eram traduzidos do inglês e do francês, e além de transmitir as informações destinavam-se a descrever como as pesquisas científicas eram conduzidas na Europa. Os outros colaboradores faziam a mesma coisa, mas havia uma divisão de trabalho; García del Río, por exemplo, cuidava dos textos de cunho social e político.

Um artigo assinado em conjunto por Bello e García del Río é "Indicaciones sobre la conveniencia de simplificar y uniformar la ortografía en América [Observações sobre a conveniência de simplificar e uniformizar a ortografia na América]. É bem provável que a peça tenha sido preparada principalmente por Bello, porque mais tarde serviria de base para seus trabalhos gramaticais. Em uma ênfase reminiscente da obra de Noah Webster sobre ortografia na América revolucionária, Bello in-

---

10 "Prospecto", *Biblioteca Americana*, n° 1, abr 1823, p. v.

teressou-se principalmente pela potencialidade do idioma de contribuir para a formação da nacionalidade.[11] No artigo ele discute a urgência de simplificar a atual ortografia castelhana, especialmente depois que a independência criara a necessidade de que a alfabetização se expandisse. Bello acreditava que a alfabetização seria facilitada se fossem removidas as letras inúteis do alfabeto e mantidas somente aquelas que representam um som. Assim como Webster antes dele (embora não haja nenhuma indicação de que Bello conhecesse o trabalho do norte-americano), Bello argumentava que o modelo latino de ortografia, sobre o qual a língua espanhola da Real Academia se baseia, complica mais do que ajuda no processo de alfabetização. Bello insiste na importância dessas reformas no terreno da linguística também por razões morais e políticas: "É a única maneira de definir uma liberdade racional, e com ela as vantagens da cultura cívica e da prosperidade pública".[12]

Em *El Repertorio Americano*, Bello reforça a ênfase na divulgação científica e no cultivo da língua espanhola.[13] Eram muitos os colaboradores dessa nova publicação; entre outros estavam, além de Bello e García del Río, os poetas José Fernández Madrid (da Colômbia), José Joaquín Olmedo (do Equador) e os intelectuais espanhóis Pablo Mendíbil e Vicente Salvá. É muito significativo que os editores tenham decidido reimprimir, com pequenas variações, o ensaio publicado no *Biblioteca* sobre ortografia, com o claro intento de realçar as cronologias e a relevância dos estudos gramaticais no processo de construção de nação.

---

11 Noah Webster, "Introduction to the Blue-Black Speller, 1783", in Richard M. Rollins, *The Autobiographies of Noah Webster*, Columbia: Universidade da Carolina do Sul, 1989, p. 68-69. As reformas ortográficas acompanharam outras situações revolucionárias, particularmente na Rússia após 1917.

12 A. Bello e J.G. del Río, "Indicadiones", *Biblioteca Americana*, n° i, abr 1823, p. 50-62. Uma tradução inglesa desse texto de Frances M. López-Morillas in *SW*, p. 60-71. Bello ampliou as diferenças entre as pronúncias do latim e do grego, por um lado, e as do espanhol, de outro, em sua "Prosodia Castellana", *Biblioteca Americana*, n° 2, 1823, p. 24-40. Ele defendia o estudo da prosódia para eliminar "vícios que se tornam incorrigíveis, corrompem o idioma e destroem a sua uniformidade nas várias províncias e estados que o falam". A prosódia, é bom lembrar, era um tema presente nas gramáticas latinas desde a Idade Média, passando por todo o Renascimento e além. Bello manteve o foco na prosódia em seus estudos gramaticais.

13 Sobre o papel de Bello em seu jornal, ver P. Grases, "El Repertorio Americano (Londres, 1826-1827)" e "Tres empresas periodisticas de Andrés Bello", in *ESAB*, II, p. 329-255 e p. 307-314, respectivamente.

Bello acrescentou um ensaio sobre etimologia das palavras espanholas e outro sobre "Bosquejo del origen y progresos del arte de escribir" [Busca pela origem e o progresso da arte da escrita], visando às reformas do espanhol escrito. Este último ensaio recorre à história para mostrar que a língua escrita está em constante mudança, implicando que o progresso da civilização requer reformas paralelas do idioma usado para transmiti--la, cultivá-la e expandi-la. Em última instância, o que se espera é que as reformas tragam "benefícios incalculáveis" ao "disseminar a instrução e generalizar a educação entre a massa de pessoas".[14] Essa declaração estava em conformidade com o objetivo maior, como se lê no prospecto de *Biblioteca Americana*, de espalhar o Iluminismo que a Espanha tudo fez para impedir. A independência, portanto, adquire o elevado objetivo de propagar o alfabetismo e, consequentemente, a civilização.

Esse foco central não diminuiu a função primordial do jornal de transmitir informações úteis, muito em função de outros jornais britânicos, especialmente o *Edinburgh Review*. O *Biblioteca* trazia artigos sobre o ensino da economia, narrativas de viagens, o uso do barômetro, o cultivo do algodão e da cochonilha, a cura da caxumba e uma variedade de outros assuntos médicos e científicos. Bello aprofundou-se em vários assuntos científicos por meio de extensas leituras e por frequentar as reuniões do Royal Institution, em Londres, do qual se tornou assinante em abril de 1823, ou seja, à época em que sir Humphry Davy divulgava as suas pesquisas em química e eletromagnetismo.[15] Ele ficou muito amigo também do dr. Neil Arnott, autor de *The Elements of Physics* (1827), com quem frequentava a sala de leitura da Biblioteca do British Museum. O interesse de Bello por assuntos científicos não é nem isolado nem oculto. Pelo contrário, a disseminação científica era, para ele, um veículo para a consolidação das instituições republicanas, agora que os países dependiam do próprio Iluminismo para se organizarem e educa-

---

14 A. Bello, "Bosquejo del origen y progresos del arte de escribir", *El Repertorio Americano*, nº 4, ago 1827, p. 11-25. A tradução inglesa está em *SW*, p. 58.

15 O nome de Bello está registrado no Manager's Minute de 14 de abril de 1823, vol. 6, p. 386, Archives of the Royal Institution, ver Morris Berman, *Social Change and Scientific Organization: The Royal Institution, 1799-1844*, Ithaca, NY: Cornell University Press, 1978 e Bence Jones, *The Royal Institution: Its Founder and its First Professors*, Nova York: Arno Press, 1975, publicado originalmente em 1871.

rem as novas gerações sob o novo sistema político. Nesse sentido, a ciência era parte integrante de um processo mais amplo de construção de nação, e para isso Bello abastecia-se de informações e de fontes dentro e fora da Inglaterra. A sessão de resenhas do *El Repertorio Americano* traz várias ilustrações de como os países europeus lidavam com questões como a organização do Judiciário, os procedimentos parlamentares, a educação e as eleições. Bello escreveu a maior parte das resenhas nos quatro volumes do periódico.

Os assuntos mais obscuros permitiam que os colaboradores elaborassem recomendações para as novas repúblicas. Por exemplo, ao mesmo tempo que Bello revisava as atividades de uma sociedade parisiense que promovia a educação elementar, aproveitava para fazer sinopses do seu novo trabalho sobre a criação de nações, defendendo a manutenção do passado da Espanha no ensino da história nacional por ser "repleto de valiosas lições". Os novos Estados deveriam evitar também "a artificialidade do princípio filosófico e a declamação destinada a perpetuar os ódios nacionais", ou seja, usar a retórica revolucionária francesa na instrução elementar. Além disso, os novos países deveriam promover a pureza do castelhano na educação primária, em contraste com "a vergonhosa e lamentável falta de robustez gramatical da imprensa hispano-americana e o fluxo exagerado de expressões estrangeiras que ameaçam transformar o idioma dos nossos antepassados em um palavreado bárbaro".[16] A visão de independência de Bello inclui a preservação do idioma espanhol, a renovação dos vínculos culturais com a Europa (com a Espanha, inclusive) e evitar a ideologia revolucionária. Uma agenda muito ao par com a ideologia reformista Whig, então dominante nos círculos liberais londrinos, que rejeitava o jacobinismo da Revolução Francesa. Bello afirma: "Não é, como pensam alguns, um entusiasmo por teorias exageradas e mal interpretadas [i.e., a francesa] que produz e sustenta a nossa revolução, [mas] a aspiração inerente à nossa sociedade de administrar suas próprias questões sem assimilar leis de outros países."[17]

---

16 A. Bello, "Sociedad parisiense de enseñanza elementar [sic]", *El Repertorio Americano*, n° 1, out 1826, p. 68.

17 A. Bello, "Collección de los viajes y descubrimientos que hicieron por mar los españoles desde fines del siglo XV", in *El Repertorio Americano*, n° 3, abr. 1827), p. 194.

Os esforços de Bello para transmitir informações úteis aos novos Estados hispano-americanos e suas posições ideologicamente antijacobinas também estão presentes nas suas propostas de currículo para a Universidade de Caracas. Provavelmente a pedidos de José Rafael Revenga, representante diplomático colombiano em Londres entre 1822 e 1824, Bello preparou uma lista de textos-chave a ser avaliados para adoção na universidade. É uma lista altamente significativa, por ser a sua visão de um currículo universitário moderno e representar seu conhecimento de fontes adquiridas na Inglaterra e de títulos selecionados em áreas humanistas fundamentais. Bello recomenda um total de 78 livros distribuídos em duas listas ("A" e "B", provavelmente para a educação superior preparatória e a avançada). A lista "A" inclui Latim, Matemática, Física, Química, História Natural e Ciências Intelectuais e Morais. A lista "B" inclui Espanhol, História Antiga e Moderna, Humanidades e Ciências Intelectuais e Morais, e Economia Política.[18]

Assuntos tão díspares tinham sua própria importância: Bello dá maior peso às Ciências Experimentais, mantém o Latim, mas expande suas raízes para o estudo do Espanhol, e introduz a Economia Política. Os autores estudados nesta última área incluiriam Adam Smith, Jean Baptiste Say e David Ricardo. Bello observa que não espera um conhecimento geral em língua inglesa, por isso recomenda obras em francês e espanhol, mas ele ainda recomendou obras como *Natural Theology* e *The Principles of Moral and Political Philosophy*, de William Paley; *An Essays Concerning Human Understanding*, de John Locke; *An Inquiry into the Human Mind* e *Essays on the Powers of the Human Mind*, de Thomas Reid; *Philosophy of the Human Mind*, de Dugald Stewart; e *The Philosophy of Rethoric*, de George Campbell. Esses títulos são a prova de que Bello adquirira conhecimentos importantes sobre a obra dos filósofos escoceses enquanto viveu em Londres. Ele recomenda o estudo desses trabalhos na América espanhola provavelmente por suas visões políticas moderadas e pelo casamento entre religião e ciência.[19] Na

---

18 Estes originais escritos à mão foram encontrados no Archivo de José Rafael Revenga em Caracas e publicados pela primeira vez por Dirección de Cultura da Universidade Central de Caracas em 1950. Pedro Grases incluiu-a em *ESAB*, II, p. 249-257 com seu próprio estudo e notas, sob o título "Andrés Bello y la Universidad de Caracas: Dictamen sobre la Biblioteca Universitaria".

19 Para uma boa descrição do Iluminismo escocês, ver R.B. Sher, *Church and University in the Scottish Enlightment: The Moderate Literati of Edinburgh*. Ver também George Elder Davie, *The Democratic Intellect: Scotland and Her Universities in the Nineteenth Century*, 2ª ed., Edimburgo: Edinburgh University Press, 1964.

França, Victor Cousin também abraça a filosofia escocesa, especialmente o trabalho de Reid, quando se envolve na reforma do ensino superior. Os filósofos escoceses eram muito lidos e discutidos também nos Estados Unidos, como estudiosos de ambos os continentes que investigam as pretensões integracionistas da filosofia moral. Bello, por sua vez, explorará os temas da filosofia escocesa mais profundamente no seu *Filosofía del entendimiento*, que se concentra na lógica e na formulação de ideias.

No contexto das recomendações para o currículo universitário, Bello faz outras escolhas ainda mais surpreendentes. Inclui vários autores espanhóis que ninguém imaginaria (mesmo hoje), porque nessa época as lutas pela independência da Espanha ainda estavam acontecendo. Além de clássicos como Cervantes e Garcilaso de la Vega, há obras de Juan Meléndez Valdés (1745-1817) e Manuel José Quintana (1772-1857), que havia menos de dez anos que tinham participado do governo espanhol.

Apesar de nunca ter sido um defensor de um rompimento radical com a Espanha, Bello sentia que a educação dos hispano-americanos independentes não devia desprezar a literatura dos antigos governantes. Uma parte importante dessa programação era reforçada pela presença em Londres dos espanhóis que tinham fugido do governo reacionário de Fernando VII após 1823. Na opinião de Vicente Llorens, um dos principais estudiosos dessa geração de exilados, o período entre 1824 e 1828 aproximou tanto os espanhóis e os hispano-americanos que as animosidades incitadas por uma guerra que ainda não terminara foram atenuadas.[20] Em anos anteriores, Bello cultivara relações com Blanco White e com o estudioso de literatura espanhola Bartolomé José Gallardo. A nova onda imigratória expandiu sua rede de contatos e incluiu Pablo Mendíbil e Vicente Salvá, autores de ensaios para *El Repertorio Americano*, e os intelectuais José Joaquín de Mora, Agustín Argüelles, José Canga Argüelles, Antonio Alcalá Galiano e Joaquín Lorenzo Villanueva.[21] Não há nenhuma evidência de que Bello tenha conhecido o linguista Antonio Puigblanch, mas certamente leu os trabalhos dele e

---

20 V. Llorens, *Liberales y románticos*, p. 164. Ver também A. Alcalá Galiano, *Recuerdos de un anciano*. Alcalá pertencia à comunidade espanhola de Somers Town. Seu livro foi publicado pela primeira vez em 1878.

21 E. Rodríguez Monegal, *El outro Andrés Bello*, p. 80-81.

de outros espanhóis emigrados que escreveram ensaios para publicações como *Variedades* e *Ocios de Españoles Emigrados*.[22] Não raro, esses escritores colaboravam em um ou outro periódico e comentavam os trabalhos uns dos outros. Também compartilhavam suas tribulações de exílio e alguns prazeres da socialização em cafés. Thomas Carlyle teve a seguinte impressão da comunidade hispânica de Somers Town, onde a maioria deles morou em 1824:

> Naqueles anos, um visível setor da população londrina, desproporcionalmente conspícuo em relação ao seu tamanho ou valor, era formado por um pequeno grupo de espanhóis que aqui buscaram abrigo como refugiados políticos. 'Refugiados políticos': a trágica sucessão dessa classe é uma das propriedades da Inglaterra hoje em dia. Vinte e seis anos atrás, quando vi Londres pela primeira vez, lembro-me desses infelizes espanhóis em meio ao novo fenômeno. Diariamente, na primavera gelada, sob céus tão diferentes dos seus, um grupo de cinquenta ou cem figuras trágicas, orgulhosas em seus casacos puídos, perambulava, a maioria com os lábios cerrados, pelas amplas calçadas de Euston Square e na área próxima da nova igreja de St. Pancras. Viviam principalmente em Somers Town, pelo que pude entender; e aquelas calçadas largas ao redor da igreja de St. Pancras eram locais comuns de *rendez vous*. Falavam pouco ou quase nada de inglês; não conheciam ninguém, não tinham nenhum emprego, nesse novo ambiente. Muitos deles velhos, de cabelos brancos; outros com cabelos negro-azulados impressionavam; a pele morena, olhar enevoado pelo fogo reprimido, numa trágica condição de leões numidianos enjaulados.[23]

Essa vívida descrição de um escritor escocês é um bom exemplo de como os espanhóis (e hispano-americanos) eram vistos por seus confusos hospedeiros londrinos. Os "leões numidianos enjaulados", contudo, sentiam-se participantes de grandes mudanças históricas e colaboravam na

---

22 O *Variedades, o Mensagero de Londres* (1823-1825) era editado pelo amigo de Bello Blanco White, que lhe pedia conselhos e o convidou para colaborar. Bello escreveu comentários sobre o trabalho filosófico do chileno Puigblanch em 1831. Ver A. Bello, "Filología", in OC, VII, p. 363-367.

23 T. Carlyle, *The Life of John Sterling*, p. 66-67.

mesma medida. O balanço dos esforços de Bello e seus colegas hispano-americanos, bem como os dos ibéricos, é positivo: graças às suas atividades foram publicados vários jornais com ensaios e propostas que tiveram papel fundamental na história política e intelectual da América Latina. Além disso, por residirem em Londres, os hispano-americanos desenvolveram uma percepção apurada do ambiente internacional que cercava os eventos da independência e adquiriram uma experiência diplomática que seria muito útil quando retornaram a seus países de origem. Esse balanço positivo, porém, não esconde o fato de que suas atividades culturais aconteciam em um contexto pessoal e diplomático muito difícil.

Novas ansiedades

As bem-sucedidas publicações de Bello não são, infelizmente, uma indicação de sucesso em outras áreas de sua vida. Em uma carta ao ministro das Relações Exteriores colombiano, Pedro Gual, datada de 6 de janeiro de 1825, Bello faz uma rara e franca descrição da sua situação pessoal em Londres. Ele explica por que precisava retornar urgentemente à Grão-Colômbia e faz uma lista dos cargos para os quais se considera qualificado. Entre eles os de (1) *Oficial Mayor* (primeiro-secretário) em qualquer ministério, (2) representação diplomática em outros países, e (3) posições de liderança em estabelecimentos educacionais e culturais.

> Mas, como já disse, aceito qualquer ocupação que o governo considerar apropriada para mim e que possa me garantir uma renda [...]. Eu já dominava os principais idiomas europeus antes de vir para cá [...]. Dos catorze anos de residência [em Londres], seis foram como secretário de Embaixada [...]. Estudo, como sabe, Humanidades desde criança. Posso dizer que tenho o domínio da Matemática. Tenho também o conhecimento necessário, embora me faltem instrumentos para aplicá-lo, para ler mapas e planos. Também tenho conhecimentos gerais sobre outros assuntos científicos [...]. Você conhece bem os meus velhos hábitos de estudo e de trabalho, e na Europa quem me conhece pode atestar que conservo esses hábitos e os considero minha segunda natureza.[24]

---

24 Bello para Gual, 6 jan 1825, Latin American Manuscripts, Venezuela. Manuscript Department, Lilly Library, Bloomington, Indiana. Uma versão incompleta da carta está em *OC*, XXV, p. 142-144.

Bello e Gual tinham frequentado a Universidade de Caracas na década de 1790 e se conheciam o suficiente para que Bello se sentisse à vontade para expressar a gravidade da sua situação. Ainda assim, o apelo causava-lhe desconforto e tristeza, como sugere a passagem que segue:

> Por isso recorro à ajuda da Colômbia, e tenho confiança de que seu governo reconhecerá o direito deste servidor venezuelano de pedir sua proteção. Foi a causa da liberdade que me trouxe a Londres. Os infortúnios da mãe-pátria condenaram-me a um longo exílio e a uma vida de dificuldades e privações. A pátria me abandonaria agora que triunfou? [...] A decisão está em suas mãos, meu amigo, se poderei servi-la novamente. Sua recomendação ao governador muito fará para melhorar a minha situação, que lhe garanto ser delicada e crítica. Embora eu jamais tenha recusado trabalho de qualquer tipo, acredito que a maneira como passei minha juventude, ou melhor, toda a minha vida, capacitou-me para algo mais importante que o obscuro papel de escrivão e intérprete ao qual fui reduzido em minha atual situação.[25]

A última frase indica que a alienação de Bello chegara a um ponto que se tornou insustentável manter o cargo que ocupava na Embaixada chilena – episódio que será examinado mais adiante. Além disso, Bello passava por enormes dificuldades financeiras, sentia que estava envelhecendo sem ter um emprego seguro e temia o pior pelo futuro de sua família. Depois que Mary Ann morreu, ele se casou com Elizabeth Dunn (1804-1873) em 24 de fevereiro de 1824. Além dos filhos Carlos e Francisco, o casal teve mais quatro em Londres: Juan, nascido em 1825; Andrés Ricardo, nascido em 1826; Ana Margarita, nascida em 1827; e Miguel, nascido em 1828. Mais oito nasceriam depois, no Chile.

Não se sabe como Bello e Elizabeth se conheceram, mas a correspondência que chegava a Clarendon Square, onde eles moravam, indica que uma "jovem Dunn", provavelmente irmã de Elizabeth, recolhia e entregava as cartas que lá chegavam.[26] Uma descendente de

---

25 Idem.
26 As palavras "da jovem Dunn" estão escritas no verso das cartas enviadas por Blanco White datadas de 8 de julho de 1821, 13 de setembro de 1821 e 4 de outubro de 1822 (CMO, caixa 2, itens 14, 15 e 17, respectivamente).

Bello, Inés Echeverría Bello, deu a entender que Elizabeth era irlandesa, embora o nome não seja.[27] Mas como a população de Somers Town tinha forte componente irlandês, é provável que fosse.[28] Os registros na Biblioteca do British Museum, onde Bello renovava regularmente suas entradas na Sala de Leitura, indicam que ele morou em Clarendon Square 39, pelo menos até 4 de novembro de 1822. No início de 1823, provavelmente antes de se casar, Bello mudou-se para Solls Row 6, em Hampstead Road, nas proximidades de Somers Town.[29] Depois que o segundo filho nasceu, no início de 1826, a família foi para uma casa em Egremont Place 9, New Road (atual Euston Road na St. Pancras Station),[30] e nela morou até Bello ser transferido para o Chile. As frequentes mudanças de endereço e o rápido crescimento da família explicam, em grande parte, a ansiedade financeira de Bello.

Mesmo assim, os Bello estavam sempre dispostos a conviver com um grande círculo de amigos. Deles, talvez o mais próximo fosse o poeta José Joaquín Olmedo, que chegou à Inglaterra em 1825, como enviado diplomático do Peru. Esses mesmos serviços diplomáticos o levaram à França em novembro de 1826, mas ele retornou a Londres em julho de 1827, onde ficou até março de 1828. Nesse meio tempo, Bello e ele cultivaram uma intensa amizade. Olmedo era padrinho de seu filho Andrés Ricardo e escreveu cartas afetuosas à família enquanto estava em Paris. Bello as respondia calorosamente, e até homenageou a amizade em um poema intitulado "Carta escrita de Londres a París por un americano a otro":

---

27 Iris [Inés Echeverría Bello], *Nuestra Raza: A la memoria de Andrés Bello; Su cuarta generación*, Santiago: Ediciones de la Universidad de Chile, s. d., p. 7. Inés era neta de Juan, o primogênito da união Bello-Dunn.

28 Sobre Somers Town, ver C.H.G. Gobbi, "The Spanish Quarter of Somers Town: An Immigrant Community, 1820-30, *The Camden History Review*, nº 6, 1978, p. 6-9. Inicialmente, a área tinha uma forte presença francesa e irlandesa, e mais tarde recebeu o influxo de imigrantes espanhóis (e hispano-americanos).

29 Esses endereços estão registrados nas Admissions to Reading Room, January 1820-November 1826, Central Archives, British Museum. Ele usou o endereço em Solls Road em 14 de abril de 1823, quando passou a ser assinante do Royal Institution. Ver nota 15 neste capítulo.

30 A prova definitiva de que em 15 de fevereiro de 1827 Bello morava nesse endereço está em Admissions to the Reading Room, 1827-1835, Central Archives, British Museum, p. 4.

Es fuerza que te diga, caro Olmedo
que del dulce solaz destituido
que tu tierna amistad, vivir no puedo.
¡Mal haya ese París tan divertido,
y todas sus famosas fruslerías,
que a soledad me tienen reducido! (OC, I, p. 93)

[Devo dizer-te, caro Olmedo,
que não vivo sem o doce conforto
da tua terna amizade.
Maldita seja essa divertida Paris,
e todas as suas famosas frivolidades
que me condenam a esta solidão!]

Bello intima Olmedo a retornar a Londres, porque lá

Me aguarda una alma fiel, veraz, constante,
que al verme sentirá más alegría
de la que me descubra en el semblante. (OC, I, p. 94)

[Um amigo fiel, verdadeiro e constante te espera;
e sentirá mais alegria
do que mostrará em seu rosto quando te vir.]

Por difícil que fosse aquele período, Bello jamais deixou de ser um amigo caloroso e verdadeiro. Eram qualidades de caráter apreciadas por Olmedo, que, por sua vez, também tinha o dom de expressar os próprios sentimentos sem qualquer inibição. Quando retornou à América do Sul em 7 de março de 1828, talvez soubesse que jamais voltaria a ver o amigo Bello: "A hora chegou. No momento em que você receber esta carta, estarei muito distante de Londres; porém, quem ama nunca se distancia. Levo você comigo, caro Andrés, no fundo de minha alma, no meu coração." (OC, XXV, p. 384-385).

Talvez Bello só tenha conseguido superar as imensas dificuldades graças a amigos verdadeiros como Olmedo e Blanco White. Ele abria seu coração para pessoas sensíveis, mas era distante e reservado quando se via dependendo dos outros e se sentia desamparado e inseguro com a própria situação. Não ter recebido uma resposta ao apelo que fizera a Pedro Gual por um cargo na Grão-Colômbia reforçava a sensação de ser renegado por sua terra natal. Não lhe restava outra escolha senão permanecer em Londres. Os anos passados no corpo diplomático foram marcados por expectativas frustradas, acrescidas da precariedade, e até mesmo do caos, em que viviam as missões diplomáticas do início do período republicano.

O PAPEL DE BELLO NA DIPLOMACIA HISPANO-AMERICANA

Os primeiros esforços diplomáticos hispano-americanos se limitaram a garantir a proteção britânica no caso de uma possível invasão francesa. Depois que Bolívar discursou no Congresso de Angostura (1819) e da vitória de seus exércitos em Boyacá e Carabobo ao norte da América do Sul, os hispano-americanos de ambos os lados do Atlântico optaram por uma nova agenda mais ambiciosa de nação independente. Em Angostura, representantes diplomáticos foram enviados para renovar os esforços e obter o reconhecimento europeu, não só para se protegerem dos inimigos estrangeiros, mas pela soberania e autodeterminação das novas nações. O reconhecimento da Grã-Bretanha certamente era o principal objetivo, mas o artigo 31 das instruções para os representantes Fernando Peñalver e José María Vergara também incluía o reconhecimento do Vaticano.[31] À luz da forte oposição da Igreja católica ao movimento de independência durante a Primeira República, o Congresso de Angostura queria neutralizar a Espanha, que usava a Igreja contra as novas nações estabelecendo concordatas diretas com o Vaticano. Em tese, o objetivo era que os novos governos nomeassem pessoal eclesiástico simpático à independência e desativassem potenciais focos de oposição à nova ordem política.

Quando chegaram a Londres em 1820, os enviados Peñalver e Vergara se deram conta de que não mudariam a posição britânica de neu-

---

31 Aurelio Espinosa Pólit, "Bello latinista", in OC, VIII, p. lxxvii.

tralidade estrita e passaram a se concentrar nas comunicações com o Vaticano. Contrataram Andrés Bello para escrever a carta ao papa Pio VII solicitando relações formais com o Vaticano. Bello escreveu-a em latim em 27 de março de 1820.[32]

Grande parte da missiva detinha-se na triste condição das pessoas privadas do conforto religioso. Mas também reivindicava o direito fundamental à autodeterminação, especialmente em regiões expostas a ameaças externas, e à incapacidade da Espanha de controlar seus próprios conflitos políticos internos. A carta afirmava que não seria possível um retorno ao status quo e que o importante agora era garantir que os novos Estados suprissem as necessidades espirituais da população: *"Inde factum est ut, quamquam tantae rei Status impensa cura consuluerint, maxima sacerdotum inopia loboremus"* [É por essa razão que os Estados, embora dispostos a dar a merecida atenção a uma questão tão séria, têm tanta carência de padres]. Sem padres, continua a carta, pode-se prever com segurança "a total ruína da religião" (OC, VII, p. 461). E ainda assim, prossegue o argumento, os novos Estados continuam sendo inequivocamente católicos. Por essa razão temos que fazer o que for possível para conciliar as necessidades do pastor e dos fieis com a realidade dos acordos políticos da nova república. Se a Espanha continuasse mantendo o monopólio das nomeações eclesiásticas, restaria à população da Grão-Colômbia a triste opção de ficar completamente sem clérigos por se negar a ser confortada pelos inimigos de seu governo. Os padres escolhidos pelas autoridades espanholas só agravariam a saúde dos doentes em vez de curá-los. Em suma, a carta exigia a retirada do patrocínio real (prática muito usada pela Coroa espanhola no período colonial) das repúblicas recém-instaladas, dando a devida ênfase às novas repúblicas. E insistia nos dilemas causados pela atual situação política e na importância da aprovação do Vaticano para os novos Estados.

O impacto da carta não foi imediato, mas o Vaticano concordou em nomear bispos para a Grão-Colômbia em 1827, sendo este o primeiro ato de reconhecimento da América espanhola.[33] A carta escrita em

---

32 A. Bello, "Informe al Papa Pio VII redactado en Londres por don Andrés Bello y suscrito por Fernando de Peñalver y José María Vergara", in OC, VIII, p. 457-469.
33 D. Bushnell, *The Making of Modern Colombia: A Nation in Spite of Itself*, p. 57-58. Um breve levantamento das relações entre o Vaticano e outras repúblicas hispano-americanas é o de L.

1820 mostra que Bello já tinha condições de elaborar argumentos em favor da independência e pela soberania nacional, mesmo que formulados em termos religiosos e humanitários. É importante notar, porém, que as opiniões de Bello não tinham a sanção de uma nomeação oficial. Somente quando Antonio José de Irisarri o levou para trabalhar na Embaixada chilena como secretário que Bello voltou a representar formalmente um governo hispano-americano, desde a sua missão anterior em 1810. A nomeação foi oficializada em junho de 1822. Como dissemos anteriormente, Bello tinha pedido o emprego no ano anterior, quando sua penúria financeira tinha chegado a um nível ainda mais baixo.

Antonio José de Irisarri (1786-1868) era guatemalteco. Negócios e as relações familiares o levaram para o Chile em 1809, onde ele se casou com uma moça da importante família Larraín. Logo se envolveu com a política da independência, alcançando, por um breve período em 1814, o posto mais alto do governo, o de diretor supremo. Quando o exército real forçou as tropas patriotas a baterem em retirada em Rancagua no final do ano, Irisarri fugiu de Mendoza pelos Andes e logo depois foi para Londres, onde chegou em 1815 e lá ficou até 1817. Irisarri era fiel aliado do herói da independência e estadista Bernardo O'Higgins, que o convidou para chefiar seu gabinete em 1818 e, nesse mesmo ano, mandou-o para a Inglaterra como representante diplomático chileno.[34] Foi nessa segunda visita a Londres que Irisarri conheceu Bello, possivelmente em 1819, mas com certeza em 1820, quando ambos colaboraram com a publicação *El Censor Americano*. Irisarri era um homem vaidoso, autoconfiante e contencioso, que muitas vezes cometia imprudências na condução de questões diplomáticas e financeiras. Mas era um escritor notável, como se vê pelos seus artigos em publicações chilenas como *El Semanario Republicano* e *El Duende de Santiago*, na década que se seguiu à independência. Era um homem culto que tinha grande apreço pela erudição e que, apesar da arrogância, gostava imensamente de Bello. Ele

---

Bethell, "A Note on the Church and the Independence of Latin America", in L. Bethell (ed.), *The Cambridge History of Latin America*, vol. 3, p. 229-234.

34 Além da biografia de Irisarri de Donoso citada na nota 5 deste capítulo, ver J. Browning, *Vida e ideología de Antonio José de Irisarri* e S. Collier, *Ideas and Politics of Chilean Independence, 1808-1833*, passim.

decidiu, assim que se conheceram, que o venezuelano trabalharia pelo Chile. Graças a Irisarri, e também a Blanco White antes dele, temos boas descrições do caráter pessoal de Bello nesse período.

Em carta de 10 de outubro de 1820 a Joaquín Echeverría, ministro chileno das Relações Exteriores, Irisarri descreve Bello como "homem muito capacitado que domina uma vasta literatura e um extenso conhecimento das ciências. Sua seriedade e sua nobreza de caráter o tornam ainda mais admirável. Essas qualidades, meu amigo, tão difíceis de encontrar hoje em dia, me atraem muito".[35] À sua esposa Mercedes, ele descreve o tempo que passa na Biblioteca do British Museum dedicado "à leitura e ao estudo das matérias literárias ao lado do meu excelente amigo, sr. Andrés Bello. Ele é um verdadeiro sábio pelos conhecimentos e caráter, sem falar na humildade que lhe permite suportar a falta de recursos que é similar ou talvez maior que a minha".[36] Ao diretor supremo Bernardo O'Higgins, Irisarri escreve que:

> Tenho aqui um homem de origem venezuelana que considero um amigo e que me interessa particularmente: conheci-o há pouco tempo, mas nos vemos com frequência por sua experiência em assuntos diplomáticos, só mais um entre os muitos outros campos dos quais ele possui vasto conhecimento. Estou convencido de que dentre todos os [hispano] americanos que estão vivendo na Corte [Inglaterra] ele é o mais sério e cioso de seus deveres, a cujas qualidades somam-se um belo caráter e um conhecimento impressionante.[37]

Irisarri podia julgar a capacidade de Bello porque lhe pedira um parecer sobre o sistema educacional lancasteriano, que foi preparado e devidamente apresentado no dia 11 de setembro de 1820.[38] Na mesma carta a O'Higgins, Irisarri diz que tem esperança de que Bello ocupe algum posto oficial, mas pede que seja logo, porque "talvez ele não permaneça na Corte por muito mais tempo devido às condições extremas em

---

35 Irisarri para Echeverría, 10 out 1820, citada por G. Feliú Cruz,"Bello, Irisarri y Egaña en Londres", in *Andrés Bello y la Redacción de los Documentos...*, p. 11.
36 Irisarri para Mercedes Trucíos, 10 out 1820, citada em ibid., p. 13.
37 Irisarri para O'Higgins, 22 out 1820, citada em ibid., p. 27.
38 Bello para Irisarri, 11 set 1820, in OC, XXII, p. 613-615.

que sua família se encontra e que os obrigará a viver sabe-se lá onde". Depois, Irisarri escreveu a Bello em 21 de março de 1821 informando que esperava uma resposta do Chile. E aproveita a oportunidade para criticar Simón Bolívar: "Você pode dizer que é amigo e apoiador do general Bolívar, mas eu que não sou nem uma coisa nem outra, e só o conheço por seus feitos públicos, não posso ver como alguém tão grandioso um homem que não faz bom uso de pessoas como você".[39] Isso sugere que Irisarri, e talvez outros, tenham perguntado a Bello por que Bolívar não fora em seu auxílio. Era o que ele também se perguntava.

A Embaixada chilena

Irisarri estava determinado a empregar Bello, e a oportunidade se apresentou quando o secretário Francisco Ribas se afastou do cargo no final de 1821. Irisarri, que estava em Paris, entrou em contato com Bello para oferecer uma função temporária até receber a confirmação do Chile. A oferta formal era que Bello seria contratado como secretário interino e que poderia manter o cargo venezuelano de comissário de guerra. Isso envolvia um salário anual de 2 mil pesos chilenos (aproximadamente quatrocentas libras), soma modesta para as suas necessidades, mas muito mais do que Bello recebia em Londres como salário. Acompanhava a oferta uma carta explicativa de Irisarri que, apesar de objetiva, não escondia o entusiasmo.[40]

Entusiasmo justificado, porque havia poucos dias (18 de maio de 1822) Irisarri fechara um acordo com a casa Hullett Brothers para um empréstimo de 1 milhão de libras ao governo do Chile.[41] Irisarri precisava de um servidor competente para administrar a legação enquanto

---

39 Irisarri para Bello, 21 mar 1821, in *OC*, XXV, p. 104-105.

40 Irisarri para Bello, 29 mai e 1º jun 1822, CMO, caixa 2, itens 26 e 68. Francisco Ribas Galindo era filho do general venezuelano José Felix Ribas. Embora pouco se saiba sobre ele, o jovem Ribas parecia ser bem relacionado nos círculos patriotas. Ver J.L. Helguera, "Tres cartas de Nariño", *Boletín de Historia y Antiguidad*, vol. 48, nº 555, jan-fev 1961, p. 113-116. Ver também M.T. Berruezo Léon, *La lucha...*, p. 262.

41 Os termos do empréstimo estão em Javier González Echenuqye (ed.), *documentos de la misión de don Mariano Egaña en Londres (1824-1829)*, Santiago, Ministerio de Relaciones Exteriores de Chile, 1984, p. 534-536. Ver também F.G. Dawson, *The First Latin American Debt Crisis: The City of London and the 1822-25 Loan Bubble*, p. 32-34.

se deslocava entre Londres e Paris para investir ou, como preferiam os mais céticos no Chile e na Inglaterra, jogar dinheiro fora. Ele pagou a si mesmo a generosa quantia de 20 mil libras pelo contrato do empréstimo e embolsou outros 18 mil, segundo ele, de salários retroativos. Esse foi o famigerado empréstimo que o levou a um tribunal britânico em 1825 e destruiu para sempre a sua credibilidade, embora tenha sido absolvido. Foi também o empréstimo cujas consequências negativas para o Chile obrigaram o governo a enviar o representante Mariano Egaña a Londres com a missão de investigar a manobra de Irisarri.

Em virtude de seu cargo na Embaixada chilena, Bello também assinou o contrato do empréstimo, mas há provas de que suas responsabilidades eram administrativas e políticas mais do que financeiras. Irisarri queria, por motivos óbvios, manter o controle dos procedimentos da transação. Com Irisarri em Paris na maior parte do tempo, Bello ficou responsável por mantê-lo informado como ministro dos Assuntos Externos, além de cumprir as tarefas diárias da legação. Em dois despachos datados de 8 de maio de 1823 e 24 de junho de 1824, ele nos dá a perspectiva europeia da situação da América espanhola.[42]

No primeiro despacho, Bello descreve sem meios termos que a restauração de Fernando VII, com o apoio da Santa Aliança e da França, tornara praticamente impossível o reconhecimento da independência pelos poderes continentais. Na verdade, era de se esperar que a Espanha fizesse qualquer coisa para recuperar as antigas colônias. A melhor perspectiva era o reconhecimento britânico, principalmente pela intenção declarada de George Canning de evitar a intervenção francesa em assuntos da América espanhola. Mas só isso não bastava para impedir a agressão dos poderes continentais. Para obter o reconhecimento da Grã-Bretanha, Bello sugere que os países da América espanhola demonstrassem que o comércio britânico seria muito penalizado se a Espanha reconquistasse a região. E mais importante, eles teriam que estar preparados para fazer concessões substanciais. No caso do Chile, Bello orientava como deveriam ser respondidas as previsíveis

---

42 Os despachos estão impressos in *OC*, X, p. 429-433 e p. 437-442, respectivamente. Para um resumo das relações estrangeiras chilenas durante o período ver R. Montaner Bello, *Historia diplomática de la independencia de Chile*.

perguntas de Canning caso houvesse alguma reunião para discutir a questão. E em particular, se perguntava se o Chile estaria preparado para fazer concessões financeiras ou outras à Espanha em troca do reconhecimento britânico?

Perguntas como essas estavam em sintonia com o velho discurso britânico, cuja política de neutralidade instava as partes contenciosas a buscar uma acomodação. A mensagem implícita na comunicação de Bello era que a América espanhola precisava garantir a todo custo o reconhecimento britânico, porque na falta dele a região ficaria vulnerável aos desígnios da Santa Aliança. Outra dimensão importante do despacho admitia que a Grã-Bretanha abstinha-se de ampliar o reconhecimento por duvidar da estabilidade política das instituições do governo. Neste ponto, Bello esforçou-se para ser diplomático: "Nos dizem não acreditarem que temos condições de ser reconhecidos". Embora a frase seja vaga, a implicação é que o Chile deveria indicar claramente como era a sua forma de governar, sabendo que Canning continuaria alimentando a incerteza até que todos os países adotassem a monarquia constitucional. Era, obviamente, a posição de Irisarri, de Bello e também de Canning.[43]

Nesse meio tempo, o Chile estava preocupado precisamente com as mesmas questões de estabilidade política, mas não porque o reconhecimento britânico estivesse em jogo. O'Higgins teve que renunciar após uma rebelião chefiada pelo general Ramón Freire em janeiro de 1823, mas o governo que se seguiu não interrompeu o sectarismo constante. A organização política não foi beneficiada pela Constituição de 1823, um documento complexo de autoria do intelectual Juan Egaña, que determinava que o Chile era uma república, mas previa funções confusas e quase sempre contraditórias em várias alas do governo.[44] O Congresso suspendeu essa Constituição quando o diretor supremo Frei-

---

43 Em carta datada de 25 de novembro de 1820, Irisarri definiu a O'Higgins a situação do reconhecimento em termos ainda mais pesados: "Ninguém sabe o que seria reconhecido, se uma república democrática ou aristocrática, uma monarquia ou um governo sem princípios." Citado por R. Donoso, *Antonio José de Irisarri...*, p. 105.

44 O texto da Constituição está em L. Valencia Avaria, *Anales de la República. Textos Constitucionales de Chile y Registros de los Ciudadanos que han Integrado los Poderes Ejecutivo y Legislativo desde 1810*, p. 115-150. Ver também B. Loveman, *The Constitution of Tyranny: Regimes of*

re renunciou, em julho de 1824, alegando que era impossível governar nos termos do documento constitucional. Mais adiante nesse mesmo ano, o Congresso anulou a Constituição sem ter outra para por no lugar. A situação política, devidamente reportada ao governo britânico, não ajudava a causa do reconhecimento. Pelas notícias enviadas por Christopher Nugent, cônsul britânico no Chile, Canning concluiu que o "Chile ainda não estava pronto para ser reconhecido".[45]

A comunicação entre o governo britânico e seus cônsules em vários países era melhor e mais rápida que a dos governos hispano-americanos e seus representantes. Ignorando os acontecimentos políticos no Chile, Bello produziu um segundo despacho em 24 de junho de 1824, no qual volta a insistir nos perigos que as atividades da Santa Aliança representavam e na hostilidade do governo de Fernando VII em relação à América espanhola. Nos parágrafos seguintes, retoma a questão da organização política. Escreve que Canning está prestes a anunciar um reconhecimento bastante limitado de um Estado hispano-americano, provavelmente a Grão-Colômbia, e que esse reconhecimento não envolveria nenhuma promessa de aliança em caso de guerra contra a Espanha. E continua, dizendo que Canning deixara uma porta aberta para o reconhecimento de outros países, mas que dependeria do "progresso que os novos Estados fizessem no sentido de consolidar suas instituições". E acrescenta que, recentemente, a Secretaria dos Assuntos Externos tinha explicado a Juan García del Río, por sua competência como representante diplomático do Peru, que "a força dos novos Estados é o ponto-chave para o reconhecimento", e que "os governos da Europa veem com bons olhos e preveem melhores resultados para os novos Estados que adotarem monarquias constitucionais segundo os princípios europeus". Por mais convincentes que fossem os argumentos, os líderes chilenos tinham prioridades completamente diferentes.

Nessa época, o Estado chileno, mais interessado no andamento dos procedimentos do empréstimo de 1822, enviou seu ministro das Relações Exteriores, Mariano Egaña (filho de Juan Egaña), a Londres

---

exception in Spanish America, p. 324-325. Sobre as ideias constitucionais de Egaña e o fracasso de seu projeto, ver S. Collier, *Ideas and Politics...*, p. 287-286.

45 C.K. Webster, *Britain and the Independence of Latin America*, I, p. 362-365.

para investigar as ações de Irisarri.⁴⁶ Bello não fazia parte dessa investigação, mas estava numa posição delicada por ter assessorado Irisarri (melhor dizendo, ter sido usado por ele) em negociações financeiras. Bello se viu envolvido na áspera disputa entre os dois servidores e por isso foi obrigado a desistir do serviço diplomático no Chile. Uma breve revisão dos fatos ilustra não só as consequências desastrosas do empréstimo chileno quanto o rumo que a vida de Bello tomou após a missão de Egaña.

Mariano Egaña não era uma pessoa elegante e talvez nem estivesse disposto a tratar com Irisarri para promover os interesses chilenos em Londres. O cônsul britânico no Chile dizia a quem quisesse ouvir que era "muito mais um mascate da diplomacia do que uma personalidade expressiva".⁴⁷ Sem falar uma só palavra em inglês, Egaña não conseguiu passar livremente pela alfândega quando chegou a Gravesend em 26 de agosto de 1824. O astuto Irisarri aproveitou-se da situação para ludibriar o representante diplomático e entregar sua bagagem a um de seus próprios agentes. Conhecendo previamente os planos e as instruções de Egaña, Irasarri decidiu obstruir sua missão e, em seguida, viajou para Paris levando consigo os selos e os papéis da legação, deixando a secretaria nas mãos de Bello.

Nas três cartas endereçadas a seu pai Juan, datadas de 1º, 22 e 24 de setembro de 1824, um exasperado Mariano Egaña descreve em detalhes os problemas que teve ao chegar em Londres e a recusa de Irisarri em cooperar com sua missão. Não economiza ofensas contra ele, provavelmente justificadas, e desconfia de qualquer um que tivesse se aproximado de seu inimigo declarado. Bello teve a infelicidade de conhecer Egaña no exato momento em que o representante chileno perdia as estribeiras ao saber que seus pertences tinham sido levados. Na descrição do próprio Egaña, quando Bello se apresentou e disse que Irisarri estava em Londres, naquele momento foi surpreendido pela revelação de que Irisarri tinha sumido com sua bagagem. "Perdi a cabeça e como que possuído saí correndo por ruas desconhecidas em

---

46 As instruções de Egaña estão em J.G. Echenuqye (ed.), *Documentos de la Misión...*, p. 23-24.

47 Christopher Nugent para George Canning, 4 jun 1824, in C.K. Webster, *Britain and the Independence of Latin America*, I, p. 354.

busca dos meus pertences".⁴⁸ A partir de então, Bello, que não sabia de nada, teve que suportar as suspeitas de Egaña que o tomou como cúmplice da dúbia transação de Irisarri. Segundo o próprio Egaña, "[Antonio] Gutiérrez [Moreno] e Bello não são confiáveis porque são amigos de Irisarri, especialmente Bello, por ser cauteloso e reservado demais. Ele me incomoda".⁴⁹ Mesmo assim Egaña precisava de Bello e rancorosamente obrigou-o a servi-lo quando soube que seu salário já tinha sido pago. Só muito lentamente Egaña começou a apreciá-lo, ao ponto de considerá-lo um amigo e coordenar sua transferência para o Chile naquela mesma década.

Enquanto isso não acontecia, Bello sentia a enorme pressão dos olhares desconfiados, nervosos e paranoicos de Egaña. Em 6 de janeiro de 1825, enviou um ansioso pedido de ajuda ao governo da Grão-Colômbia, afirmando que "o afastamento de mr. Irisarri torna a minha permanência no cargo incompatível com a preservação da minha integridade como servidor. O governo do Chile não confirmou a minha permanência, e eu não tenho nenhum crédito com o atual representante, que me considera um *protégé* e amigo de seu antecessor".⁵⁰ Em 3 de fevereiro de 1825, escreve para Irisarri que "mr. Egaña chegou à conclusão de que o nosso relacionamento é tão prejudicial para a sua comissão que se permite cometer indiscrições intoleráveis". Bello acrescenta que suas explicações e refutações de nada serviam para Egaña e às vezes até obstruíam a comunicação. Pede a Irisarri que lhe consiga uma colocação para que "eu possa acordar desse pesadelo que é mr. Egaña".⁵¹ Irisarri estava em Londres nesse momento e nada pôde fazer para ajudar, porque estava à beira da falência financeira. Mesmo assim não perdeu a oportunidade de erguer uma muralha de epítetos contra Egaña.

---

48 Mariano Egaña para Juan Egaña, 24 set 1824, in M. Egaña, *Cartas de don Mariano Egaña a su padre, 1824-1829*, p. 31. Uma versão mais amena aparece em J.G. Echenuqye (ed.), *Documentos de la Misión...*, p. 48-51.

49 Idem. Traduzo de Feliú Cruz, "Bello, Irisarri y Egaña en Londres", *Andrés Bello y la Redacción de los Documentos...*, p. 55, porque sua transcrição dessa carta inclui algumas linhas que foram omitidas nas *Cartas* de Egaña.

50 Bello para Pedro Gual, 6 jan 1825. Latin American Manuscripts. Departamento de Manuscritos, Biblioteca de Lilly.

51 Bello para Irisarri, 3 fev. 1825, in OC, XXV, p. 145-146.

Quando a corda estava para arrebentar, Bello soube que seus apelos ao governo da Grão-Colômbia tinham sido atendidos e que o vice-presidente Francisco de Paula Santander o indicara para o cargo de primeiro-secretário da legação colombiana (8 de novembro de 1824). Santander era o encarregado do governo da Grão-Colômbia na época em que Simón Bolívar se ocupava da libertação do Peru, que culminou na Batalha de Ayacucho em 9 de dezembro de 1824. Enquanto isso, em 5 de fevereiro de 1825, o documento de nomeação chegou e finalmente Bello foi reconhecido pelo ministro Plenipotenciário colombiano em Londres, Manuel José Hurtado. Bello deve ter sido notificado muito rapidamente e aceitado imediatamente, porque fez o usual juramento de lealdade ao país na própria residência de Hurtado em Portland Place 33, no dia 7 de fevereiro de 1825.[52] As instruções foram transmitidas por Pedro Gual, ministro das Relações Exteriores, em duas cartas datadas de 9 de novembro de 1824. Uma delas pedia que Bello "trabalhasse diligentemente para corrigir os erros que grassavam na Europa, especialmente no continente, relativamente à real situação das repúblicas da América espanhola".[53] A outra detalhava suas funções administrativas: "organizar e manter os arquivos, cuidar da correspondência, codificar e decodificar as comunicações etc., e administrar com exatidão e confidencialidade todos os assuntos referentes à secretaria."[54] Esse deve ter sido um momento de entusiasmo para Bello pela resposta efusiva que é enviada a Pedro Gual em 10 de fevereiro de 1825. Ele pede que transmita seus agradecimentos a Santander e promete que "jamais perderei de vista minhas obrigações para com a pátria da qual fui afastado por circunstâncias imperiosas e até agora incontroláveis, mas que sempre foi minha".[55]

Enquanto isso, um Egaña magoado escreve a seu pai que "no início de fevereiro Bello notificou-me que foi nomeado pela legação

---

[52] "Nombramiento de Bello como Secretario de la Legación de Colombia en Londres", CMO, caixa 2, item 69. Nesse mesmo dia nasceu Juan, o filho de Bello. Talvez como um gesto de paz, Bello convidou Mariano Egaña para ser padrinho da criança. Egaña aceitou e participou da cerimônia em 13 de fevereiro. Mas isso não significou o fim das tensões entre eles.

[53] Gual para Bello, 9 nov 1824, in OC, XXV, p. 140.

[54] Gual para Bello, 9 nov 1824, CMO, caixa 2, item 71.

[55] Bello para Gual, 10 fev 1825, in OC, XXV, p. 149.

colombiana e que não é mais secretário da legação do Chile. Sem esta nem aquela, ele me abandona. *Quid faciendum*, e a quem devo recorrer?"[56] Ele desafoga sua raiva por Bello, mas sempre no contexto de vingar-se de Irisarri, por exemplo quando foi testemunha de acusação no processo por calúnia que Irisarri abriu contra o periódico *The Morning Chronicle*, em 19 de dezembro de 1825.[57] Mais um ano se passou e Egaña não perdeu oportunidade de criticar Bello, até encontrar outro alvo em Vicente Rocafuerte, o representante do México em Londres que ousou criticar uma publicação de seu pai Juan.[58] Egaña foi abrandando à medida que a perspectiva de retornar ao Chile se concretizava. Nem os confortos de Paris, onde ele passou a maior parte do tempo no final dos anos 1820, o reconciliaram com a missão que, segundo consta, tanto o fez sofrer.

Grão-Colômbia

Longe do mau-humor de Egaña, Andrés Bello pôde aproveitar um breve período de calmaria e até mesmo de sucesso quando assumiu a legação colombiana em 1825. Nessa época, a Grão-Colômbia estava para firmar um Tratado de Amizade, Navegação e Comércio com a Grã-Bretanha. O Tratado vinha sendo discutido desde 1824, e no início de 1825 George Canning despachou enviados à Grão-Colômbia para discutirem os termos. Os representantes retornaram a Londres com o documento assinado pelas autoridades colombianas em 18 de abril de 1825. George Caninng e Manuel José Hurtado se reuniram em 2 de julho de 1825, e no dia 5 de julho a Grã-Bretanha reconhe-

---

56 Mariano Egaña para Juan Egaña, 25 maio 1825, in M. Egaña, Cartas..., p. 77.
57 Mariano Egaña para Juan Egaña, 21 dez 1825, in ibid., p. 128-129. Irisarri processou o jornal por calúnia, e venceu, pela cobertura desfavorável de seu papel na transação. A transcrição do julgamento em que Bello também testemunhou está em "Chilian Loan: A Report of the Trial of Yrisarri vs. Clement", Corte de Apelação, 19 de dezembro de 1825, Londres, 1826.
58 Mariano Egaña para Juan Egaña, 20 nov 1826, in M. Egaña, Cartas..., p. 175. Também em seu *Cartas de un Americano sobre las Ventajas de los Gobiernos Republicanos Federativos* (Londres, Imprenta de M. Calero, 1826), José Canga Argüelles y Villalba e Vicente Rocafuerte refutaram as *Memorias Políticas sobre las Federaciones y Legislaturas en General y con Relacion a Chile*, de Juan Egaña (Santiago: Imprenta de la Independencia, 1825). Diante da insistência de Mariano, Juan Egaña produziu um contra-argumento mal-humorado que Rocafuerte e Argüelles ignoraram.

ceu oficialmente a Grão-Colômbia.⁵⁹ O tão desejado reconhecimento diplomático da independência da América espanhola, embora ainda limitado à Grão-Colômbia, México e Buenos Aires, foi uma notícia auspiciosa para a comunidade das nações soberanas.

Mas, infelizmente, o otimismo não durou muito. As sementes das dificuldades financeiras já tinham sido plantadas pela dívida do governo colombiano com os comerciantes britânicos que tinham investido capital nos esforços de guerra de Bolívar. O enviado colombiano Francisco Antonio Zea agravou ainda mais o problema com esquemas de refinanciamento e comprometendo a receita do governo a serviço da dívida em 1820. Em 13 de março de 1822, contratou um novo empréstimo de 2 milhões de libras com o banco Herring, Graham e Powles, grande parte desse valor para fazer frente às obrigações de 1820, pagar dividendos e comissões.⁶⁰ Zea agiu de acordo com os poderes atribuídos a sua representação diplomática em Londres, mas as lentas comunicações e as dinâmicas dos procedimentos parlamentares recentemente introduzidos na Colômbia desabonaram sua autoridade e suas ações. O resultado é que Zea ficou entre os investidores que acreditaram que ele poderia negociar em nome de seu país e um governo doméstico com poder para ratificar acordos internacionais, mas que neste caso preferiu não fazê-lo. A confiança dos investidores britânicos desabou quando souberam que a assinatura de Zea não valia mais nada: Zea morreu subitamente em novembro de 1822. Enquanto o governo britânico contemplava o reconhecimento da Grão-Colômbia, os círculos financeiros entravam em pânico com a insolvência do país. Os acordos firmados por Zea continuariam valendo para o governo da Grão-Colômbia? O país honraria os compromissos assumidos em seu nome? A Grão-Colômbia governada por Santander não teve escolha senão assumir todas as responsabilidades, mesmo que isso envolvesse a aquisição de novos empréstimos em 1824.⁶¹

---

59 José M. de Mier, "Andrés Bello en la Legación de Colombia en Londres", *Bello y Londres*, I, p. 513-577.

60 F.G. Dawson, *The First Latin American Debit Crisis*, p. 22-31.

61 Ibid., p. 74-74; D. Bushnell, *The Making of the Modern Colombia*, p. 59-60, e Antonio Vittorino, *Relaciones Colombo-Británicas de 1823 a 1825 según los Documentos del Foreign Office*, Barranquilla: Ediciones Uninorte, 1990.

O triste fim das atividades de Zea e as novas obrigações assumidas por Santander decretaram o colapso da credibilidade financeira da Grão-Colômbia. Enquanto isso, a queda do mercado londrino em 1826 refreou o crescente entusiasmo com o potencial econômico das regiões recém-libertadas da América espanhola. Bello viu-se, então, numa situação contraditória de servir a um governo que tinha alcançado uma grande vitória diplomática com o Tratado de 1825 e ao mesmo tempo perdera a credibilidade financeira. Em consequência disso, a legação da Grão-Colômbia, sitiada por investidores decepcionados e raivosos, procurava agir como uma nação soberana que pouco tempo atrás tinha sido reconhecida pelo país mais poderoso do planeta.

Embora livre das artimanhas de Egaña, Bello não demorou a descobrir que a legação da Grão-Colômbia não era uma panaceia. Além das atividades normais, ele se envolvia com assuntos financeiros para tentar ter algum controle dos danos causados pelos malfadados empréstimos e impedir que o governo da Grão-Colômbia contraísse novas dívidas para honrar seus compromissos. Em uma carta muito franca escrita em parceria com o cônsul Santos Michelena, Bello afirma que "o crédito da República é tal que mesmo nos esforçando ao máximo não encontramos nenhum investidor disposto a nos adiantar fundos". E acrescenta que a reputação da Grão-Colômbia não só está abalada, mas que "tamanha é a irritação por aqui que, francamente, não sabemos sequer por onde começar as novas negociações financeiras".[62] Em carta pessoal ao ministro José Rafael Revenga, Bello afirma com evidente ansiedade que "quero estar milhares de léguas distante de Londres no dia em que [nosso país] deixar de pagar a dívida. Sentirei vergonha de olhar nos olhos de qualquer um que saiba que sou da Colômbia". E acrescentou:

> A indignação será terrível, e dependendo dela, os efeitos do choque sobre este centro do mundo comercial serão sentidos por toda parte, não só na Colômbia. Espero, querido amigo, pelo bem do nosso país, que esta terrível calamidade seja percebida em todas as suas assustadoras consequências, e

---

62 Bello e Santos Michelena ao ministro das Finanças (Colômbia), 15 nov 1826, in OC, XI, p. 122-115.

que nossos estadistas se esforcem e continuem se esforçando para evitá-la, porque nenhum sacrifício será grande demais se o objeto a ser evitado for a injúria e a mancha moral de uma falência nacional.[63]

Não havia muito que Bello ou qualquer um pudesse fazer para evitar que a Grão-Colômbia perdesse todo o crédito; mas não era o único país nessa situação, porque na América espanhola de 1826 um após o outro deixaram de pagar suas dívidas. Em outra carta a Revenga, um Bello desanimado exclama: "Que súbita e dolorosa queda de onde estávamos alguns meses atrás! E a tempestade [i.e., as consequências do desastre financeiro] apenas começou... Meu Deus! Tanto sacrifício, tanto sangue derramado, tanta glória, para acabarmos todos desonrados, arruinados? Sim, a ruína, porque sem crédito e sem honra não há país sadio, principalmente uma república emergente."[64]

E para piorar, Bello constatou que seu relacionamento com Manuel José Hurtado estava severamente desgastado, como ele já suspeitava, desde que o governo colombiano decidira transferir suas responsabilidades fiscais a Santos Michelena em julho de 1826.[65] Bello foi afastado das várias funções diplomáticas e passou a ser tratado com frieza por seu superior. As tensões aumentaram de tal maneira que em dezembro daquele ano ele escreveu cartas ao ministro das Finanças, a Santander e a Bolívar pedindo que o transferissem o mais rápido possível para outro destino. A carta a Bolívar datada de 21 de dezembro é particularmente significativa. Nela, Bello descreve cruamente sua incapacidade de sustentar a si e sua família, e pede sua ajuda de um modo que deixa clara a extensão das tensões com Hurtado:

Peço a sua Excelência que use sua poderosa influência em favor deste servidor sincero e fiel à causa da América, para que eu possa estar em melhor posição do que estou hoje. Sou diretor das secretarias da legação

---

63 Bello para Revenga, 8 fev 1826, in OC, XXV, p. 167.
64 Bello para Revenga, 12 abr 1826, in OC, XXV, p. 182.
65 José María del Castillo y Rada para Andrés Bello e Santos Michelena, 20 jul 1826, in OC, XXV, p. 190-195. Oscar Sambrano Urdaneta faz um bom resumo desse fato em sua introdução ao vol. XXV de OC, p. lv-lxii.

londrina, e mesmo não sendo o mais ineficiente, sou tratado sem nenhuma consideração por meu próprio superior.[66]

No início de janeiro de 1827, Bello informou o ministro das Relações Exteriores que Hurtado se recusava a pagar os salários do pessoal e que tentara apontar-lhe tanto as consequências pessoais quanto políticas desse ato. Hurtado não reconsiderou sua decisão e ainda afastou Bello dos assuntos fiscais.[67] O resultado foi que Bello fez um empréstimo em seu próprio nome para pagar os salários. Bello confrontou-se novamente com Hurtado em 10 de janeiro de 1827, quando lhe perguntou o que tinha feito para merecer tanto menosprezo e exigiu que, se fosse o caso, enumerasse suas queixas por escrito para que ele, Bello, pudesse se justificar formalmente perante o governo.[68] Mas o pedido não obteve resposta. Bello não sabia, mas o governo da Grão-Colômbia já tinha afastado Hurtado por decreto em 19 de outubro de 1826 e o nomeava *Chargé d'Affaires* (encarregado de negócios). Embora esse ato o justificasse, Bello só tomou conhecimento disso no final de janeiro, início de fevereiro do ano seguinte. Ele o assumiu no dia 7 de fevereiro e permaneceu até 4 de maio de 1827, quando o enviado José Fernández Madrid, que estava em Paris, assumiu formalmente o posto de Hurtado.

Mas isso não pôs fim aos problemas de Bello, ligados como estavam ao destino financeiro e político da Grão-Colômbia. Embora Hurtado fosse responsável pela difícil situação em que Bello se encontrava, mesmo sem Hurtado o salário não era suficiente para suprir as necessidades de sua família que não parava de crescer. E os pedidos de promoção continuavam sem resposta. Simón Bolívar escrevera uma carta a Fernández Madrid em 21 de fevereiro de 1827, na qual transmitia lembranças a Bello "com a amizade e o afeto que sempre senti por ele", mas nada mencionava sobre seus pedidos e seus apuros.[69] Pelo contrário, encarregava Bello, juntamente com Fernández Madrid e Santos Michelena, de supervisionar a venda de suas minas de cobre em Aroa, Venezuela, en-

---

66 Bello para Bolívar, 21 dez 1826, in OC, XXV, p. 224-225.
67 Bello para o ministro das Relações Exteriores, 4 jan 1827, in OC, XXV, p. 231-235.
68 Bello para Manuel José Hurtado, 10 jan 1827, in OC, XXV, p. 236-237.
69 Bolívar a Fernández Madrid, 21 fev 1827, in *Cartas del Libertador*, V, p. 387-388.

cargo que causaria insatisfação a todas as partes interessadas.⁷⁰ Mas talvez o maior golpe tenha sido a nomeação de Fernández Madrid, porque Bello retomaria o cargo de secretário, o que já era esperado, mas com o mesmo salário anterior, o que não era esperado. Em carta a Bolívar, Bello tenta mostrar que a medida é injusta, porque o salário de secretário estava atrelado ao do ministro Plenipotenciário na proporção de um para três e o seu estava bem abaixo (3.333 em vez de 4 mil pesos colombianos). Bello pediu a Bolívar que intercedesse para que o erro fosse corrigido: "estou irritado com essa medida, não tanto pela perda financeira que ela representa (e que nas circunstâncias em que me encontro é muito grave), mas pela depreciação [*desaire*] que implica". Apesar de ser sempre tão reservado, acrescenta: "Estou à beira da velhice e não vejo outra perspectiva para meus filhos senão um legado de indigência."⁷¹

A chegada de Fernández Madrid a Londres, em 30 de abril de 1827, foi um conforto para Bello. Os dois tinham os mesmos interesses literários e já gostavam um do outro antes mesmo de se conhecerem, graças aos bons serviços prestados por um amigo comum, o poeta José Joaquín Olmedo. A mútua colaboração nos dois anos que se seguiram foi harmoniosa e suas interações deixavam claros os fortes laços de amizade. Mas a situação financeira de Bello era realmente desesperadora, além de estar convencido de que Bolívar estava ressentido por alguma razão. O ministro das Relações Exteriores, José Rafael Revenga, esforçava-se para convencer Bello de que Bolívar gostava dele e que acabaria ajudando. Mas Bello não podia viver nessa incerteza.⁷² Ele fez novos apelos a José Manuel Restrepo, outro amigo e também funcionário do governo, insistindo que não tinha mais condições de continuar vivendo em Londres. Pediu-lhe que interviesse em seu nome para ser transferido, talvez para França ou Holanda, onde pudesse viver um pouco melhor com seu exíguo salário.

Bolívar também tinha sérios problemas. Estava no Peru, mas voltou apressado para a Grão-Colômbia no final de 1826 para enfrentar

---

70 Paul Verna, "Bello y las minas del Libertador. Andrés Bello corredor de minas y bienes raíces en Londres", in *Bello y Londres*, I, p. 469-486.
71 Bello para Bolívar, 21 abr 1827, in OC, XXV, p. 296-297.
72 Revenga para Bello, 30 abr 1827, OC, XXV, p. 307-308.

as ameaças da Venezuela contra o governo central de Bogotá. Ele sabia que o problema era o legalismo doutrinário de Santander e sua insensibilidade perante o sentimento regionalista de Caracas. Bolívar e Santander acabaram rompendo relações em 16 de março de 1827. Em carta a Fernández Madrid datada de 26 de maio de 1827, Bolívar reconhece a gravidade do problema. Afirma que o Peru estava "perdido" e que o sul da Colômbia (que logo seria o Equador) estava "ameaçado" pela traição de um grupo militar inspirado, ele suspeitava, por Santander. Revia a longa lista de conflitos latentes no território e confessa que estava exausto. Envia lembranças a Bello, mas dá a entender que não tem tempo para cuidar dos problemas dele. E pergunta, casualmente, se há alguma novidade sobre a venda de suas minas.[73] Quando finalmente responde a Bello em 16 de janeiro de 1827 é para sinalizar que não tem mais nenhuma influência sobre Santander, que era o responsável pelo governo e, consequentemente, pelos assuntos externos. Em uma frase que deve ter sido fatal para um já ferido Bello, Bolívar acrescenta: "E lamento que a venda das minas ainda não tenha se concretizado".[74] É óbvio que Bolívar não entendera a razão do distanciamento de Bello. O Libertador tinha mais coisas com que se preocupar, além das minas, e no intervalo de um ano ele assumiu poderes ditatoriais para tentar recuperar a rápida desintegração da união da Grão-Colômbia.[75]

A decisão de se mudar para o Chile

Logo após as decepcionantes notícias de Bolívar, Bello entrou em contato, em fins de 1827, com Mariano Egaña. O enviado chileno era agora um amigo dedicado com quem Bello sentia-se à vontade para expressar o desejo de abandonar o serviço diplomático da Colômbia. Egaña, então, entrou em contato com o governo chileno no dia

---

73 Bolívar para Fernández Madrid, 26 maio 1827, in *Cartas del Libertador*, V, p. 473-475.
74 Bolívar para Bello, 16 jun 1827, in ibid., p. 491-492.
75 Bello explicou a Bolívar que não tinha condições de completar a venda das minas porque os potenciais compradores, a Bolívar Mining Association de Londres, não concordavam com os termos e provavelmente não dispunham de meios para pagar. Bello para Bolívar, 3 jan 1828, in *OC*, XXV, p. 367-368. As minas foram vendidas, mas Bolívar já não estava mais vivo.

10 de novembro e recomendou Bello para um cargo em Santiago.[76] Enquanto isso, os amigos em Bogotá se esforçavam para encontrar um posto melhor para Bello, mas tudo o que conseguiram foi uma nomeação como ministro Plenipotenciário em Portugal, que em termos diplomáticos era mais um rebaixamento na carreira do que uma promoção. Ele poderia, enquanto a nomeação não fosse aprovada, servir como cônsul-geral da Grão-Colômbia na França, mas a partir de Londres e sem qualquer menção a salário ou a despesas. Em 15 de setembro de 1828, Bello, que tinha passado a maior parte do ano sem receber salário, finalmente recebeu a notícia de que o governo do Chile tinha autorizado sua nomeação como *Oficial Mayor* em um dos ministérios em Santiago. O governo chileno se oferecia para pagar as despesas da viagem e, se ele decidisse não ficar no Chile, custear sua recolocação em outro país da América espanhola.[77] Bello não demorou a tomar uma decisão e no dia 19 de setembro respondeu ao secretário da legação chilena, José Miguel de la Barra: "É claro que aceito sua oferta e estarei pronto para viajar assim que puser em ordem meus assuntos."[78] Portanto, a motivação de Bello para dar esse passo foi certamente guiada por uma combinação de fatores: sua situação financeira desesperadora; o fato de não acreditar que a Grão-Colômbia lhe garantiria uma posição melhor e lhe pagaria por isso; a certeza de que o país perdera não só a credibilidade financeira, mas estava destruído politicamente; e o medo de que Bolívar estivesse muito zangado com ele. Em 2 de dezembro de 1828, educadamente, mas não sem alguma amargura, Bello declinou a honra de ser cônsul em Paris e solicitou que seus salários atrasados fossem repartidos entre sua família em Caracas e os credores em Londres. Anunciou que

---

76 Egaña para o ministro das Relações Exteriores (José Miguel Solar), 10 nov 1827, in J.G. Echenuqye (ed.), *Documentos de la Misión...*, p. 447-448. É difícil determinar por que e quando a mudança de atitude para com Bello pode ter ocorrido, mas um bom indicador da melhora do relacionamento foi o aval de Bello para Egaña como leitor da Biblioteca do British Museum em 29 de março de 1827. Ver Admissions to Reading Room, 1827-1835, p. 7, Central Archives, British Museum.

77 José Miguel de la Barra para Andrés Bello, 15 set 1828, in J.G. Echenuqye (ed.), *Documentos de la Misión*, p. 609-610. De la Barra indica que o governo do Chile aprovara em 6 de maio de 1828 o pedido de Egaña de 10 de novembro de 1827.

78 Bello para José Miguel de la Barra, 19 set 1828, in OC, XXV, p. 401.

estava se mudando para o Chile e ficaria feliz se de lá pudesse continuar ajudando a Grão-Colômbia.[79]

Foi para Fernández Madrid que ele revelou a sua agitação mental sobre trocar Londres pelo Chile: "Estou escrevendo às 4h30 da madrugada, quando termino de ler tudo o que preciso para partir. Espero com impaciência que o dia amanheça e eu possa sair desta cidade, que de várias maneiras odeio tanto e de várias outras é objeto de meu amor, especialmente agora que você, o melhor filho da Colômbia, o melhor de todos os homens, está morando aqui... ¡Adiós! ¡Adiós!"[80]

Fernández Madrid, que conhecia os planos de Bello, dividia-se entre a amizade que tinha por ele e o desejo de mantê-lo no serviço diplomático da Grão-Colômbia. Por achar que ainda poderia fazer alguma coisa, escreveu a Bolívar em 6 de novembro de 1828:

> Do meu ponto de vista, a perda de mr. Bello será um golpe para a Colômbia; temos pouquíssimos homens que, como ele, combinam integridade, talento e conhecimento. Sinto muitíssimo vê-lo partir porque, se nada mais sério surgir, sentirei falta de seus conselhos e de seu conhecimento. Não preciso dizer que meus recursos e minha casa estarão sempre a sua completa disposição, mas você conhece seu caráter [de Bello] extremamente reservado. Ele jamais se aproveitou das minhas insistentes e sinceras ofertas.[81]

Bolívar reagiu à notícia com um sentimento de urgência:

> Três mil pesos foram enviados recentemente a Bello para que ele [assumisse o cargo] na França. Imploro-lhe que não permita que o nosso iluminado amigo vá para a terra da anarquia [o Chile]. Convença-o de que a Colômbia é o menos pior dos países da América e que, se ele quiser trabalhar aqui, basta dizer e será indicado para um cargo apropriado. Se preferir sua terra natal acima de todas as outras, terá nela uma posição muito importante. Conheço o talento superior desse nativo de Caracas que é meu contem-

---

79 Bello para José Manuel Restrepo, 2 dez 1828, in OC, XXV, p. 407-408.
80 Bello para Fernández Madrid, 13 fev 1829, in OC, XXV, p. 408-409.
81 Fernández Madrid para Bolívar, 6 nov 1828, citada por E. Rodríguez Monegal, *El Otro Andrés Bello*, p. 130.

porâneo: ele foi meu mestre quando tínhamos a mesma idade; e eu o amei com respeito. Sua timidez nos afastou até certo ponto, por esse motivo quero me reconciliar com ele, o que significa atraí-lo para a Colômbia.[82]

Era muito pouco, e foi tarde demais. Quando Bolívar enviou essa carta, Bello e sua família já cruzavam o Atlântico. Eles embarcaram no bergantim mercante *Grecian* em Gravesend em 14 de fevereiro de 1829. Bello recebeu e guardou a carta de Bolívar, mas não lhe deu ouvidos. No final de 1830, Bolívar morreu quando Bello estava entrando, não no ocaso, como ele havia previsto, mas na fase mais produtiva de sua vida.

---

82 Bolívar para Fernández Madrid, 27 abr 1829, in *Cartas del Libertador*, VII, p. 127-128.

4.
Na "Terra da Anarquia", 1829-1840

Quando o *Grecian* aportou no Rio de Janeiro, Bello escreveu a José Férnandez Madrid: "Peço-lhe que proteja a honra do meu nome na [Grão] Colômbia. Que todos saibam da absoluta urgência que me obrigou a tomar a decisão desesperada de rumar para Valparaíso".[1] É compreensível que Bello estivesse ansioso com o que o esperava no Chile, mas a carta deixa clara a determinação em deixar a Europa e o serviço diplomático da Grão-Colômbia. De qualquer maneira, foi uma decisão muito mais sábia do que se esperava. Se os primeiros dois anos de Bello no novo país pareciam confirmar a descrição que Simón Bolívar tinha feito do Chile, "a terra da anarquia", em dez anos o país tomara a frente de seus vizinhos hispano-americanos na consolidação de seu Estado. Além disso, Bello rapidamente se firmou no Chile como um intelectual e uma figura política essenciais.

Os primeiros dez anos de Bello no Chile são a ponte entre as suas atividades intelectuais em Londres e suas obras-primas publicadas nas décadas de 1850 e 1860. De fato, exceto pelo tratado de Direito Internacional, *Principios de Derecho de Gentes* (1832), a maior parte da sua produção da década de 1830 aparece na imprensa periodista ou em monografias curtas. São claros antecedentes de uma obra futura e devem ser considerados no contexto quase sempre polêmico em que vieram à luz pela primeira vez.

Bello chegou em um momento crítico da evolução nacional chilena e participou dos debates que definiram os contornos das instituições po-

---

1 Bello para Fernández Madrid, 4 mai 1829, OC, XXV, p. 412.

líticas do país. Como jornalista, confidente de líderes governamentais, servidor público e um dos arquitetos da Constituição chilena de 1833, as histórias da vida de Bello e as de seu país de adoção estão interligadas.

A CRISE POLÍTICA DO CHILE PÓS-INDEPENDÊNCIA

Nenhuma análise sobre o período pós-independência pode deixar de levar em conta o papel de Diego Portales (1793-1837), figura central na política chilena que muito influenciou as atividades iniciais de Bello. Portales era um comerciante conhecido por sua aversão aos políticos, mas que não hesitou em entrar no jogo em um momento crítico da década de 1820 e contribuir para mudar a imagem política do Chile por muitos e muitos anos. Nas lutas pela independência, foi uma figura obscura, talvez por ser muito jovem ou porque tivesse outros interesses, como o comércio. Foi jogado na política em 1824, quando o governo chileno transferiu o monopólio estatal (*estanco*) do tabaco, das bebidas e dos jogos de azar para o negócio que ele possuía em sociedade com José Manuel Cea, com a condição de que eles se responsabilizassem pela dívida externa. Mas isso Portales e Cea não conseguiram fazer em razão dos graves distúrbios que afligiam o Chile em meados da década de 1820. A desculpa não convenceu o Congresso, que decidiu rescindir o contrato em 1826. Visivelmente ressentido, Portales começou a participar ativamente da política associando-se aos chamados *Estanqueros*, um grupo conservador que abrigava liberais desiludidos e exigia ordem e um governo central forte.[2]

Não há necessidade de narrar em detalhes os acontecimentos desse período, mesmo porque Portales dispõe de vasta historiografia.[3] Em linhas gerais, os esforços para definir a natureza das instituições republi-

---

2 Uma importante fonte da evolução política nos anos 1820 e que inclui muita documentação é a de M. Concha y Toro, *Chile durante los años de 1824 á 1828*. Ver também S. Collier, *Ideas and Politics*....

3 A literatura de Diego Portales é rica, mas talvez a fonte mais útil seja ele próprio. Ver E. de la Cruz e G. Feliú Cruz (eds.), *Epistolario de don Diego Portales, 1821-1837*. Esta edição contém vários ensaios úteis de Ramón Sotomayor Valdés, Francisco Encina, Benjamín Vicuña Mackenna, Alberto Edwards e muitos outros. Simon Collier amplia a cobertura da literatura em seu "The Historiography of the Portolian Period (1830-1891) in Chile", in *Hispanic American Historial Review*, vol. 57, n° 4, nov 1977, p. 660-690. Para tratamentos mais recentes, ver S.

canas pela ideologia liberal colidiam, na época, com a forte tendência à continuidade da tradição dos Bourbon de uma administração centralizada. A experimentação política, a instabilidade fiscal e a ascensão e queda de governos acabaram levando à revolução conservadora de 1829-1830 que culminou com a vitória sobre as forças liberais em Lircay, em 17 de abril de 1830, e forneceu os instrumentos necessários para Diego Portales implantar não só um governo, mas criar o próprio país.

Portales não tinha nenhum outro programa além da imposição da lei e da ordem. Mas sentia uma antipatia profunda, visceral, por políticos, especialmente os liberais que abraçavam ideais democráticos. Ele expõe em uma carta emblemática o seu pensamento político:

> A democracia, sempre tão alardeada pelos tolos, é um absurdo em nossos países americanos. Eles são dotados de vícios, e aos seus cidadãos faltam tantas virtudes que instituir uma república parece impossível. A monarquia também não é o ideal hispano-americano. O que se ganha instituindo outra monarquia depois da nossa última e tão terrível experiência? A república é o sistema a ser adotado. Mas sabe como a vejo em nosso país? Um governo forte e centralizado com membros que sejam verdadeiros modelos de patriotismo e virtude. Quando estivermos moralizados, teremos um governo completamente liberal, livre, onde todos os cidadãos possam participar.[4]

A sinceridade de Portales em promover a virtude é questionável. Ele era um homem de opinião, obstinado, tendia a ser repressivo e tinha uma aversão aristocrática aos tumultos que envolvessem pessoas do povo. Ao mesmo tempo, era um *bon vivant* que se sentia muito à vontade em ambientes nada aristocráticos. Conta-se que ele não trocaria uma boa *zamacueca* (dança popular do Chile) pela presidência do país; era comum vê-lo pelas madrugadas dançando e cantando ao som de um violão. Em suma, uma personalidade fascinante que encantou gerações de estudiosos e até hoje dá margem a muita discussão. Mas, politicamente, tinha objetivos claros e sérios com a imposição da lei e da ordem após a tumultuada década de 1820. Ele não se fechava para um possível regime liberal, mas só

Villalobos, *Portales: Una falsificación histórica* e A. Jocelyn-Holt Letelier, *El peso de la noche: Nuestra frágil fortaleza histórica*.

4   Portales para Cea, mar 1822, E. de la Cruz e G. Feliú Cruz (eds.), *Epistolario...*, I, p. 177.

quando as instituições governamentais estivessem sólidas. Quanto a isso foi extremamente bem-sucedido, porque o sistema por ele implantado sobreviveu ao seu assassinato em 1837 e só mais tarde se liberalizou.

Vale a pena dar uma olhada na atuação de Portales do ponto de vista da distante Inglaterra. Como vimos no Capítulo 3, os esforços de Mariano Egaña para incriminar Antonio José de Irisarri são um reflexo do clima de insegurança e confusão que se instalara no Chile pós-independência, quando o ditador Bernardo O'Higgins, o primeiro governante efetivo do país, foi deposto em 1823. Em Londres, Egaña tentava livrar o Chile das terríveis consequências do malfadado empréstimo de 1822. O país precisava de dinheiro depois de ter apoiado a caríssima libertação do Peru. Mas também precisava convencer a Grã-Bretanha de que era um Estado responsável e merecia ser reconhecido internacionalmente. A Grã-Bretanha, contudo, não acreditava na capacidade do Chile ou de pagar ou consolidar seu sistema político, e negou ao país o reconhecimento dado à Colômbia, a Buenos Aires e ao México em 1825. O Chile, por sua vez, perdeu as esperanças de obter um reconhecimento imediato dos britânicos (o que só aconteceu em 1831 sob Lorde Palmerston), mas fez uma tentativa de honrar suas obrigações financeiras.

As divergências sobre os procedimentos políticos foram um importante motivo para a instabilidade dos anos 1820. O sucessor de O'Higgins, Ramón Freire, não fez um bom governo, em parte por falta de consenso na configuração das instituições governamentais. Como discutimos no Capítulo 3, a tarefa tornou-se ainda mais difícil com a Constituição de 1823, que foi adotada e descartada no intervalo de um ano. As novas repúblicas daquela época costumavam adotar constituições escritas. Mas até 1828, quando o Chile aprovou a constituição liberal do espanhol José Joaquín de Mora, o país não tinha efetivamente uma carta básica. Mariano Egaña então escreve desesperado de Londres: "Por que o Congresso não promulga imediatamente uma lei orgânica definindo a natureza da administração pública?" E insiste: "Minha presença em Londres é inútil se eu não apresentar provas ao governo britânico de que o Chile está [...] para consolidar suas instituições governamentais".[5] Mas não convenceu

---

5 Mariano Egaña para o ministro das Relações Exteriores, 21 jun 1825, in J.G. Echenuqye (ed.), *Documentos de la Misión...*, p. 199.

ninguém em Santiago. Quando a carta de Egaña chegou à capital chilena, Freire tinha dissolvido o Congresso e o país embarcara em uma experiência federalista que mais à frente aprofundou a crise política. Em 1827, Freire entregou o cargo ao liberal vice-presidente Francisco Antonio Pinto, que também não conseguiu refrear o ritmo frenético das experiências e das mudanças políticas. Estava armado o palco para um confronto entre os elementos liberalizantes da política chilena (confinados principalmente nos círculos de governo) e uma onda emergente de conservadorismo mais interessada no restabelecimento da ordem do que na disputa política e muito menos ideológica. O resultado foi uma guerra civil de curta duração (1829-1830) que catapultou Diego Portales à posição de poder. Ele nunca ocupou a presidência, mas nem precisava, porque tinha o controle de todas as posições-chave no gabinete do presidente Joaquín Prieto. Portales foi ministro do Interior e das Relações Exteriores, bem como ministro da Guerra e da Marinha. Mesmo depois que renunciou para ser governador de Valparaíso, continuou exercendo enorme influência sobre o governo nacional. Seu legado perduraria por todo o século.

A CHEGADA E AS PRIMEIRAS ATIVIDADES DE BELLO

O clima político do Chile não era particularmente propício ao imigrante que buscava paz e segurança, quando Bello chegou a Valparaíso em 25 de junho de 1829. No contexto de uma polarização tão radical, o anúncio da sua chegada rapidamente tornou-se ocasião para atitudes politizadas e nacionalistas. O jornal *La Clave* foi o primeiro a publicar a chegada de Bello em 17 de julho de 1829 bem como a sua contratação pelo governo. O jornal *El Valdiviano Federal* reagiu em 30 de julho, afirmando que "nada sabemos sobre essa pessoa. Dizem que se trata de um escritor importante. Mas quando um forasteiro é recomendado ao público, é preciso dar prova inequívoca das virtudes da pessoa".[6] A crítica dirigida ao governo mirava perigosamente Bello, o forasteiro. Esse foi apenas o primeiro dos muitos tiros que seriam disparados contra ele. José Miguel Infante, um "federalista"

---

6   Este artigo apareceu em *el Valdiviano Federal*, n° 28, 30 jul 1829, em resposta à curta matéria de *El Clave*, vol 3, n° 4, 17 jul 1829. São jornais raros que podem ser consultados na Biblioteca Central da Universidade do Chile, Sala Domingo Edwards Marte.

inflamado, desferiu acusações contra Bello no periódico *El Valdiviano Federal* durante quinze anos.[7]

Infante tinha sido importante figura política e intelectual na fase inicial da independência. Ocupara vários cargos no governo da *Patria Vieja* (1810-1814), foi ministro no governo de Bernardo O'Higgins, senador, presidente do Congresso e chefiou o Executivo por um breve período na década de 1820. Fundou o *El Valdiviano Federal* em 1827 para promover suas visões federalistas, que a cada dia se tornavam mais impopulares, e publicou-o até morrer em 1844. Com o fim da agenda federalista e o triunfo da revolução conservadora, Infante foi se isolando cada vez mais até tornar-se irrelevante. Mas na época da chegada de Bello ainda era uma voz importante nos círculos políticos.

Ironicamente, os primeiros ataques a Bello foram por ter sido nomeado pelo governo liberal de Francisco Antonio Pinto. Esperava-se, então, que os ataques viessem das forças conservadoras, mas não foi o que aconteceu; Bello logo percebeu que os conservadores o cortejavam para uma série de tarefas que serão discutidas adiante. Ele conhecia o presidente desde Londres, quando ambos lá viviam em meados dos anos 1810. No Chile, apesar da polarização política, os dois retomaram a amizade que duraria pelo resto da vida. Bello foi tutor do filho de Pinto, Aníbal, que se tornou presidente do país nos anos 1870. Paralelamente, construiu um forte relacionamento com Mariano Egaña e seu pai Juan, ambos apoiadores convictos da revolução conservadora. Bello tinha amigos nos dois extremos do espectro político, mas no contexto dos anos 1830 preferiu alinhar-se com as forças conservadoras.

Parte da sua escolha foi motivada por convicções políticas. Como já dissemos, Bello tinha esperança de que o Império Espanhol fosse preservado, atribuía o colapso da Espanha ao radicalismo da Primeira República, e em Londres tinha absorvido muitos princípios dos reformistas da Holland House que abraçavam as visões de Edmund Burke. No Chile, encontrou o que deve ter lhe parecido a repetição da tensão

---

7   Informações mais detalhadas sobre Infante (1778-1844) podem ser encontradas em S. Collier, *Ideas and Politics*.... Para um resumo das atividades e da importância de Infante, ver, do mesmo autor, o verbete "José Miguel Infante", in B. Tenenbaum (ed.), *Encyclopedia of Latin America History and Culture*, III, p. 273.

entre uma mudança radical e a necessidade de um governo forte que ele tinha observado na história recente da independência da América espanhola. No Chile, o federalismo apaixonado dos anos 1820 e a oposição cada vez mais inflexível dos tradicionalistas o fizeram tender para as forças que defendiam mais a ordem do que as mudanças. Talvez também houvesse uma dimensão pessoal, porque na idade em que estava (48 anos em 1829) e com uma tão família numerosa, Bello buscava a segurança e a estabilidade que os conservadores tinham mais possibilidade de lhe oferecer.

A sua preferência por uma carreira tranquila na administração pública foi logo ameaçada por uma inesperada reviravolta nos acontecimentos. Logo que chegou à capital chilena, soube que um amigo e companheiro de exílio, o espanhol José Joaquín de Mora, estava morando em Santiago após uma breve e agitada permanência em Buenos Aires. Mora, respeitado escritor do liberalismo espanhol entre 1820-1823, e vítima das perseguições de Fernando VII, envolveu-se profundamente com a política chilena. A sua chegada a Santiago em 1828 coincidiu com uma fase de busca frenética por instituições liberais exequíveis, e ele acabou sendo indicado para preparar uma constituição liberal que incorporasse os elementos federalistas, especialmente a criação de assembleias provinciais autônomas. Mora foi favorecido também pelo governo liberal, que o colocou para dirigir o novo Liceo de Chile, uma alternativa ao Instituto Nacional criado em 1813 e agora sob controle dos conservadores.[8]

Bello e Mora se conheciam desde Londres, onde compartilhavam interesses intelectuais similares. Mas em Santiago estavam em campos opostos. Bello não se interessava tanto por política quanto Mora, mas era inevitável que num contexto político tão polarizado suas atividades ganhassem uma leitura política. Isso ocorreu quando

---

8   O tratamento mais completo de José Joaquín Mora é de Luis Monguió, *Don José Joaquín de Mora y el Perú del Ochocientos*, Berkeley/Los Angeles: University of California Press, 1967. Fontes mais antigas, porém úteis, sobre Mora são M.L. Amunátegui, *Don José Joaquín de Mora. Apuntes biográficos*, Santiago, Imprenta Nacional, 1888 e D. Amunátegui Solar, *Mora en Bolivia*. Referências ao exílio de Mora em Londres estão em V. Llorens, *Liberales y Románticos* e M T. Berruezo León, *La Lucha* .... Sobre o Liceo de Chile, ver C. Stuardo Ortiz, *El Liceo de Chile, 1828-1831. Antecedentes para su estudio*.

um grupo de famílias influentes, apoiadas por Diego Portales, fundou o Colegio de Santiago, em 1829. O objetivo da nova escola era oferecer uma alternativa educacional ao sitiado Instituto Nacional e ao Liceo de Chile patrocinado pelo governo. O primeiro diretor da escola foi o clérigo conservador Juan Francisco Meneses, que deixou o cargo em dezembro de 1829 para assumir um posto no governo. Andrés Bello foi nomeado seu sucessor no início de 1830, e a partir de então passou a competir diretamente e até a confrontar-se com José Joaquín de Mora.

Mora possuía uma inteligência privilegiada e uma prosa venenosa. No discurso de inauguração da cadeira de oratória no Liceo, em abril de 1830, ofendeu o rival Colegio de Santiago insinuando que tinha origem predominantemente francesa. Como seus professores instruiriam os jovens chilenos se mal sabiam falar espanhol? O diretor Andrés Bello saiu em defesa do Colegio, apontando vários neologismos e até galicismos no discurso inaugural de Mora. Com que legitimidade criticava no outro o que ele mesmo fazia? Esse foi só o primeiro de uma série de artigos que degeneraram em ataques e contra-ataques injuriosos pela imprensa, entre abril e agosto de 1830. A polêmica começou como uma discussão um tanto pedante entre dois especialistas sobre pontos específicos da gramática aplicada. Muitos detalhes eram tediosos até para os leitores que conseguiam perceber que algo mais político estava envolvido. Não demorou e a polêmica saiu do controle, e Bello viu-se na obrigação de esclarecer pela imprensa que apenas participara dos aspectos linguísticos do debate.[9]

O estrago estava feito, e Diego Portales aproveitou para retirar o apoio financeiro do governo ao Liceo em maio de 1830, reação que obrigou a instituição a fechar as portas logo em seguida. Mas Mora não era homem de receber golpes como esse em silêncio e desferiu

---

9 Isso foi feito no jornal *El Popular*, 10 jul 1830. Ver A. de Avila Martel, *Mora y Bello en Chile*, p. 193. Além de um ensaio introdutório, este volume inclui planfletos e os artigos publicados durante a polêmica. Ver também R. Silva Castro, *Don Andrés Bello, 1781-1865*, especialmente o capítulo intitulado "Bello y el Colegio de Santiago"; E. Orrego Vicuña, *Don Andrés Bello*, especialmente o Capítulo VIII, "Bello y Mora (Una Querella Pedagógica em 1830)"; e E. Rodríguez Monegal, *El outro Andrés Bello*, especialmente Capitulo IV, "La ardua aclimatación: Santiago (1829-1831)."

vários ataques contra Portales na imprensa. Escreveu comentários amargos contra o poderoso ministro e o novo governo em dois periódicos liberais, *El Defensor de los Militares Denominados Constitucionales* e *El Trompeta*, que Portales processou e conseguiu fechar. Talvez o mais famoso desses textos seja o verso "*El uno subió al poder/ por la intriga y la maldad;/ Y al outro, sin saber cómo, lo sentaron donde está*" [um deles (Portales) ganhou poder pela intriga e a maldade; o outro (o presidente fantoche de Portales, José Tomás Ovalle) foi posto lá sem saber onde está]. Em 14 de fevereiro de 1831, Portales mandou prender Mora e expulsou-o do país.[10]

Mora era especialmente querido por seus alunos e deixou seguidores no Chile. Dois deles, José Joaquín Vallejo (mais tarde conhecido como o escritor "Jotabeche") e José Victorino Lastarria tornaram-se políticos e intelectuais importantes nos anos 1840. Lastarria, especialmente, era muito ligado a Mora e durante muito tempo alimentou um profundo ressentimento contra Bello por ter contribuído para a expulsão do diretor do Liceo. Foi também um dos primeiros a arquitetar a imagem de Bello como um conservador alucinado disposto a impedir a liberalização das instituições políticas e culturais do Chile.[11]

BELLO E DIEGO PORTALES

Uma importante consequência da controvérsia Bello-Mora foi o respeito e a admiração que Portales passou a sentir pelo venezuelano. Sairia em defesa de Bello sempre que fosse preciso. Deixa claro em sua correspondência que confiava em Bello para uma grande variedade de tarefas, entre elas a de conselheiro jurídico (para assuntos internacionais e domésticos), e na sua formidável habilidade para a escrita. A primeira carta de Portales em que faz uma referência a Bello é por ter sido ele quem redigiu "*el mensaje*" [o discurso] proferido pelo vice-presidente

---

10 E. Rodríguez Monegal, *Andrés Bello*, p. 176-177; L. Monguió, *Don José Joaquín de Mora...*, p. 45.

11 A obra de Lastarria *Recuerdos literarios: Datos para la historia literaria de la América española i del Progreso intelectual de Chile* cristalizou essa imagem de Bello, e não por coincidência, do próprio autor como o verdadeiro pai da independência cultural chilena. Ver também seu "Recuerdos del Maestro", in G. Feliú Cruz (ed.), *ESAB*, I, p. i-ii, publicado originalmente em 1874. Uma tradução em inglês de *Recuerdos literarios* é de R. Kelly Washbourne, *Literary Memoirs*, ed. por Frederick M. Nunn, Nova York/Oxford: Oxford University Press, 2000.

Fernando Errázuriz no Congresso, em junho de 1831.[12] Cabe aqui observar que Bello era tão bem avaliado como redator dos pronunciamentos presidenciais que serviu nessa função a três presidentes (Prieto, Manuel Bulnes e Manuel Montt) durante trinta anos. Portales quis dar a Bello alguma compensação monetária por aquele primeiro discurso, mas previu que ele recusaria. O poderoso ministro orgulhava-se de ser um bom avaliador de caráter, e seus comentários, embora breves, demonstram que reconhecia a timidez, a ética e a reponsabilidade de Bello. Os dois não concordavam em tudo, e talvez por isso Portales o estimasse tanto. Em uma carta ao seu principal correspondente e amigo Antonio Garfias, o ministro explica por que não gostava de um dos discursos de Bello em honra do finado José Tomás Ovalle (morto em março de 1831): "Digo-lhe confidencialmente que é só pela afeição que sinto por [Bello], e por conhecer seu caráter, que o perdoo pelo [o discurso]."[13] Eles divergiam também em outras questões, principalmente internacionais, pois Bello costumava oscilar entre a acomodação e a paz. Talvez a mais importante tenha sido a guerra entre o Chile e a Confederação Peru-boliviana liderada por Andrés de Santa Cruz entre 1836 e 1839.

A criação da Confederação Peru-boliviana representou, tanto em termos de área quanto de população, um importante tratado estratégico para o Chile. A tentativa de Santa Cruz de recuperar Callao, importante porto no Pacífico, combinada com outras medidas econômicas lesivas provocaram a reação do Chile em 1836. No final de 1836, o almirante Manuel Blanco Encalada foi designado para declarar guerra, mas consultou Bello, então *Oficial Mayor* do ministro das Relações Exteriores, sobre uma possível solução pacífica. Bello já o tinha aconselhado contra o bloqueio quando Portales expôs sua decepção a Blanco Encalada: "Discuti com dom Andrés milhares de vezes sobre o bloqueio, mas ele me acena com tratados e eu tenho que me calar."[14] Por fim, Portales não deu ouvidos a nenhum dos dois e a guerra aconteceu.

---

12 Diego Portales para Antonio Garfias, 15 nov 1831, in E. de la Cruz e G. Feliú Cruz (eds.), *Epistolario...*, I, p. 327-328.

13 Portales para Garfias, 22 mar 1832, in E. de la Cruz e G. Feliú Cruz (eds.), *Epistolario...*, II, p. 138.

14 Portales para Blanco Encalada, 17 out 1836, in E. de la Cruz e G. Feliú Cruz (eds.), *Epistolario...*, III, p. 460. Blanco, de sua parte, prestou contas a Bello das aberturas de Santa Cruz para

Portales demonstrava sua estima por Bello, apesar das ocasionais discordâncias, com eloquência. Um exemplo disso é quando Bello o convidou para ser padrinho de sua filha María Ascensión, em junho de 1832. Bello garantiu-lhe que o pedido não era motivado por interesse, sendo quem era o poderoso ministro. Foi esse o motivo da seguinte resposta de Portales por intermédio de Garfias:

> Diga a dom Andrés Bello que muito me honra ser seu compadre. Sinto não poder estar presente [ao batismo], pois ficaria encantado de participar de tal regozijo. Diga a ele que me divertiram suas manifestações de sinceridade: são temores descabidos e me ofendem quando sugerem que me falta discernimento para julgar os homens.[15]

A partir daí, Portales refere-se a Bello invariavelmente como *El compadre*. Ele pagou pela cerimônia e em seguida enviou charutos e outros presentes. Alguns dias antes de ser assassinado por soldados rebeldes, em 6 de junho de 1837, Portales cita o nome de Bello em carta ao ministro Joaquín Tocornal, referindo-se a uma tarefa pendente.[16] A troca de cartas constante revela um vínculo de confiança e admiração mútuas, da amizade reconhecida publicamente quando Bello, agora senador, é escolhido juntamente com Mariano Egaña e Diego Antonio Barros para receber os restos mortais do ministro assassinado no Senado. Na ocasião, Bello e Egaña propõem a lei que especificou as honras que seriam concedidas à memória de Portales.[17]

Talvez a demonstração mais eloquente do apoio de Bello à ordem portaliana que acabava de surgir seja o seu papel na preparação da Constituição de 1833. Portales não se interessava por teoria constitucional, e menos ainda em redigir o documento, mas dava todo o apoio a uma estrutura constitucional que sustentasse tanto o governo quanto as instituições do Estado. É o próprio Portales quem nos dá a prova da par-

---

evitar a guerra, em carta datada de janeiro de 1837, in OC, XXVI, p. 43-45. Blanco esclarece que prefere um acordo pacífico.

15 Portales para Garfias, 9 jun 1832, in E. de la Cruz e G. Feliú Cruz (eds.), *Epistolario*..., II, p. 220.
16 Portales para Tocornal, 1º jun 1837, in ibid., III, p. 516.
17 "Homenaje a Portales, Proyecto de Acuerdo, 10 de julho de 1837", in OC, XX, p. 19-22. A lei foi aprovada pelo Congresso sem modificações em 8 de agosto de 1837.

ticipação de Bello ao indicar em uma carta a Garfias que "encanta-me saber que [Bello] aceita redigir o projeto da reforma da Constituição [de 1828]".[18] Portales talvez se referisse à revisão e edição do rascunho, porque a Grande Convenção Constituinte tinha sido convocada em 1831 e desde 1832 vários esboços vinham sendo discutidos. O mais importante desses rascunhos foi o de Mariano Egaña, que contou muito com a ajuda de Bello para as questões legais e em seu julgamento para as questões políticas, embora o cuidadoso venezuelano não compartilhasse as ideias ultraconservadoras de Egaña. Tanto lá como aqui, não há dúvida sobre a participação de Bello.[19] Ele ainda publicou na imprensa uma defesa vigorosa da nova Constituição e, à luz das similaridades de estilo e filosofia política, é bem provável que também tenha redigido a mensagem presidencial relacionada.[20]

O artigo "Reformas a la Constituición" [Reformas à Constituição] merece atenção porque expressa com clareza as visões políticas de Bello.[21] O ensaio visa destacar as principais mudanças introduzidas pela convenção constitucional à carta de 1828, sendo a mais importante a eliminação das assembleias provinciais quase federais e do gabinete do vice-presidente. E também a ampliação dos poderes presidenciais. Alguns enunciados refletem o credo político que Bello desenvolvera em Caracas e em Londres, e que foi adotado integralmente pela emergente república conservadora. A nova Constituição, ele declara, "não encerra aqueles convites ao frenesi que a licença permitia, em detrimento da justiça e do cerceamento da verdadeira liberdade" (*OC*, XVIII, p. 86; *SW*, p. 256). Está é uma referência um tanto hiperbólica ao papel da Constituição de 1828 em promover a politização por meio da descentralização das funções governamentais e, principalmente, do empoderamento regional. Mas ele esclarece seu ponto de vista relativamente ao equilíbrio de poderes entre o presi-

---

18 Portales para Garfias, 3 ago 1832, in E. de la Cruz e G. Feliú Cruz (eds.), *Epistolario...*, II, p. 239-240.

19 Ver R. Donoso, "Prólogo", in *OC*, XX, p. liv. E também P. Lira Urquieta, *Andrés Bello*, p. 151-152.

20 O artigo "Reformas a la Constituición" foi publicado em três fascículos em *El Araucano*, nº 140, 17 maio 1833, nº 141, 25 maio 1833) e nº 142, 1º jun 1833. O último fascículo termina com o discurso que o presidente Prieto proferiu em 25 de maio, prometendo lealdade à Constituição.

21 Uma tradução para o inglês de Francis M. López-Morillas está em *SW*, p. 255-260.

dente e o Conselho de Estado (designado para proteger os direitos individuais). Aqui, Bello afirma que "a Grande Convenção [Constituinte] tem procurado sabiamente restringir os esforços do despotismo e extinguir o ardor da liberdade imoderada, cujo impacto resultaria necessariamente em aterrorizante anarquia" (OC, XVIII, p. 89; SW, p. 257-258). Bello tinha feito a sua própria dicotomia entre despotismo e anarquia já na Inglaterra, quando se expôs ao pensamento reformista Whig. No Chile, descobriu que ela encontrava ressonância nas aspirações da agenda portaliana. Em última análise, essa formulação refletia suas convicções políticas mais profundas, e ele vê a oportunidade de aplicá-las em campos que transcendiam a política.

O PAPEL DE BELLO NAS RELAÇÕES INTERNACIONAIS

A primeira nomeação de Bello foi para o Ministério das Finanças, mas por volta de abril de 1830 ele assumiu o cargo de *Oficial Mayor* no Ministério das Relações Exteriores.[22] Na época em que esta última nomeação foi oficializada, em 30 de junho de 1834, ele já se firmara como figura-chave da política externa, permanecendo no cargo até aposentar-se em outubro de 1852. Em 1832, produziu talvez o mais influente tratado sobre Direito Internacional da América espanhola do século XIX, o *Principios de Derecho de Gentes*, e teve um papel fundamental na instituição das relações diplomáticas com a Espanha, esforço que lhe rendeu intensa oposição por levantar questões incômodas não só sobre as lutas sangrentas da independência, mas como o Chile passaria a considerar seu passado ibérico. No contexto da década de 1830, essa questão tinha importância direta e prática sobre como o Chile se definiria como nação e qual seria a sua relação com a Espanha no novo contexto internacional.

Quanto aos *Principios*, surpreende que tenha sido publicado. Surpreende ainda mais que o governo tenha financiado a publicação de um tratado sobre questões internacionais em uma época cuja prioridade era construir instituições políticas domésticas exequíveis.[23] Entretanto, não

---

22 A carta da nomeação para o Ministério das Finanças, assinada por Francisco Ruiz Tagle e datada de 3 de julho de 1829, está em CMO, caixa 2, item 38.

23 Bello pediu ajuda ao governo para publicar os *Principios* porque não existia nenhum texto em língua espanhola para ensinar Direito Internacional. Ele solicitou uma cota "para o número

podemos esquecer o objetivo implícito de Bello. Para ele, conhecer os princípios básicos de Direito Internacional era uma necessidade para se criar uma política externa, especialmente para um pequeno país litorâneo que dependia do comércio com o mundo exterior. Havia também questões de ordem prática sobre como lidar com as exigências da propriedade internacional e com os limites da responsabilidade do Estado em questões que iam da dívida externa a atos praticados por estrangeiros em território nacional. Uma nação emergente podia ter outras prioridades, mas precisava ter uma política externa e normas práticas para as negociações internacionais.[24]

Os *Princípios* tinham, porém, um objetivo mais ambicioso: legitimar internacionalmente os países emergentes a partir do processo de independência. Isso explica, em grande parte, o sucesso que fizeram na América espanhola, onde o texto foi usado pelo Ministério das Relações Exteriores e também por estabelecimentos educacionais. Uma edição venezuelana foi lançada em 1837 e uma colombiana em 1839. Em 1844, os *Princípios* foram publicados na Bolívia e no Peru. Uma segunda edição saiu em Santiago em 1844, e uma terceira e última versão em 1864, esta revisada e editada por Bello. O livro também fez parte do currículo jurídico da Argentina e do Uruguai.[25]

A literatura sobre Direito Internacional disponível na América Latina nas décadas de 1820 e 1830 era principalmente europeia e não considera-

---

de cópias que fosse apropriado". O governo atendeu prontamente e financiou quinhentas cópias. O documento, datado de 22 de dezembro de 1831 e assinado pelo presidente Prieto, está no Archivo Central Andrés Bello, Universidade do Chile, bandeja 32, caixa 26, nº 819.

24 Sobre a política externa do Chile, ver R. Montaner Bello, *Historia diplomática de la independencia de Chile*. Sobre o papel específico de Bello, ver G. Feliú Cruz, *Andrés Bello y la Redacción de los Documentos Oficiales...* e Ernesto Barros Jarpa, "Bello: Mentor y Anticipacionista", in *Estudios sobre la vida y la obra de Andrés Bello*, p. 119-144. Para um relato das relações Chile-Estados Unidos durante esse período com referências a Bello, ver T. Ray Shurburt, "Personnel Diplomacy: The United States and Chile, 1812-1850)", in T. Ray Shurburt (ed.), *United States-Latin American Relations 1800-1850: The Formative Generations*, Tuscaloosa: The University of Alabama Press, 1991, p. 228-260.

25 Héctor Gross Espiell, "La influencia del Derecho Internacional de Bello durante la vida de su autor", in *Bello y Chile*, II, p. 139-160. Ver também, no mesmo volume, Fernando Murillo Rubiera, "Variantes en las sucessivas ediciones del *Derecho Internacional* de Andrés Bello", p. 161-168. A coleção *Andrés Bello y el Derecho Latinoamericano* tem vários artigos sobre Direito Internacional de Bello. Ver também F.G. Dawson, "The Influence of Andrés Bello on Latin American Perceptions of Non-Intervention and State Responsability", *The British Yearbook of International Law*, p. 253-315.

va as nações latino-americanas. Dada esta lacuna na literatura, Bello quis fazer uma adaptação nos textos de Direito Internacional que incluísse o novo fenômeno da independência. Um dos objetivos básicos dos *Princípios* era determinar o princípio da igualdade entre as nações. Fosse qual fosse o sistema político ou como tivesse se originado, os países deveriam ser considerados iguais. Segundo a formulação de Bello, "desde que os indivíduos são iguais por natureza, os grupos de pessoas que compõem a sociedade universal também são iguais. A mais fraca das repúblicas tem os mesmos direitos e está sujeita às mesmas obrigações que o mais poderoso dos impérios" (OC, X, p. 31; SW, p. 241). Na nova ordem mundial que incluiria os países da América Latina, nacionalidade envolveria tanto a provisão para a ordem interna quanto a nomeação dos responsáveis pela condução dos negócios que implicassem relações com outros países.

Também é muito importante nos *Princípios* a definição sucinta de independência e soberania: "A independência de uma nação consiste em não receber leis de outros países, e a sua soberania consiste na presença de uma autoridade suprema que a dirige e representa" (OC, X, p. 32; SW, p. 241). Como as nações emergem de circunstâncias históricas concretas não necessariamente em conformidade com a teoria, Bello oferece um conjunto muito maior de conotações para a independência nos termos do Direito Internacional:

> A independência e a soberania de uma nação [são] um fato aos olhos das demais nações; e desse fato emana naturalmente o direito da comunicação entre elas na base da igualdade e das boas relações. Portanto, se surge um novo Estado como resultado da colonização de um país recentemente descoberto, ou do desmembramento de um antigo Estado, os demais Estados só precisam saber se a nova associação é de fato independente e se tem uma autoridade que governe seus membros, os represente e até certo ponto se responsabilize pela conduta deles perante o mundo. Se for este o caso, não podem em justiça recusar-se a reconhecê-lo como membro da sociedade de nações (OC, X, p. 36; SW, p. 244).

Do ponto de vista da Espanha, até a morte de Fernando VII em 1833 os novos Estados hispano-americanos não eram considerados nações, mas colônias rebeldes. Os argumentos de Bello, portanto, representavam um apelo ao reconhecimento que os novos Estados tinham poderes legislativos, controlavam efetivamente seus territórios e estavam dispostos a respeitar as regras internacionais comuns. Bello fornecia as bases desse reconhecimento, mas os países eram livres para aceitar a posição da Espanha, como tantas outras nações europeias o fizeram nas décadas de 1820 e 1830. Nesse contexto, Bello determinou que as melhores chances de reconhecimento e, portanto, de estabilidade, viriam da aceitação da Espanha das realidades da independência. A morte de Fernando VII finalmente abriu as portas para as negociações e o Chile mostrou-se disposto a conversar. Isso, porém, criou um delicado problema para a política interna.[26]

Inaugurado no início de abril de 1834, o jornal oficial *El Araucano* publicava os desdobramentos da política externa da Espanha que interessavam à América espanhola. Porque Bello era o encarregado das colunas internacionais e culturais desde 1830, José Miguel Infante o atacava automaticamente nas páginas do *El Valdiviano Federal*. As visões federalistas e libertárias de Infante faziam dele um opositor implacável do Estado portaliano. Considerava Bello o principal porta-voz da ordem portaliana e por isso o seu alvo preferido. Assim que os primeiros artigos sobre a Espanha começaram a aparecer no *El Araucano*, o *Valdiviano* atribui à cobertura um estratagema para preparar o terreno para a restauração da monarquia. No dia 21 de abril de 1834, por exemplo, o *Valdiviano* comentou a cobertura do *El Araucano* como segue: "O [*Araucano*] continua a publicar artigos que promovem esquemas sinistros de certos americanos, em conjunção com o governo espanhol, para trazer de volta a dinastia dos nossos antigos opressores. Esses [esquemas] visam restituir nossas terras de acordo com a vontade deles. Terras inundadas com o sangue dos nossos verdadeiros filhos, derramado por amor à liberdade".[27]

Como já dissemos, o valoroso papel de Infante na luta pela independência não permitia que o desprezassem como um opositor isolado. Ao mesmo tempo, tinha sido ele o proponente dos princípios políticos e ideológicos derrotados na revolução de 1830. No decorrer da década, a insistência de Infante nas virtudes do federalismo aos

---

26 D. Barros Arana, *Um decenio de la historia de Chile, 1841-1851*, I, p. 38-41.
27 *El Valdiviano Federal*, nº 79, 21 abr 1834.

poucos foi se tornando irrelevante e cansativa. O exilado argentino Domingo Faustino Sarmiento (futuro presidente da Argentina), que escreveu o obituário de Infante em 1844, teve trabalho para encontrar virtudes redentoras no velho patriota. Por fim, concluiu que Infante "não entendeu a era em que viveu e nem os interesses e as ideias que brotaram da própria revolução".[28] Nos anos 1830, porém, as visões de Infante tiveram que ser divulgadas, ainda que para reafirmar que o governo tinha uma agenda política e ideológica. Bello foi o primeiro a se manifestar:

> Durante um tempo, *El Valdiviano* assumiu a aborrecida tarefa de fazer comentários sobre os nossos artigos, mas de uma maneira excessivamente adulatória aos editores, pois seus ataques eram tão fúteis, as interpretações tão violentas, os argumentos tão intricados [...]. O Chile nada pede à Espanha... O reconhecimento da nossa independência não é um "favor" que a Espanha nos faz, mas uma coisa boa para a América porque a paz é boa, e porque a paz expandirá nosso comércio, promovendo relacionamentos com a própria Espanha e com outros países que se recusam a negociar conosco enquanto não tivermos um título que consideram necessário para legitimar a nossa existência política (*OC*, XI, p. 303-305; *SW*, p. 196-198).

O debate arrastou-se durante anos até o Chile e a Espanha finalmente restabelecerem relações em 1844.[29] Foi uma grande vitória para o governo e para o próprio Bello, mas a um custo pessoal altíssimo. Desde o início do debate sobre o reconhecimento espanhol, Infante não economizou palavras duras a seu respeito. Como a Lei de Imprensa chilena aprovada em 1828 penalizava a calúnia, os ataques não mencionavam o nome

---

28 Domingo Faustino Sarmiento, "D. José Miguel Infante, redactor del *Valdiviano Federal*", in *Obras Completas de D.F. Sarmiento*, vol. 3, p. 246-247. Este artigo foi publicado originalmente in *El Progreso*, 26 abr 1844.

29 Por um curto espaço de tempo em 1835, o jornal *El Philopolita* uniu-se ao *El Valdiviano Federal* nos ataque à posição do governo sobre as relações com a Espanha. *El Philopolita* publicou apenas quinze edições de agosto a novembro de 1835. Cinco delas (n°s 1, 2, 3, 6 e 7) trazem artigos sobre as relações chileno-espanholas que repercutem os ataques do *El Valdiviano*. Os principais redatores do jornal eram Manuel José Gandarillas e Diego José Benavente. Para discussão e documentação da diplomacia do reconhecimento, ver S. Carrasco Domínguez, *El reconocimiento de la independencia de Chile por España: La misión Borgoño*.

de Bello.³⁰ Não só Infante, mas também outros testaram os limites da lei e usaram vários artifícios linguísticos para identificar seu alvo. Infante, particularmente, tinha duas formas de referir-se a Bello sem citar o nome. Porque Bello era o principal redator do El Araucano e era acusado de ser monarquista, Infante usava a frase "*el araucano monarquista*". E porque o nome de Bello também podia ser um adjetivo, frequentemente Infante usava expressões como "belo discurso", "bela lição" ou "belo plano" para referir-se a Andrés Bello. O fato de Bello ser estrangeiro (embora tivesse cidadania garantida por uma lei de 17 de outubro de 1832), e por ser um homem muito culto, multiplicaram as maneiras de Infante referir-se a ele sem nomeá-lo. Um bom exemplo é o seguinte artigo:

> Só direi a quem dirige o *El Araucano* que ele se engana se pensa que *El Valdiviano* ficará em silêncio [...] pode-se ignorar um camponês, mas não um aventureiro miserável que encontrou no Chile a sua pátria, entre outras coisas porque este próprio escritor tornou isso possível. Não perguntarei por que ele não pode ou não quis viver em seu próprio país, mas sua audácia o leva a insultar-me. Limitações de espaço me impedem de continuar [...] mas em outras ocasiões examinarei com cuidado o belo perfil do sábio patriota que hoje edita *El Araucano*.³¹

Infante se dizia responsável pela ida de Bello para o Chile, mas isso é questionável. Ele não teve nenhuma influência direta, exceto, como dissemos, questionar a sua contratação pela imprensa. É mais provável que ele se referisse ao seu próprio papel na criação da República chilena, criação que por sua vez permitiu que Bello encontrasse um lugar para morar. A referência que ele faz aos "verdadeiros republicanos" ajuda a esclarecer este ponto: "temos que nos proteger dos nossos inimigos ocultos; eles não podem influenciar a administração pública. Só os verdadeiros republicanos podem exercer essa influência para evitar erros

---

30 Discuto a Lei de Imprensa de 1828 no meu "Sarmiento and the Chilean Press, 1841-1851", in T. Halperín-Donghi et al. (eds.), *Sarmiento: Author of a Nation*, p. 31-60. Ver também R. Silva Castro, *Prensa y periodismo en Chile*.

31 *El Valdiviano Federal*, nº 93, 15 mar 1835. *El Philopolita* adotou a mesma estratégia de usar o termo "extranjero" (estrangeiro) negativamente para referir-se a Bello. Edições de nºˢ 7 (16 set), 12 (21 out), 13 (28 out) e 15 (11 nov) fazem referências inequívocas a Bello. Uma criativa distorção usada pelo *El Philopolita* foi empregar o termo "El caballero Virgilio".

que possam causar imensos prejuízos".³² Declarações como esta, que foi feita em um debate sobre o reconhecimento espanhol, eram claramente dirigidas a Bello, que para Infante era o estrangeiro monarquista a ser demitido. Bello não se deixava intimidar, e em uma observação que lembra o escritor e pensador francês Benjamin Constant, em 6 de novembro de 1835, afirma: "não cremos que o sistema monarquista, por si mesmo e à parte as circunstâncias locais, seja incompatível com a existência de garantias sociais que protegem o indivíduo contra os assaltos do poder" (*OC*, XVIII, p. 93; *SW*, p. 194).³³

Bello evitava cuidadosamente qualquer expressão pública de indignação, o que deixava Infante ainda mais irritado. Quando Bello foi nomeado membro da comissão que redigiu o Código Civil, Infante disparou outro alerta que se tratava de um estrangeiro.³⁴ Bello não respondeu no momento nem quando Infante produziu o derradeiro ataque *ad hominem*. Em um artigo intitulado "Torrente", Infante escreve que o livro de Mariano Torrente, *Historia de la revolución hispanoamericana* (1830), documenta a traição que Andrés Bello e Mauricio Ayala cometeram contra Simón Bolívar em um momento crítico do colapso da administração colonial.³⁵ Acrescenta que foi por pura sorte que Bolívar não foi executado e especula sobre o que teria acontecido à causa da independência se isso tivesse ocorrido. E então o ponto central:

> Quem poderia acreditar? Um dos delatores está em nosso governo, exercendo a mais poderosa influência em todas as decisões importantes da república nos últimos doze anos. Talvez nossos líderes desconheçam este fato: fiquei sabendo dessa delação sinistra, para destruir Bolívar, há seis

---

32 *El Valdiviano Federal*, n° 95, 15 maio 1835.

33 Benjamin Constant declarou: "existem direitos individuais, direitos sagrados e garantias indispensáveis que devem ser respeitados tanto em uma república quanto em uma monarquia, sem os quais a monarquia e a república são igualmente intoleráveis e com os quais ambas são boas" (B. Constant, *Mémoires sur les Cent-Jours* (1820); tradução para o inglês de B. Fontana, *Benjamin Constant and the Post-Revolutionary Mind*, p. 144).

34 *El Valdiviano Federal*, n° 151, 4 jan 1840.

35 O livro de Torrente foi publicado em três volumes em Madri pela Imprenta de Moreno em 1830. A acusação contra Bello está no vol. I, p. 56-57.

ou oito anos. Mas como não sou a favor de atacar as pessoas diretamente, mantive um silêncio do qual me arrependo até hoje.[36]

Obviamente, a condescendência de Infante era falsa, se considerarmos a longa lista de ataques mal disfarçados desde que Bello chegou. Desta vez, porém, Infante não poderia ter encontrado uma acusação mais devastadora, pois Bello ficou profundamente magoado por ser chamado de traidor. Foi preciso muito esforço para evitar uma resposta pública, mas privadamente ele confessou a Miguel Luis Amunátegui que o artigo lhe fizera muito mal.[37]

Infante deixou claro que era capaz de recorrer a táticas nocivas e que seu julgamento estava ofuscado por um ódio intenso por Bello. Mas o debate sobre o reconhecimento espanhol prova que existia algo além de uma animosidade pessoal. Infante acreditava que as promessas republicanas de independência tinham tomado um rumo muito diferente na década de 1830, e que Bello representava uma perspectiva nada revolucionária para a construção do Estado republicano. Infante simplifica muito o debate acusando Bello de querer reinstalar a monarquia, enquanto Bello recusa-se a assumir uma posição defensiva dizendo-se um republicano comprometido. Em vez disso, ele se concentra nas tarefas institucionais e educacionais que eram muito menos conservadoras do que Infante poderia imaginar: como educar o cidadão naquilo que, em última instância, o republicanismo defendia: a implantação e a consolidação do Estado de direito.

A REESTRUTURAÇÃO DA EDUCAÇÃO JURÍDICA

O currículo de Direito do Colegio de Santiago, onde Bello era membro docente e diretor da faculdade, é a primeira indicação da sua preocupação com a compreensão do funcionamento das várias formas de governo. Isso incluía o estudo da obra de Bentham, de Locke e de

---

36 *El Valdiviano Federal*, nº 194, 19 mar 1843.
37 M.L. Amunátegui, *Vida de don Andrés Bello*, p. 321-323. Amunátegui é obviamente parcial, mas oferece uma documentação crítica refutando Infante. Bello também se estendeu sobre o assunto em uma longa carta ao intelectual argentino Juan María Gutiérrez (1809-1878) datada de 9 de janeiro de 1846, in OC, XXVI, p. 113-116.

Rousseau, principalmente refutando-os. O currículo também cobria temas de Direito Civil e Penal em detalhes mais substanciais do que era costume na época.[38] O Colegio fechou em 1831, mas Bello continuou ensinando Direito em sua residência. Nesse ano, ensinou Direito Natural e Internacional, e em 1832, Direito Romano e Internacional.[39] José Victorino Lastarria estudou Direito Romano e Espanhol com Bello em 1834 e deixou algumas impressões sobre seus ensinamentos:

> O senhor Bello era extremamente sério, imperturbável, obstinado. Ele conversava mais do que explicava. Geralmente, começava fazendo uma pergunta que os alunos deviam responder. Mas nessas conversas, ele debatia basicamente consigo mesmo. Falava devagar, sempre fumando um enorme charuto. Seus músculos faciais não se moviam exceto quando [o colega Domingo] Tagle fazia uma brincadeira que o obrigava a deixar de lado a seriedade. Ele então se humanizava e ria.[40]

Lastarria escreveu essas linhas em 1873, época em que construiu a imagem de Bello como um reacionário irrecuperável, e a sua própria como o pai do verdadeiro liberalismo chileno. A representação que Lastarria faz de Bello como um tradicionalista austero é, contudo, pouco objetiva, mas seus comentários ilustram as fontes e a natureza da educação jurídica na década de 1830. Com relação ao Direito Romano, Lastarria explica que Bello dava suas aulas em castelhano, algo bastante inovador, mas "apesar das nossas queixas ele insistia em que decorássemos as *Institutas* de Justiniano e usássemos [Arnold] Vinnius nos comentários".[41] Em seu *Recuerdos literarios*, Lastarria evoca a descrição de Vinnius feita por Mora como um "compilador de mau gosto e eterno contestador", e explica que Bello ensinava Direito Romano "não historicamente, como fez [Johannes Gottlieb] Heineccius, mas à

---

38 "Programa para los Exámenes de los Alumnos de la Clase de Principios Generales de Legislación. Colegio de Santiago, Año de 1831", in OC, XXI, p. 205-224.
39 A. de Avila Martel, *Mora y Bello...*, p. 39.
40 J.V. Lastarria, "Recuerdos", in G. Feliú Cruz, *Estudios...*, I, p. 5.
41 Ibid., I, p. 6. Lastarria provavelmente se refere ao *Jurisprudentiae Contractae, sive Partitionum Juris Civilis Libri Quatuor*, cuja edição de 1736 Bello tinha em sua biblioteca pessoal.

maneira escolástica de Vinnius, tentando adaptar a nossa Era Moderna aos antigos moldes latinos".[42]

Ao contrário do que afirma Lastarria, Bello conhecia tão bem Heineccius que mais tarde publicou *Instituciones de Derecho Romano* (1843), fundamentado nesse autor.[43] Seu maior interesse no tema, porém, está ausente das distinções maniqueístas de Lastarria: Bello sabia que o ensino privado era apenas uma solução temporária para o problema do treinamento que o Chile republicano precisava para a nova geração de servidores públicos. Tanto ele quanto o governo Prieto estavam conscientes de que o ensino de Direito tinha que estar apoiado em bases sólidas. Com o Liceo do Chile desmantelado e o fechamento do Colegio de Santiago restava apenas o Instituto Nacional para preencher o vazio. Mas teria que ser reformulado para assumir o papel de liderança no país. Em 1832, os educadores chilenos Manuel Montt (mais tarde presidente do Chile), Ventura Marín e Juan Godoy foram nomeados para fazer uma revisão do currículo do Instituto. A proposta deles para a reorganização representou uma melhora substancial na desordem que se instalara na escola desde a década de 1820, mas as expectativas eram muito altas; Andrés Bello foi contratado pelo governo para rever esse novo currículo. Em um artigo datado de 21 de janeiro de 1832, Bello discutiu o plano em sua totalidade, mas destacou particularmente o ensino do Direito. Ele notou que, no novo plano, o Direito Romano era ensinado apenas no terceiro ano de estudo. Era muito tarde, ele afirmou, para um corpo de leis que estava "na origem e na fonte de todos os sistemas jurídicos". E acrescentou que "a principal disciplina da profissão legal é o Direito Romano; por mais tempo que se dedique a ela nunca será suficiente para que as ideias centrais que são necessárias às demais disciplinas sejam assimiladas". Propõe pelo menos dois anos de estudos sobre o Direito Romano e afirma que "o estudo do [Espanhol] e do Latim é a base de todas as ciências".[44]

---

42 J.V. Lastarria, *Recuerdos literarios*, p. 18,31.

43 Hugo Hanisch Espíndola, "Fuentes de *Instituciones de Derecho Romano* compuestas por Andrés Bello y publicadas sin nombre de Autor", in *Bello y Chile*, II, p. 75-138.

44 "Observaciones sobre el plan de estudios de la enseñanza superior, elaborado por Montt, Marín y Godoy. Año de 1832", in OC, XXII, p. 619-634. O artigo de Bello apareceu originalmente no *El Araucano*, nº 71, 21 jan 1832. Uma fonte importante sobre o Instituto Nacional

Isso não era apenas um conjunto de reformas e revisões. O que seria discutido era a natureza da educação no sistema republicano. E o Instituto Nacional não seria apenas uma escola, mas o principal estabelecimento educacional do país concebido pelo governo. Com um currículo proposto por uma comissão e as revisões sugeridas por Bello, o Instituto iniciou sua nova vida com forte apoio governamental e intelectual. O ensino do Direito Romano, em particular, estava bem definido.[45] Bello não conseguiu implantar tudo que sugeriu, especialmente a ampliação dos estudos de Direito Romano, mas sentiu-se confortável para celebrar, nas páginas do *El Araucano*, os progressos do Instituto quando os alunos receberam publicamente seus exames finais em 1833.[46]

Os reflexos bem treinados de Infante responderam ao estímulo oferecido por Bello com a agilidade característica: "O que melhorou realmente na educação pública? *El Valdiviano Federal* crê que sejam mais verdadeiras palavras como deterioração, atraso e vício". Ele propõe que, se há algo a celebrar, que seja a qualidade anterior do Instituto, que ele próprio ajudara a fundar em 1813, e o talento dos alunos. E que o novo plano empurrava o Instituto de volta "aos tempos da Inquisição e do barbarismo espanhol". Quanto ao ensino do Direito, ele se concentrou no Direito Romano. Usando seu sistema usual de referências a Bello, afirma que:

> *Bello* plano para a República! Voltamos a ouvir, como nos tempos da servidão, que nas nossas escolas de Direito reinam com força de lei as Respostas dos Prudentes, os Éditos dos Pretores e a vontade do Príncipe: *sed et quod Principi placuit*, além das múltiplas disposições daquele código obsoleto. Novamente, espera-se que os alunos aprendam mecanicamente. A intenção é trazer tudo de volta? Se não for, por que alimentá-los com aulas de despotismo?[47]

---

 durante o período é de D. Amunátegui Solar, *Los primeiros años del Instituto Nacional*. Ver também G.M. Yeager, "Elite Education in Nineteenth-Century Chile", *Hispanic American Historical Review*, vol. 71, nº 1, fev 1991, p. 73-105.

45 A. de Avila Martel, "Bello y el Derecho Romano", in *Estudios sobre la vida y obra de Andrés Bello*, p. 79-97.

46 *El Araucano*, nº 171, 20 dez 1833.

47 *El Valdiviano Federal*, nº 75, 20 jan 1834. Infante estendeu o assunto na edição de nº 77, 15 mar 1834. Sergio Martínez Baeza escreveu um útil ensaio sobre esta polêmica. Ver seu "Bello,

A resposta de Bello a essa torrente de provocações foi particularmente importante, porque ele se aproveitou para expandir os antecedentes romanos da Direito Civil. Provavelmente, isso passou despercebido a Infante e à maioria dos leitores, mas à luz do trabalho subsequente de Bello no Código Civil chileno (que será discutido no Capítulo 6) é importante identificar a resposta que ele dá a Infante como um argumento para a reorganização da legislação civil do país. Era uma questão delicada, por envolver seu desejo de manter a parte da legislação espanhola que tinha relação direta com o Direito Romano. Como Bello afirma em 21 de março de 1834:

> O Direito Romano [é] a origem da legislação espanhola que nos governa, [e também] o melhor comentário da lei. Todos os nossos comentaristas e glossaristas a estudaram; a ela recorreram para elucidar pontos obscuros, restringir uma decisão, ampliar outra, e encontrar a devida harmonia entre elas. Aqueles que a consideram um corpo de leis estrangeiro serão eles próprios estrangeiros relativamente à nossa lei (*OC*, VIII, p. 492-493; *SW*, p. 122).

Poucas declarações conseguem ser mais sóbrias do que esta no período pós-independência. A "legislação que nos governa" foi de fato a espanhola durante décadas após a independência. Para que não reste dúvida, um decreto-lei expedido pelo governo Preito em 1º de março de 1837 reitera a validade da legislação colonial.[48] Bello fez uma declaração sucinta de que o país deveria reconhecer essa realidade, e que não se tratava de um sistema jurídico necessariamente espanhol ou despótico, mas romano, e tinha que ser estudado. "As leis romanas passaram no teste do tempo", explicou, e cita o exemplo da França, que, embora tivesse adotado um novo Código Civil em 1804, mantinha-se na vanguarda dos estudos do Direito Romano muito depois que o código entrou em vigor. Bello acrescenta que "o Direito Privado dos romanos é bom, é nosso, e pouca coisa nele deve ser simplificada e melhorada" (*OC*, VIII, p. 494; *SW*, p. 123).

Infante y la enseñanza del Derecho Romano: Una Polémica Histórica, 1834", *Revista Chilena de Historia y Geografía*, nº 132, 1964, p. 196-229.

48 A. Guzmán Brito, *Andrés Bello codificador, historia de la fijación y codificación del Derecho Civil em Chile*, I, p. 79-80.

Como discutiremos adiante, Bello queria demonstrar que os sistemas jurídicos que partissem do zero o fariam por sua conta e risco. Preservar aspectos de legislações anteriores era, sem dúvida, um impulso conservador, mas os exemplos históricos demonstravam que leis e costumes existiam numa relação de mútua dependência. Especialmente em questões de propriedade (um interesse liberal), Bello preferiu abster-se de promulgar uma nova legislação contrária às práticas longamente estabelecidas e, consequentemente, criar conflitos. De acordo com seu ponto de vista, que talvez não seja totalmente diferente do atual, não há nada que crie mais conflitos do que mudar as regras do jogo, onde quer que elas sejam aplicadas. Se a compilação massiva de um milênio de leis romanas pelo imperador Justiniano no século VI servisse de lição, os novos países da América espanhola deveriam reconhecer as bases romanas da legislação espanhola que durante séculos organizou a sociedade nas colônias. Melhor seria que a nova república levasse em conta o precedente legal espanhol em vez de rejeitá-lo.

Essas conjecturas não resolveram a questão, porque Infante era um polemista dos mais teimosos, mas seus argumentos se tornaram repetitivos. Há um artigo memorável em que Infante inverteu o argumento de Bello afirmando que "os que veem o Direito Romano como nosso são os verdadeiros estrangeiros na nossa legislação", mas isso é mais uma anedota do que uma alternativa a como abordar o registro da história legal chilena.[49] Em consequência disso, o ensino do Direito Romano não foi abolido e Bello tornou-se autor do principal texto adotado em 1843.

O ESTUDO DA LÍNGUA ESPANHOLA

Bello defendia o ensino do latim em suas polêmicas com Infante, que por sua vez insistia em que Bello desprezava o ensino da língua espanhola. A questão revela o interesse de Infante em retratar Bello como um monarquista cuja intenção era restaurar os alicerces do colonialismo espanhol: o Direito Romano e a língua latina correspondente. Mas Bello publicara na imprensa vários artigos sobre essa questão durante a década

---

49 *El Valdiviano Federal*, nº 82, 1º jun 1834. O incansável Infante continuou nos nºs 83 (1º jul 1834), 84 (1º ago 1834), 85 (15 ago 1834) e 86 (1º set 1834), mas os artigos pouco acrescentaram de novo.

de 1830, bem como uma monografia intitulada *Principios de la ortología y métrica* (1835). A esse respeito, Infante foi parcial e até mentiu, mas influenciou muitos outros que partilhavam suas opiniões sobre Bello pelos mesmos motivos políticos. Ao longo da década de 1830, Bello refletiu sobre a complexa interação entre o latim e o espanhol, e embora defendesse o ensino deste último, era muito criticado por aplicar nesse idioma as estruturas gramaticais do latim. Tomados em conjunto, seus escritos durante a década são uma ponte entre as publicações de Londres sobre ortografia e filologia, e sua obra-prima, *Gramática de la lengua castellana*, publicada em 1847.

A primeira publicação de Bello sobre questões gramaticais no Chile foi um artigo intitulado "Gramática castellana" no *El Araucano* em 1832, que Infante, curiosamente, parece ter ignorado.[50] Nesse artigo, Bello defende o estudo da gramática espanhola como "a mais necessária e a mais desprezada" área da educação, e procura refutar o argumento de que o estudo da gramática latina seria suficiente. Ele concorda que o latim oferece algumas noções gerais sobre as estruturas básicas da língua, mas acrescenta que "isso não significa que [o aluno] assimilará a gramática espanhola, porque cada idioma tem suas regras particulares, seu próprio caráter [e] sua inventividade" (*OC*, V, p. 176; *SW*, p. 89). Bello oferece uma discussão um tanto técnica sobre as deficiências das gramáticas existentes, especialmente as da Real Academia Espanhola. Assim como tinha mostrado no artigo sobre ortografia discutido no Capítulo 3, agora ele quer demonstrar as dificuldades criadas pelo modelo latino usado pela Academia na organização da gramática espanhola. Concentra-se nos substantivos, que em latim são declináveis por desinências (seis no total). Essa forma de declinação era então aplicada automaticamente ao espanhol pela Academia.[51] Bello protesta: "Pode haver algo mais contrário à teoria educacional do que transformar em regra universal da língua o que é uma característica meramente peculiar

---

50 O artigo foi publicado primeiro no *El Araucano*, n° 73, 4 fev 1832. Está incluído em *OC*, V, p. 175-184, e em inglês em *SW*, p. 88-95.

51 Ver a útil discussão sobre modelos gramaticais em Barry L. Velleman, "Latinism and Universalist Models in Spanish Gramars", in Margarita Sufier (ed.), *Contemporary Studies in Romance Linguistics*, Washington, D.C.: Georgetown University Press, 1978, p. 330-239.

e própria do idioma latino?" (OC, V, p. 179; SW, p. 91). Ele faz a crítica, diga-se de passagem, não ao ensino da gramática latina, mas em defesa do estudo do espanhol em seus próprios termos. "A meta principal de uma gramática nacional [...] é transmitir o conhecimento da língua-mãe, apresentando-a com suas peculiaridades e características naturais e não sob formas exóticas." (OC, V, p. 183; SW, p. 95).

Cabe observar que, embora "gramática nacional" talvez sugira um conceito de nação reforçador da singularidade, Bello pretendia unificar a língua para igualar práticas comuns, do passado e do presente, onde quer que o espanhol fosse falado. Quanto a isso, os países poderiam compartilhar semelhanças entre si, especialmente na área da língua. Além disso, o convite que ele faz para o estudo de uma gramática nacional está longe de sugerir que o idioma, como é falado no Chile – ou em qualquer outra parte – deva ser tomado como a forma final. Pelo contrário, Bello defende que as línguas evoluem dentro de uma matriz relativamente estável e seria um erro sacrificar o primeiro (o reconhecimento da evolução) em nome desta última (a gramática fixa). E ilustra este ponto expondo o que considera as deficiências do espanhol chileno em suas "Advertencias sobre el uso de la lengua castellana", uma série de artigos publicada no El Araucano entre 1833 e 1834.[52] Esses artigos, que são dirigidos a pais e professores, consistiam de um catálogo pouco lisonjeiro de construções agramaticais comuns, erros de pronúncia e ausência notória de partes de palavras que até hoje caracterizam a língua falada chilena. A intenção era chamar a atenção para essas "impropriedades e defeitos" que consistem em "dar aos termos um significado diferente do que tinham, formando-os e pronunciando-os incorretamente, e construindo-os de maneira irregular" (OC, V, p. 147). Para aliviar quaisquer sentimentos negativos que sua lista devastadora de usos agramaticais pudesse causar, ele insiste em que o Chile não é o único país na América espanhola a cometer esses erros, e nem a própria Espanha estava isenta de crítica. Felizmente, continua, podem ser corrigidos facilmente se o espanhol correto for ensinado desde cedo. Em

---

52 O título completo é "Advertencias sobre el uso de la lengua castellana dirigidas a los padres de familia, profesores de los colegios y maestros de las escuelas". Está incluído em OC, V, p. 147-171.

textos subsequentes, Bello explica a natureza de suas preocupações, mas afirma que no momento está mais interessado em identificar e chamar a atenção para o problema.

Ele então publica, em 1835, os *Principios de lá ortología y métrica de la lengua castellana*.⁵³ O tema desse livro é a prosódia, mas antes consideremos o seu significado peculiar. O significado de prosódia, que é a versificação, não engloba o que Bello incluiu no termo *ortología*: pronúncia, acentuação e construções silábicas. Bello isolou esses aspectos da língua do estudo de versificação, embora reconhecesse a íntima relação entre eles. Os *Principios*, portanto, foram divididos em duas partes. A primeira refere-se aos sons elementares, à acentuação e às construções silábicas, enquanto a segunda trata devidamente de versificação. Ele afirma no prólogo que o domínio total de uma língua não se restringe ao seu uso gramatical adequado, mas também à pronúncia correta. Como vimos, foi nesta última área que ele identificou muitos problemas do espanhol chileno. Bello justifica o novo estudo como segue:

> Este estudo é extremamente necessário para deter a rápida degeneração pela qual passa o idioma. A multiplicação das línguas resultantes tornaria a comunicação e o intercâmbio humanos, e consequentemente a civilização e a prosperidade, muito mais difíceis. É também um estudo indispensável para aqueles que ocupam uma posição importante na sociedade, posição que correria riscos se a linguagem deles apresentasse sinais de vulgaridade e ignorância. Negligenciar esse estudo é diminuir o orador, fazê-lo parecer ridículo e provocar o desdém da audiência. Por fim, trata-se de um estudo que qualquer um que deseje escrever poesia, ou ao menos apreciá-la, precisa empreender. Só assim essas pessoas poderão sentir o prazer que a representação da natureza moral e física é capaz de produzir e que tanto contribui para melhorar e polir o comportamento (OC, VI, p. 5).

Vários temas dos quais Bello se ocuparia mais tarde estão previstos nesta passagem, mas dois merecem atenção: o primeiro é a preocupa-

---

53 A *Ortologia* constitui parte do volume VI (p. 3-225) das *Obras Completas* de Bello. Para um comentário sobre este texto, ver a intrudução ao volume de Samuel Gili Gaya (p. xi-ciii), e C. Valderrama Andrade, "Notas a la ontologia y métrica de don Andrés Bello", in *Bello y Chile*, I, p. 559-564.

ção, ou melhor, o medo de que o espanhol se fragmente ao ponto de criar novas línguas; e o segundo é a crença no poder da língua de usar as joias da humanidade para realçar a virtude e a moralidade cívicas.

A visão que Bello tem da língua, uma importância que vai muito além da função básica da comunicação, o faz insistir em regras para o seu uso adequado. Já no prólogo de *Principios de la ortología y métrica*, ele se antecipa a crítica de que a uniformidade linguística só será alcançada através de um ajuste autoritário. Bello refuta esse enfoque "porque vai de encontro ao princípio de uma república literária e faria mais mal do que bem. Em literatura, assim como nas artes e na política, a verdadeira origem de todas as melhorias e progressos é a liberdade" (OC, VI, p. 6-7). Entretanto, por mais que acreditasse nisso, seus trabalhos gramaticais se caracterizam pela tensão entre o medo de que a língua se torne cada vez mais corrupta e a confiança no poder dos falantes educados para transformá-la em fonte de estabilidade e inovação sustentadas pela razão.[54]

O estudo de Bello sobre versificação continha um elemento adicional que merece destaque. Ele oferece uma impressionante seleção de poesia espanhola desde os tempos do *Poema de Mio Cid* até o presente. Alguns poetas hispano-americanos foram mencionados, em especial José Joaquín Olmedo e o cubano José María de Heredia, mas a maioria deles era de espanhóis. É como se Bello quisesse deixar claro que independência não significava romper os laços com a cultura espanhola. Pelo contrário, poetas de ambos os lados do Atlântico deveriam ser usados como modelos para o contínuo aperfeiçoamento da língua espanhola.

A SITUAÇÃO PESSOAL E FAMILIAR DE BELLO

Os primeiros dez anos de Bello no Chile foram produtivos e certamente muito melhores que sua difícil fase londrina. Foi bem recebido pelas pessoas conhecidas, como Francisco Antonio Pinto, e por muitas desconhecidas, como Diego Portales. Logo ocupou cargos importantes em duas

---

54 Ver o importante ensaio de J. Ramos, "*Saber decir*: Lengua y política en Andrés Bello", in *Desencuentros de la modernidad en América Latina: Literatura y política en el siglo XIX*, p. 35-49. Ver também Alfredo Terrejón, *Andrés Bello y la lengua culta. La estandarización del castellano en América en el siglo XIX*, Boulder, C.O., Society of Spanish and Spanish--American Studies, 1993.

administrações radicalmente diferentes e fez contribuições significativas à instituição do Estado portaliano na década de 1830. É bem mais difícil o acesso à sua situação pessoal, mas o que se tem disponível sugere que ele se sentia bem em seu novo ambiente, e, não fosse pelo fato que discutiremos abaixo, estava determinado a fazer do Chile o seu lar permanente.

Bello relata as primeiras impressões que tem do Chile em uma carta a seu amigo José Fernández Madrid, em 20 de agosto de 1829. Ainda o preocupava a reação inesperada de Simón Bolívar diante da sua decisão de deixar o serviço diplomático da Grão-Colômbia, mas não tinha dúvidas quanto a isso: "Com relação à minha situação pessoal aqui, embora repleta de dificuldades, [posso dizer que] é melhor do que em Londres." E acrescentou o seguinte comentário sobre o Chile:

> Gosto deste país, embora o considere inferior a sua reputação, especialmente quanto às belezas naturais. Sinto falta da nossa rica e colorida vegetação [ao norte da América do Sul], das nossas lavouras e até da atmosfera intelectual de Caracas nos dias alegres que precederam a revolução. Nossas estradas ruins e a falta de confortos domésticos são comparativamente melhores do que as existentes neste país, que precisa muito mais deles porque o inverno aqui é mais rigoroso. Ao mesmo tempo, há um clima de liberdade; o país prospera e as pessoas, embora imorais, são dóceis. O jovem tem forte desejo de se educar; o povo em geral é cordial; e há poucos padres. Há, na verdade, mais tolerância do que se possa desejar (OC, XXVI, p. 7).

Bello nunca abandonou as boas lembranças da Caracas pré-revolucionária. Escreveu a Pedro Gual em 1835 pedindo-lhe que se lembrasse "deste seu colega, compatriota e amigo que foi enviado para o hemisfério sul por capricho da revolução, mas que ainda se lembra com carinho da paisagem, dos eventos, das pessoas, na época mais feliz da minha vida" (OC, XXVI, p. 30). Embora tenha se tornado cidadão chileno em 1832, sempre se sentiu, e era sempre lembrado seja por Infante seja por outras pessoas, um estrangeiro. Como afirma em carta ao estadista peruano Felipe Pardo Aliaga em 1839, "aqui, sou cidadão chileno por lei, pai de chilenos e servidor do governo chileno há mais de dez anos... e ainda assim, para muitos chilenos, sou tão forasteiro quanto no dia em que cheguei" (OC, XXVI, p. 55). Bello expressou poeticamente este pensamento em um poema de 1844:

> *Naturaleza de una madre sola*
> *Y de una sola patria... En vano, en vano*
> *se adopta nueva tierra; no se enrola*
> *el corazón mas que una vez; la mano*
> *ajenos estandartes enarbola;*
> *te llama extraña gente ciudadano...*
> *¿Qué importa? ¡No prescriben los derechos*
> *del patrio nido en los humanos pechos!* (OC, I, p. 604)

[A natureza nos dá só a mãe
só a pátria. É em vão,
em vão adotar outro país:
o coração não se compromete outra vez,
a mão pode acenar a bandeira estrangeira,
e estranhos lhe chamarem "cidadão":
Mas o que importa? O apelo do lar
não se apaga do coração dos homens!]

Bello e família instalaram-se em uma casa na área central de Santiago, à rua Santo Domingo, entre as atuais Miraflores e MacIver. Tinha uma localização conveniente para o trabalho, porque os escritórios do governo se localizavam a poucas quadras de distância, na atual Plaza de Armas. Mais tarde a família mudou-se para uma casa mais espaçosa na rua da Catedral 100, entre as atuais ruas Teatinos e Amunátegui, no centro de Santiago. Bello criou uma rotina que manteve até o final da vida. Levantava-se cedo, bebia uma xícara de chocolate quente e trabalhava em casa até a hora do almoço, que era servido entre 9 e 10 horas da manhã, e então dividia seu tempo entre o Ministério das Relações Exteriores e o Senado (quando havia sessão). O jantar era servido entre 4h30 e 5 horas da tarde, seguido por caminhadas ocasionais por La

Cañada (atual avenida Libertador Bernardo O'Higgins, mais conhecida como "Alameda"). Em casa, ele dava aulas particulares e preparava seus artigos para *El Araucano*. A família Bello passava as férias em Valparaíso e ocasionalmente na casa de veraneio de Mariano Egaña em Peñalolén, localizada nos arredores de Santiago.[55]

Essa rotina permitia que Bello tivesse muito tempo para escrever, como se vê pelos numerosos textos escritos na década de 1830. Mas sua vida era tranquila apenas na aparência, porque a família tinha sua cota de tragédias. O filho mais novo, José Miguel, morreu em 1830 aos dois anos de idade, e o segundo filho e seu favorito do primeiro casamento, Francisco, começou a dar sinais da tuberculose que acabou por matá-lo após uma prolongada agonia em 1845. Muitos outros filhos nasceram na década 1830: Luisa Isabel (1831), María Ascensión del Rosario (1832), Dolores Isabel (1834), Manuel José Anselmo (1835), Josefina Victoria (1836) e Eduardo Benjamín (1838), mas o casal chorou a morte de quase todos antes de eles próprios morrerem.[56] Quando Elizabeth Dunn morreu em 1873, oito anos depois da morte de Bello, apenas quatro dos quinze filhos ainda viviam.

Como já foi dito, houve um momento importante em que Bello percebeu que sua posição no Chile estava muito vulnerável e pensou em deixar o país. Isso ocorreu em 1836, quando ele e Portales discordaram da maneira como as tensões entre o Chile e a Confederação Peru-boliviana estavam sendo conduzidas. É bom lembrar que Bello já discordara de seus superiores no passado, entre eles Mariano Egaña, Manuel José Hurtado e Simón Bolívar, ainda em Londres. Nos três casos, sua reação foi preferir abandonar o cargo a prolongar a tensão.

---

55 Silva Castro dedicou um capítulo de seu *Don Andrés Bello* às reuniões em Peñalolén, p. 75-85. Ver também P. Lira Urquieta, *Andrés Bello*, p. 155-156, e C.J. Larraín, "Peñalolén", *Boletín de la Academia Chilena de la Historia*, n° 59, 1958, p. 56-57. Bello dedicou um poema ao lugar e a Egaña intitulado "A Peñalolén" em 1848, incluído em *OC*, I, p. 290-291.

56 Registros de batismo do Archivo del Arzobispado de Santiago (Paróquia de El Sagrario) mostram que foram padrinhos de Luisa, Antonio Pinto e sua esposa Luisa Garmendia. Registros da Paróquia de Santa Ana mostram os nomes dos padrinhos de Dolores (Bernardino Codecido e Eulalia Nieto), Manuel (Manuel Encalada e Mariana del Carmen Gana), Josefina (Carlos e Ana Bello), e Eduardo (Francisco e Luisa Bello). Se lembrarmos que o padrinho de Ascensión era Dioego Portales, vê-se por essas escolhas que os Bellos eram bem relacionados na sociedade de Santiago.

No Chile, ele tinha boas relações de amizade com Portales, mas por ser um subordinado discordando do estadista mais poderoso do país, tinha razão em sentir que seu cargo corria riscos. Em 13 de outubro de 1836, escreveu ao amigo Juan García del Río sobre essa possibilidade. Na época, García era conselheiro de Andrés de Santa Cruz, líder da Confederação Peru-boliviana. Embora essa carta de Bello não tenha chegado até nós, o cuidadoso comentário de García del Río revela que Bello estava realmente preparado para tomar a drástica decisão se os desentendimentos com Portales evoluíssem. García reagiu aos temores de Bello como segue:

> Digo-lhe que conversei muito com o general Santa Cruz a seu respeito. Ele disse que se sente feliz pela oportunidade de ajudá-lo a melhorar a situação, se quiser sair [do Chile] agora ou mais tarde. Autorizou-me a lhe garantir que será muito bem recebido aqui. E também será tratado com a mais alta consideração. Insisto em que isto não tem nada a ver com as atuais desavenças [*desavencias del día*] e não deve ser visto como injurioso a você. Sua origem é da mais nobre estirpe, baseada como é em seus notáveis méritos e a nossa amizade.[57]

A carta de Bello foi escrita em um momento delicado, porque o Chile de Portales preparava-se para declarar a guerra. Bello estava certo de que a guerra podia ser evitada, e cada vez mais sentia que sua opinião aborrecia seu superior. Até certo ponto, estava certo, porque Portales, como já dissemos, expressara decepção com a posição de Bello a Manuel Blanco Encalada, poucos dias depois que a carta para García foi escrita, em 17 de outubro. Além disso, bastava Bello lembrar-se do destino de José Joaquín de Mora para saber como Portales reagiria se essa discordância em particular superasse a estima que ele sentia pelo seu talentoso subordinado. Realmente, logo Portales o encarregou (26 de dezembro de 1836) de cuidar de uma delicada questão internacional envolvendo reivindicações de propriedade dos Estados Unidos decorrentes da guerra da independência, incluindo uma nota pessoal amistosa ao comunicado oficial. Um mês depois, Portales voltou a pedir que Bello cuidasse

---

[57] García del Río a Andrés Bello, 29 nov 1836, in OC, XXVI, p. 39-41.

de outra reivindicação estrangeira, dessa vez da França.[58] Com essas expressões de confiança, Bello abandonou as preocupações que ainda restassem após os desentendimentos com o poderoso ministro. Bello fez o que pôde para evitar a guerra, mas uma vez que ela foi deflagrada, cerrou fileiras com seu governo e nunca mais criticou sua conduta.

A primeira década de Bello no Chile caracterizou-se pelo firme compromisso com a emergente ordem portaliana. Ele serviu ao governo do presidente Joaquín Prieto como *Oficial Mayor* no Ministério das Relações Exteriores; escreveu para o periódico oficial *El Araucano*; participou da redação da Constituição de 1833; cumpriu vários compromissos educacionais; e foi escolhido senador (por Santiago) em 1837 de uma lista elaborada por Diego Portales. Tinha todo o apoio do governo e o servia com lealdade. Essa íntima relação com o Estado portaliano provocou ataques imediatos de figuras como José Miguel Infante, e contribuiu para reforçar a imagem criada inicialmente por José Victorino Lastarria de um homem conservador, tradicionalista e pessoalmente insensível às aspirações de liberdade cultural e política da geração que envelheceu na década de 1840.

Essa imagem, porém, estava longe de corresponder ao Bello real, que nunca se interessou em comentar o dia a dia da política,[59] mas se comprometera com um governo que cuidava do principal problema da América espanhola pós-colonial: como criar instituições republicanas em meio à desordem que se seguiu à independência. Bello contribuiu para essa ordem exercendo seus cargos oficiais, mas especialmente com seus dons intelectuais. Não havia razão para o governo querer que Bello escrevesse sobre filologia e gramática, debatesse a importância da legislação latina e romana e classificasse os tipos de versificação espanhola. Essas ideias eram suas, e ele as desenvolveu nos anos 1830 como parte de uma agenda compatível com a visão política de Portales. Para Bello, assim como para Portales, o republicanismo não era um

---

58 Ambos os pedidos estão em OC, XXVI, p. 41-42 e p. 48.
59 Um bom exemplo é a carta que ele escreveu ao filho Juan em março de 1859, quando o Chile estava em meio a uma curta guerra civil: "Não falarei de política com você. Nunca faço isso nem oralmente nem escrevendo, e principalmente quando não tenho boas notícias para contar." Andrés Bello para Juan Bello, 28 mar 1859, ACAB, caixa 37B, item 1317.

convite ao radicalismo. O edifício da república tinha que ser construído com um cuidado que, na visão de Bello, envolvia não interrupções bruscas com o passado como defendiam alguns, mas a assimilação do velho no contexto do novo.

E o novo era afastar-se da monarquia absolutista e fazer a transição para um sistema baseado no Estado de direito. A nacionalidade não inviabilizava a cultura espanhola como fonte, mas a disponibilizava muito mais e a difundia. Bello tinha esperança que esse reservatório cultural fornecesse os valores cívicos e morais que a república necessitava para se sustentar. Mais importante, estava convencido de que a língua e a educação eram os meios disponíveis aos cidadãos para entender as leis que os governavam. Era uma agenda ambiciosa, mas que obteve sucessos impressionantes nas décadas de 1840 e 1850.

5.
A *década triunfal*, 1840-1850

A década de 1840 começou em circunstâncias auspiciosas para o Chile. O país tinha superado o assassinato de Diego Portales em 1837 e vencera a guerra contra a Confederação Peru-boliviana em 1836-1839. O novo presidente, Manuel Bulnes, foi o maior herói da guerra e, em virtude de conexões familiares, foi escolhido para dar início a uma política de conciliação com os opositores liberais do Estado portaliano. Bulnes era sobrinho do ex-presidente Joaquín Prieto e casado com a filha do seu principal rival nas eleições de 1841, o liberal Francisco Antonio Pinto. O fato é que Bulnes não estava comprometido com um programa político personalista e, na maioria das vezes, cercou-se de assessores bem qualificados. Em duas administrações, de 1841 a 1851 (ele foi reeleito em 1846), presidiu um período de liberalização política, crescimento econômico e importante desenvolvimento institucional. Foi um período calmo, embora Bulnes tenha enfrentado um ano eleitoral agitado em 1845-1846, e uma grande crise após a eleição de seu sucessor, Manuel Montt, em 1851. O mandato de Montt (1851-1861) foi marcado por duas graves rebeliões armadas, mas o governo reagiu com firmeza e a estabilidade foi restabelecida. Sobretudo, essas duas décadas se caracterizaram por um equilíbrio difícil entre a tradição de um governo forte e a tentativa de ampliar os direitos políticos sancionados pelo sistema republicano adotado pelo Chile após a independência da Espanha.

Apesar das tensões, a liberalização da sociedade chilena prosseguiu graças a uma atmosfera propícia ao debate político, ao aumento gradual da escolarização, ao surgimento de uma nova geração de intelectuais e estadistas, e ao influxo significativo de talentosos exilados sul-americanos, principalmente argentinos. Também foi auxiliada pelo reconhecimento internacional da preponderância marítima chilena na América do Sul ocidental depois da guerra e pela expansão saudável do comércio marítimo. Mas, principalmente, deveu-se à determinação do governo de que os alicerces do Estado portaliano estivessem suficientemente firmes para começar a relaxar sua autoridade. Um sinal da influência de Bello é que a liberalização tenha se dado por meios institucionais e orientada por representantes do governo no Congresso, nas escolas e na imprensa. Bello contribuiu para esse processo fundando e dirigindo a Universidade do Chile, e guiando a nova geração de intelectuais nas questões políticas e no debate intelectual. Ele propagou essa filosofia de mudança ordenada em vários textos importantes, e não menos em sua *Gramática de la lengua castellana destinada al uso de los americanos* em 1847.

A Universidade do Chile

A fundação da Universidade do Chile em 1842 foi um dos eventos mais importantes não só da década de 1840, mas da história da jovem república. É difícil explicar o sucesso da universidade sem se referir a Bello. Como sempre acontecia, pouca coisa sugeria que ele possuísse habilidade para criar e liderar uma instituição de saber superior, até ele fazer o que fez em 1843. Bello assumiu um papel de liderança educacional nos anos 1830, dando aulas particulares e no Colegio de Santiago, e participando das comissões de revisão do currículo do Instituto Nacional. Entender seu novo papel na Universidade do Chile é importante para examinar a natureza da sua filosofia educacional, bem como o conjunto de circunstâncias institucionais e nacionais que lhe permitiram construir essa organização complexa que se tornou o elemento central do desenvolvimento do Estado chileno no século XIX.[1]

Bello dá uma primeira indicação do seu pensamento educacional em 1836, em um artigo intitulado "Sobre los fines de la educación e los

---

[1] Sobre as concepções educacionais de Bello, ver J.C. Jobet, *Doctrina y praxis de los educadores representativos chilenos*, p. 155-279. Sobre o papel de Bello na Universidade do Chile, ver S. Serrano, *Universidad y Nación: Chile em el siglo XIX*; R. Mellafe, A. Rebolledo e M. Cárdena, *Historia de la Universidad de Chile*; e P. Grases (ed.), *Andrés Bello y la Universidad de Chile*.

medios para difundirla" [Sobre as metas da educação e os meios para alcançá-las], em que defende o papel do Estado na criação de uma educação nacional. Sua defesa se baseia em argumentos práticos, tais como a necessidade de instruir a sociedade a fim de promover o crescimento econômico. Ele propõe a criação de escolas de formação de professores e sugere a inclusão de vários assuntos no currículo da educação primária. O que é mais importante nesse ensaio, porém, é a íntima relação que ele estabelece entre educação e republicanismo:

> Em todo tipo de governo há a mesma necessidade de educar, porque qualquer que seja o sistema político que uma nação adote, seus indivíduos têm deveres em relação a ela, às suas famílias e a si mesmo. Mas em nenhuma delas a obrigação de proteger este importante ramo da prosperidade social é maior que nos governos republicanos. Porque, como nos diz a razão, e observa um grande número de autores (Montesquieu em particular), em nenhum tipo de associação a educação é mais importante que nas repúblicas. Em toda sociedade, a meta de seus membros é alcançar a felicidade coletiva. Os governos republicanos são, simultaneamente, representativos e agentes do desejo nacional, e por assim serem têm que seguir os impulsos desse desejo, sem jamais deixar de dirigir toda essa força para o grande objetivo para o qual se move o desejo que é tornar o indivíduo mais útil a si e a seus iguais através da educação (*OC*, XXII, p. 658; *SW*, p. 110).

A referência a Montesquieu é particularmente emblemática porque o filósofo francês considerava o conceito de "virtude" fundamental às repúblicas.[2] Mas Montesquieu não foi o único, pois o conceito de virtude era amplamente usado em grande parte do pensamento político do século XVIII, e é também um conceito-chave tanto na Revolução Americana quanto na francesa. Virtude, no contexto republicano, refere-se à atividade civil e mais frequentemente à militar. Só os cidadãos virtuosos nesses termos são qualificados para comandar uma república. O grande

---

2 As ideias de Montesquieu a esse respeito estão em *The Spirit of the Laws*, trad. de Thomas Nugent, Nova York: Hafner Press, 1949. (*O espírito das leis*, trad. de Pedro Vieira Mota, São Paulo: Saraiva, 2008). Montesquieu refere-se especificamente à educação nas repúblicas no Livro IV, Capítulo 5, p. 34.

modelo é a Roma republicana, o que explica em parte o interesse pelos clássicos que caracterizam o período.³

Essa ênfase também está presente na América espanhola após a criação das repúblicas no início do século XIX. Sem um rei, os cidadãos de uma república dependiam muito mais da mútua cooperação para sustentar a sociedade. A compreensão dessa virtude como a base do republicanismo fundamentou o pensamento político de Simón Bolívar e foi compartilhado por muitos líderes da independência.⁴ Bolívar tentou instilar a virtude de cima para baixo, por meio de um "quarto" poder similar ao Areópago ateniense e ao Senado romano. Bello, que assistira ao fracasso do principal experimento de Bolívar nesse sentido, a Constituição boliviana de 1826, defendia a imposição da virtude pela educação universal. Nos Estados Unidos, talvez tenha sido esse o único ponto em que Thomas Jefferson e seus adversários federalistas concordaram.

É importante lembrar que o conceito hispano-americano de virtude republicana incorporava atributos morais (em concordância, talvez, com o papel central da religião), mas se aproximava da virtude de Montesquieu entendida como benevolência cívica. Como Bello afirmou, "o sistema democrático representativo prepara todos os seus membros para participar mais ou menos diretamente de seus assuntos; e as nações não [podem] progredir politicamente a menos que a educação [seja] suficientemente difundida para dotar cada pessoa do real conhecimento de seus deveres e direitos. Se não conseguir, é impossível cumprir esse dever ou conceder esse direito com devido valor para que seja preservado" (*OC*, XXII, p. 658-659; *SW*, p. 110). Resumindo, só a educação é capaz de transformar o indivíduo em um cidadão, e só os indivíduos podem sustentar uma república. É, portanto, interesse do Estado promover a educação.

---

3 Ver, por exemplo, H.T. Parker, *The Cult of Antiquity and the French Revolutionaries*, e para a Revolução Americana, C.J. Richard, *The Founders and the Classics*. Uma seleção útil dos ensaios sobre as origens do republicanismo é a de B. Fontana (ed.), *The Invention of the Modern Republic*.

4 Marcelo Leiras e eu examinamos a questão em nosso "Life without the King: Centralists, Federalists and Constitutional Monarchists in the Makint of the Spanish American Republics, 1808-1830", *Working Papers*, Helen Kellogs Insitute for International Studies, Universidade de Notre Dame, nº 255, maio 1998.

Bello sabia que, de acordo com o artigo 153 da Constituição de 1833, a educação pública era prioridade do Estado, enquanto o artigo 154 afirmava que "deve haver uma superintendência de ensino público encarregada de monitorar as escolas em nível nacional e sob a autoridade direta do governo".[5] Esse artigo justificava a proposta feita mais tarde de que a Universidade do Chile, seguindo o modelo francês, fosse a superintendência da educação nacional. Na época do artigo de Bello de 1836, os líderes chilenos estavam preocupados com a guerra contra a Confederação Peru-boliviana e ainda não estavam seguros sobre a situação da Universidade de San Felipe, uma relíquia moribunda do período colonial que ainda podia conferir graus universitários, especialmente de Direito.

Mariano Egaña retornou do Peru, onde servia como ministro Plenipotenciário responsável pelos rescaldos da guerra. Logo em seguida baixou um decreto (17 de abril de 1839) que abolia a Universidade de San Felipe e ordenou que novos estatutos universitários fossem preparados. Manuel Montt, sucessor de Egaña no Ministério da Instrução Pública, Justiça e Religião, nomeou Bello para a comissão encarregada de elaborar o projeto de lei da criação da universidade em 1841.[6] Outros membros da comissão eram os servidores públicos Miguel de la Barra e José Gabriel Palma, mas foi Bello quem redigiu o texto do projeto. Montt agradeceu-lhe pessoalmente; no dia 14 de setembro de 1841 endossou integralmente o projeto, que foi apresentado ao Congresso pelo presidente Bulnes no dia 4 de julho de 1842. Sua aprovação, com pequenas modificações, aconteceu na data em que é considerada a fundação da Universidade do Chile, 19 de novembro de 1842.[7] No ano seguinte, Montt conferiu a Bello três nomeações: membro da Faculdade de Filosofia e Humanidades; membro da Faculdade de Direito e Ciência Política; e reitor da universidade.[8] Fez isso após resistir à forte pressão para nomear o clérigo conservador Juan Francisco Meneses, antigo reitor da Universidade de San Felipe, que conhecemos no capítulo

---

5 L. Valencia Avaria, *Anales de la República*, I, p. 194.
6 A carta da nomeação está incluída em OC, XXI, p. 235.
7 Ibid., p. 236, 247
8 Ibid., p. 248-249.

anterior, para o novo cargo.⁹ Os clérigos eram geralmente considerados mais indicados que os leigos para ensinar e, além disso, a Igreja católica chilena não via com bons olhos um estabelecimento educacional secular. Montt, porém, jamais teve dúvidas sobre a nomeação de Bello para o cargo educacional mais importante do país.

A Universidade do Chile foi inaugurada formalmente no dia 17 de setembro de 1843. E o fez com extravagância. À cerimônia compareceram dignitários do governo, entre eles o presidente, além de religiosos, militares e representantes diplomáticos que seguiram em procissão pelo centro de Santiago. Os membros da faculdade compareceram às cerimônias usando adornos acadêmicos desenhados especialmente para a ocasião. Os eventos do dia incluíram um *Te Deum* na Catedral de Santiago, uma recepção no palácio do governo e a salva de 21 canhões do alto do morro de Santa Lucía.¹⁰ Foi nesse contexto propício que Andrés Bello se levantou para fazer o discurso inaugural que traçava as metas da universidade, o papel das várias faculdades e os serviços que a instituição prestaria ao governo e à nação. O discurso foi também uma importante declaração política, contendo os principais pontos para a compreensão da sua biografia pessoal bem como da sua filosofia política.¹¹

Como já havia sugerido em seu artigo de 1836, Bello explica que a educação, especialmente a educação primária, é "a base de todo progresso sólido, os alicerces indispensáveis para as instituições republicanas" (*OC*, XXI, p. 10; *SW*, p. 129). A função da universidade, declara, é espalhar amplamente o conhecimento, mas um corolário dessa disseminação é a concentração e o cultivo do conhecimento nas funções investigativas da instituição: "A difusão do conhecimento envolve uma ou mais chamas que emitem e espalham a luz; e a luz, que aos poucos vai penetrando nos espaços intervenientes, alcançará os níveis mais

---

9 D. Barros Arana, *Un decenio...*, I, p. 363.
10 Ibid., p. 362-366. José Miguel Infante descreveu os mesmos eventos, mas para ridicularizar e criticar o governo por nomear um estrangeiro (Bello) para o comando da instituição (*El Valdiviano Federal*, nº 200, 23 set 1843).
11 O discurso foi incluído no recém-criado *Anales de la Universidad de Chile, 1843-1844*, p. 140-152, sob o título "Discurso pronunciado por el sr. rector de la Universidad, d. Andrés Bello, en la instalación de este cuerpo el día 17 de septiembre de 1843". Foi reimpresso várias vezes. Para fins de citação, uso a transcrição de *OC*, XXI, p. 3-21, e a tradução de Frances M. López-Morillas para o inglês incluída em *SW*, p. 124-137.

distantes da sociedade" (*OC*, XXI, p. 11; *SW*, p. 130). A universidade é concebida, então, como instituição de pesquisa avançada, além de atender às necessidades nacionais na forma de cultura geral assim como de conhecimento específico nos vários campos. Daí a criação de cinco faculdades, todas cuidadosamente definidas: (1) Teologia, (2) Direito e Ciência Política, (3) Medicina, (4) Matemática e Ciências Físicas, (5) Filosofia e Humanidades. A inclusão de uma faculdade de Teologia sugere que Bello planejou fazer ajustes no modelo francês, que não a incluía. Sua familiaridade com o modelo de Victor Cousin, que Bello mantinha em sua biblioteca e consultava com frequência, sugere que ele leva em consideração o conhecido relato do filósofo francês sobre as universidades prussianas.

Após enfatizar a relação entre educação e cidadania em um governo republicano, e explicado o papel da universidade como agência de governo destinada a disseminar o conhecimento em todos os níveis, Bello faz algumas intervenções filosóficas e políticas complexas. Talvez a mais significativa, sugerida pela incorporação da faculdade de Teologia em uma instituição secular, tenha sido a compatibilidade essencial entre religião, ciência e letras: "A universidade não mereceria ocupar um lugar entre nossas instituições sociais se o cultivo das ciências e das letras fosse considerado perigoso do ponto de vista moral ou político. A moral (que considero inseparável de religião) é a própria vida da sociedade" (*OC*, XXI, p. 4; *SW*, p. 125). Certamente, Bello sabia que o Chile era uma nação constitucionalmente católica (artigo 5 da Constituição de 1833), e que toda a faculdade de Teologia, incluindo o ex-reitor, tinha sido transferida *en masse* da Universidade de San Felipe para a nova instituição. Mas o casamento entre religião e ciência era parte indissociável de suas convicções, expostas tanto quanto ele próprio ao Iluminismo escocês enquanto viveu em Londres. Tanto é que o filósofo escocês Thomas Brown é mencionado diretamente em seu discurso.[12]

---

12 Essa referência mostra a relevância que o Iluminismo escocês teve para Bello, embora em 1843 Thomas Brown já estivesse fora de moda na Grã-Bretanha. Bello possuía um conjunto de 1820 das *Lectures on the Philosophy of the Human Mind* de Brown. Eu me alongo na relação entre a concepção de universidade de Bello e o Iluminismo escocês no meu *Academic Rebels in Chile: The Role of Philosophy in Higher Education and Politics*. Ver também R.B. Sher, *Church and University in the Scottish Enlightenment*.

A religião, ademais, não ficaria confinada a uma única faculdade: "o estímulo à instrução religiosa e moral da nação é um dever assumido por cada membro da universidade pelo simples fato de a ela pertencer" (OC, XXI, p. 12, SW, 130).

Também foi muito importante o endosso de Bello à ideia de que a criação das instituições republicanas era incompatível com a preservação das tradições legais, especialmente a longa tradição do Direito Romano. Como que se dirigindo diretamente ao seu famoso crítico José Miguel Infante, ele declara: "a universidade, ouso dizer, não subscreve o preconceito que condena o estudo do Direito Romano como inútil e prejudicial; pelo contrário, acredito que dará um novo estímulo a esse estudo e o definirá em bases mais amplas" (OC, XXI, p. 13; SW, 131). Como discutiremos no Capítulo 6, Bello determina que o estudo do Direito Romano é indispensável para a reforma das leis espanholas existentes. Certamente a discussão não terminava aí, mas Bello assinala no discurso que a codificação das leis nacionais não implicaria o drástico abandono da legislação existente. A universidade garantiria que o conhecimento do Direito Romano seria disponibilizado para a tarefa. Assim como no caso da religião, Bello determina que a educação na república estimularia a mudança, mas sobre as bases das antigas tradições. A principal inovação republicana era expandir a educação para toda a sociedade.

O discurso inaugural também contém alguma informação biográfica. Em um inesperado abandono da sua reserva usual, Bello faz em público o que raramente fazia até privadamente: abrir uma janela para a sua vida pessoal. Faz isso quando se refere ao bem que a literatura (e a ciência) fez à humanidade ao longo da história. Tendo descrito o exílio de Dante e o comportamento de Sócrates, de Antoine Laurent Lavoisier e de André Chénier enquanto aguardavam para serem executados (este último, durante o Período do Terror em 1794), Bello afirmou:

> São tantas as compensações das letras; são tantos os seus consolos. Eu mesmo, embora acompanhe seus mais dotados adoradores desde há muito tempo, não consigo compartilhar seus benefícios nem provar de seu júbilo. As letras adornaram as manhãs da minha vida com explosões de luz que ainda cintilam

em minha alma, como uma flor que empresta beleza às ruínas. As letras têm feito por mim ainda mais: acompanham-me na minha longa peregrinação e guiam meus passos neste solo de liberdade e paz, neste país adotivo que tem me oferecido tão benevolente hospitalidade (OC, XXI, p. 9; SW, p. 128).

Este depoimento pessoal parece ser uma referência direta ao período londrino, quando Bello encontrou, na escrita e no estudo da poesia, alívio para a incerteza, o exílio e a tragédia familiar. Ao mesmo tempo, a passagem demonstra uma fé inabalável no poder da literatura como tábua de salvação em situações adversas.

Naquela ocasião solene e tão formal, Bello quis enfatizar a importância da erudição e a dedicação ao cultivo das letras. Aos jovens na plateia, entre eles muitos já ativos em práticas literárias e polêmicas através da imprensa, ele chama a atenção para a exibição exagerada de textos apaixonados, porém indisciplinados:

> Acredito que exista uma arte que seja um guia para a imaginação, mesmo em seu mais impetuoso transporte. Sem essa arte acredito que a imaginação, em vez de incluir em seus trabalhos o tipo de beleza ideal, produza esfinges abortadas, criações enigmáticas e monstruosas. Essa é a minha profissão de fé literária. Liberdade sempre. Mas nas orgias da imaginação não vejo liberdade; vejo, sim, uma intoxicação licenciosa (OC, XXI, p. 21; SW, p. 137).

Os leitores de Andrews Norton e Charles Eliot Norton nos Estados Unidos talvez encontrem ecos de suas ideias nos depoimentos de Bello.[13] A sua preocupação com a liberdade entendida – melhor dizendo, confundida – como a habilidade de fazer o que se queira no que diz respeito à escrita, como usar neologismos ou simplesmente fugir às regras, é que isso levaria a uma licença ainda mais perigosa ("intoxicação licenciosa") em questões políticas. No contexto da liberalização do Estado portaliano, quando saía da difícil fase de abertura, o discurso de Bello era o reflexo cultural da filosofia política da administração Bulnes. O país precisava se liberalizar, mas gradualmente. A liberdade de

---

13 Ver James Turner, *The Liberal Education of Charles Eliot Norton*, Baltimore, The Johns Hopkins University Press, 1999.

imprensa e de reuniões devia ser respeitada, mas dentro dos limites. As instituições educacionais existiam para promover os mais caros ideais da república, mas respeitando a ordem e o governo. Bello expressou essa filosofia política no discurso inaugural, que concluiu com uma definição de liberdade que resumia seu próprio credo político. A liberdade, afirma, é um contrapeso, "de um lado, para a docilidade servil que recebe tudo sem sequer olhar e, de outro, do direito irrestrito que se rebela contra a autoridade da razão e contra os instintos mais nobres e mais puros do coração humano" (*OC*, XXI, p. 21; *SW*, p. 137). Restava saber, entretanto, se as novas gerações abraçariam essa filosofia.

O novo reitor tinha 62 anos quando fez esse famoso discurso. Embora às vezes usasse palavras rudes e a mensagem fosse de ordem e disciplina, a aparência de Bello sugeria um temperamento tímido. Ele foi magistralmente retratado pelo pintor francês Raymond Monvoisin logo após o discurso, primeiro em um desenho, depois finalizado em óleo em 1844. A pintura mostra um Bello fragilizado, com os ombros caídos. A expressão é de uma tristeza profunda, porém serena. Seus traços são delicados, nariz e lábios finos curvados para baixo como que num sorriso melancólico. Os cabelos grisalhos e já rareando ampliam a fronte larga que sugere inteligência e uma vida de meditação. No centro da tela, um olhar suave, mas penetrante. Os olhos são calmos, lacrimosos. A pintura sugere um homem sensível conhecedor das suas próprias verdades fundamentais, da própria vida. Um detalhe desconcertante no retrato é o brinco na orelha direita, sem que houvesse nenhum indício de que ele usasse brincos ou que fosse um hábito comum entre os chilenos e os hispano-americanos da época.[14]

Na solenidade de inauguração da universidade, dois jovens alunos da faculdade de Filosofia e Humanidades se destacaram na plateia: eram José Victorino Lastarria e o exilado argentino Domingo Faustino Sarmiento. Ambos colaboraram com Bello, mas também se opuseram a ele de várias maneiras nos anos 1840. Algumas dessas diferenças eram ex-

---

[14] A tela, que foi doada pela família de Bello à Universidade do Chile, está atualmente no escritório da Reitoria no centro de Santiago. Agradeço a Darío Oses, diretor da Biblioteca Central de la Universidad de Chile, por facilitar a minha visita ao quadro em julho de 1999. Uma reprodução e uma descrição do retrato estão em Pedro Grases, *Los retratos de Bello*, 2ª ed., Caracas: Publicaciones del Banco Central de Venezuela, 1980, p. 13-16.

postas publicamente pela imprensa, e até certo ponto alimentadas por Bello para chamar a atenção do público para a importância das questões intelectuais. Lastarria e Sarmiento tinham interesse em demonstrar autoridade e firmar suas reputações, mas levaram essas diferenças muito além dos limites inicialmente imaginados por Bello. Examinaremos agora o relacionamento do novo reitor com esses membros da nova geração, bem como a ligação entre os debates intelectuais dos anos 1840 e a agenda política e intelectual mais ampla de Bello.

Bello e José Victorino Lastarria

Como já vimos, Lastarria foi aluno de José Joaquín Mora e continuou a sua formação sob a orientação de Bello. Nos anos 1840, foi um crítico contundente da administração Bulnes e identificava Bello, talvez com razão, como um dos pilares do regime. Com o passar dos anos, o relacionamento de Lastarria com seu mentor transformou-se em forte rejeição ao dito legado reacionário de Bello. Seu *Recuerdos literarios*, publicado pela primeira vez em 1878, foi escrito com a intenção de provar a sua participação de ponta na emancipação intelectual do país.[15] Nos *Recuerdos*, Lastarria representa Bello como conservador, pessoal e politicamente. Também o descreve como um remanescente do regime colonial cujo intuito era deter o desenvolvimento intelectual dos jovens que buscavam novos caminhos na literatura e na política. Lastarria, por sua vez, vê a si próprio como o libertador dessa nova geração de chilenos que tinha como destino concluir a verdadeira emancipação do país, ou seja, a emancipação intelectual, após as guerras da independência.[16] Segundo Lastarria, o primeiro ato público dessa geração foi a fundação da Sociedad Literaria, criada em 5 de março de 1842, que o escolhera

---

15 J.V. Lastarria, *Recuerdos literarios*. A biografia clássica de Lastarria é a de Alejandro Fuenzalida Grandón, *Lastarria i su tiempo*, Santiago, Imprenta Cervantes, 1893. Tratamentos mais recentes incluem A. de Avila Martel et al., *Estudios sobre José Victorino Lastarria* e B. Subercaseaux, *Cultura y sociedad liberal en el siglo XIX (Lastarria, ideología y literatura)*.

16 Dois relatos sérios sobre o relacionamento entre Lastarria e Bello são os de E. Rodríguez Monegal, *El outro Andrés Bello* e de N.P. Sacks, "Andrés Bello y José Victorino Lastarria: Conflicto de generacioines y tensiones intelectuales", *Cuadernos Americanos: Nueva Epoca*, vol. 2, nº 62, mar-abr 1997, p. 183-213. Os dois autores consideram o relacionamento de Lastarria e Bello ambivalente e combativo. Em seus relatos, Lastarria deve grande parte de sua formação a Bello, mas ao mesmo tempo busca uma identidade própria, encontrada na oposição ao seu mentor.

acertadamente como seu primeiro diretor. Foi um evento de fato importante, por expressar tanto o interesse de um grupo de jovens intelectuais por assuntos literários quanto a atmosfera política libertária da primeira administração Bulnes. Mas, em retrospecto, Lastarria transformaria a criação dessa sociedade, que foi dissolvida em apenas oito meses (em razão do esvaziamento das reuniões), no evento responsável pela independência intelectual chilena e, por extensão, por sua própria posição de liderança na história política do país.[17] O discurso que ele faz quando o elegem diretor da sociedade, em 3 de maio de 1842, também é descrito, embora posterior ao fato, como um contraponto intelectual ao discurso inaugural de Bello na Universidade do Chile. Lastarria, então com 26 anos e um dos alunos mais jovens da faculdade, decepcionou-se com o discurso de Bello. No discurso que fez na criação da Sociedad Literaria, diz que o novo reitor não ouviu seu grito pela emancipação literária e política. Mas que em vez disso, Bello "abriu os braços para todos", inclusive a seus inimigos intelectuais. Consequentemente,

> [...] o discurso inaugural surpreendeu a todos que defendem o novo enfoque, por mais que [Bello] pareça aprovar a nossa luta e até aderir ao nosso movimento pela emancipação intelectual. O distinto Reitor abraçou, em nome da universidade, as doutrinas que se opõem vigorosamente à evolução natural da nossa causa, que é emancipar a nossa sociedade das questões dominantes da antiga civilização colonial. Então, o homem que entre nós representa o mais alto saber impõe velhas leis às nossas mais novas esperanças. Seu posicionamento torna-se uma força protetora das tradições ultrapassadas que acorrentam o espírito humano, e das quais queremos nos livrar.[18]

---

17 Lastarria dá a sua interpretação em resposta aos historiadores Benjamín Vicuña Mackenna e Miguel Luis Amunátegui, que escreveram sobre os acontecimentos da década de 1840 sem dar o devido destaque à importância de suas contribuições. Ele responde apontando como elas foram centrais em suas várias publicações e principalmente em *Recuerdos*. Estudiosos contemporâneos acompanharam os relatos de Lastarria e consagraram a sua opinião sobre a importância da "Geração de 1842". Ver, por exemplo, J. Huneeus Gana, *Cuadro histórico de la producción intelectual de Chile*; Fernando Alegría, *La poesía chilena. Orígenes y desarrollo del siglo XVI al XIX*, México: Fondo de Cultura Económica, 1954; e N. Pinilla, *La generación chilena de 1842*. Amunátegui diz o que pensa sobre o assunto em *Ensayos biográficos*, II, p. 45-49.

18 J.V. Lastarria, *Recuerdos literários*, p. 234.

Lastarria ficou tão indignado que chamou seu mentor de "o maestro do coro da contrarrevolução intelectual" ao dar as costas para os interesses políticos e literários da nova geração.¹⁹ Sua opinião é reforçada com o argumento de que Bello é "o criado, o filósofo, o porta-voz" do ditador Portales.²⁰ E, além disso, que a sua influência, que para Lastarria era "quase uma dominação", tinha um efeito nocivo sobre os jovens intelectuais, cujo "foco é demasiado estreito sobre as questões legais e são puristas e teóricos em questões literárias".²¹ Que o discurso inaugural de Bello na Universidade do Chile fortalecia a "contrarrevolução", que consistia em uma "educação confessional estendida à ciência, à literatura e à moralidade".²² E que o alegado conservadorismo e a influência de Bello eram produtos de uma atitude antiquada e até autoritária para com as gerações mais novas.

Mas Lastarria reconhece que se encontrava com frequência com Bello em busca de orientação para inúmeras questões literárias. Ele próprio admite que recebia seus incentivos e suas contribuições literárias para os três jornais que publicava nos anos 1840: *Semanario de Santiago* (1842), *El Crepúsculo* (1843) e a *Revista de Santiago* (1848). É claro que Lastarria construiu essa imagem de Bello bem mais tarde, de modo a garantir um lugar na história política e intelectual do Chile. Há provas de que Bello promoveu seu ex-aluno e colega em várias ocasiões, uma delas quando apresentou a sua primeira palestra sobre um tema histórico para uma plateia repleta na universidade.

A POLÊMICA DA HISTORIOGRAFIA

A apresentação anual sobre um tema histórico estava prevista nos estatutos (artigo 28) da Universidade do Chile. Tinha que ser "um ensaio sobre um tema importante da história do Chile que deve se basear em documentos autênticos e descrever a natureza e as consequências dos fatos históricos com imparcialidade e verdade".²³ O plano de Bello

---

19 Ibid., p. 16.
20 Ibid., p. 125.
21 Ibid., p. 70.
22 Ibid., p. 426.
23 *Anales de la Universidad de Chile*, 1843-1844, p. 9. A palestra foi impressa em 1846.

era iniciar, com isso, uma tradição de textos históricos sobre o Chile. Ele escolheu Lastarria, um dos dezenove primeiros alunos da faculdade de Filosofia e Humanidades, para fazer a primeira apresentação, em 1844. Lastarria entendeu o convite de outra maneira, e para sustentar a imagem de Bello como uma figura autoritária, disse que o reitor "ordenou que eu escreva o primeiro ensaio histórico a ser apresentado à Universidade".[24] Ele aceitou, e apresentou uma bomba intitulada "Investigaciones sobre la influencia social de la conquista y del sistema colonial de los españoles en Chile", diante de uma plateia repleta, em 22 de setembro de 1844.[25]

O "Investigaciones" tinha duplo objetivo: de um lado, demonstrar que, embora o Chile tivesse conquistado a independência política da Espanha em 1842, o país ainda era dominado por uma mentalidade colonial espanhola, incorporada tanto nas instituições culturais quanto políticas, que inibia o desenvolvimento democrático. De outro lado, o discurso pretendia promover uma metodologia da história que extraísse lições do passado para informar os chilenos e modificar o presente e o futuro.

Alguns elementos da rejeição de Lastarria ao passado colonial não eram novos. Já estavam presentes no seu discurso na Sociedad Literaria em 1842, mas em "Investigaciones" o ataque é mais eloquente e politicamente carregado contra a persistência das práticas coloniais espanholas. Com uma velocidade estonteante, ele revê três séculos de domínio colonial e conclui que o equilíbrio resultante de todo aquele período não passa de um incontestável desastre. Mas o principal problema que quis mostrar para a audiência era o progresso desprezível do país desde a independência em 1810. Não se pode esperar muito coisa, disse ele, porque

[...] sob a influência do sistema administrativo colonial, o povo chileno sente-se profundamente rebaixado, reduzido a um estado de total entorpe-

---

24 J.V. Lastarria, *Recuerdos literarios*, p. 238.
25 Este ensaio foi publicado originalmente pela Imprenta del Siglo no final de 1844, e depois apareceu nos *Anales de la Universidad de Chile, 1843-1844*, p. 199-271. Está incluído em J.V. Lastarria, *Miscelánea Histórica i Literaria*, I, p. 3-136. As minhas citações são dessa edição. O ensaio apareceu também no vol. 7 das *Obras completas* de Lastarria (J.V. Lastaria, *Obras completas*, Santiago: Imprenta, Litografia i Encuadernación Barcelona, 1906-1914, 13 vols.).

cimento e sem a mínima virtude social, pelo menos ostensivamente, porque suas instituições políticas se destinam a escravizá-lo.²⁶

A tarefa que lhe cabe, portanto, é conduzir a independência a uma conclusão natural, ou seja, erradicar o passado incorporado nas leis coloniais e nas práticas sociais. Ele afirma:

> Os heróis da nossa independência concluíram a árdua tarefa de destruir o poder que nos escravizava. Iniciaram uma reação social que hoje nos permite confrontar o passado. A nova geração e, especialmente, os servidores públicos encarregados do Estado devem aproveitar essa força e conduzi-la até que o antigo sistema espanhol ainda presente em nossa sociedade seja completamente erradicado.²⁷

A intenção do discurso era chocar, e a plateia ficou simplesmente atordoada. Segundo descrição do próprio Lastarria, os alunos da faculdade receberam o discurso com "gélida indiferença" e "não disseram nada", nem mesmo obrigado.²⁸ O que o desapontou particularmente foi que o segundo elemento importante da sua apresentação, ou seja, a metodologia, tenha sido totalmente ignorada. Lastarria disse no discurso que seria fácil limitar-se à narrativa dos fatos históricos, mas pergunta que utilidade social isso teria e se o tema da palestra poderia ser abordado com objetividade, especialmente em se tratando de fatos mais contemporâneos. E explica: "Portanto, não lhes apresento a narrativa dos fatos, mas a minha apropriação desses fatos para ilustrar a história da influência deles na sociedade, garantindo que o faço com exatidão e imparcialidade."²⁹

Muita coisa no discurso de Lastarria provocou uma reação em Bello, que respondeu nas páginas do *El Araucano* em dois artigos datados de 8 e 15 de novembro de 1844. Bello discorda que um historiador tenha dificuldade de abordar qualquer assunto com imparcialidade, especialmente se for guiado por registros históricos e não por um programa político.

---

26 J.V. Lastarria, "Investigaciones...", p. 67.
27 Ibid., p. 133-134.
28 J.V. Lastarria, "Prólogo", in *Miscelánea...*, I, p. x.
29 J.V. Lastarria, "Investigaciones...", p. 18.

Discorda também que os detalhes da história sejam menos importantes que as amplas generalizações características da apresentação de Lastarria. E afirma que "a história não é útil somente nas grandes e abrangentes lições de seus resultados combinados. Particularidades, períodos, locais, indivíduos, tudo tem suas atrações peculiares e guarda lições valiosas" (OC, XXIII, p. 159, SW, p. 157). Mais importante, porém, é a sua preocupação de que, na pressa de denunciar o regime colonial espanhol, Lastarria distorcesse a verdade para fins políticos. Quanto aos abusos da conquista e do regime colonial, Bello afirma que a Espanha não é diferente dos outros Estados poderosos "em suas relações com os mais fracos, e dos quais temos visto tantos exemplos mesmo nestes dias de moralidade e civilização" (OC, XXIII, p. 162; SW, p. 160). E mais ainda,

> [...] sejamos justos; [o governo colonial espanhol] não foi uma tirania *feroz*. Manteve as artes acorrentadas, cortou as asas do pensamento, até arrancou os brotos da fertilidade agrícola, mas sua política foi de restrições e privações, e não de tortura e sangue. As leis penais foram aplicadas frouxamente. Ao punir atos conspiratórios, não foi extraordinariamente severo; foi como o despotismo sempre é e mais nada, ao menos desde as conquistas espanholas até o período de insurreição geral que culminou na emancipação dos domínios americanos. O despotismo dos imperadores romanos serviu de modelo para o governo espanhol na América. [Teve] a mesma ineficiência amável da autoridade suprema, a mesma arbitrariedade pretoriana, a mesma tendência a levar em conta os direitos divinos do trono, a mesma indiferença perante a indústria, a mesma ignorância quanto aos grandes princípios que vivificam e nutrem as associações humana, a mesma organização judiciária, os mesmos privilégios fiscais; mas além dessas semelhanças odiosas há outras de várias espécies [mais positivas]... (OC, XXIII, p. 165; SW, p. 162).

Bello não quer justificar o passado colonial pelo legado que deixou, mas incomoda-se com o tom de denúncia contido na apresentação de Lastarria. Em particular, discorda da ideia de que em consequência do regime colonial os chilenos foram irremediavelmente corrompidos:

> Nunca houve um país que tenha sido tão profundamente rebaixado, aniquilado, esvaziado dos sentimentos mais virtuosos, capaz de realizar os grandes

feitos que inspiraram campanhas em nossos patriotas, atos heroicos de abnegação, sacrifícios de todo tipo, com os quais o Chile e outros países americanos conquistaram sua emancipação política (OC, XXIII, p. 169; SW, p. 165).

Ao abordar o passado hispânico e seu legado comparativamente, Bello se recusa a reconhecer o grito de guerra de Lastarria contra os vícios deixados pelo colonialismo.[30] O que ele pretende com sua crítica é voltar a atenção para os fatos históricos da maneira como eles aconteceram, porque de falsas premissas só podem derivar falsas conclusões. O fato, porém, de perder seu tempo com o que era, afinal, um ensaio incompleto escrito por um historiador inexperiente indica que estavam em jogo questões de grande magnitude. A questão de como o Chile deveria enxergar o seu passado colonial era bastante séria, como Bello entendeu por experiência própria através de seus debates com José Miguel Infante na década de 1830.

Não muito antes do discurso de Lastarria, Santiago foi abalada (junho de 1844) pelo julgamento do jovem Francisco Bilbao (1823-1865), que publicara um ensaio incendiário intitulado "Sociabilidad Chilena" no periódico *El Crepúsculo,* atacando a influência da Igreja católica sobre a sociedade chilena. Muitas acusações contra Bilbao são encontradas na historiografia chilena, mas consistem basicamente de violações específicas à Lei de Imprensa de 1828, que contemplava penalidades para "blasfêmia,", "moralidade", "calúnia" e "conspiração". A Corte considerou-o culpado pelas duas primeiras, mas inocentou-o pelas últimas, e multou-o em seiscentos pesos (arrecadados no ato entre a audiência simpática). A resultante comemoração e o pandemônio públicos irritaram o governo, que reagiu com o confisco e destruição do *El Crepúsculo* e, mais à frente, em 1846, com uma Lei de Imprensa ainda mais rigorosa. A combinação de um julgamento da página impressa e da imprensa foi explosiva, demonstrando que casos como o de Bilbao sempre resultariam em protestos de rua.[31]

---

30 Uma discussão importante sobre as interpretações antagônicas do passado hispânico entre Francisco Bilbao e Domingo Faustino Sarmiento, além da entre Bello e Lastarria, é a de T. Halperín-Donghi, "España e hispanoamérica: Miradas a través del Atlántico", in *El espejo de la Historia: Problemas argentinos y perspectivas latinoamericanas,* p. 67-74.

31 Para uma descrição desses fatos, ver D. Barros Arana, *Un decenio...,* I, p. 492-506. Ver também A.J. Varona, *Francisco Bilbao: Revolucionario de América,* p. 75-91 e S. Lipp, *Three Chilean Thinkers,* p. 12-52.

A crítica ao passado colonial feita por Lastarria era bem mais cuidadosa que a de Bilbao, mas seguia a mesma lógica: os legados do passado deviam ser destruídos em nome da liberdade. Interpretar o passado dessa maneira era um incentivo ao rompimento com as tradições espanholas de legislação, língua e costumes. Politicamente, porém, defender um conflito com os que se diziam apoiadores das tradições espanholas ia de encontro aos interesses de Bello e da administração Bulnes por uma mudança ordeira e gradual. Fomentar as paixões do período da independência afastava o desejo da administração de mudar o foco de uma ideologia anticolonial para a construção de uma nação pragmática. Havia, além disso, a questão de se a Universidade do Chile poderia ser um partido para reivindicar mudanças políticas, e não um centro de saber e de busca de conhecimentos úteis. No discurso inaugural, e para despolitizar o campo específico da história, Bello faz uma referência a Johann Gottfried von Herder, que não tinha escapado à atenção de Lastarria quando invocou a autoridade de Herder em "Investigaciones" para justificar sua própria noção de método histórico. Em seu discurso, Bello afirma que:

> [...] seria impróprio aceitar as conclusões morais e políticas de Herder, por exemplo, sem estudar a história antiga e moderna, bem como seria adotar os teoremas de Euclides sem o prévio trabalho intelectual de demonstrá-los [...]. Herder é um dos autores que serviram da maneira mais útil à humanidade: ele confere toda a dignidade à história ao demonstrar dentro dela os desígnios da Providência e os destinos para os quais a raça humana é conduzida neste planeta. O próprio Herder não ousa suplantar o conhecimento dos fatos, mas ilustrá-los, explicá-los; nem sua doutrina pode ser apreciada senão por estudos históricos anteriores (*OC*, XXI, p. 18; *SW*, p. 135).

A preferência por Herder merece ser explorada, embora brevemente. O autor alemão de *Ideen zur Philosophie der Geschichte der Meschheit* (1784-1791) [Ideias para uma filosofia da história da humanidade] era conhecido no Chile na tradução francesa de Edgar Quinet, *Idées sur la Philosophie de l'histoire de l'humanité,* publicada in 1827. O texto foi discutido na sessão de 4 de abril de 1842 da Sociedade Literária, e o próprio Bello possuía em sua estante uma edição francesa de 1834.³² A leitura que ele faz deste trabalho destaca a providencial compreensão que Herder tem da história, que Lastarria preferiu ignorar em favor de outra leitura igualmente consistente com as visões de Herder: a humanidade goza de grande liberdade, e é de fato livre por intervenção divina para atingir graus mais altos de perfeição e liberdade. Nesta última leitura, a mera verificação dos fatos impediu o julgamento criativo de fatos históricos que ajudariam o avanço da liberdade. Bello, por sua vez, insistia que o próprio Herder não admitiria uma história sem pesquisa.

Como o debate era sobre métodos históricos, nem Bello nem Lastarria mencionaram um ponto central nas ideias de Herder que talvez ajudasse a iluminar a significado político da discussão. Como defensor apaixonado de um conceito de nacionalismo emergente em comunidades organicamente integradas, construídas sobre particularidades de língua e da cultura, Herder rejeitava a autoridade do Estado centralizado como a força condutora da organização e do desenvolvimento das nações. No *Ideen*, ele afirma que "nada é mais manifestamente contrário ao propósito de um governo político que o alargamento não natural dos Estados", e acrescenta que essas "máquinas estaduais" eram "monstruosidades inanimadas".³³ Não passou despercebido de Bello que essa postura, apesar de distorcida e politizada, poderia minar a consolidação do jovem Estado chileno em um momento em que o governo era a única instituição, se não com a habilidade, pelo menos com potencial para transcender interesses particulares. Lastarria também não errou em reconhecer a utilidade da visão de Herder para atacar o legado político portaliano e os esforços de centralização da administração Bulnes.

As frentes de batalha foram definidas, e Lastarria insistiu em que os fatos eram historicamente significativos só até onde se referiam ao aperfeiçoamento humano e social. Mas voltou com uma versão diferente des-

---

32 Ver B.L. Velleman, *Andrés Bello y sus libros*, p. 189. Ver também a análise de Allan Woll sobre a presença de Herder nas discussões historiográficas chilenas em seu *A Functional Past: The Uses of History in Nineteenth-Century Chile*, p. 41-43.

33 J.G. Herder, *J. G. Herder on Social and Political Culture*, tradução para o inglês e edição de Frederic M. Barnard, Cambridge, Cambridge University Press, 1969, p. 324. Ver também o estudo de Barnard *Herder's Social and Political Thought: From Enlightment to Natrionalism*, Oxford: Clarendon Press, 1965, p. 68, 71.

sa mesma abordagem em seu "Bosquejo histórico de la constitución del gobierno de Chile", em 1847. Nesse trabalho, Lastarria discute as políticas da *Patria Vieja* (1810-1814) para concluir, como já fizera em "Investigaciones", que os distúrbios que culminaram na *Reconquista* espanhola eram consequência direta do legado colonial. Segundo ele, não se podia esperar muita coisa dos patriotas bem-intencionados, porém ineficientes, porque vinham de séculos de servidão e não estavam preparados para tomar as rédeas do próprio destino. Finalmente, os que lutaram pela independência legaram uma nação livre do domínio estrangeiro, mas ainda sujeita a "defeitos e aberrações sociais" do passado colonial.[34]

Lastarria submeteu o "Bosquejo" à avaliação da Universidade do Chile para um prêmio, em 1847. O ensaio foi examinado por uma comissão da universidade composta por Antonio Varas e Antonio García Reyes, ambos membros proeminentes da mesma geração de Lastarria. Eles premiaram Lastarria, mas expressaram algumas reservas no relatório correspondente. Assim como Bello apontara no "Investigaciones" de Lastarria, a comissão concluiu que o novo ensaio era repleto de conclusões, mas faltavam evidências documentais em alguns relatos mais específicos: "Trabalhos como ['Bosquejo']", afirma o relatório,

> [...] têm a desvantagem de registrar as conclusões do autor sem fornecer os antecedentes que formaram seu julgamento. A Comissão tende a recomendar que os trabalhos históricos determinem, primeiro e principalmente, que fatos foram esses. A teoria resultante dos fatos vem depois, uma vez que o caminho que leva a partir deles seja bem conhecido.[35]

Lastarria não respondeu diretamente, mas publicou o ensaio com prólogo de Jacinto Chacón, professor de História do Instituto Nacional. Chacón usou o "Bosquejo" como exemplo das desvantagens de se estudar história "filosoficamente", e não como uma coleção de fatos, como a comissão examinadora supostamente tinha exigido.

---

34 O "Bosquejo..." está incluído em *Miscelánea* de Lastarria (I, p. 137-266). A citação está na página 215.

35 O "Informe" de Varas e García Reyes está incluído em *Miscelánea* de Lastarria (I, p. 155-160). A citação está na página 160.

Agradeçamos, então, ao senhor Lastarria por ter se afastado de seus predecessores na tarefa de determinar os fatos, como queria a comissão, e em vez disso nos entregar um trabalho muito mais importante. O senhor Lastarria examina os fatos até onde eles explicam, e nos dá as pistas que facilitam a nossa compreensão da história política dos princípios do período revolucionário.[36]

Como era hábito de Bello quando suas próprias ideias estavam envolvidas e, neste caso, porque a natureza de uma emergente historiografia chilena estava ameaçada, ele respondeu publicamente ao "Bosquejo". Desde que Bello já respondera às ideias centrais de Lastarria nas "Investigaciones", e desde que essas ideias se repetiam em "Bosquejo", ele preferiu concentrar-se no prólogo de Chacón, que continha afirmações importantes sobre metodologia histórica. Bello endossou o relatório da Comissão, mas acrescentou que a distinção entre história "filosófica" e "narrativa" era artificial:

> Escrever história significa ir diretamente aos fatos, e a história não merece esse nome se não for escrita à luz da filosofia; isto é, com o conhecimento adequado dos homens e dos povos. Esta filosofia já existia muito antes do século XIX. É impossível ir diretamente aos fatos, como fizeram Tucídides e Tácito, sem conhecer profundamente a alma humana. E nos permita dizer (embora ao custo de parecer antiquado e desatualizado) que aprendemos a conhecer os homens e a evolução social mais completamente com os bons historiadores da política da Antiguidade e dos tempos modernos do que com as teorias gerais e abstratas que são chamadas de "filosofias da história". Essas teorias não são realmente instrutivas e úteis exceto para aqueles que contemplam o drama social que pulsa nos detalhes históricos (OC, XXIII, p. 223; SW, p. 171).

Bello mencionou inúmeras fontes, principalmente da escola romântica francesa, como exemplos da melhor erudição histórica. Mais tarde, aprofundou-se em várias dessas fontes, mas aqui destacou o *Histoire générale de la civilisation en Europe* (1828), de François Guizot. Ele também tinha em mente os trabalhos de Augustin Thierry, Simonde de Sismondi

---

36 Jacinto Chacón, "Prólogo de 'Bosquejo...'", in J.V. Lastarria, *Miscelánea...*, I, p. 146-147. Este ensaio foi publicado originalmente pela Imprenta Chilena em 1847.

e Amable Guillaume Prosper de Barante, todos eles autores europeus que combinaram prova documental com considerações sobre política e cultura.[37] Mesmo assim, ele adverte a não adotar o modelo deles, ou qualquer outro modelo europeu, sem uma visão crítica. Chacón não se sente desencorajado e insiste nas vantagens da "filosofia da história", que ele continua separando da mera narração dos fatos. Por que os chilenos teriam que reinventar a roda para aproveitar as vantagens da ferrovia? Por que não usar a melhor escrita histórica, ou seja, a história filosófica, em vez de retroceder às formas primitivas de contar história que antecederam as mais contemporâneas de erudição histórica?

> Espera-se que retrocedamos? Espera-se que fechemos nossos olhos para a luz que chega a nós da Europa, que não utilizemos o progresso da civilização europeia na ciência histórica, assim como fazemos com as demais artes e ciências que chegam até nós? Ou teremos que traçar o mesmo caminho, da crônica à história da filosofia?[38]

Enquanto debatia com Bello, Chacón cometeu inúmeros e embaraçosos erros históricos e bibliográficos, como situar figuras e fontes históricas em séculos errados. Bello apontou os erros em suas refutações e aproveitou a oportunidade para resumir seu pensamento sobre quais deveriam ser os temas da história, e como deveriam ser escritos no contexto das necessidades nacionais:

> Vamos ler, vamos estudar as histórias europeias; vamos observar muito de perto o cenário particular que cada uma delas desenvolve e sumariza; vamos aceitar os exemplos e as lições nelas contidos; talvez seja esse o aspecto delas que menos consideramos. Vamos usá-las como modelos e guia para os nossos labores históricos. Podemos encontrar o Chile, com todos os seus acidentes, seus elementos característicos, nesses livros? Esses acidentes e elementos são exatamente o que o historiador do Chile deve descrever, qualquer um dos

---

37 A influência da escola romântica francesa sobre Bello é examinada por Cristián Gazmuri. Ver seu "Algunas influencias europeas en el método historiográfico de Bello", in *Bello y Chile*, II, p. 325-338. Ver também G. Colmenares, *Las convenciones contra la cultura: Ensayos sobre la historiografía hispanoamericana del siglo XIX*.

38 Esse texto foi publicado no *El Progreso* de 28 de janeiro de 1848. Ver a discussão de A. Woll, *A Functional Past*, p. 37 e Mariano Picón Salas, "Bello y la Historia", in OC, XXIII, p. liii-lxii.

dois métodos [filosófico ou narrativa] que ele adote. Abra os melhores trabalhos escritos pelo método da filosofia da história. Eles nos dão a filosofia da história da humanidade? A nação chilena não é a humanidade em abstrato – é a humanidade sob certas formas especiais, tão especiais quanto as montanhas, os vales e os rios do Chile, suas plantas e animais, as raças às quais pertencem seus habitantes, as circunstâncias morais e políticas em que nossa sociedade nasceu e agora se desenvolve (*OC*, XXIII, p. 249; *SW*, p. 182).

O debate entre Bello e Chacón terminou após essa troca, mas a polêmica sobre a natureza da escrita histórica continuou por muitos anos. Parece que Lastarria e Chacón seguiram uma tradição de escrita histórica cujas raízes se encontram nos trabalhos do século XVIII de Voltaire, Mably e Raynal, que transmitiram o objetivo do Iluminismo de destruir a ignorância e promover a razão. A história tinha uma função, e no contexto chileno esse objetivo consistia em eliminar o legado colonial. Bello, de sua parte, conhecia bem essa tradição, mas também conhecia a emergente escola do Romantismo desde que vivera na Inglaterra. Enquanto essa tradição também tinha um propósito, e um conjunto próprio de pressupostos filosóficos, ele buscou no passado os indícios da criação das tradições nacionais e, por isso, muito mais interessado na instauração da evidência histórica.[39]

Historiadores chilenos subsequentes demonstraram que a área poderia receber forte influência das agendas filosóficas e políticas, mas cada vez mais passaram a enfatizar a importância da prova documental. Quanto a isso, Bello conseguiu colocar o fato no centro do campo emergente da história. Dois de seus discípulos, Miguel Luis Amunátegui e Diego Barros Arana, levaram esse legado até o fim do século XIX e além, como também o fizeram os historiadores Crescente Errázuriz e José Toribio Medina.[40] Bello também conseguiu fazer da Universidade

---

39 Ver Cristián Guzmán e Rafael Segredo, *Historia de la historiografia chilena*, a ser lançado. Agradeço aos autores por me permitir usar suas conclusões. Ver também M.P. Salas, "Bello y los estudios históricos en la Universidad de Chile", in P. Grases (ed.), *Andrés Bello y la Universidad de Chile*, p. 55-71.

40 O trabalho sistemático desses historiadores ainda não foi feito. As exceções incluem R. Donoso, *Diego Barros Arana*; G.M. Yeager, *Barros Arana's Historia Jeneral de Chile: Politics, History and National Identity*; Maury A. Bromsen (ed.), *José Toribio Medina: Humanitas de América*, Santiago: Editorial Andrés Bello, 1969; R.S. Castro, "Don Crescente Errázuriz y don Diego Barros Arana, historiadores de Chile", *Revista Chilena de Historia y Geografia*, vol. 109, jan-

do Chile o *locus* da preparação e do lançamento de trabalhos históricos. A Universidade supervisionava todas as áreas da educação, treinava profissionais em vários campos e promovia a identidade nacional através do cultivo da pesquisa histórica imparcial. Bello estava convencido de que a instituição patrocinada pelo Estado transcenderia os interesses político-partidários.

Quando isso ficou claro em seus debates com Jacinto Chacón e José Victorino Lastarria, Bello defendeu uma abordagem politicamente neutra e orientada para a pesquisa no estudo da história. Reagiu contra a ideia de que a história deveria servir a fins políticos, por mais bem-intencionados e mais iluminados que fossem. E reagiu especialmente contra a noção de que a disciplina serviria para justificar o rompimento com o passado espanhol. Esse passado tinha que ser analisado, exposto e até condenado. Mas não existiria uma história digna desse nome sem a prova documental que os proponentes locais da "história filosófica" desprezavam como secundária. Em particular, Bello temia que a inobservância de dados históricos cuidadosamente acessados desse chance a interpretações ideológicas, e até revolucionárias, que prolongassem a luta civil no período pós-independência. Separar a pesquisa da política e, mais importante, evitar a politização do passado eram o principal objetivo de Bello quando lançou uma tradição historiográfica chilena.

Bello e Sarmiento

A ditadura de Juan Manuel de Rosas na Argentina mandou para o exílio muitos intelectuais talentosos nas décadas de 1830 e 1840. Muitos se estabeleceram no vizinho Uruguai, mas um bom número foi para o Chile esperar a tempestade política argentina passar e retornar em um clima mais favorável. Entre esses intelectuais estavam Bartolomé Mitre, Juan Bautista Alberdi, Vicente Fidel López e Domingo Faustino Sarmiento. Todos tiveram carreiras públicas notáveis quando voltaram para a Argentina, e dois deles, Mitre e Sarmiento, tornaram-se presidentes

-jul 1947, p. 50-65; e C. Morla Vicuña (ed.), *Don Miguel Luis Amunátegui, 1828-1888*. Sobre o legado de Bello na área, ver Ricardo Krebs, "Proyecciones del Pensamiento Histórico de Andrés Bello', in *Bello y la América Latina*, Caracas: La Casa de Bello, 1982, p. 337-354.

do país. Mas o Chile foi mais do que um refúgio temporário, e todos eles participaram ativamente da vida cultural e política do país.[41]

Sarmiento deixou a sua província natal de San Juan em circunstâncias desesperadoras e chegou a Santiago no início de 1841.[42] E logo que chegou provocou um alvoroço nos círculos políticos pela eloquência de seus artigos jornalísticos. Manuel Montt, então membro do gabinete do presidente Prieto, pediu a Sarmiento que promovesse a candidatura de Bulnes através da imprensa. Sarmiento não só aceitou imediatamente como logo abraçou a filosofia política da administração Bulnes. Ele se manteve leal a Montt e foi seu principal apoiador.

Montt era uma figura importante na época, e Sarmiento reconheceu imediatamente sua força e seu potencial político. Formado pela tradição autoritária de Diego Portales, Montt tinha sido ministro da Educação e do Interior na administração Bulnes e, mais tarde, tornou-se presidente do Chile (1851-1861). Foi durante o seu primeiro mandato no ministério que ele nomeou Bello como reitor da Universidade do Chile, e Sarmiento, o primeiro diretor da recém-criada Escola Normal para o treinamento de professores de escola primária, em 1842. Uma figura política muito capacitada, Montt tinha muitos inimigos, que o consideravam inflexível e fleumático. Sarmiento revelou certa vez que muita gente acreditava que Montt jamais dera risada em toda a sua vida.[43] Embora fosse um político conservador e muito influente, perdeu o apoio

---

41 Sobre Sarmiento e o grupo de exilados argentinos no Chile, ver S. Serrano, "Emigrados argentinos en Chile (1840-1855)", in E. Edwards (ed.), *Nueva mirada a la Historia*, p. 107-126.

42 Os trabalhos que se concentram em Sarmiento no Chile incluem P. Verdevoye, *Sarmiento, Éducateur et Publiciste (entre 1839 e 1852)* e idem, "Don Andrés Bello y Domingo Faustino Sarmiento: Una polémica y una colaboriación", in *Bello y Chile*, I, p. 103-124. E também W.H. Katra, *Domingo F. Sarmiento Public Writer (Between 1839 and 1852)*. Para outras atividades de Sarmiento ver Allison William Bunkley, *The Life of Sarmiento*, Princeton: Princeton University Press, 1952; Joseph T. Criscenti (ed.), *Sarmiento and His Argentina*, Boulder: Lynne Rienner Publishers, 1993 e Tulio Halperin-Donghi et al., *Sarmiento Author of a Nation*, Berkeley/Los Angeles/Londres: University of California Press, 1994.

43 Sarmiento elogiou Montt em seu *Recuerdos de Provincia* ([1850], incluído em *Obras de D. F. Sarmiento*, vol. 3, Santiago: Imprenta Gutenberg, 1885, p. 189-193. E também em uma série de artigos (e um obituário) incluídos nesse mesmo volume, p. 299-329. Montt e Sarmiento mantiveram uma correspondência amigável quando este último voltou para a Argentina, e na verdade, até Montt morrer em 1880. Ver a compilação de Sergio Vergara Quiroz, "Una correspondencia olvidada: Manuel Montt y Domingo E. Sarmiento, 1841-1879", *Anales de la Universidad de Chile*, Sexta Serie, nº 5, out 1997, p. 175-205.

de muitos conservadores ao longo da carreira. Durante os anos 1840, porém, contou com a lealdade de vários intelectuais talentosos.

Por muitos anos Sarmiento esteve no lugar certo na hora certa, e era a pessoa mais indicada para tocar os projetos educacionais e políticos da administração Bulnes. Mas Sarmiento também tinha uma personalidade defensiva, arrogante e se ofendia com facilidade. Vivia se envolvendo em polêmicas que afastavam até quem o defendia e solapavam a sua credibilidade. Montt e Bello precisavam ter muita paciência para se concentrar no que ele tinha de positivo e esquecer as esquisitices.

A primeira contribuição de Sarmiento à imprensa em 1841 teve boa receptividade. Era uma recordação inspiradora sobre a heroica Batalha de Chacabuco pela libertação do Chile em 1817 e o posterior esquecimento em que tinham caído os veteranos de guerra, muitos deles argentinos.[44] Bello e Egaña leram o artigo e gostaram muito. Sarmiento era bastante conhecido porque escrevia com frequência para vários jornais, mais notadamente o *El Mercurio* e *El Progreso*. Quando se tornou mais confiante em suas habilidades e na recepção de seus textos jornalísticos, passou a fazer afirmações provocativas a fim de promover o debate e, segundo ele próprio, a civilização.

As polêmicas mais famosas eram sobre literatura e também sobre a distinção política entre Classicismo e Romantismo. Como veremos adiante, era, em última instância, uma polêmica sobre a língua. No caso, a profundidade e o escopo das reformas linguísticas tidas como necessárias no contexto pós-independência. Sarmiento, que possuía um raro talento para transformar qualquer discussão em polêmicas rancorosas, disparou o primeiro tiro ao perguntar, em meados de 1841, por que os chilenos demoravam tanto para adotar a literatura criativa, especialmente poesia? E prosseguiu: "Provavelmente, a nossa juventude tenha sido afligida por uma espécie de timidez, um certo comodismo espiritual que contamina seus talentos naturais e a boa e sólida educação que recebeu."[45] Nos artigos que se seguiram, ele culpa o respeito excessivo às formas de literatura clássica pela situação que tinha sido

---

[44] D.F. Sarmiento, "12 de febrero de 1817", *El Mercurio*, 11 fev 1841. Ele usava o pseudônimo "Un Teniente de Artillería en Chacabuco". Está incluído em *Obras de D. F. Sarmiento*, vol. 1, p. 1-7.

[45] D.F. Sarmiento, "Canto al incendio de la compañia", in *Obras de D. F. Sarmiento*, vol. 1, p 84-87. Esse mesmo volume traz os artigos de Sarmiento sobre o Romantismo, p. 283-323.

criada, uma referência clara à influência de Andrés Bello. Se a provocação de Sarmiento alcançou ou não seu alvo, ela não extraiu o que os chilenos tinham de melhor porque, ao se sentirem atingidos em seu orgulho nacional, fizeram Sarmiento se lembrar de sua origem. A polêmica seguiu sua própria dinâmica até envolver jovens intelectuais como Salvador Sanfuentes, José Joaquín Vallejo e o argentino Vicente Fidel López, mas acabou perdendo de vista a inspiração original. Não precisamos acompanhar as inúmeras reviravoltas dessa discussão, que já foi descrita em detalhes por muitos pesquisadores.[46] O que importa nesse contexto é onde Bello se situava em relação ao Romantismo. Embora retratado como um neoclassicista, ele comentara, publicara e traduzira várias peças representativas do período durante a sua permanência em Londres (de ou sobre Madame de Staël, Victor Hugo, Walter Scott e Lord Byron). Ele não fazia segredo de sua admiração por muitos deles, mas expressava algumas preocupações com os rumos do Romantismo e o uso exagerado da "licença", tanto na política quanto na literatura. Em um artigo publicado no *El Araucano* em novembro de 1841, estruturou a questão da seguinte maneira:

> Em literatura, os propositores do Classicismo e do Romantismo têm alguma semelhança com os tradicionalistas *(legitimistas) versus* liberais na política. Para os primeiros, a autoridade das doutrinas e das práticas legitimada pela Antiguidade são inquestionáveis: qualquer desvio dos caminhos já trilhados é rebelar-se contra seus princípios válidos. Quanto aos segundos, estes querem emancipar a mente de obstáculos inúteis e, por isso mesmo, perniciosos. Mas às vezes confundem liberdade com licença desmedida (OC, IX, p. 375).

No contexto do Chile, onde o cultivo das letras ainda era uma novidade, o Romantismo derivava da imitação de fontes francesas e abria as portas para um fluxo desnecessário de neologismos. Mas Bello não rejei-

---

[46] E. Rodríguez Monegal, *El Otro Andrés Bello*, p. 239-319; Paul Verdevoye, "Don Andrés Bello y Domingo Faustino Sarmiento", in *Bello y Chile*, I, p. 103-124 e idem, *Sarmiento, educateur et publiciste*, p. 193-204. N. Pinilla, *La polemica del Romanticismo, V. F. López, D. F. Sarmiento, S. Sanfuentes*, Buenos Aires: Editorial Amercalee, 1943 e idem, *La géneracioin chilena de 1842*, p. 135-147. O Romantismo de Sarmiento foi influenciado por Herder. Ver Raimundo Lida, "Sarmiento y Herder", in *Estudios Hispánicos*, p. 125-139.

tava o Romantismo *per se*, e sim o potencial uso dele no país. Sarmiento, por sua vez, desafiava a juventude a ser menos clássica e mais ousada em seus textos, mas só conseguia enredar-se em grandes polêmicas que ilustravam a íntima relação entre língua e política, bem como a importância da língua para a identidade das novas repúblicas.

Comentando o ensaio de Pedro Fernández Garfias intitulado "Ejercicios populares de la lengua castellana" [Exercícios populares para (o aprendizado da) língua espanhola], Sarmiento defendeu, em fins de abril de 1842, a liberdade dos povos para criar seu próprio idioma, mesmo entrando em conflito com os especialistas constituídos:

> A soberania do povo faz uma reivindicação legítima sobre a questão do idioma. Os gramáticos, de sua parte, são como um Senado conservador criado para controlar os avanços populares e preservar a tradição e a rotina. São, em nosso julgamento (que nos perdoem por usar palavras tão feias), a parte reacionária e estagnada do mundo falante. Assim como suas contrapartes políticas, o direito [democrático] deles é exercido a gritos e convulsões contra a assim chamada corrupção e os abusos, mas principalmente contra a inovação.[47]

O objetivo desse parágrafo era provocar Bello, que desde a década de 1830 defendia o uso correto do espanhol e tinha publicado, recentemente, em 1841, a monografia *Análisis Ideológica* sobre o verbo espanhol. Bello não fugia do debate se a discussão envolvesse as dimensões educacionais. Como nesse caso havia também uma importante dimensão política, ele respondeu publicamente em 12 de maio de 1842 com uma pergunta:

> Se os povos tivessem permissão para definir o idioma que quisessem, de modo que cada país tivesse o seu, não terminaríamos como outra [Torre de] Babel? Tanto para o idioma quanto para a política, tem que haver um corpo de homens cultos que dite leis adequadas às necessidades [da

---

47 O artigo de Sarmiento apareceu no *El Mercurio*, 27 abr 1842. Está incluído em *Obras de Domingo F. Sarmiento*, vol. I, p. 208-211. Para uma análise das visões de Sarmiento sobre língua e sociedade, ver B.L. Velleman, "Domingo F. Sarmiento y la función social de la lengua", *Historiografía Lingüística*, vol. 24, n°s 1-2.

sociedade], assim como as leis do idioma através das quais as tais necessidades são transmitidas. É tão ridículo encarregá-los da formação da língua quanto é ridículo encarregá-los da criação das leis. Quem exige liberdade romântico-licenciosa em relação à língua porque é moda, ou porque não quer dedicar-se ao estudo do próprio idioma, no fundo só quer falar e escrever como quiser. Mas não fará isso em vão (OC, IX, p. 438-439).

É um argumento forte, sem dúvida um dos mais diretos produzidos por Bello, mas elaborado em bases linguísticas defendidas por ele desde os anos 1820, e também em bases políticas que refletiam o Estado portaliano. Sarmiento, por sua vez, recorreu aos ataques *ad hominem*, à moda hiperbólica que se tornara habitual na imprensa chilena da época. Usando o sistema de referências de Infante, ele responde ao artigo de Bello com uma exclamação: "Bela solução que condena à impotência e à esterilidade não só a presente geração, mas também as que estão por vir!" E então desfere uma carga mais séria:

> No que diz respeito a nós, se a lei do ostracismo [banimento] existisse em nossa democracia, a teríamos usado há muito tempo contra o grande literato [Bello] condenado a viver entre nós pelo crime de ser culto demais e por ter investigado questões arcaicas da língua que vão muito além da nossa civilização emergente. Ele aprendeu na juventude a apreciar as meras externalidades do pensamento e da língua, em detrimento das verdadeiras ideias e do Iluminismo.[48]

Sarmiento fez essas declarações em tom de brincadeira, pois certamente não gostaria que Bello fosse banido. Seu velho adversário, que tantas vezes fora alvo de muitos – e piores – ataques, provavelmente entendeu a intenção e não respondeu à provocação. Mas outros se sentiram ofendidos e responderam, e a pena de Sarmiento manteve-se ocupada nos meses que se seguiram. A ironia dessa polêmica foi ter ocorrido entre dois intelectuais que serviam à mesma administração, compartilhavam metas políticas similares e concordavam sobre alguns detalhes da linguística. Nesse caso, a discordância pública não foi razão

---

48 A resposta de Sarmiento aparece no *El Mercurio*, 22 maio 1842. Está incluída em *Obras de Domingo F. Sarmiento*, vol 1, p. 218-224.

para um estranhamento permanente. Sarmiento talvez tenha sido impetuoso, talvez até descuidado, em suas investidas jornalísticas, mas era um pedagogo comprometido e compartilhava o interesse de Bello pela alfabetização para todos. Em janeiro de 1842, o ministro Manuel Montt nomeou-o diretor da Escola Normal, o recém-criado instituto de formação de professores. Sarmiento trabalhava em um texto sobre leitura elementar. Ele se juntou a Bello na faculdade de Filosofia e Humanidades, e ambos colaboraram na reforma da ortografia espanhola proposta por Bello quando ainda estava em Londres.[49]

Em uma reunião da faculdade de Filosofia e Humanidades em 17 de outubro de 1843, Sarmiento apresentou uma proposta de reforma ortográfica da língua espanhola que seguia de perto as reformas de Bello de 1823. Entre outras, eliminava o "h" mudo, substituía o "y" pelo "i" e usava "j" em vez do "g" (só para mencionar as mudanças que sobreviveram por mais tempo). Esses esforços de simplificação remontam ao trabalho de Antonio de Nebrija, cuja *Gramática de la lengua castella* (1492) definiu a primeira regra ortográfica da língua espanhola: "*así tenemos que escrivir como pronunciamos, i pronunciar como escrivimos*" [temos que escrever como pronunciamos, e pronunciar como escrevemos].[50] No contexto pós-independência, o ponto principal da proposta de Sarmiento, e também de Bello, era que cada letra representasse um som, tanto pela consistência quanto para facilitar a habilidade da leitura na tenra idade.[51]

O escritor José Joaquín Vallejo (também conhecido como "Jotabeche"), que também era aluno da faculdade de Filosofia e Humanidades, mas raramente comparecia a essas reuniões, reagiu angustiado quando

---

49 O papel de Sarmiento na Universidade do Chile é examinado por A. de Avila Martel, *Sarmiento en la Universidad de Chile*.

50 A. de Nebrija, *Gramática de la Lengua Castellana*, p. 143. Para uma análise do trabalho de Nebrija, incluindo suas contribuições à ortografia, ver N.P. Sacks, "Antonio de Nebrija: Founder of Spanish Linguistics", *Hispanic Linguistics*, vol. I, n° 2, primavera 1984, p. 149-176.

51 Uma análise das ideias ortográficas de Bello e o papel de Sarmiento nas reformas dos anos 1840 estão em Angel Rosenblat, "Las ideas ortográficas de Bello", in *OC*, V, p. ix-cxxxviii. Ver também L. Contreras F., *Historia de la ideas ortográficas en Chile*, Santiago: Centro de Investigaciones Barros Arana, Biblioteca Nacional, 1993. O *Memoria leida a la facultad de humanidades el 17 de octubre de 1843* de Sarmiento foi publicado originalmente no mesmo ano em Santiago pela Imprenta de Opinión e incluído nos *Anales de la Universidad de Chile, 1843-1844*, p. 177-189. Está também em A. de Avila Martel, *Sarmiento en la Universidad de Chile* e nas *Obras de Domingo F. Sarmiento*, vol. 4, p. i-48.

soube das reformas propostas por Sarmiento. Ele escreveu ao seu amigo Manuel Talavera:

> Sofri do começo ao fim ao ler a reforma ortográfica de Sarmiento. Não existe nenhum ato de ousadia, de resolução ou descaramento que se compare ao desse anticristo literário. Ele é um revolucionário [...] o que ele pretende, o que quer fazer, é uma revolução sangrenta. Não entendo como alguém tão circunspecto como o inigualável dom Andrés Bello não se escandaliza diante dessa bomba incendiária que Sarmiento soltou sobre nós, a qual, se for publicada no Chile, nos exporá ao ridículo perante os outros países.[52]

Sem o conhecimento de Vallejo, Bello apoiou essa proposta e a faculdade aprovou-a em 7 de abril de 1844, após algumas emendas que a aproximaram ainda mais da sua proposta original. A implementação das reformas era, porém, uma outra questão. Os membros da faculdade tinham liberdade de usar um sistema diferente, como de fato o fizeram. Seguiu-se um período de confusão, como se percebe ao examinar os documentos da universidade publicados nos *Anales de la Universidad de Chile* escritos em ortografias variadas durante a década de 1840. As gráficas externas à universidade geralmente se recusavam a adotar o novo sistema ortográfico. Alguns jornais o adotaram, mas a maioria não. A talentosa escritora Carmen Arriagada, que foi obrigada a sair do Chile após a revolução conservadora de 1829-1830 e que passou o resto da vida na cidade de Talca no centro-sul, considerou a reforma unilateral, errônea e fadada ao fracasso. Como o Chile pode tomar uma decisão sobre ortografia sem consultar outros países de língua espanhola? Desafiadora, ela afirma a um correspondente: "Eu, de minha parte, jamais a seguirei."[53] Por volta de 1850, muitas das reformas aprovadas deixaram de ser usadas, embora outras tenham sobrevivido até o final do século – o uso do "i" em vez do "y" e do "j" em vez do "g". Bello reconheceu o fato em 15 de

---

52 José Joaquín Vallejo para Manuel Ralavera, 14 dez 1843, in Alberto Edwards (ed.) *Obras de don José Joaquín Vallejo*, Santiago: Biblioteca de Escritores de Chile, 1911, p. 496.

53 Carmen Arriagada para J.M. Rugendas, 12 maio 1844, in Oscar Pinochet de la Barra, ed., *Carmen Arriagada: Cartas de uma mujer apasionada*, Santiago: Editorial Universitaria, 1989, p. 445-447.

abril de 1851, quando informou o ministro da Instrução Pública que as escolas não eram mais obrigadas a seguir as reformas ortográficas, "uma vez que foram completamente abandonadas em documentos impressos e em manuscritos" (OC, XXI, p. 403).

Bello colaborou com Sarmiento na faculdade de Filosofia e Humanidades e com frequência elogiava seus esforços educacionais. Mas estava longe de aprovar a combatividade de Sarmiento, que se envolvia não só em polêmicas, mas em processos legais e lutas corporais contra quem ele acreditasse ter-lhe ofendido pela imprensa.[54] Bello deve ter ficado aliviado quando, em 1845, Manuel Montt mandou Sarmiento viver fora por três anos para estudar os sistemas educacionais da Europa e dos Estados Unidos. Politicamente, Bello e Sarmiento partilhavam o mesmo compromisso com a ordem portaliana e com Manuel Montt, mas discordavam quanto aos meios para se chegar aos fins desejados. Em relação aos assuntos políticos, Bello era cuidadoso e não se apressava para tomar decisões, enquanto Sarmiento preferia ações rápidas e determinadas. Sarmiento finalmente aprovou a importância que Bello e Montt davam à ordem e ao governo, mas nos muitos anos que mantiveram contato direto houve mais tensão do que concordância entre eles.

GRAMÁTICA DE LA LENGUA CASTELLANA

Bello rendeu-se à realidade da resistência às reformas ortográficas que defendia, mas obteve alguma satisfação do fato de que seus colegas de academia, entre eles o "revolucionário" Sarmiento, concordavam com o princípio fundamental de uma ortografia baseada na fonética e não na etimologia. Como já comentara em vários de seus escritos, tanto na Inglaterra quanto no Chile, seu maior receio é que a principal gramática disponível em língua espanhola, aquela da Real Academia na Espanha, baseava-se no modelo latino não só de ortografia, mas também de conjugação dos verbos e declinação dos substantivos. E ele defendia uma gramática espanhola que acompanhasse a evolução

---
54 Um desses confrontos particularmente violento levou Sarmiento para a prisão em Santiago. Ver "Querella de D. Domingo Faustino Sarmiento contra D. Domingo Santiago Godoy", Archivo Nacional de Chile, Fondos Varios, vol. 318, peça 3.

histórica da língua e incorporasse o uso local sem se afastar muito do espanhol ibérico. Quando publicou sua *Gramática de la lengua castellana* em 1847, tinha passado mais de um quarto de século reunindo materiais e refinando os pontos que fizeram de seu livro um sucesso nacional e internacional. Parte importante desse sucesso dependeu não tanto da sua competência técnica, que era imensa, mas da peculiar resposta dada aos interesses políticos sobre identidade nacional e supranacional no período pós-independência.

No prefácio da *Gramática*, Bello explica por que uma nova gramática na América espanhola se fazia necessária. Para justificar o novo texto, ele lembra que, além da gramática publicada pela Real Academia Espanhola, havia outra escrita pelo intelectual espanhol Vicente Salvá (que Bello conhecera em Londres e cujo trabalho admirava) com várias edições publicadas em 1830, 1835 e 1837:

> Depois de um trabalho tão importante quanto o de Salvá, parece-me que a única coisa que falta é uma teoria que mostre o sistema da língua em evolução no uso de suas inflexões e na estrutura de suas sentenças, despojado de certas tradições latinas que já não servem mais. Mas quando digo "teoria", não pensem que eu esteja lidando com especulações metafísicas [...]. Eu as evito, não só quando elas contradizem o uso, mas quando vão além da prática real da língua [...] os procedimentos intelectuais que governam real e verdadeiramente seu uso, em outras palavras, o valor exato das inflexões e das combinações das palavras têm que se sujeitar necessariamente à prova; e a gramática que ignora isso não cumpre sua função adequadamente (*OC*, IV, p. 9; *SW*, p. 99).

Este ponto não é muito diferente daquele que Bello defendia em seu artigo, "Gramática castellana", de 1832, discutido no Capítulo 4. Mas agora afirmava mais confortavelmente que uma gramática da língua espanhola podia ser abordada "como se não existisse outro idioma no mundo além do espanhol" (*OC*, IV, p. 6; *SW*, p. 97). A diferença era o grau de eloquência, e certamente a autoconfiança de um homem que agora se sentia, realmente, um produto da independência. O seu distanciamento da gramática da Academia Espanhola foi uma declaração política de independência cultural do país mãe. No que se tornaria um dos mais citados pronunciamentos de emancipação cultural na América espanhola, ele afirma no prólogo da *Gramática*:

> Eu não digo que escrevo para os espanhóis. Dou minhas aulas para os meus irmãos, os habitantes da América espanhola. Acredito que a preservação da língua dos nossos antepassados na mais possível pureza é importante, como um providencial meio de comunicação e um vínculo fraternal entre as nações de origem espanhola espalhadas nestes dois continentes. Mas o que presumo recomendar a elas não é um purismo supersticioso. Os prodigiosos avanços das ciências e das artes, a difusão da cultura intelectual e das revoluções políticas, diariamente exigem novos sinais para expressar novas ideias (OC, IV, p. 11; SW, p. 101).

Bello reconhecia que as novas realidades exigiam palavras novas, mas que estas não deveriam vir de línguas estrangeiras, e sim da expansão do vocabulário espanhol. Em suas discussões com Sarmiento, já tinha atribuído a introdução dos neologismos à imitação dos modernos escritores franceses. No prefácio da *Gramática*, porém, retoma um tema que já tinha explorado na Inglaterra, ou seja, que a fragmentação da América espanhola após a independência resultaria na emergência de entidades nacionais incapazes de se comunicar entre si:

> [O] pior de todos os males, aquele que, se não for controlado, nos privará das vantagens preciosas de um idioma comum, é a torrente de neologismos gramaticais que inunda e turva muito do que se escreve na América, e que, por alterar a estrutura da língua, tende a transformá-la em uma multiplicidade de dialetos irregulares, indisciplinados e bárbaros; embriões de futuros idiomas que, durante um longo desenvolvimento, reproduziriam na América o que aconteceu na Europa no período sombrio da corrupção do latim. Chile, Peru, Buenos Aires, México, cada um falaria sua própria língua, como acontece na Espanha, Itália e França, onde predominam determinados idiomas provinciais, mas um grande número de outros idiomas existe além deles, impedindo a difusão do Iluminismo, a execução das leis, a administração do Estado e a unidade nacional (OC, IV, p. 12; SW, p. 101-102).

Como vimos, essa era uma antiga preocupação, mais que isso, um medo que perdurou por muito tempo após a independência. No entanto, encontrou eco em uma plateia que tinha herdado a independência, mas ainda era ambivalente em relação ao legado espanhol. A solução que Bello propunha não era abandonar o idioma que ligava a América espanhola aos seus antigos colonizadores, e sim mantê-lo e a partir dele construir a identidade hispano-americana baseada nas realidades da nova política e da linguística. A questão era muito clara: um idioma falado por muitos séculos talvez não fosse substituído facilmente por um novo, como o francês ou o inglês, mas não precisava mais depender da distante Espanha por um dos meios mais básicos da interação humana: a capacidade de se comunicar através da língua.

A *Gramática*, que o notável intelectual Amado Alonso disse ser "a melhor gramática da língua espanhola que temos", um século depois de sua primeira publicação, também atendia a necessidades educacionais concretas.[55] Publicada pela primeira vez em 1847, a *Gramática* retornou em quatro edições subsequentes revisadas pessoalmente por Bello: 1853, 1854, 1857 e 1860. Duas outras edições foram lançadas no Chile enquanto ele ainda vivia, em 1862 e 1864, sem nenhuma alteração. Quando o filólogo colombiano Rufino José Cuervo publicou uma versão revisada da *Gramática* em 1874, com a abundância de notas que seriam obrigatórias em edições futuras, baseou-se na nona edição chilena. Novas edições foram lançadas também no século XX: ao todo, foram mais setenta edições na América espanhola e na Europa.[56]

GRAMÁTICA, FILOSOFIA E LEGISLAÇÃO

O sucesso e a longevidade da *Gramática* têm relação, ao menos em parte, com o saber filosófico de Bello. Embora publicado após a sua morte, seu maior tratado filosófico, *Filosofía del entendimento*, foi

---

[55] A. Alonso, "Introducción a los Estudios Gramaticales...", in *OC*, VI, p. ix-lxxxvi; ver também Gastón Carrillo Herrera, "Actualidad de la Gramática de Andrés Bello", in Universidade do Chile, *Andrés Bello, 1865-1965: Homenaje...*, p. 177-193.

[56] Há uma lista das várias edições da *Gramática* em H.J. Becco, *Bibliografía de Andrés Bello*, I, p. 80-90. Malcolm Deas examinou o impacto dos estudos gramaticais na Colômbia em *Del poder y la gramática, y otros ensayos sobre historia, política y literatura colombianas*.

lançado em partes em 1843 e 1844.[57] A mesma época em que Bello concentrava a sua atenção nos estudos da gramática. Então, podemos concordar com o historiador Arturo Ardao quando diz que "a evolução da gramática de Bello, explícita e implicitamente, recebe inspiração, se não de suas bases, de sua orientação filosófica ou ideias de ordem mais especulativa".[58] A evidência da íntima relação entre questões linguísticas e filosóficas é encontrada nas passagens em que ele faz uma distinção entre processos mentais e as palavras usadas para representá-los. Por exemplo, ao analisar o verbo "sentir", Bello determina que o uso comum que a linguística faz dele vai muito além do significado mais restrito de *sentir*, como "afeições da alma que são consequências diretas das impressões orgânicas".[59] Ele observa que o uso comum de *sentir* traz em si conotações da "percepção" [*percibir*] de muitos fenômenos, por exemplo, quando alguém "sente" simpatia ou horror. Está claro nessa referência que Bello examinava o real comportamento da língua, realçando a tensão entre esse comportamento e as distinções filosóficas criadas. E afirma: "De maneira alguma estou dizendo que o uso ordinário da linguística, para o qual acabo de chamar a atenção, seja banido. Quero apenas mostrar a sua imprecisão psicológica e que nos limitemos a vê-lo como mera figura [*tropos*]."[60] Na monografia anterior, *Análisis Ideológica*, ele enfatiza os benefícios de entender um pouco mais o pensamento para entender melhor a língua:

> Creio que muitos erros podem ser evitados, e que a língua dos escritores seria mais correta e precisa de um modo geral se prestássemos mais atenção

---

57 Walter Hanisch Espíndola verificou que os artigos publicados no *El Crepúsculo* entre 1843 e 1844 correspondem às primeiras 137 páginas do volume I da primeira edição chilena das *Obras completas* de Bello. Ver seu "Andrés Bello y su pensamiento filosófico en Chile. 1829-1865", in *Bello y Chile*, I, p. 259-316. Ver também o meu *Academic Rebels in Chile* e "Racionalismo y fe: La filosofía chilena en la epoca de Andrés Bello", *Revista Historia*, vol. 29, 1995-1996, p. 89-123.

58 Arturo Ardao, "Introduction", in A. Bello, *Philosophy of the Understanding*, tradução de O. Carlos Stoetzer, Washington, D.C.: Organization of American States, 1984, p. xiii. A tradução da introdução de Ardao para o inglês é de William J. Kilgore.

59 A. Bello, *Philosophy of the Understanding*, p. 40.

60 Ibid., p. 41.

ao que acontece em nossa mente quando falamos. É um propósito que, mesmo que não levemos em consideração a sua utilidade prática, interessa à filosofia porque expõe processos mentais delicados que ninguém imaginaria no uso diário da língua (OC, V, p. 6; SW, p. 86).

Essa e outras declarações sobre a relevância e a importância da filosofia para a língua provocou muitos debates.[61] Não há como duvidar que os princípios filosóficos fundamentassem as investigações de Bello sobre a língua, pois ele próprio demonstra isso em seus escritos ao citar vários filósofos. Entretanto, nenhuma escola ou sistema filosófico determina a maneira como ele aborda a gramática, área que ele prefere observar na evolução do próprio uso. O linguista Barry Velleman sugere com muita propriedade que a sua abordagem é muito semelhante à dos estruturalistas americanos: "A tarefa do gramático é isolar, descrever e categorizar atos físicos documentados. Ele não é solicitado a interpretar seus dados filtrando-os através de conceitos preconcebidos, sejam eles linguísticos ou filosóficos."[62] Ao mesmo tempo, Bello dificilmente acompanharia a evolução da língua sem estabelecer algumas normas prescritivas, neste caso a do uso "correto". A gramática de uma língua, ele explica logo no início do livro, "é a arte de falar corretamente, ou seja, de acordo com o bom uso, que é o uso das pessoas educadas". E então continua explicando a razão de sua escolha:

> Este é o uso preferido porque é o mais uniforme entre as várias regiões e pessoas que falam a mesma língua. É, portanto, o tipo de uso que permite a

---

61 Amado Alonso sugeriu em sua introdução aos estudos gramaticais de Bello que este foi se afastando gradativamente de uma "gramática filosófica" para adotar o estudo do espanhol em seus próprios termos. Arturo Ardao, por sua vez, foi quem mais defendeu a íntima relação entre língua e filosofia na obra de Bello. Se os dois estudiosos estavam corretos de várias maneiras, foi só no trabalho de Barry Velleman e Ramón Trujilolo que pudemos observar com maior precisão quão pouco Bello aderiu aos princípios lógicos e estava muito mais disposto a descartar teorias quando elas incluíssem variações no uso da língua. Ver B.L. Velleman, *The Gramática of Andrés Bello: Sources and Methods*, Dissertação de Mestrado, University of Wisconsin-Madison, 1974 e idem, "Bello gramático: Modernidad del enfoque sintáctico", in *Bello y Chile*, I, p. 525-557. Ver também a edição anotada de Trujillo da *Gramática* de Bello e o seu "Variantes en las ediciones de la *Gramática* de Bello", in *Bello y Chile*, I, p. 515-523.

62 B.L. Velleman, *The Gramática of Andrés Bello...*, p. 293. Ver também seu "Structuralist Theory in the Bello Gramática", *Hispanic Review*, vol. 46, inverno 1978, p. 55-64.

compreensão mais fácil e generalizada do que está sendo falado. As frases e palavras usadas pelas pessoas incultas, por sua vez, variam significativamente de uma pessoa ou de uma região para a outra, e não são entendidas com facilidade além dos confins em que são usadas (OC, IV, p. 15).

Em suma, Bello conserva algum ecletismo ao analisar a gramática da língua espanhola, mas como ele próprio afirma insistentemente em vários textos, é importante padronizar o uso para que a comunicação se dê não só com outros países de fala espanhola, mas para que a cidadania seja possível na república. Segundo ele, a gramática é indispensável para "uma enunciação precisa e a correta interpretação de leis, contratos, testamentos, livros e correspondência escrita. Todas são áreas de interesse e máxima importância na vida social" (OC, V, p. 15). É precisamente nesse cenário social e político que está a explicação para a insistência de Bello em adotar um conjunto de padrões e procedimentos que manterá a unidade da língua. Historicamente, as línguas seguem uma dinâmica própria e devem ser estudadas cientificamente. Mas no contexto da independência da América espanhola, a língua não era um mero objeto de estudo, e sim um pilar essencial para a construção de nação. Se não fosse cuidada, poderia fragmentar-se e, em última análise, impedir os cidadãos de respeitar, e mesmo entender, as leis básicas da vida em sociedade.

Percebe-se melhor a originalidade de Bello na relação que ele insiste em fazer entre a fragmentação linguística da Europa pós-Império Romano e a situação pós-independência nas nações emergentes da América espanhola. O anglófono que mais se aproxima do zelo de Bello com as implicações sociopolíticas da língua é Noah Webster, que estava muito mais interessado em provar a singularidade das novas nações para justificar a separação delas da Europa. Bello, por sua vez, insistia em que a unidade linguística tinha que ser mantida para mitigar os males da fragmentação, e que só através da língua as novas nações desenvolveriam um sistema avançado de leis.

Para Bello, Direito e gramática estão intimamente relacionados.[63] Ele faz referências a essa relação em seu *Código Civil de la República de Chile*, o influente Código Civil que será discutido em detalhes no

---

63 Ver o persuasivo argumento de J. Concha, "Gramáticas y códigos: Bello y su gestión superestructural en Chile", *Revista de Humanidades y Ciencias Sociales*, vol. 42, nº 2, 1997, p. 17-36.

Capítulo 6. Porque o código deveria se tornar, como de fato tornou-se, a lei do país para mediar questões de interesse central da sociedade, a língua usada teria que seguir padrões inequívocos. No artigo 20 do *Código,* Bello afirma que "a palavra da lei deve ser entendida de acordo com o significado e o uso geral, natural e óbvio das próprias palavras" (OC, XVI, p. 42). O ponto central dessa afirmação é que os cidadãos não entenderiam as leis a menos que fossem escritas em linguagem clara e gramaticalmente correta. Só então eles a leriam e entenderiam, da mesma maneira que entendiam os princípios básicos da comunicação diária. Por fim, para que a lei se tornasse moeda corrente entre os cidadãos, teria que ser acessível e memorizada, algo não muito diferente de um poema, que só é recitado graças à métrica e à rima.

Por volta dos anos 1840, Bello não era mais um estrangeiro recém-chegado, obrigado a escolher entre facções políticas adversárias para ter alguma segurança para si e sua família. Agora era um membro do Senado e respeitado reitor da Universidade do Chile. Durante as duas administrações de Manuel Bulnes, implantou uma agenda de construção de nação sobre bases firmes de ordem social e política. E demonstrou, na década de 1840, que se concentrou na língua, na educação e na história por serem áreas essenciais para que o conceito de cidadania se desenvolvesse em um sistema republicano. Em todas as três áreas, sua abordagem é cautelosa, gradualista e claramente hostil a mudanças e inovações radicais. A língua talvez fosse o pilar mais importante de sua visão republicana. Segundo ele, era a chave para o desenvolvimento da cultura hispano-americana pós-colonial. A cultura, assim como a língua, remontava às origens espanholas; ambas requeriam monitoramento constante para incorporar novas ideias e novas realidades sem perder a conexão com a origem histórica comum. A língua, por sua vez, podia orientar os novos países a cultivar uma identidade própria sem ter que necessariamente negar o passado.

Bello foi bem-sucedido, mas não sem enfrentar desafios em todas as três áreas. É óbvio que ele não teria atingido estes e muitos outros objetivos intelectuais e institucionais sem o firme apoio do governo e o respeito dos próprios opositores ao regime. Graças a isso, ele deixou um legado muito mais duradouro, tanto para o Chile quanto para a América Latina: a massiva codificação das leis civis incorporadas no Código Civil.

6.
O Estado de direito

No dia 23 de julho de 1822, o supremo diretor Bernardo O'Higgins fez um discurso entusiasmado diante do Congresso chileno para que fosse adotado o Código Civil francês, o conhecido *Código Napoleônico*, na República do Chile:

> Todos sabem como é necessário reformar as nossas leis; espero que os senhores adotem os cinco códigos celebrados [os *grandes códigos*, entre eles o Código Civil] que são dignos da sabedoria dos nossos tempos e expõem o barbarismo de toda a legislação anterior! Vamos apagar para sempre as instituições construídas sob o colonialismo e erradicar a ignorância. Vamos agir com determinação e triunfar diante dos obstáculos.[1]

Os congressistas não se impressionaram, talvez por estarem mais preocupados com a estabilidade do governo O'Higgins, que acabou caindo em seis meses. Mas essas palavras foram as primeiras de inúmeras tentativas de dar ao país um novo corpo de leis. E revelaram que nem um sistema melhor de leis seria adotado com facilidade nem o pior seria descartado com facilidade. Nesse processo, os legisladores chilenos descobriram que a construção de um Chile independente, ao menos no que dizia respeito às leis, envolvia uma série surpreendente

---

1 Convención Preparatoria, "Sesión de instalación en 23 de Julio de 1822. Presidencia de don Francisco Ruiz Tagle", in A. Guzmán Brito, *Andrés Bello Codificador*, II, p. 14. O vol. 2 desse valioso trabalho consiste de uma compilação completa dos documentos referentes à codificação da legislação civil do Chile. Doravante citado como *AGB*.

de compromissos com o passado colonial. Vozes insatisfeitas denunciavam a alegada natureza infrutífera da legislação colonial, mas em um processo que durou décadas os líderes chilenos aos poucos foram abandonando a ideia de que poderiam desconsiderar o sistema legal anterior. Também tiveram que reavaliar a maneira como viam os fundamentos das leis que governavam o Império Espanhol e até considerar o invejável código francês sob outra luz.

Não surpreende que Bello, que já tinha debatido o ensino do Direito Romano, a historiografia do regime colonial e priorizado a relação entre gramática e Direito, tenha conduzido a nação pela via da continuidade em vez de modificar seus aspectos legais, sobretudo por ser o principal autor do Código Civil do país. Foi Bello quem rompeu o impasse da codificação das leis nos anos 1830 e desenvolveu em 1855 talvez o seu trabalho mais importante, o influente *Código Civil de la República de Chile*. Este código ainda hoje continua vigente em sua maior parte no país e tornou-se o Direito Nacional em vários outros países da América espanhola, quase imediatamente após ser promulgado no Chile. Seu lugar está garantido como um dos mais celebrados códigos da América Latina do século XIX.

O Chile busca uma codificação legal

Depois do discurso de O'Higgins sobre as vantagens dos códigos franceses, os políticos chilenos retomaram a discussão sobre uma reforma nas leis que refletisse as realidades de uma república independente. Fizeram isso intermitentemente, como que se antecipando à máxima de sir Henry Sumner Maine: "Na infância e na juventude de uma nação é coisa rara uma legislatura ser convocada para fazer uma reforma geral do Direito Privado."[2] Em novembro de 1823, o congressista José Alejo Eyzaguirre apresentou um projeto de lei prevendo a compilação e a organização das leis já existentes. O projeto foi aprovado por unanimidade, mas nada foi feito.[3] O sucessor de O'Higgins, o

---

2 Henry Sumner Maine, *Ancient Law: Its Connection with the Early History of Society and its Relation to Modern Ideas*, Nova York: Dorset Press, [1861] 1986, p. 35.

3 Congreso Constituynte, "Sesión 56, Ordinaria, en 17 de Noviembre de 1823. Presidencia de don Juan Egaña", e "Sesión 66, Ordinaria, en 2 de Diciembre de 1823. Presidencia de Juan Egaña", in *AGB*, II, p. 21 e 23. Ver também *AGB*, I, p. 151-156.

supremo diretor Ramón Freire, renovou em julho de 1825 o apelo para que as leis em vigor desde a independência fossem compiladas, mas a proposta foi totalmente ignorada.[4] O congressista Santiago Muñoz Bezanilla fez uma nova tentativa em julho de 1826 de reduzir o grande número de leis a um compêndio manipulável, e novamente nada foi feito.[5] Muñoz Bezanilla retomou a questão no ano seguinte, desta vez para propor a codificação das leis nacionais de acordo com o modelo dos códigos franceses, mas também não teve sucesso. Havia consenso sobre a necessidade de substituir ou mudar as leis, mas não se traduzia em propostas detalhadas e exequíveis. O Congresso aprovou outras propostas de codificação nos anos 1820, como a de Francisco Ramón Vicuña em março de 1828, que tiveram o mesmo destino das outras.[6]

Foi somente sob o regime portaliano que o movimento em prol da codificação das leis ganhou força. Os liberais estavam agora politicamente isolados, e assim mesmo foi difícil obter consenso sobre como as reformas deveriam ser postas em prática. Em junho de 1831, a Câmara dos Deputados sugeriu ao governo que a administração do Estado ficaria deficiente se as leis não fossem reformadas e citou a espantosa estatística de "36 mil leis compiladas e milhões de outras dispersas" que continuavam em vigor.[7] Sob a influência de Juan e Mariano Egaña, o Executivo reagiu enviando um memorando ao Senado, em 8 de julho de 1831, que não media palavras para incitar à ação:

> A posteridade terá dificuldade de acreditar que, tendo saído de um regime monárquico, despótico e semifeudal para uma quase república democrática representativa com divisão de poderes, tenhamos conservado por 21 anos não só as leis de Castela [medievais], mas também as leis coloniais. Hoje elas regem nossa administração política, fiscal e civil com códigos que con-

---

4 "Recopilación de Leyes Nacionales", in *AGB*, II, p. 24. Ver também a discussão em *AGB*, I, p. 156-157.

5 Congreso Nacional, "Sesión 26 en 29 de julio de 1826. Presidencia de don José Ignacio Cienfuegos", in *AGB*, II, p. 25-26, e o comentário em *AGB*, I, p. 160-164.

6 Congreso Constituyente, "Sesión 20 en 28 de marzo de 1828. Presidencia de don José María Novoa", in *AGB*, II, p. 30-32. Ver também o comentário em *AGB*, I, p. 165-167.

7 Cámara de Diputados, "Sesión 54 en 9 de junho de 1831. Presidencia de don Joaquín Tocornal", in *AGB*, II, p. 53.

centram seus poderes onipotentes em um monarca cujo governo e cujas Cortes estão a três mil léguas distantes da nossa terra.[8]

O memorando assinado pelo vice-presidente (i.e., presidente interino) Fernando Errázuriz pedia uma reorganização completa das leis e autorização ao Congresso para indicar imediatamente uma pessoa encarregada de preparar o projeto da reforma. Após alguma deliberação, pedidos de esclarecimento e de modificações, o Senado aprovou o projeto um mês depois e devolveu-o para a Câmara dos Deputados. Um ano se passou e os senhores deputados foram cobrados pelo Senado a tomar as devidas medidas em relação ao projeto de lei. Passou-se mais um ano. Em 1º de junho de 1833, o presidente Prieto exigiu que o Congresso caminhasse com as reformas das leis, mas na ocasião foi prudente em reconhecer a resistência da Câmara dos Deputados de fazer uma revisão completa da legislação. Desde o início, o deputado Gabriel José Tocornal se manifestara contrário à substituição de leis sem avaliar se algumas delas ainda poderiam servir.[9] O presidente Prieto (em um discurso escrito por Andrés Bello) concordou com ele e afirmou:

> Estou convencido de que uma compilação das leis existentes, uma vez removidas de todo o supérfluo e contraditório, enunciadas em linguagem clara e precisa, e livres da perigosa pretensão de serem reformadas para adequar-se aos novos princípios, trarão benefícios incalculáveis para a administração do Estado.[10]

Essa declaração teve como objetivo tranquilizar os deputados conservadores que identificavam a mudança, especialmente a mudança legal, com princípios revolucionários. O Congresso respondeu positivamente à nova política do governo e acatou o pedido, embora com as modificações introduzidas pelo congressista Manuel Camilo Vial, que propôs uma co-

---

8 O "Oficio del presidente de la República al presidente del Senado." está incluído em Cámara de Senadores, "Sesión 19, en 11 de julio de 1831. Presidencia de don José Ignacio Cienfuegos", in *AGB*, II, p. 54-55.

9 A recusa de Tocornal foi incluída nos registros do Congresso na sessão de 10 de setembro de 1832, mas antes ele já tinha se manifestado no *El Araucano*, nº 58, 22 out 1831. Ver *AGB*, II, p. 87-91.

10 "Discurso del presidente de la República [Joaquín Prieto] a las Cámaras Legislativas en la apertura del Congresso Nacional [el 1 de junio) de 1833", in *AGB*, II, p. 99-100.

missão, e não um único indivíduo, encarregada da codificação das leis. E ainda acrescentou, no artigo 4 da sua proposta, que "os membros da comissão compilassem só as leis que estivessem em uso atualmente".[11] Certamente, esse era o aspecto mais importante, e o Congresso mostrou-se disposto a seguir adiante quando tudo estivesse esclarecido.

Foi nesse contexto que Bello veio a público pela primeira vez para tratar do assunto da codificação, provavelmente para reforçar a última decisão do governo e manter as discussões nos trilhos. Bello não ficou muito entusiasmado com o convite para a tarefa da codificação; há evidências de que ele considerava mais urgente a reforma judicial do que a da legislação civil.[12] Mas certamente se interessava pelo assunto desde que conhecera Jeremy Bentham em Londres.[13] No caso, seu o artigo intitulado "Codificación del derecho civil" [Codificação do Direito Civil] e publicado no *El Araucano* em 28 de junho de 1833, comprova que ele já havia pensado a respeito da legislação civil e agora pretendia examinar a questão mais detalhadamente.

Bello aceitou a proposta de Vial, principalmente sobre as questões procedimentais e a criação de uma comissão em vez de ter uma só pessoa preparando o projeto do Código Civil. E aproveitou a oportunidade para introduzir alguns conceitos-chave que acalmassem os ânimos tanto dos reformistas radicais quanto dos cautelosos proponentes do método vai-limpando-conforme-avança na organização das leis existentes. Os leitores do primeiro grupo se reconheceram na abertura do artigo:

> Pouca gente precisa ser convencida da necessidade de que nossas leis sejam codificadas. É uma questão que suscita poucas dúvidas, por me-

---

11 Cámara de Diputados, "Sesión 3, en 14 de junio de 1833. Presidencia de don Juan de Dios Vial del Río", in *AGB*, II, p. 100-102.

12 Os artigos de Bello, "Publicidad de los judicios" (1830) e "Proyecto de reglamento de administración de justicia presentado por la Corte de Apelaciones el 1ero de marzo de 1831" (1831-1832), incluídos em seu *OC*, XVIII, p. 439-459, são fortes exemplos de seu apelo de reforma judicial.

13 Bentham tomou a iniciativa de enviar suas ideias sobre legislação civil à missão diplomática composta por Simón Bolívar, Luis López Méndez e Bello em 1810. Bello transcreveu a maior parte dos manuscritos quase ilegíveis e levou o material para o Chile. Em seguida, entregou-o ao historiador Diego Barros Arana, que o arquivou sob o título de "Autógrafos de Bentham". Atualmente está na Sala Medina, Biblioteca Nacional de Chile, Piso 2, Estante 25, Tabla 2, vol. 17, nº 53.

nos que alguém se disponha a pensar na natureza e nos propósitos das leis, e por menos que saiba a respeito delas ou como são postas em prática. Sem esse primeiro passo, o conhecimento das leis jamais será geral, como deveria ser para conduzir efetivamente os cidadãos, nem evitará que eles se tornem instrumentos de opressão. Homens poderosos sabem como usar a lei contra o fraco, e os que são movidos a ganância a usarão contra o insuspeito. Sem este passo anterior, o labirinto de uma legislação como a nossa torna ilusórios e insignificantes os nossos direitos constitucionais. Os juízes sempre terão dúvidas e hesitarão, e em consequência suas sentenças resultarão arbitrárias e inconsistentes. Mas não vamos repetir o que já foi dito sobre esse assunto. O mal é bem conhecido e a urgência de um remédio é universalmente aceita. Se ignorarmos o pequeno número de pessoas que possuem interesses investidos em perpetuar a obscuridade das leis e a inconsistência das sentenças, há um consenso a caminho para curar esta doença arraigada e fatal (OC, XVIII, p. 211).

Ao focar a seriedade do problema, Bello fez eco à frustração dos defensores das soluções radicais. A palavra "codificação" evocava imagens do Código Civil francês e de outras propostas legislativas modernas, como a de Jeremy Bentham, que estimulou vários líderes hispano-americanos a adotá-las.[14] Mas, para Bello, "codificar" significava "compilar", mais do agrado dos membros mais cautelosos do Congresso. Ao comentar as virtudes da proposta de Vial, ele afirma que "o plano de codificação deve ser cuidadosamente diferenciado do plano de reforma"; reformar, neste caso, é reformular o sistema legal. Ele tipifica os problemas desta última abordagem como segue:

> Suponhamos por um momento que queiramos criar um novo sistema jurídico alterando todas as partes do presente sistema que não estejam em concordância com os princípios teóricos da pessoa encarregada de tão grande

---

14 Pedro Schwartz reuniu a correspondência de Bentham com líderes hispano-americanos em seu "La correspondencia ibérica de Jeremy Bentham", in *Bello y Londres*, I, p. 237-64. Aí estão incluídas as cartas trocadas com Simón Bolívar, Francisco de Paula Santander, José de San Martín, Bernardino Rivadavia e José Cecilio del Valle, entre outros. Ver também M. Williford, *Jeremy Bentham on Spanish America: An Account of His Letters and Proposals to the His World*.

tarefa [codificar as leis]. Não é preciso ponderar a imensidão de esforços e de tempo exigida para colocá-lo em prática. Mas, quando terminarem os estudos do nosso legislador-filósofo hipotético, seu trabalho teria que ser submetido ao exame da legislatura nacional, artigo por artigo. Quantos anos uma legislatura tão ocupada necessitaria para examinar todo um corpo de leis, cada um deles levantando questões intricadas e espinhosas, e convidando a longos e contenciosos debates? Legislatura após legislatura enfrentaria essa tarefa interminável e ingrata, e o plano original perderia sua unidade e harmonia. Nesse cenário, seria um mal menor abandonar todo o projeto como inacessível e audacioso, e nos resignarmos a viver para sempre no caos da atual legislação. Isso seria preferível a submeter toda a sociedade aos efeitos incertos de uma legislação ideal, que por sua vez se revelaria ainda mais prejudicial que a antiga (OC, XVIII, p. 212-223).

Ao levantar o espectro dos debates intermináveis e contenciosos, e caracterizar a legislação "ideal" como pouco prática e com potencial politicamente desestabilizador, Bello lança a sua sorte entre aqueles que prefeririam fazer apenas uma poda nas leis em vez de transformar todo o sistema legal, por mais colonialista que fosse. Bello deve ter levado em conta a sua própria experiência na administração colonial em Caracas, mas também os advogados do país que tinham se formado em um sistema que logo seria substituído. A solução que ele apresentou para que o projeto de Vial fosse aprovado é que a antiga legislação fornecia uma ótima base para que as mudanças fossem feitas e que a codificação deveria ser gradual e não radical:

> Mesmo que a legislatura se limite à mera codificação das nossas leis escritas e não escritas, só isso representaria um grande passo para a nossa regeneração social. Alcançar esse objetivo exige apenas trabalho e familiaridade com nosso corpo legal e com os trabalhos de seus principais intérpretes. Onde esses últimos puderem ser divididos, a escolha dos compiladores, mesmo que não seja a melhor, continua representando um bem maior. Elimina a oscilação e a incerteza das sentenças das Cortes e traz uniformidade a suas decisões. O estudo da lei será grandemente facilitado se as leis civis forem dispostas em um *corpus* bem organizado; eliminando inúme-

ros preâmbulos e enunciações repetitivas; eliminando palavras obsoletas e formulações que hoje obscurecem as leis e dificultam o entendimento; e descartando assuntos que não têm, e talvez nunca tenham tido, uma aplicação direta na ordem [i.e., as repúblicas] em que vivemos. O livro de leis circularia então livremente, e os cidadãos teriam acesso a ele quando em dúvida. Também lhes serviria de guia no desempenho de suas dúvidas e na administração de seus interesses (OC, XVIII, p. 213).

Uma declaração como essa nas páginas do periódico oficial do governo, El Araucano, certamente teve um efeito, porque a Comissão Judiciária da Câmara aprovou a proposta de Vial no dia 6 de agosto de 1833, antecipando-se a um parecer favorável por parte do governo. Mais importante ainda, usou os próprios argumentos de Bello para reforçar a praticidade de uma codificação mais limitada que evitaria discussões prolongadas e contenciosas no Congresso sobre particularidades legais.[15] O resultado foi inteiramente satisfatório, mas ainda restavam detalhes tais como de que maneira a tarefa seria realizada e quantos integrariam a comissão proposta.

Diego Portales, que era leitor voraz do El Araucano e cujo respeito a Bello era conhecido, não teve dúvida sobre quem deveria coordenar a preparação do Código Civil. Portales tinha usado a sua influência para persuadir o Congresso a votar a codificação das leis no início de 1832.[16] Dois anos se passaram, ele se cansou de esperar pelos procedimentos parlamentares e buscou meios mais rápidos de completar a tarefa. Quando a Câmara dos Deputados encaminhou o projeto de lei ao Senado em 1834, onde foi imediatamente relegado ao esquecimento, Portales resolveu pedir a Bello que começasse a trabalhar no Código Civil. Como consta das atas das reuniões do Conselho de Estado de 21 de abril de 1836, Bello apresentou vários artigos sobre testamento e sucessão *ab intestato*, "como requisitou o ministro do Interior

---

15 Cámara dos Diputados, "Sesión 16, en 9 de agosto de 1833. Presidencia de don Juan de Dios Val del Río", in *AGB*, II, p. 105-106.

16 Diego Portales para Antonio Garfias, 6 jan 1832, in E. de la Cruz e G. Feliú Cruz (eds.), *Epistolario de don Diego Portales 1821-1837*, I. p. 379. Portales queria reformas além do Direito Civil e especialmente da administração da justiça. Ver também sua carta ao ministro Joaquín Tocornal datada de 6 de julho de 1832, in ibid., II, p. 226-230.

[Portales]".[17] Diferentemente da inércia parlamentar, o Conselho de Estado agiu com presteza e aprovou vários outros artigos nas sessões de 22 e 25 de abril de 1836. O próprio Portales anunciou no Congresso em 23 de agosto de 1836 que o governo não esquecera "a codificação das nossas leis, de cuja necessidade patente o presidente lembrou o Congresso em várias ocasiões".[18] Ele nada disse que convidara Bello para preparar o projeto de um Código Civil, mas isso não foi muito antes de o fato se tornar conhecido.

Havia razões para Portales manter reserva sobre o papel de Bello. Entre outras objeções à participação dele no governo existia a sua situação de estrangeiro, mesmo que ele tivesse se tornado cidadão chileno em 1832. Havia também a questão da sua formação, porque Bello não era formado em Direito.[19] Para remediar este último problema, Bello se candidatou a uma licenciatura em Direito Civil e Canônico na Universidade de San Felipe. Como a universidade não era uma instituição de ensino, sua autoridade foi exercida na forma de uma avaliação da experiência legal do candidato, que Bello não teve nenhum problema em demonstrar. Em 15 de dezembro de 1836, recebeu seu certificado em Direito pelas mãos do reitor Juan Francisco Meneses in *nemine discrepante* (sem objeções).[20] Cumpridas as formalidades, estava apto tanto para trabalhar no código quanto para defender publicamente suas evolucionárias visões sobre codificação. Quando começou a trabalhar nos artigos sobre testamentos e sucessão *ab intestato*, percebeu a necessidade de se fazer uma reforma substancial nas leis, muito mais do que uma compilação. Por volta de 1836, seus artigos sobre questões legais publicados no *El Araucano* começaram a mencionar vários códigos europeus como modelos úteis

---

17 Consejo de Estado,"Sesión del 21 de abril de 1836", in *AGB*, II, p. 129-130.

18 Diego Portales, "Memoria que el ministro de Estado en el Departamento del Interior presenta al Congresso Nacional [el 23 de agosto de] año de 1836", in *AGB*, II, p. 132-133.

19 D. Barros Arana, *Historia Jeneral de Chile*, 16 vols., Santiago de Chile: Imprenta Cervantes, 1902, XVI, p. 69-70.

20 J.T. Medina, *Historia de la Real Universidad de San Felipe de Santiago de Chile*, I, p. 377, 556. Ver também Sergio Martínez Baeza, "El título de bachiller en leyes de don Andrés Bello", in Instituto de Chile (ed.), *Homenaje a don Andrés Bello*, Santiago: Editorial Jurídica de Chile e Editorial Andrés Bello, 1982, p. 697-701.

ao Chile.²¹ É bom notar que Bello estava longe de propor uma reformulação completa das leis, mas a referência aos códigos europeus era um sinal de que ele estava preparado para buscar orientação metodológica em alguns modelos legais estrangeiros.

BELLO, O CODIFICADOR

O assassinato de Portales em junho de 1837 e a guerra contra a Confederação Peru-boliviana diminuíram o ritmo dos trabalhos do Código Civil no Conselho de Estado. Mas quando a atmosfera nacional melhorou, Bello, senador e autor da maior parte do código, estava em uma posição muito mais vantajosa para retomar as discussões sobre a legislação civil.²² Realmente, em 10 de agosto de 1840, Bello introduziu um projeto de lei propondo a formação de uma comissão bicameral composta por dois senadores e três deputados para que os trabalhos sobre o Código Civil fossem retomados.²³ Depois de muita discussão, o enunciado do artigo 12 proposto por Bello afirmava que "o objetivo dos trabalhos da comissão é codificar as leis civis; a comissão organizará as leis em um corpo completo e ordenado, descartará o que for supérfluo e incompatível com as instituições republicanas do país e decidirá entre as interpretações contraditórias da lei".²⁴ Ou seja, o Senado aceitou que os trabalhos se fundamentassem na legislação existente, mas deixando bastante espaço para introduzir as necessárias modificações. Dessa vez, o Congresso agiu com rapidez: as duas câmaras aprovaram o projeto de lei em questões de dias, e o presidente Prieto transformou-o em lei em 10 de setembro de 1840. A comissão bicameral contemplada no projeto era composta dos sena-

---

21 "Reforma judicial", *El Araucano*, n° 324, 18 nov 1836 e "Administración de justicia", *El Araucano*, nᵒˢ 374 (27 out); 375 (3 nov); 376 (10 nov); 377 (17 nov); 378 (24 nov) e 381 (17 dez 1837). Eles estão incluídos em *OC*, XVIII, p. 620-625, e p. 633-658, respectivamente.

22 Bello foi eleito senador em 1837 com 129 votos dos 139 votos eleitorais disponíveis nas nove províncias do Chile. O mandato durou nove anos. Ver G. Urzúa Valenzuela, *Historia política de Chile y su evolucion electoral, 1810-1992*, p. 107.

23 Cámara de Senadores, "Sesión 23, en 10 de agosto de 1840. Presidencia de don Gabriel José Tocornal", in *AGB*, II, p. 160-161.

24 Cámara de Senadores, "Sesión 27, en 24 de agosto de 1840. Presidencia de don Diego Antonio Barros", in *AGB*, II, p. 163.

dores Andrés Bello e Mariano Egaña e os deputados Manuel Montt, Ramón Luis Irarrázaval e Juan Manuel Cobo.

A comissão começou a trabalhar imediatamente – na verdade, no dia seguinte em que a lei foi promulgada. Ela definiu um plano, mas desde o início ficou muito claro que Bello lideraria o processo e que suas recomendações seriam seguidas. Ele já tinha escrito partes importantes do Código Civil, especialmente as seções sobre herança e contratos, de modo que o papel da comissão seria elaborar um anteprojeto bem feito. O progresso, contudo, ainda era lento, e ao longo dos cinco anos de trabalho os membros do grupo foram comparecendo menos assiduamente às reuniões. A principal realização foi fazer uma revisão completa dos livros sobre sucessão e contratos, que Bello organizou e do qual poliu as arestas entre 1846 e 1847. Concluídas duas seções do Código Civil (além de um "Título Preliminar"), ele passou a se concentrar nas demais seções do código, ou seja, a pessoa e a família e a propriedade. Foi o aspecto mais trabalhoso, em parte pelas outras ocupações de Bello e em parte pelas tragédias familiares que serão descritas no Capítulo 7. Apesar das dificuldades, Bello entregou o projeto do Código Civil terminado ao governo em outubro de 1852. Esse trabalho hercúleo foi a sua maior realização individual.

À apresentação do projeto seguiu-se um intenso período de revisão. Em 26 de outubro de 1852, Manuel Montt, ex-membro da comissão e agora presidente da República, nomeou uma nova comissão para fazer a revisão do projeto do Código Civil e as devidas recomendações. Essa nova comissão era composta pelo presidente da Suprema Corte, um juiz da Suprema Corte, um juiz da Corte de Apelação de Santiago e três membros da faculdade de Direito e Ciências Políticas da Universidade do Chile.[25] Como autor do projeto, Bello também integrou a comissão. No mesmo decreto, Montt ordenava a distribuição de cópias do projeto do código (trezentas impressas) a juízes das Cortes altas e baixas de todo o país, e a todos

---

25 Os nomes dos componentes da comissão de revisão eram Ramón Luis Irarrázaval, Manuel Jusé Cerda, Alejo Balenzuela e Diego Arriarán, Antonio García Reyes e Manuel Antonio Tocornal, respectivamente. O juiz Gabriel Ocampo e o juiz da Corte de Apelação de Concepción José Miguel Barriga entraram depois. Ver AGB, I, p. 369-370.

os membros da faculdade de Direito e Ciências Políticas, para que o comentassem.²⁶ A comissão começou a trabalhar em junho de 1853 e terminou em outubro de 1855. Durante os 27 meses de atividade, aconteceram mais de trezentas reuniões, em média três por semana. Este importante investimento de tempo e energia se deveu em parte ao envolvimento do presidente Manuel Montt, que presidiu, à moda napoleônica, todos os procedimentos da comissão.²⁷ À medida que os membros avaliavam e deliberavam sobre as respostas das várias Cortes, Bello fazia as emendas que resultariam na proposta do Código Civil apresentada ao Congresso em 22 de novembro de 1855.²⁸ Foram distribuídas setenta cópias aos membros de ambas as câmaras, acompanhadas por uma mensagem presidencial escrita pelo próprio Andrés Bello. É uma passagem notável, porque descreve os princípios básicos do Código Civil, suas fontes e os procedimentos que foram seguidos. Consideremos os pontos principais:

> Os países modernos e civilizados sentiram necessidade de codificar suas leis. Podemos dizer que esta é uma necessidade periódica das sociedades. Não importa quão completo e perfeito seja um corpo de legislação, a mudança dos costumes, o progresso da própria civilização, as mudanças políticas, a imigração de novas ideias que são precursoras das novas instituições, as descobertas científicas e suas aplicações nas artes e na vida prática, os abusos introduzidos por má-fé que abundam em estratagemas para evadir-se das precauções legais, constantemente criam circunstâncias

---

26 Manuel Montt, "Decreto nombrando la comisión revisora del Código Civil [26 de outubro de 1852]", in *AGB*, II, p. 328. O *Proyecto de Código Civil* foi impresso em Santiago pela Imprenta Chilena em quatro partes separadas entre janeiro e março de 1853. Elas consistem de: (1) Título Preliminar i Libro I, "De Las Personas", 200 pp., janeiro de 1855; (2) Libro II, "De los Bienes, i de su Dominio, Posesión, Uso y Goce", p. 201-328, fevereiro de 1853; (3) Libro III, "De la Sucesión por Causa de Muerte i de las Donaciones entre Vivos", p. 329-492, março de 1853, e (4) Libro IV, "De los Contratos i Obligaciones Convencionales", p.493-831, março de 1853. Esta versão é particularmente importante, porque mostra o trabalho de Bello anterior às contribuições da comissão de revisão e suas próprias mudanças para a versão final. Esta fonte está em ACAB, bandeja 2, caixa 15, n° 718. Foi reimpressa como vol. 12 da primeira edição das *Obras completas* de Bello (1888), com introdução de Miguel Luis Amunátegui Reyes, o sobrinho do biógrafo.

27 A. Edwards, *El gobierno de don Manuel Montt, 1851-1861*, p. 139-140.

28 *Proyecto de Código Civil*, Santiago: Imprenta Nacional, outubro de 1855, 669 pp.

que se somam às anteriores, que as interpretam, expandem e alteram, até que se faça necessário revogar esta massa confusa de elementos diferentes, incoerentes e contraditórios, para lhes conferir consistência e harmonia e relacioná-las à ordem social (OC, XIV, p. 3; SW, p. 270).

Essa introdução é uma interpretação da evolução paralela da lei e da sociedade: onde quer que as mudanças ocorram nesta última, devem ser definitivamente reconhecidas pela primeira. A noção de "necessidade periódica" sugere que o código vigente deve atualizar as leis ainda em vigor e ao mesmo tempo atender às novas realidades, consequência direta da evolução histórica. Bello usou o mesmo argumento para a gramática, porque as línguas, assim como a sociedade, evoluem tanto que se faz necessário um registro constante do novo fenômeno linguístico e uma revisão das regras gramaticais, para formar um todo coerente.[29] Essas mudanças, porém, não devem ser aceitas de maneira leviana; devem ser orientadas por modelos úteis e conhecimento especializado. A mensagem Montt-Bello indica como se deu a codificação das leis chilenas:

> Tentativas desse tipo que estão em curso neste último século, e seus resultados em geral afortunados, inspiraram-nos a empreender um trabalho similar, com a vantagem de podermos utilizar a experiência e o conhecimento de outros países. Como todos sabem, os trabalhos começaram alguns anos atrás. Quando o projeto de lei foi finalmente apresentado, eu o submeti ao exame de uma comissão de magistrados e juristas que dedicaram a esse trabalho um zelo e uma assiduidade tão grandes que não sei se entre nós seriam encontrados outros exemplos (OC, XIV, p. 3-4; SW, p. 270).

Se a passagem acima garante aos membros do Congresso que o Código Civil que tinham diante de si era produto de trabalho e deliberação

---

29 O linguista Rod Mengham estabelece outra relação entre língua e propriedade que merece ser mencionada. Os códigos civis são instrumentos de organização e utilização da propriedade privada, e a propriedade é "impensável sem a ação da memória, uma forma de controle do tempo que acaba levando aos sistemas de patrimônio e à instauração de leis de sucessão" (Rod Mengham, *On Language: Descent from Tower of Babel*, Boston: Little, Brown and Company, 1993, p. 151). A insistência de Bello na legislação civil tem relação com o desejo de oferecer segurança às questões de propriedade, e parte dessa segurança reside na clareza do enunciado da lei.

constantes, também introduzia a questão dos modelos estrangeiros e da inovação, que no passado tinha sido, e tinha potencial para ser, um ponto de discórdia. A mensagem afirma peremptoriamente: "Não queremos meramente copiar qualquer porção de outros códigos modernos. Eles são usados sem perder de vista as circunstâncias peculiares do nosso país." (OC, XIV, p. 4; SW, p. 271). A mensagem prossegue, mostrando metodicamente quais inovações tinham sido adotadas e que modelos foram seguidos em cada uma das principais seções da proposta. Talvez a maior inovação, já no final, era que, "seguindo o exemplo de quase todos os códigos modernos de Direito, nós removemos o costume da força da lei" (OC, XIV, p. 4; SW, p. 271). Ou seja, práticas e tradições inveteradas não tinham mais sanção legal a menos que fossem contempladas na lei escrita. Isso incluía o uso da propriedade, as dívidas, os contratos e uma miríade de outras atividades diárias no âmbito civil.

A nova lei escrita conservava muita coisa da legislação colonial espanhola, mas adotava algumas provisões de outros códigos. Por exemplo, na seção referente à pessoa, foi adotada uma combinação de Direito Romano, Direito Canônico e Código Civil francês na classificação da condição dos filhos como legítima, natural e ilegítima. O Direito Canônico foi seguido quanto à validade do matrimônio, mas a provisão dos direitos civis dos filhos nascidos fora da instituição seguiu o código francês e o Direito Romano. Nota-se a presença de outros códigos modernos também na seção sobre a propriedade, embora novamente de forma limitada e para casos específicos. Por exemplo, o Código Civil francês e o código da Sardenha serviram de modelo para as questões voltadas aos direitos de passagem e uso e distribuição da água, por serem considerados os mais adequados para incentivar o cultivo da terra (OC, XIV, p. 13-14; SW, p. 279). A seção sobre herança se aproximava do Direito Romano e do *Siete Partidas* espanhol do século XIII, mas atenuava alguns limites relativamente aos deveres das esposas viúvas e oferecia várias fórmulas para a distribuição de bens entre viúvas e filhos (OC, XIV, p. 14-15; SW, p. 279).

Sobre os contratos e as obrigações, o código chileno tomou alguns aspectos, como a anulação e a rescisão de contratos, do Código Civil francês. Seguiu os códigos da Sardenha, o Duas Sicílias, e novamente o código francês sobre contratos e obrigações envolvendo filhos menores e naturais. Sobre como se deu a escolha de um dos códigos nessa seção, a mensagem afirma que "como regra geral, o [*Siete*] *Partidas* e o Código Civil francês são as luzes que constantemente nos têm guiado. No que eles diferem, escolhemos o que nos pareceu mais adaptável e conveniente [às nossas circunstâncias]" (OC, XIV, p. 19; SW, p. 283-284). Aqui entram em cena o papel da comissão e as respostas das várias Cortes para a elaboração da versão final do Código Civil chileno. Por mais exaustivo que tenha sido o processo de consulta, ainda restava a questão da aprovação no Congresso. Concluindo, a mensagem presidencial aborda o delicado problema de como a proposta seria considerada, se em sua totalidade ou se em partes:

> O projeto de lei está sendo apresentado aos senhores após ter sido discutido à exaustão e modificado por uma seleta comissão que se preocupou muito com a precisão e [é] merecedora da confiança do público. A discussão de um trabalho dessa natureza nas câmaras legislativas adiaria sua promulgação por um tempo muito longo, quando ele já é uma necessidade imperiosa; e ao final, a legislatura talvez não conferisse a unidade, a concordância e a harmonia que são suas características essenciais. Eu não tenho a pretensão de oferecer um trabalho perfeito a esse respeito; nenhum trabalho assim já saiu da mão do homem. Mas não temo pronunciar um julgamento de que, com a adoção do presente projeto de lei, uma grande parte das dificuldades que no momento obstruem a administração da justiça civil desaparecerá. Um grande número de ações judiciais será cortado pela raiz, e o braço jurídico ganhará mais confiança e veneração quando tornar patente a concordância das suas decisões com os preceitos legais (OC, XIV, p. 21; SW, p. 285).

O projeto do Código Civil foi bem recebido no Senado. Na sessão de 28 de novembro de 1855, o presidente da casa Diego Benavente enfrentou a questão da aprovação de frente, afirmando que uma discussão detalhada do código levaria anos e destruiria a harmonia do todo. Pediu a sua aprovação, afirmando que seu endosso se baseava no fato de que "é o trabalho de um homem culto [Andrés Bello] que honra o Chile; foi revisto pelos juristas mais respeitados do nosso país e sob a supervisão do próprio presidente da República". O Senado votou e aprovou por unanimidade o projeto de lei.³⁰ A Câmara dos Deputados, porém, foi menos receptiva. Na sessão de 29 de novembro, um congressista afirmou que não votaria porque não sabia absolutamente nada sobre o assunto, uma declaração não de humildade, mas de falta de interesse pelo próprio empreendimento. O Congresso foi obrigado a aceitar o adiamento da discussão por 32 votos contra oito.³¹ No dia seguinte, o *El Mercurio* publicou um artigo repetindo os argumentos de Benavente e apelou ao patriotismo dos deputados para que tomassem uma atitude em relação ao projeto de lei.³² O Congresso deve ter sentido certa pressão, porque se reuniu no dia 1º de dezembro e retomou a discussão. O projeto de lei foi aprovado, mas introduzindo uma série de mudanças procedimentais referentes à distribuição de cópias e a data em que o código entraria em vigor. Essas táticas no passado tinham o efeito de adiar as decisões indefinidamente. No dia 3 de dezembro, o Senado insistiu em que o projeto de lei fosse aprovado inteiramente, incluindo especificidades como o número de cópias e a data. Dessa vez, a Câmara Baixa se moveu mais rápido e em três dias o projeto de lei do Senado estava aprovado.³³ O presidente Manuel Montt transformou o Código Civil em lei quase imediatamente.

O Código Civil da República do Chile entrou em vigor no dia 1º de janeiro de 1857. Bello fez as últimas revisões na primeira metade de 1856 e entregou a primeira edição oficial em maio de 1856. As cópias foram distribuídas no Congresso, nas cortes de Justiça e nas várias secretarias do governo. Continham quatro seções, além de uma introdução, compostas de 2.525 artigos distribuídos em 104 subsessões.³⁴ Após 22 anos de trabalho, Bello pode considerar sua obra concluída, embora continuasse esclarecendo várias dúvidas sobre o significado de alguns

---

30 Cámara de Senadores, "Sésion 3, Extraordinaria en 28 de noviembre de 1855. Presidencia del señor Benavente", in *AGB*, II, p. 367-368.

31 Cámara dos Diputados, "Sesión 4, Extraordinaria, en 29 de noviembre de 1855. Presidencia del señor Ochagavía,", in *AGB*, II, p. 369.

32 *El Mercurio*, nº 8.502, 30 nov 1855, in *AGB*, II, p. 369-371.

33 Cámara dos Diputados, "Sesión 6, Extraordinaria, en 6 de diciembre de 1855. Presidencia del señor Ochagavía", in *AGB*, II, p. 380-381.

34 Para um exame da estrutura do Código Civil, ver Máximo Pacheco, "Don Andrés Bello y el Código Civil de Chile", in *Bello y Chile*, II, p. 215-232.

artigos do código. Ele também fez algumas reflexões sobre o que tinha e o que não tinha sido abordado no Código Civil do Chile. Em uma carta a um político e amigo colombiano, Manuel Ancízar, datada de 11 de outubro de 1856, explicou:

> Acredito que o novo Código [Civil chileno] tenha algumas poucas coisas que serão aceitas pelos patriotas de Bogotá. Em relação aos matrimônios e divórcios, não fizemos nenhum progresso, nem seria possível fazer. Em vez disso, fizemos um código mais jurídico, para que o espírito e a aplicação das suas regras ficassem mais fáceis de entender. O que talvez nele seja julgado de maneira mais complacente é a abolição das restituições *in integrum*, e a introdução da propriedade territorial, de hipotecas e outros direitos [de propriedade] reais (OC, XXVI, p. 338-339; SW, p. 292).

O comentário de Bello sobre casamentos e divórcios referia-se à decisão tomada por ele próprio e pelo governo Montt de manter o Direito Canônico como a principal fonte definidora do matrimônio. O necessário cuidado em relação a esse assunto logo se justificou com a crise do pleno direito entre Igreja e Estado que explodiu em 1856.[35] Obviamente, ainda não era hora de o Chile introduzir uma legislação progressiva sobre matrimônios, registros civis e cemitérios. Bello também não estava totalmente satisfeito com o resultado da legislação sobre sucessão, porque era um defensor da liberdade para designar beneficiários em testamentos. Em vez disso, o código chileno contemplava atribuições obrigatórias que dependiam da quantidade de parentes sobreviventes. Apesar dessas lacunas, Bello contabilizou grandes vitórias ao reconhecer os direitos dos filhos nascidos fora do casamento sancionado pela Igreja e ao remover obstáculos para a circulação da propriedade abolindo os *mayorazgos* (a vinculação dos bens). A eliminação destes últimos é considerada uma grande vitória, porque duas tentativas anteriores, em 1818 e 1828, tinham causado grande inquietude entre os proprietários de terras que

---

35 Para um exame dessa crise, que referia-se à jurisdição das Cortes civis sobre assuntos eclesiásticos, ver A. Edwards, *El Gobierno de don Manuel Montt*, p. 180-190. Ver também S. Collier, "Religious Freedom, Clericalism and Anticlericalism in Chile, 1820-1920", in Richard Helmstadter (ed.), *Freedom and Religion in the Nineteenth Century*, Stanford: Stanford University Press, 1997, p. 302-338.

receberam esse privilégio real no período colonial. Ao converter os *mayorazgos* em ativos líquidos e produtivos, Bello conseguiu tranquilizá-los de que suas propriedades não seriam perdidas. É óbvio que o interesse de Bello nessa questão era eliminar o privilégio de poucos e assegurar o caráter soberano da propriedade privada.[36] O princípio de igualdade em termos civis (distinto de político) estava firmemente estabelecido em áreas como a capacidade de adquirir e dispor da propriedade e participar de contratos independentemente de raça, classe ou origem nacional.[37] Além disso, o trabalho de Bello sobreviveu às manobras parlamentares e ao exame criterioso dos principais juristas do país. Sua maior realização não teria ocorrido sem o apoio inicial de Diego Portales e a dedicação de Manuel Montt, primeiro como membro da comissão original e depois como presidente do país supervisionando pessoalmente os procedimentos da comissão revisora. Mas o código também foi bem-sucedido graças à extraordinária erudição de Bello e à clareza de seus princípios fundamentais, especialmente se comparado à legislação anterior. É pertinente examinar aqui as fontes usadas por Bello, porque elas ressaltam a centralidade do Direito Romano na sua versão do Código Civil.

Os fundamentos do Direito Romano no Código Civil

Na mensagem presidencial em que o Código Civil foi apresentado, Bello afirmou que as fontes principais para sua elaboração foram o espanhol *Siete Partidas* e o Código Civil francês. O mais importante, porém, é ir além da semelhança entre artigos específicos e buscar a filosofia que há por trás desses códigos.[38] Seria realmente difícil entender o trabalho

---

36 As intervenções de Bello sobre os *mayorazgos* no Senado estão incluídas em OC, XX (Labor en el Senado), p. 607-67. Ver também Norma Mobarec Asfura, "Bello y la leyes de exvinculación", *Homenaje a don Andrés Bello*, p. 651-656; M.C. Mirow, "Borrowing Private Law in Latin America: Andrés Bello's Use of the *Code Napoléon* in Drafting the Chilean Civil Code", *Louisianna Law Review*, vol. 61, nº 2, inverno de 2001; e A.J. Bauer, *Chilean Rural Society from Spanish Conquest to 1930*, p. 21,25.

37 P. Lira Urquieta, "Bello y el Código Civil", in *Estudios sobre la vida y obra de Andrés Bello*, p. 108. Lira expandiu sua análise do Código Civil na sua "Introduccion al Código Civil de Andrés Bello", in OC, XIV, p. xiii-lxii.

38 Uma comparação entre os códigos chileno e francês foi feita por Miguel Elizalde, *Concordancias de los articulos del Código Civil chileno entre si y con artículos del Código francés*, Santiago: Imprenta de la Libertad, 1971. Os juristas franceses Raoul de la Grasserie e Henri Prudhome

legislativo ou a própria agenda intelectual de Bello sem se referir à importância que ele dava ao Direito Romano. O *Siete Partidas* é o melhor exemplo da reintrodução do Direito Romano na Espanha no século XIII. Em 1839, Bello declarou que o *Siete Partidas* "abarca o melhor da jurisprudência romana".[39] O Código Civil francês também foi inspirado no Direito Romano, e Bello sabia disso pela análise que ele próprio fez do documento e pelos trabalhos de estudiosos europeus como Jean Etienne Marie Portalis e Friedrich Karl von Savigny. Seu primeiro contato com o Direito Romano, como se viu no Capítulo 2, foi durante seus estudos do *Poema de Mio Cid* ainda em Londres. No Chile, introduziu o estudo do Direito Romano e assinou um manual sobre o assunto em 1843. Alejandro Guzmán Brito afirmou: "O Direito Romano infiltrou-se por todos os ângulos, e por essa razão o Código Civil é um documento totalmente e completamente romanista".[40]

Bello apreciava o Direito Romano por ter dado origem à legislação espanhola e especialmente ao *Siete Partidas*. A continuidade com o passado sempre foi importante para ele, e grande parte da legislação espanhola podia ser rastreada diretamente até a sua fonte original. Como consequência, as inovações na lei que provocassem rupturas estariam firmemente enraizadas na tradição. A longa história do Direito Romano e sua incorporação nos códigos modernos conferiu uma legitimidade histórica a mais à reforma da legislação espanhola. Legislação que a partir do Direito Romano adquirira características peculiares reconhecendo grupos corporativos, prerrogativas locais e mandatos imperiais, os quais

---

editaram, traduziram e comentaram o Código Civil chileno em 1896 e 1904, respectivamente. Uma versão anterior em inglês do Código Civil francês tirada diretamente do documento de 1804 é o *Code Napoleon: Being the French Civil Code*, editado e traduzido para o inglês por Robert Samuel Richards (Londres: Wildy and Sons, 1851). Uma parte significativa do código francês não foi alterada (53%). Ver *The French Civil Code: A Revised Edition*, trad. e intr. de John H. Crabb, Littleton, C.O.: Fred B. Rothman & Co., 1995.

39 A. Bello, "Orden lógico de los códigos (Sobre unos artículos de la crónica judicial de *El Mercurio*)", in OC, XVIII, p. 78. Foi originalmente publicado em *El Araucano*, 6 dez 1839. Bello possuía uma cópia do *Siete Paradas* compilada por Gregorio López de Tovar e impressa em Madri em quatro volumes em 1829. Ver B.L. Velleman, *Andrés Bello y sus Libros*, p. 209. Ver também Aristóbulo Pardo, "Andrés Bello y las Siete Partidas", in *Homenaje a don Andrés Bello*, p. 531-541.

40 AGB, I, p. 421. Sobre o Direito Romano particularmente e a lei civil em geral ver J.H. Merryman, *The Civil Law Tradition: An Introduction to the Legal System of Western Europe and Latin America*.

deixaram de ser relevantes para as realidades da América espanhola independente. Bello viu a necessidade de retornar à relativa pureza da legislação civil romana. Além disso, o Direito Romano era renomado por seu racionalismo, por seus procedimentos claros e por encorajar o livre movimento da sociedade. E também era muito apreciada pela praticidade com que abordava questões de sucessão e obrigações contratuais.[41]

Em seu importante discurso de inauguração da Universidade do Chile, quando Bello já estava trabalhando oficialmente no Código Civil, ele ratificou o ensino do Direito Romano como "o melhor aprendizado da lógica judicial e forense" (OC, XXI, p. 13; SW, p. 131). E citou as defesas do Direito Romano feitas pelo intelectual francês Jean Louis Eugène Lerminier, "ninguém pode ser acusado de parcialidade com relação às antigas doutrinas", e por Leibniz, para quem "a jurisprudência romana é tão precisa quanto a geometria" (OC, XXI, p. 13-14; SW, p. 132). Em seu discurso quinquenal na Universidade do Chile em 1848, ele voltou ao tema e estabeleceu uma relação ainda mais direta do Direito Romano com a codificação moderna:

> Eu gostaria, cavalheiros, que o estudo da jurisprudência romana fosse bem mais longo e profundo. Considero isso fundamental. Para materializar todo o seu potencial, não basta aprender a terminologia ou adquirir um conhecimento superficial das regras e prescrições quase sempre inaplicáveis às nossas circunstâncias. O objetivo final [do ensino do Direito Romano] é treinar juristas científicos. O aprendizado da sua lógica específica, tão necessária para a interpretação e a implementação das leis, constitui o caráter que distingue a jurisprudência dos romanos. Para isso, temos que treinar os estudantes no método histórico para que eles consultem as fontes diretamente. Eu estaria abusando da paciência dos senhores se eu recomendasse esse método citando a autoridade dos eminentes juristas da nossa época. Nem acho que seja necessário refutar quem não crê na utilidade prática do Direito Romano, especialmente nos países [hispano-americanos] cuja legislação civil não passa de uma manifestação, até mesmo uma cópia da legislação romana. Quero dizer que em momento algum seu estudo foi mais apreciado ou mais amplamente recomendado, até pela prática jurídica e

---

41 AGB, I, p. 69.

forense. Citarei apenas Savigny para mostrar quão habilmente os juristas franceses usam o Direito Romano para ilustrar e ampliar seu Código Civil, seguindo a esse respeito o próprio espírito daquele código (OC, XXI, p. 68).

Esse discurso é a prova de que Bello via o Código Civil que estava sendo preparado como um trabalho que dependia diretamente do Direito Romano. Não só para entender o Código Civil, mas para legitimar seus argumentos legais historicamente, os estudantes deveriam ser treinados em Direito Romano. Como já dissemos, Bello foi muito influenciado pelo intelectual alemão Friederich Karl von Savigny quando redigiu o Código Civil.[42] Também seguiu Johannes Gottlieb Heineccius, cujos *Elementa Iuris Civilis Secundum Ordinem Institutionum* (1727) e *Recitationes in Elementa Iuris Civilis* (1765) foram muito citados e dos quais ele tinha cópias.[43] O seu *Instituciones de Derecho Romano* (1843) foi baseado nos *Institutes* de Heineccius, mas o trabalho de codificação assimilou informações do *Corpus Iuris Civilis*, a massiva reorganização do Direito Romano realizado pelo imperador Justiniano (527-565 a.C.), que incluía as Institutas, o Digesto, o Código e as Novelas.[44] O prestígio da legislação romana foi articulado com eloquência pelo historiador britânico Edward Gibbon. Ele não era particularmente amigo do Império Romano, mas começa o seu clássico estudo sobre o Direito Romano afirmando que "as leis de uma nação são a parte mais instrutiva de sua história; e embora tenha me dedicado a escrever os anais de uma monarquia em declínio, receberei de braços abertos

---

42 Bello conhecia esse autor principalmente pelas traduções francesas. Ele citou, e tinha em sua biblioteca, as seguintes obras de Savigny: *Histoire du Droit Romain au Moyen Âge*, 3 vols., Paris: E. B. Delanchy, 1839); *Traité de Droit Romain*, 8 vols., Paris: Firmin Didor Frères, 1840-1851; e *Traité de la Possession en Droit Romais*, Paris: Fain et Thunot, 1845.

43 Exame dos manuscritos de Bello sobre Direito Romano revela referências constantes e consistentes tanto a Heineccius quanto Savigny. Ver ACAB, bandeja 2, caixa 20, nº 746. Uma lista dos livros sobre o assunto está em B.L. Velleman, *Andrés Bello y sus Libros*, p. 188. Para um exame mais completo das fontes que Bello usou para os estudos de Direito Romano, e especialmente o papel de Heineccius, ver H. Hanisch Espíndola, "Fuentes de *Instituciones de Derecho Romano* compuestas por Andrés Bello y publicadas sin nombre de autor", in *Bello y Chile*, II, p. 75-138.

44 O cerne do Direito Civil Romano está na Súmula. Para uma edição recente em língua inglesa ver Alan Watson (ed.), *The Digest of Justinian*, 2 vols., Filadélfia: University of Pennsylvania Press, 1998.

o momento de respirar o ar puro e revigorante da república".⁴⁵ Bello concordava, porque o Direito Romano, especialmente os códigos de Justiniano e os comentários de juristas europeus subsequentes constituíam os fundamentos da sua filosofia legal.

Para Bello, a questão legal crucial é que, no contexto político da pós-independência, a ordem republicana não precisava seguir o modelo da experiência revolucionária francesa porque a tradição republicana romana seria muito mais útil. O grande feito do Império Romano foi sofisticar o seu sistema legal ao ponto de permitir que os cidadãos proprietários participassem dos assuntos públicos para se prevenirem de ações arbitrárias por parte do Estado. Na América espanhola, onde as guerras da independência e a instabilidade política subsequente eram ameaças constantes à propriedade e à segurança, o Direito Romano servia como um instrumento de defesa para protegê-las bem como proteger a centralidade da cidadania. Era um plano de ação eficiente para acordos sociais e políticos enraizados tanto na tradição quanto nas exigências de uma economia liberal emergente.⁴⁶

Alamiro de Avila Martel, notório estudioso do Direito Romano de Bello, afirma que "o sucesso do Código Civil de Bello está intimamente ligado ao seu ponto de vista legal de base romana e, particularmente, à sua aderência à Escola Histórica".⁴⁷ Um método que permitiu a Bello remover todo o excesso que existia em torno da legislação fundamentalmente romana vigente no Chile e na América espanhola, e dessa maneira fazer com que a nova codificação soasse familiar, portanto, aceitável, para a maioria dos juristas. Ele fez isso por ser politicamente conveniente, mas para fins de ensino e treinamento, de codificação e em termos de seus próprios interesses intelectuais, o Direito Romano esteve presente em todo o seu trabalho. No longo prazo, tanta relevância teria implica-

---

45 E. Gibbon, *The History of the Decline and Fall of the Roman Empire*, ed. Por David Womesley, 3 vols., Londres: Allen Lane/The Penguin Press, 1994, II, p. 779.

46 Um estudo impressionante sobre as tradições legais e as questões voltadas para a propriedade na Argentina é de J. Adelman, *Republic of Capital: Buenos Aires and the Legal Transformation of the Atlantic World*.

47 A. de Avila Martel. "Bello y el Derecho Romano", in *Estudios sobre la vida y obra de Andrés Bello*, p. 96. Ver também Sandro Schipani, "Andrés Bello romanista-institucionalista", in *Bello y el derecho latinoamericano*, p. 205-258.

ções nos estudos da lei chilena, porque os autores que se seguiram tiveram que confiar muito na jurisprudência romana para explicar o Código Civil. Os tesouros da literatura sobre o assunto no século XIX têm como exemplo *Exposición razonada y estudio comparativo del Código Civil chileno* (1868), de Jacinto Chacón, *Explicaciones de Código Civil destinadas a los estudiantes del ramo en la Universidad de Chile* (1882), de Paulino Alfonso, e *Código Civil de la República de Chile comentado y explicado* (1892-1897), de Robustiano Vera. O tratado do próprio Bello sobre Direito Romano continuou sendo o manual oficial até 1902.[48]

A DIFUSÃO DO CÓDIGO NA AMÉRICA LATINA

Exatamente porque a matriz romana era a base da legislação ainda vigente na América espanhola após a independência é que o Código de Bello provou ser a um só tempo aceitável e adaptável aos outros países da região.[49] Com exceção de breves experiências de adoção do Código Civil francês em Oaxaca (1827), na Bolívia (1831) e na Costa Rica (1841), a maioria dos países da América espanhola continuou usando a legislação que possuía. E se viram diante do mesmo dilema: como manter as tradições legais já incorporadas e ao mesmo tempo adaptá-las às novas estruturas políticas republicanas? O cuidadoso equilíbrio que Bello alcançou entre um e outro, combinado com uma referência consistente ao Direito Romano, logo chamou a atenção de outros países. Da Colômbia, Manuel Ancízar escreveu a Bello em 10 de julho de 1856:

> Pessoas de várias partes expressaram o desejo de conhecer o Código Civil que o senhor preparou para o Chile e pediram que eu requisitasse uma cópia. Estou certo de que a sua generosidade atenderá a um desejo tão louvável, porque é preciso tirar proveito da sabedoria dos outros países e especialmente das doutrinas legais da nossa América do Sul. É também um primeiro passo para a tão desejada *unidade social* do nosso continente (OC, XXVI, p. 334).

---

48 A. Guzmán Brito, "El Código Civil de Chile y sus primeiros intérpretes", *Revista Chilena de Derecho*, vol. 19, nº 1, 1992, p. 81-8 e H. Hanisch Espíndola, "Los ochenta años de influencia de Andrés Bello en la enseñanza del Derecho Romano en Chile", in *Homenaje a don Andrés Bello*, p. 469.

49 José María Vázquez, "El Código Civil de Bello, factor de unidad", in *Bello y el derecho latinoamericano*, p. 333-342, e M.C. Mirow, "Borrowing Private Law...", op. cit.

Bello ficou feliz com o interesse e respondeu em 11 de outubro de 1856 que tinha conseguido quatro cópias para enviar a Ancízar.[50] Este último acusou o recebimento em 13 de março de 1857 e pediu ao Legislativo colombiano que cópias fossem impressas e distribuídas aos vários estados.[51] Em seguida, o Código Civil do Chile foi adotado nos estados de Santander em 18 de outubro de 1858, Cundinamarca e Cauca em 1859, Panamá em 1860, Boyacá em 1864 e Antioquia em 1865. Em 1873, o Congresso Nacional reconheceu o uso disseminado do Código de Bello e declarou-o válido para toda a República. Não se pode esquecer que a Colômbia dessa época era uma república federativa e os estados constituintes podiam escolher a legislação que considerassem mais adequada. Quando Rafael Núñez retornou ao país para centralizar o governo em 1886, só fez confirmar a validade do Código Civil, que foi promulgado como Direito Nacional em abril de 1887.[52]

El Salvador também aprovou o Código Civil do Chile em agosto de 1859, mas com ligeiras modificações. Nicarágua e Honduras promulgaram o código em 1861 e 1880, respectivamente. Em 1863, a Venezuela adotou o Código de Bello, mas ele logo deixou de existir com a queda do governo de José Antonio Páez naquele mesmo ano. Teve vida mais longa no Panamá, onde continuou em vigor depois que a região se separou da Colômbia e se tornou independente em 1903. Talvez a melhor ilustração da aceitação do Código de Bello seja o Equador, onde a Suprema Corte simplesmente abriu mão de seu próprio projeto de codificação

---

50   Bello para Manuel Ancízar, 11 out 1856, in OC, XXVI, p. 337-339. Bello pediu ao Ministério das Relações Exteriores que enviasse as cópias e, provavelmente, recomendou que fossem enviadas também a outros países. O ministro Francisco Javier Ovalle enviou-as para Peru, Bolívia, Argentina, Paraguai, Uruguai, Equador, Venezuela e México em 10 de outubro de 1856. Ovalle mandou cópias também para Costa Rica, El Salvador, Guatemala, Honduras e Nicarágua em 23 de março de 1857. Ver AGB, II, p. 392-393 e 398-399.

51   Manuel Ancízar para Andrés Bello, 13 mar 1857, in OC, XXVI, p. 350-352. Ancízar recebeu quatro cópias enviadas de Lima e pediu a Bello que ignorasse o pedido anterior. É possível que tenham sido as mesma cópias, mas que só passaram antes por Lima.

52   Enrique Balmes Arteaga, "Don Andrés Bello y el Código Civil", in *Bello y Chile*, II, p. 247. Balmes nota algumas modificações introduzidas no Código colombiano, que já em 1873 diferiu do chileno ao criar o casamento civil, que não existiu no Chile até 1884. Ver também seu "El Código de Bello en Colombia", *Homenaje a don Andrés Bello*, p. 711-732 e Bernardino Bravo Lira, "Difusión del Código Civil de Bello en los Países de Derecho Castellano y Portugués", in *Andrés Bello y el derecho latinoamericano*, p. 363-364.

quando tomou conhecimento de sua existência. Para explicar seu ato ao Executivo, o relatório da Suprema Corte afirma:

> Soubemos que esta República irmã [o Chile], que tem as mesmas origens, língua, tradições e legislação que a nossa, determinou fundir-se em um só corpo a multiplicidade de leis referentes às questões civis, aperfeiçoadas pelo conhecimento moderno e ajustadas às instituições e tradições predominantes na América [espanhola]. Estamos cientes de que este trabalho foi encomendado a um douto colombiano [sic], o sr. Andrés Bello [...]. A Suprema Corte, isenta de orgulho e vaidade como é, crê não haver mal algum em *adotar* o que já vem sendo feito. Por isso não hesita em recuar, deixar de lado seu próprio trabalho para examinar o Código [chileno]. E concluiu que seu plano é preferível ao da Corte e que suas doutrinas e até o estilo podem ser adotados por nós, introduzindo apenas leves variações que são exigidas pelas diferenças de circunstâncias e em nome da clareza.[53]

Outros países da região não aprovaram o Código de Bello tão integralmente quanto o Equador, mas usaram partes dele ou recorreram a ele para criar os seus. Bernardino Bravo Lira encontrou uma influência substancial de Bello nos Códigos Civis de Uruguai (1869), Argentina (1869) e Paraguai (1876) e em *Consolidação das Leis Civis* (1858) e *Esboço de Código Civil* (1860-1865) de Augusto Teixeira de Freitas, do Brasil. Considerações ao trabalho de Bello nas codificações de México (1871 e 1884), Venezuela (1873 e 1916), Guatemala (1877) e Costa Rica (1888) são a prova de que seu Código Civil tornou-se referência obrigatória nos países hispano-americanos e no Brasil.[54] É claro que usos tão variados do código, da consulta à promulgação final, sugerem que a concepção de Bello de legislação civil como um meio-termo fundamental entre a tradição e a mudança, com uma grande infusão do Direito Romano, serviu de modelo para os países que emergiam da desagregação do Império Ibérico.

Seria um exagero, porém, afirmar que o Código Civil de Bello teve o mesmo efeito no Chile e em toda a região. O Chile era o único que

---

53 O documento, datado de 21 de fevereiro de 1857, é citado por B. Bravo Lira, "Difusión...", op. cit., p. 365-366.

54 Bravo Lira, "Difusión...", op. cit., p. 368-373. Ver também AGB, I, p. 466-469 e C.M. Mirow, "Borrowing Private Law...", op. cit.

estava preparado para adotar e por em prática o novo código de Direito Civil graças ao poder comparativo das suas instituições políticas, do seu tamanho razoável e por seu próprio isolamento dos fatores internacionais desestabilizadores. Outros países do hemisfério não tinham as mesmas vantagens nesses aspectos. Mas é bastante significativo que tantos tenham recorrido ao trabalho de Bello para organizar sua própria legislação civil. O fato de não terem tido o mesmo sucesso não diminui a importância das suas aspirações por um corpo de leis que reconhecesse os desafios específicos da América espanhola pós-independência, especialmente os que se interessavam pelos os direitos da propriedade, ou por terem conseguido introduzi-lo em suas estruturas políticas.

Direito e cidadania

O Código Civil foi a grande contribuição de Bello para a história legal chilena e espanhola. Mas a legislação civil foi apenas uma das suas áreas de interesse legal. Durante os 28 anos em que serviu no Senado, Bello foi o principal motor por trás de uma incrível variedade de legislação, aí incluídos comércio internacional, aduana, exploração de recursos naturais, criação de missões diplomáticas, migração interna, estatísticas e arquivos, pesos e medidas, política monetária e pensões, entre inúmeras outras legislações.[55] Todas elas eram áreas que uma república emergente como o Chile tinha que levar em consideração, razão pela qual a inspiração prática para a sua adoção não exige maiores demonstrações. Mas a concepção que Bello tinha do Direito, como o princípio organizador da sociedade, nos leva agora a examinar a sua agenda de construção de nação da América espanhola pós-colonial, onde o Direito ocupa um papel tão fundamental quanto a língua. Está claro que Bello se baseou no Direito Romano para elaborar o Código Civil. Mas qual foi a motivação por trás de tantas outras propostas legislativas e, em última análise, a defesa que ele fazia do Estado de direito?

---

55 Para um exame das atividades legislativas de Bello, ver Tomás Polanco Alcántara, "Bello, legislador", in *Bello y Chile*, II, p. 251-262. Ver também R. Donoso, "Prólogo", in *OC*, XX [Labor en el Senado], p. xi-xxvii e R. Caldera, "El pensamiento jurídico y social de Andrés Bello", in *OC*, XVIII, p. xiii-lxxvi.

A concisa definição de lei no Código Civil do Chile é um excelente ponto de partida para examinar essa questão. O artigo 1 afirma: "A lei é uma declaração do desejo soberano que na forma prescrita pela Constituição comanda, proíbe e permite." (OC, XIV, p. 27). O princípio fundamental desse enunciado é definir o governo como um representante por meio do qual a legislatura elabora as leis de acordo com os sentimentos da maioria dos eleitores, mas dentro dos parâmetros constitucionais estabelecidos pela Constituição. No Chile, a Constituição de 1833 dava ao Executivo ampla margem para agir, mas só a legislatura promulgava as leis. O governo agiu rapidamente quando a segurança do Estado se viu ameaçada, suspendendo as garantias constitucionais em inúmeras ocasiões na década de 1830 e 1840. Mas quanto à adoção da legislação civil, ou de qualquer outra legislação, o Executivo teve que esperar pacientemente pela aprovação do Congresso. Embora isso causasse grande frustração nos círculos governamentais, o papel do Executivo restringia-se a convencer.

Bello reconhecia tão bem essa realidade que provou ser adepto de manobras dentro desses parâmetros institucionais para alcançar os objetivos desejados: escreveu discursos presidenciais instando a legislação, divulgou-a na imprensa e no Senado e acabou redigindo-a ele mesmo. Mas ao mesmo tempo estimulou uma concepção de lei que implicava a criação de cidadania em um contexto republicano. Vários textos e ações de Bello sugerem que, se o valor da lei não é internalizado, não há uma sociedade digna do nome. No ensaio "Observancia de las Leyes" [Observância às Leis] (1836), ele articula a mais eloquente declaração nesse sentido. Perguntando a si mesmo o que seria considerado pátria, afirma:

> Certamente o solo sobre o qual nascemos não é necessariamente a nossa pátria, nem é o lugar que escolhemos para passar a nossa vida. Nós mesmos também não somos a pátria, porque não nos bastamos para suprir todas as nossas necessidades; e nem podemos ver as pessoas com as quais convivemos como um povo sem lei, porque elas então seriam as nossas maiores inimigas. Então, a nossa verdadeira pátria é a da regra de conduta indicada pelos direitos, obrigações e funções que temos e devemos uns aos outros; é a regra que estabelece a ordem privada e pública, que forta-

lece, assegura e transmite todo vigor aos relacionamentos que nos unem, formando um corpo de seres racionais no qual encontramos o único bem, as únicas coisas desejáveis em nosso país. Assim sendo, a regra é a nossa verdadeira pátria, e essa regra é a lei, sem a qual tudo desaparece (OC, XVIII, p. 53; SW, p. 263).

Bello defendia a necessidade da lei não em termos constitucionais puramente formais, mas em termos da necessidade de uma ordem social. Ele afirma: "O trabalho de ordenamento da sociedade tem que ser feito pela ação conjunta da lei, dos magistrados e de todos os indivíduos da sociedade." (OC, XVIII, p. 51; SW, p. 261-262).

Ele subordinou consistentemente a forma de governo aos imperativos da ordem, mas reconheceu que o sistema político dominante na América espanhola pós-independência era republicano. Por isso tomou para si a tarefa de mostrar que um sistema republicano significava, em primeiro lugar e principalmente, o Estado de direito. Mas, como dissemos, o Estado de direito que ele tinha em mente se distanciava muito da ordem política republicana estabelecida na Revolução Francesa. Em 1830, refere-se explicitamente a isso ao afirmar que "se existe uma coisa que a experiência humana demonstrou em definitivo, principalmente nos últimos quarenta anos, é que não se pode esperar nada de bom dos acordos políticos moldados sobre princípios teóricos" (OC, XVIII, p. 440). Nem a ineficiência do regime colonial nem a exclusão sistemática dos crioulos na conduta da coisa pública foram razões suficientes para adotar um sistema que prometia liberdade em abstrato. O desenvolvimento de um espírito público era a meta ideal, mas Bello queria que os países hispano-americanos pós-coloniais levassem em consideração algumas realidades básicas. Em 1836, afirmou:

> Temos que reconhecer uma verdade importante: as pessoas são menos zelosas com a preservação de sua liberdade política do que com a preservação de seus direitos civis. A habilidade para participar da coisa pública é infinitamente menos importante do que a habilidade para proteger a vida e a propriedade. E não poderia ser diferente, porque a primeira são condições secundárias, para as quais damos pouca importância, quando o nosso bem-estar, e o de nossa família, e a nossa vida estão em jogo. Raro é o homem que é tão livre de

egoísmo que preferirá o exercício dos direitos políticos garantidos pela Constituição aos cuidados e à preservação de seus próprios interesses. Ou então, que se fira mais quando é privado arbitrariamente do seu direito ao voto do que quando é violentamente privado da sua propriedade (OC, XVIII, p. 615).

A ênfase que Bello dá ao Código Civil é uma resposta a esse padrão de comportamento humano. O código não só oferece regras detalhadas para a administração da propriedade como facilita a aquisição e a circulação dela. Ao mesmo tempo, é claro que Bello promoveu ativamente um enfoque mais altruísta de cidadania em uma república. Como se pode notar na passagem de "Observancia de las Leyes", ele insiste no papel do indivíduo de fazer da República algo mais do que um grupo de pessoas interessadas em si mesmas. Para ele, a noção de virtude é realmente a base fundamental de um sistema republicano. A ideia de "amor ao país", que ganhou ampla aceitação no pensamento moderno, Bello qualifica como "amor às leis", porque sem essa internalizada fidelidade ao valor da lei não existiria sociedade. E escreve:

> Se as leis não são obedecidas, se cada pessoa as infringe ao seu bel-prazer; se a única regra de ação na sociedade é a regra de cada indivíduo que nela vive, é exatamente nesse ponto que a sociedade desaparece, um abismo sem fundo de desordem se instala e a segurança, a propriedade e a honra perdem todo o seu apoio (OC, XVIII, p. 51; SW, p. 262).

O que talvez seja mais importante na descrição que Bello faz da lei é associá-la ao conceito de "liberdade" e não ao de "licença". Liberdade, na acepção de Bello, era a capacidade de exercer cuidadosamente os próprios direitos até o ponto em que estes não interferissem nos direitos dos outros. A licença, por sua vez, era equiparada à concepção errônea de liberdade, ou seja, a capacidade de fazer só o que se gosta e, especialmente, infringir os direitos dos outros enquanto espera que os seus sejam respeitados. Nesse sentido, a verdadeira liberdade era, para Bello, a submissão disciplinada à lei porque

> [...] a observância da lei reprime os homens; afasta toda a distração prejudicial, leva-os a conhecer seus próprios interesses e coloca-os na posse

de uma verdade que tem tanta influência sobre a ordem, vista sob qualquer aspecto: ou seja, que a melhor maneira de garantir o respeito aos próprios direitos é cuidar religiosamente dos direitos dos outros (*OC*, XVIII, p. 54; *SW*, p. 263-264).

Na base da lei concebida por Bello estão, de um lado, o interesse por si mesmo e, de outro, a compreensão da liberdade como a capacidade de criar e respeitar as regras impostas pela vida em sociedade. É preciso lembrar que ele fez a mesma distinção entre liberdade e licença quando se referiu ao cultivo das letras na aula inaugural da Universidade do Chile. Não se trata de uma coincidência, porque Bello concebia a lei não só como um instrumento formal para a imposição de regras, mas também como a consciência do espaço individual para o exercício da vontade sem impor-se no espaço do outro. Isso representa um importante distanciamento da desilusão de Bolívar com a capacidade dos hispano-americanos de alcançar a virtude cívica, e do ceticismo de Diego Portales quanto à capacidade da lei de manter a ordem social. Embora os três pertencessem à mesma geração, foi Bello quem contemplou o Estado de direito com um olhar mais otimista. Ele afirmou em um artigo de 1830 em que defendia a divulgação das sentenças judiciais que a "liberdade nada mais é que o Estado de direito" (*OC*, XVIII, p. 446). E trabalhou diligentemente para dinamizar, esclarecer e por fim reorganizar as leis de modo que elas refletissem as realidades da independência, na esperança de que no final a necessidade delas se tornasse evidente, embora com salvaguardas, e com um sistema educacional destinado a promover a cidadania em uma nação republicana. Quando consideradas à luz dos acontecimentos pós-coloniais no Chile e na América espanhola do século XIX, a filosofia legal e as ações de Bello sugerem um esforço determinado para construir Estados modernos que eram governados "por leis positivas que emanam da [própria nação]", como ele coloca em seus *Princípios de derecho de gentes* em 1832 (*OC*, X, p. 31; *SW*, p. 241). Essas leis, Bello insiste, não são criadas *ex nihilo*; elas respeitam os costumes e as legislações anteriores. No ambiente politicamente sensível do período imediato à pós-independência, Bello propôs a manutenção da legislação espanhola e retrocedeu ainda mais, até as raízes daquela legislação. Fez isso porque acreditava que as leis fossem, em última instância, reflexos de interações seculares na vida diária dos membros de uma sociedade. E também porque a lei é ou será respeitada só até o ponto em que atende os interesses dos membros de uma comunidade. O que torna mais complexa a maneira como Bello aborda a lei é a extraordinária variedade de fontes que ele utiliza para responder, de um lado, aos hábitos e à história peculiares dos hispano-americanos, e de outro, para dar aos novos Estados os instrumentos da consolidação política e da legitimidade.

Para assimilar plenamente a agenda legal de Bello é preciso considerar as explicações econômicas e políticas de Perry Anderson para o surgimento dos Estados absolutistas na Europa renascentista, que ele associa à revitalização do Direito Romano no início da Era Moderna. Anderson nos lembra que "a marca distintiva do Direito Civil Romano é a sua concepção de propriedade privada absoluta e incondicional". Afirma também que "não há dúvida de que, em escala europeia, o principal determinante da adoção da jurisprudência romana é o esforço dos governos reais para ampliar o poder central". Como resultado dessas duas motivações,

> [...] a melhoria da propriedade privada vinda de baixo acompanhada pelo aumento da autoridade pública vinda de cima [...]. O Direito Romano era a arma intelectual mais poderosa disponível para o típico programa dos [Estados absolutistas] de integração territorial e centralismo administrativo.[56]

A América espanhola do século XIX certamente não era a Europa renascentista, nem os novos Estados que emergiram da independência eram monarquias absolutistas. Mas recorrer à jurisprudência romana para consolidar os países emergentes e reestruturar a lei de modo a facilitar a aquisição e a circulação da propriedade foi a clara motivação tanto de Bello quanto do Estado portaliano que adotou a sua agenda. Contudo, Bello não ficou só no Direito Romano. Para ser aceito pela sociedade, conservou a jurisprudência espanhola e usou vários outros códigos modernos que ofereciam inovações úteis. Só foi bem-sucedido porque conseguiu reformar as leis existentes sem alterar demais a base social de onde elas

---

56 P. Anderson, *Lineages of the Absolutist State*, p. 25, 27, 28.

surgiram. Ao mesmo tempo, foram feitas mudanças drásticas na legislação civil, como a transição para as leis escritas, a abolição dos *mayorazgos* e a remoção de vários obstáculos para a circulação da propriedade. O mais importante é que agora o Chile tinha um corpo de legislação civil que, embora aprovado pelo Congresso, era produto da iniciativa executiva. A promulgação do Código Civil em 1855 tornou-se um pilar do Estado centralizado e estabeleceu as bases a partir das quais inovações mais radicais seriam introduzidas futuramente, também de cima para baixo, especialmente a legislação anticlerical da década de 1880.

Bello não planejou ser um jurista no Chile, embora não se deva aceitar que tenha dedicado uma atenção tão concentrada à lei apenas por um senso de dever burocrático. É verdade que foi por insistência de Portales que ele embarcou nesse projeto de reforma da legislação civil. Foi então nomeado para uma comissão do Congresso e por fim encarregado especificamente de preparar o Código Civil. Mas também é verdade que seu interesse por assuntos legais despertou durante a pesquisa sobre a Espanha medieval na Biblioteca do British Museum, ganhando então dimensões internacionais quando serviu como representante do Chile e da Grão-Colômbia em Londres. Além disso, seu trabalho com a gramática reforçou o interesse pela lei, não só no sentido de que ambos estivessem relacionados com as regras da língua, mas de que fossem ambos instrumentos de ordem. E a ordem era, obviamente, não só parte da sua busca pessoal, mas também a urgente aventura da América espanhola. A anedota que se ouve com frequência entre os biógrafos de Bello é que, após as suas refeições noturnas geralmente pesadas, ele se sentava para ler o volumoso *Siete Partidas*. Quando lhe perguntaram como podia fazer tal coisa, ele respondeu, "mas o senhor não sabia que é um digestivo excelente?". Seja o que for que ele pretendia transmitir com essa pergunta, é claro que, nos robustos volumes da legislação espanhola, contemplava um dos maiores encontros da história da legislação, entre as tradições romana e ibérica. Ele lia com paixão, porque ali estava a chave para o desenvolvimento histórico das nações. Quando Bello aposentou-se do serviço público, avidamente voltou a sua atenção para o mundo que deu origem ao *Siete Partidas* (a Espanha medieval).

7.
A retomada do Mio Cid

A preparação do Código Civil foi o compromisso mais longo e mais envolvente da carreira de Bello. Acostumado a trabalhar em vários projetos simultaneamente, a conclusão do código foi uma oportunidade para retomar projetos inacabados e assuntos que há tempos lhe interessavam. Bello tinha 75 anos de idade quando o código entrou em vigor, e sua saúde já não era boa. A visão deteriorara seriamente e, desde 1857, ele não andava mais sem ajuda. A decisão de retomar um projeto específico foi bastante significativa, porque ele sabia que seria o último. Como veremos neste capítulo, a decisão de Bello de voltar toda a sua atenção para a língua e a literatura da Espanha medieval surpreende apenas superficialmente. Fez todo sentido depois que os pilares fundamentais da sua agenda política e intelectual estavam firmemente instituídos. Entretanto, temos que levar em conta que os projetos e as atividades de Bello não estavam desvinculados de seus problemas pessoais. Ele lutou muito para manter o foco político e intelectual face às circunstâncias pessoais devastadoras, mas estas foram decisivas para seu trabalho e não menos para sua poesia e seus estudos literários.

No início da década de 1830, Bello e sua família gozavam de estabilidade financeira e do reconhecimento e respeito tanto dos círculos governamentais quanto da sociedade chilena. Nos anos 1840, sua posição no país estava consolidada, e ele vivia uma de suas fases mais criativas. Com o pensamento voltado para a sua terra natal e disposto a restabelecer os laços com a família em Caracas, deixou-nos um valioso registro de seu estado de espírito e seus sentimentos, especialmente em relação à mãe e aos parentes mais próximos. É através desse diálogo epistolar com a família venezuelana que conhecemos suas memórias de infância e seus sentimentos mais íntimos.

Memórias da Venezuela

O contato de Bello com a sua família venezuelana foi retomado após um longo hiato que durou da década de 1820 à década 1840. No início de 1842, Carlos, seu irmão mais novo, enviou-lhe materiais impressos de Caracas, cujo recebimento foi confirmado em 30 de abril de 1842:

> Meu querido Carlos: recebi o [Resumen de la] Historia de Venezuela [de Rafael María Baralt], e também o atlas e os mapas, em perfeitas condições. Você me proporcionou um dos maiores prazeres do meu longo exílio. Não preciso dizer o interesse que tenho por esse livro e das emoções que a referência a tantos nomes queridos trazem ao meu coração. Abro o atlas e examino os mapas: quantas lembranças, quantas imagens cruzam minha imaginação! Não me canso de olhar Caracas; embora busque em vão pelo que o desenho não pode transmitir, ao menos desfruto momentos de agradável ilusão. A vista de Caracas está pendurada na frente da minha cama, e provavelmente será o último objeto que meus olhos verão quando eu morrer (OC, XXVI, p. 75-76).

Bello se orgulhava de sua cidade natal, mas também sentia falta das belezas naturais da Venezuela. Memórias que se confundiam com as lembranças das fases mais felizes e claramente idealizadas de sua vida. Ele escreve em uma carta ao seu irmão Carlos, datada de 17 de fevereiro de 1846:

> Na minha velhice, retomo as lembranças da minha terra natal com indescritível prazer. Lembro-me dos rios, dos arroios e até das árvores que visitei naquele período feliz da minha vida. Quantas vezes olho o mapa de Caracas! Finjo estar caminhando pelas ruas, buscando construções familiares e perguntando sobre os amigos e conhecidos que já não existem mais. Daria metade do que ainda me resta viver para abraçar você; para ver novamente o Catuche e o Guaire [rios]; para ajoelhar-me diante das lápides que ainda restam de tantos amigos queridos! (OC, XXVI, p. 116-117).

Bello teve uma chance de visitar a Venezuela e sua família (embora apenas vicariamente) quando seu filho Carlos, então com 31 anos de idade, embarcou em um navio para a Europa. Carlos foi primeiro para o Equador, onde visitou o poeta José Joaquín Olmedo, amigo de seu pai, que estava "muy anciano" [muito velho]. E chegou a Caracas no dia 31 de maio de 1846. Ele escreve ao pai em 6 de junho sobre as suas primeiras impressões e as descreve em detalhes. Destaca seu encontro com a família, especialmente a mãe de Bello, a quem descreve como levando "maravilhosamente bem sua idade avançada. Ela é ativa, trabalhadeira e está mais viva do que se possa imaginar". Carlos também conhece os tios Rosario, Carlos e María de los Santos. É tão bem recebido que escreve ao pai: "O senhor não imagina quanto seu amor é correspondido aqui. Suas cartas passam de mão em mão, até o último irmão." (OC, XXVI, p. 129-132).

Bello recebeu a carta de Carlos em 24 de julho de 1846 e foi tomado pela emoção. No dia seguinte escreve ao amigo Bernardino Codecido que a carta o fizera chorar, e acrescenta "o que eu não daria para estar no lugar de Carlos!" (OC, XXVI, p. 134). Fez-lhe muito bem saber que seu nome não tinha sido esquecido na Venezuela. Carlos conta em outra carta (15 de agosto) que sua chegada a Caracas fora anunciada em jornais, e que recebera várias visitas, entre elas a do dr. José María Vargas, ex-presidente da Venezuela, e de membros da importante família Ustáriz, que tinham sido amigos e patrões de Bello em Caracas. E ainda o homenagearam em uma reunião social no dia 13 de junho, onde passagens do seu "Silva a la agricultura de la zona tórrida" foram recitadas e poemas lhe foram dedicados.[1]

Bello ficou verdadeiramente feliz ao ler a carta do filho, que despertou ainda mais a necessidade de receber outras notícias, mas Carlos já tinha retomado a viagem rumo à Europa. Tomado pela ansiedade, Bello escreveu ao irmão Carlos em 16 de março de 1847:

> Para pedir a Miguel Rodríguez (o cunhado) que continue escrevendo. Vá ver minha mãe e mostre estas linhas que são dedicadas a ela e a toda a

---

[1] Abigail Lozano (1823-1866) declamou o "Poema a Bello: Al ilustre cantor de la zona tórrida, al primer poeta de la Amércias, señor don Andrés Bello". Ramón J. Montes (1826-1889) apresentou o seu "Al príncipe de los poetas del Nuevo Mundo". Os dois poemas estão incluídos em P. Grases (ed.), *Antología del Bellismo en Venezuela*, p. 23-24, 25.

família. Diga-lhe que sua lembrança está sempre comigo. Não consigo traduzir em palavras a tristeza que sinto com esta longa separação da pessoa que mais amo neste mundo. Escreva-me, meu querido irmão, como fazia com frequência em outras épocas E agora que a comunicação entre nossos países está mais fácil e segura, vejo como me consolava ver sua escrita! (OC, XXVI, p. 152).

A visita de Carlos a Venezuela restaurou os laços familiares que Bello acreditava ter perdido. Mas à esta satisfação, misturou-se a tristeza e a frustração causada pela distância. Assim ele escreve em uma carta à sua sobrinha Concha Rodríguez, filha de Miguel e Rosário, em 27 de maio de 1847:

> Peça aos meus irmãos para nunca deixarem de me amar, pois esta certeza me é tão necessária quanto o ar que respiro. Em meus pensamentos, me vejo em Caracas conversando contigo e abraçando a todos. Mas quando volto à realidade, me vejo a milhares de léguas de distância do Catuche, Guaire e Anauco, longe da Sabana Grande, do Chacao e do Petare. Estas lindas imagens se dissipam com fumaça e meus olhos se enchem de lágrimas. É tão triste estar distante dos objetos do meu amor, tendo que compensar com ilusões que duram apenas instantes e deixam um espinho em minha alma (OC, XXVI, p. 153-154).

Apesar de suas múltiplas atividades, Bello alimentava suas relações com os familiares e amigos. Ele ficou surpreso ao saber como era tão reconhecido em sua terra natal. E valorizava muito este reconhecimento dada a distância e o tempo que ficara longe de seu país que vivia um momento politicamente conturbado. Em uma carta enviada ao oficial venezuelano Lucio Pulido em 14 de junho de 1853, Bello pede que este transmita sua gratidão aos seus compatriotas e evoca a Venezuela como "a terra de meus pais que jamais deixei de amar, mas para a qual não tenho mais esperanças de um dia voltar". A estima de seus conterrâneos servia como consolo para este seu distanciamento. Então ele evoca toda sua tristeza: "Sinto não poder retribuir pessoalmente tanta estima! Temo não voltar a visitar as margens do Anauco, do Guaire e os arredores do monte Ávila. Eles me vem à memória com um colorido e uma força tão grandes, que 43 anos de ausência não conseguem apagar." (OC, XXVI, p. 227-278).

O fato é que quanto mais velho ele fica, mais se concentra no cenário de sua infância. Em uma carta ao seu amigo Manuel Ancízar de 13 de fevereiro de 1854, cumprimentando-o pela publicação de *Peregrinación de Alpha* (1853), diz "o livro me lembra o perfume dos bosques que evocam memórias tão vívidas daqueles com os quais convivi na juventude". Mais à frente, recorda das "nossas paisagens tropicais, nossos vales e montanhas tão ricamente decorados, nossos rios, nossos vilarejos, nossas casas de campo" (OC, XXVI, p. 295). E evoca também *The Deserted Village* (A aldeia abandonada) de Oliver Goldsmith, ao se lembrar de um sentimento similar de perda, mas que permanece em sua memória. O que começara com uma união da lembrança feliz da natureza de sua terra natal com seus familiares, transformou-se em uma triste aceitação do fato que o distanciamento de tudo que lhe era mais precioso, fora fruto de suas escolhas. Em uma carta ao irmão Carlos datada de 30 de dezembro de 1856, Bello explica:

> Você não faz ideia da tristeza que me atormenta essa distância que nos separa. Tenho Caracas em meus pensamentos o tempo todo, até em sonhos. Na noite passada sonhei que estava na companhia de tantos amigos queridos da juventude. Se você visse as lembranças vívidas que tenho do Guaire, do Catuche, Los Teques, e do nosso quintal e de todos os detalhes da casa onde nascemos, onde brincamos e brigamos tantas vezes. Oh, aquelas laranjeiras e romãzeiras! E agora, o que houve com tudo isso? (OC, XXVI, p. 346).

A intensidade dessas recordações estava claramente vinculada à época mais feliz da sua juventude. Bello sentia falta da terra natal desde que fora para a Inglaterra, mas na velhice a saudade aumentou com a sensação de uma vida dominada por inúmeras dificuldades e pela separação emocionalmente dolorosa de sua mãe.

A mãe de Bello, Ana Antonia López

Bello não se correspondia diretamente com a mãe, ao menos que se tenha notícia, desde a década de 1820. Embora recebesse notícias dela periodicamente, foi só nos anos 1840 que mãe e filho retomaram uma comunicação direta. Em uma carta ao general colombiano Tomás Cipriano de Mosquera, de 28 de maio de 1844, Bello conta que recebera uma carta da mãe, e pede a Mosquera que leve a sua resposta quando, de Lima, fosse para a Venezuela (OC, XXVI, p. 90). Como o correio para a Venezuela não era confiável, Bello usava uma rede informal de viajantes e aproveitava todas as oportunidades para enviar cartas e dinheiro. A visita de seu filho Carlos a Caracas em 1846 rendera uma abundância de notícias da família e de Ana Antonia. Esse contato despertou tantas emoções que Bello fazia o que fosse possível para saber mais sobre ela. Em uma carta à sua sobrinha Concha datada de 27 de maio de 1847, ele revela quanto se comovera com o recente contato com a mãe:

> Por favor, leia estas linhas para a minha mãe adorada. Diga-lhe que a levo sempre em minhas lembranças. Diga-lhe que não consigo esquecê-la e que não passa manhã ou noite sem que nela eu pense. Diga que seu nome é uma das primeiras palavras que digo quando desperto e uma das últimas que pronuncio quando adormeço. Abençoo sua ternura e oro aos céus que lhe dê os consolos de que ela tanto necessita (OC, XXVI, p. 143).

Aos dezessete anos, Ana Antonia deu à luz Andrés Bello (ela nasceu em 1764), e embora ainda estivesse bem aos oitenta, não viveria por muito mais tempo. Por isso ele não perdia oportunidade de expressar seus sentimentos, temendo que a morte chegasse a qualquer momento. Em uma carta ao irmão Carlos, datada de 25 de maio de 1851, Bello escreve que "a lembrança dela está sempre comigo. Imagino que a vejo, ouço-a e escuto suas queixas sobre o pouco que contribuí para o seu bem-estar em idade tão avançada". Nessa mesma carta, talvez na esperança de que Ana Antonia a lesse, Bello se dirige diretamente a ela: "Ah, mãe, [lamento] não vê-la nem por um momento antes de morrer. Meu Deus a conserve e lhe conceda todas as Suas bênçãos!" (OC, XXVI, p. 225).

O amor pela mãe transformava-se em culpa à medida que Bello constatava que não poderia viajar para vê-la. As notícias que recebia do irmão exacerbavam esses sentimentos conflitantes. Em carta de 30 de abril de 1853, Bello diz ao irmão Carlos que "a imagem que você pinta do estado de saúde da nossa mãe na idade em que ela está parte meu coração. A consciência me acusa de não fazer tudo o que posso por ela. Tenho que reconhecer que os sentimentos dela são justificados nesse aspecto" (OC, XXVI, p. 273). Este último comentário sugere que Ana Antonia estava aborrecida com Bello, e que Carlos revelara os sentimentos da mãe em uma carta que não chegou até nós. Bello amava a mãe profundamente, mas para expressar seus sentimentos enviava dinheiro. É uma ilustração reveladora das dificuldades de comunicação o fato de ele informar o irmão que o dinheiro seria enviado à Venezuela via Londres.

Ana Antonia López morreu em 1856. De acordo com Miguel Luis Amunátegui, Bello acordou uma noite com a súbita sensação de que a mãe tinha morrido.[2] Amunátegui não especifica a data, mas Bello escreveu ao cunhado Miguel Rodríguez que recebera a notícia da morte na segunda semana de agosto de 1856. Ele admite o seu pesar e novamente fala da sensação de culpa por não ter podido ajudar mais Ana Antonia, inclusive financeiramente.[3] O relacionamento de Bello com a mãe, embora ele a amasse, não foi bem resolvido. O que temos como certo é que ele sofreu por não estar ao lado dela nos seus últimos dias. Esse fato atormentou-o. Como não há mais referências à mãe, talvez seja um sinal de que ele preferiu não prolongar o sofrimento da perda.

A FAMÍLIA CHILENA DE BELLO

A morte da mãe foi um grande choque para Bello, mas não foi o único em sua vida. Mesmo para os padrões do século XIX, ele perdeu uma quantidade incomum de filhos. Nove dos quinze filhos morreram prematuramente, inclusive três com os quais ele tinha maior ligação:

---

2   M.L. Amunátegui, *Ensayos biográficos*, II, p. 179. Ver também Paulino Alfonso, "Andrés Bello: Antecedentes de influencia y rasgos íntimos", in G. Feliú Cruz (ed.), *Estúdios sobre Andrés Bello*, I, p. 163.

3   Bello para Miguel Rodríguez, 29 ago 1856, ACAB, bandeja 3, caixa 26, nº 835. Esta carta é a única que foi incluída recentemente (1998) no Arquivo. Até aqui os estudiosos acreditavam que ela morrera em 1858.

Carlos e Francisco Bello Boyland, e Juan Bello Dunn, mortos antes de completar quarenta anos. Os outros seis morreram ainda mais cedo. Apenas três, Andrés Ricardo (nascido em 1826), Josefina (nascida em 1836) e o segundo Francisco (nascido em 1846) sobreviveram além dos quarenta. Bello foi privado da companhia dos filhos mais velhos, os mais próximos não só em termos de idade, mas de interesses intelectuais. Todos eles tiveram doenças prolongadas, o que acrescentou um peso ainda maior a uma experiência tão dolorosa.[4]

Carlos Bello Boyland nasceu em Londres em 1815, o primogênito da união de Bello com Mary Ann Boyland.[5] Ele mudou-se com a família Bello-Dunn para o Chile aos catorze anos. Como faziam muitos jovens dos anos 1840, Carlos iniciou sua vida profissional passando longos períodos nas áreas de mineração ao norte, próximas da cidade de Copiapó. Atraído pela atividade literária, em 1844 participou de uma bem-sucedida montagem teatral chamada *Los amores de un poeta*. Foi nessa época que, incentivado pelo pai, Carlos esteve na Venezuela como acabamos de descrever. Em seguida, foi para a Europa e só retornou ao Chile no final do ano de 1850, quando começaria a sua luta contra a tuberculose. Em carta datada de 25 de maio de 1851, Andrés Bello escreve ao seu irmão Carlos em Caracas que a saúde de seu filho mais velho estava melhorando e que os negócios na mina iam bem. Mas a saúde de Carlos deteriorava a olhos vistos. No início de 1854, ele não tolerou mais o tempo quente e seco de Santiago e foi para Valparaíso, onde fazia muito frio. Foi então para Quillota, onde o clima distante do litoral era mais quente. Voltou a Valparaíso em março para consultar o médico, e em seguida foi para Santiago. Como é comum acontecer em casos de tuberculose, ele apresentou melhoras e pioras durante o ano, mas não suportou o inverno. Bello comentou com seu amigo Bernardino Codecido em junho de 1854: "Há dias ou partes do dia em que a aparência dele, o seu bom humor e a ausência de febre renovam nossas esperanças" (OC, XXVI, p. 302). Carlos

---

4   S. Martínez Baeza, "Los descendientes de Bello en Chile", in *Bello y Chile*, I, p. 75-88. Ver também M.S. Monguillot, "Vida de Bello", in *Estudios sobre la vida y obra de Andrés Bello*, p. 12-77.

5   Para perfis de Carlos Bello Boyland ver M.L. Amunátegui, *Ensayos...*, II, p. 243-325; J.V. Lastarria, *Recuerdos literarios*, p. 186-188; e E. Orrego Vicuña, *Don Andrés Bello*, p. 359-360.

conseguiu atravessar o inverno, mas morreu no dia 26 de outubro de 1854 aos 39 anos de idade.

Bello já tinha sofrido perdas devastadoras, mas a morte de Carlos privou-o de seu primogênito e o único filho vivo de seu casamento com Mary Ann Boyland. Até mesmo o radical Francisco Bilbao, há muito tempo no exílio, e intelectual e politicamente situado no extremo oposto de Bello, comoveu-se com a notícia. Enviou-lhe uma carta eloquente expressando suas condolências em 15 de novembro de 1854 (OC, XXVI, p. 309). O mesmo fez Manuel Ancízar. Para este, Bello abriu o coração: "Golpes tão repetidos têm em mim um efeito indescritível. Não é tanto um sentimento de dor quanto um desespero frio e rígido. Devo ser uma maldição que me condena a uma velhice solitária. Feliz de quem ainda se ilude com a vida!" (OC, XXVI, p. 311).

Bello amava seu primogênito e era muito ligado a Francisco, o filho mais novo cujos interesses intelectuais eram comuns aos do pai. Francisco era um rapaz belo, porém retraído, que tinha grande aptidão para os estudos. José Victorino Lastarria faz um retrato sensível de Francisco [como ele era no final da década de 1830] em seu *Recuerdos literarios*:

> Francisco era um jovem linfático, quase tísico, um semblante pálido e mortiço, embelezado pela cabeleira negra e grandes olhos de ébano, cuja melancolia revelava sonhos com sua morte prematura. Era despretensioso e fleumático, não participava dos interesses e das ideias políticas, falava sempre em voz baixa e tinha por hábito brincar melancolicamente, prática que aperfeiçoou com sua percepção aguçada de toda a deformidade e com sua oportuna memória dos chistes dos autores ingleses e latinos. Como professor do Instituto, ele escreveu sua gramática latina.[6]

Francisco estudou Direito e se formou na Universidade de San Felipe em 1839. Sua vocação, porém, era literatura latina, que ele dominava a ponto de conquistar a cadeira de Latim do Instituto Nacional em

---

6   J.V. Lastarria, *Recuerdos literarios*, p. 145. Uso a tradução de R. Kelly Washbourne in *Literary Memoirs* de Lastarria, ed. De Frederick M. Nunn (Nova York e Oxford: Oxford University Press, 2000), p. 104. Ver também M.L. Amunátegui, *Ensayos...*, II, p. 327-359 e E. Orrego Vicuña, *Don Andrés Bello*, p. 360-361.

1835. Foi então que organizou uma gramática para o ensino dessa língua.[7] Andrés Bello, ele próprio um latinista renomado, partilhava com o filho o profundo amor pela poesia latina. Daí um relacionamento muito próximo, muito mais do que com qualquer outro membro da família. Em uma carta de 11 de novembro de 1844, para Miguel Rodríguez, Bello descreve Francisco como "o melhor e o mais amado dos meus filhos":

> Difícil dar uma ideia das suas virtudes, de seu talento, de sua gentileza e seu bom julgamento. Ele é um dos mais respeitados advogados de Santiago, e logo ficaria rico se tivesse boa saúde. Infelizmente, tem uma constituição fraca e provavelmente terá que abandonar uma profissão que é muito lucrativa para quem tem [essa] reputação (OC, XXVI, p. 97).

Os primeiros sintomas da doença de Francisco se manifestaram no final dos anos 1830, como detecta corretamente Lastarria. Era mesmo tuberculose. Em 24 de fevereiro de 1841, Andrés Bello requisitou ao Instituto Nacional uma licença de dois meses para o filho, que o governo aprovou no mesmo dia. Em 26 de abril, Bello requisitou um prolongamento da licença, porque a saúde de Francisco ainda era delicada.[8] E assim fez nos quatro anos que se seguiram. Em abril de 1845, Bello requisitou uma última licença, mas então nada mais podia ser feito por ele. Para a tristeza de muitos, Francisco morreu em 13 de junho de 1845, aos 28 anos de idade.[9]

Como um tributo ao filho, Bello trabalhou na segunda edição da *Gramática de la lengua latina*, e afirmou no prefácio que "já chorei mais de uma vez sobre as notas escritas por um filho querido cuja mão já es-

---

7 Francisco Bello, *Gramática de la lengua latina*, Santiago: Imprenta de la Opinión, 1838.

8 Andrés Bello para o presidente da República (Manuel Bulnes), 24 fev e 26 abr 1841, ACAB, bandeja 3, caixa 26, n°s 820, 821.

9 O autor normalmente irônico José Joaquín Vallejo (Jotabeche) era muito amigo de Francisco Bello e ficou devastado com a notícia. Escreveu uma carta eloquente a Manuel Talavera em 26 de junho de 1845 lamentando a perda do amigo. Ver Jotabeche, *Obras de don José Joaquín Vallejo*, p. 498-499. O intelectual e estadista Antonio García Reyes também prestou tributo a Francisco Bello quando o sucedeu na Escola de Direito da Universidade. Ver seu *Discurso pronunciado por don Antonio García Reyes al incorporarse a la Facultad de Leyes de la Universidad e elojio de su predecesor don Francisco Bello*, Santiago: Imprenta de Julio Beloin, 1853.

tava debilitada pela dor causada por uma longa e fatal doença".[10] Bello homenageou-o em um discurso feito na Universidade do Chile em 1848, ao nomear os membros da universidade que tinham morrido nos últimos cinco anos. E acrescentou:

> Outro nome me vem aos lábios, mas não consigo pronunciá-lo. Os senhores sabem que me refiro àquele jovem que nasceu na Inglaterra e foi educado no Chile. Era ainda uma criança quando se tornou professor de Latim, e escreveu uma gramática com os últimos desenvolvimentos da filologia europeia. Ele deixou muito material para uma segunda edição, trabalho que infelizmente teve que ser concluído por mão diferente [a de Andrés Bello]. Cultivou a literatura com sucesso e se destacou como advogado. Morreu na flor da juventude, contrariando as melhores esperanças. Santiago chorou por ele, mesmo conhecendo apenas metade da sua alma (OC, XXI, p. 80).

Anos depois, Bello revela que ainda sentia muita falta de Francisco quando Manuel Ancízar cometeu um erro incompreensível ao perguntar sobre seus filhos. E Bello indagou: "Você quer dizer meu filho Francisco, que morreu há [quase vinte] anos? Ainda choro por essa perda." (OC, XXVI, p. 456).

Bello e Elizabeth tiveram dois filhos: Emilio, que nasceu no ano da morte de Francisco e o segundo Francisco um ano depois, acréscimos à família que provavelmente compensaram (ao menos em parte) a perda do irmão mais velho. Mas Bello, emocionalmente abalado pela morte do primeiro Francisco, estava muito mais carente do afeto tanto de Carlos quanto de Juan, agora com trinta e vinte anos, respectivamente.

Juan Bello foi o primeiro filho da união de Andrés com Elisabeth.[11] Bello descreveu Juan a Miguel Rodríguez como

> [...] um jovem talentoso que ocupa um cargo na Secretaria das Relações Exteriores e dá aulas em uma escola secundária. Uma personalidade alegre

---

10 A. Bello, "Prefácio", in F. Bello, *Gramática de la Lengua Latina*, 2 vols., 2ª ed, Santiago: Imprenta Chilena, 1846-1847. Também em OC, VIII, p. 9-10.

11 M.L. Amunátegui, *Ensayos...*, II, p. 361-408; E. Orrego Vicuña, *Don Andrés Bello*, p.362-364; e Domingo Arteaga Alemparte, "Juan Bello", in *Suscripción de la Academia de Bellas Letras a la Estatua de don Andrés Bello*, Santiago: Imprenta de la Libreria del Mercurio, 1984, p. 135-139.

e festiva. Tem sempre muitos projetos, que ele abraça com entusiasmo, mas abandona erraticamente. Se diz um literato. Escreve poesia, canta, dança, traduz de várias línguas, e em meio a tanto entusiasmo e picardia, consegue trabalhar de oito a dez horas por dia (OC, XXVI, p. 97).

Realmente, Juan era um jovem cheio de energia que não herdou a prudência política do pai. Foi eleito para o Congresso em 1849 e exercia o mandato quando estourou a rebelião de 20 de abril de 1851.[12] O líder, coronel Pedro Urriola, foi morto na ocasião, e Juan resolveu fazer um discurso em seu sepultamento. Seja pelo próprio discurso, seja porque as tensões estavam altas demais, houve uma reação exagerada por parte do governo e Juan Bello foi preso e mandado para o exílio, primeiro em Copiapó, depois em Lima, no Peru. Belo ficou furioso com a má hora do exercício de oratória do filho e exigiu que ele abandonasse a política e se concentrasse na profissão (OC, XXVI, p. 243). E ficou compreensivelmente aborrecido com a rebelião que ofuscou a eleição de Manuel Montt para presidente.[13]

Em 1852, Juan voltou ao Chile disposto a se dedicar à sua prática privada e ingressou como docente da faculdade na Universidade do Chile em outubro de 1853. Seguindo o conselho do pai, não se envolveu mais em política, ao menos não abertamente, mas seu comportamento imprudente continuou sendo motivo de preocupação. Em 1857, Bello ficou indignado ao saber que seu filho não respondera a tempo a oferta feita pelo presidente Montt de assumir um cargo na Embaixada chilena em Paris (OC, XXVI, p. 356). Juan Bello viajaria à Europa por motivos de saúde e o cargo na Embaixada seria uma fonte de renda muito bem--vinda, que ele acabou aceitando.

---

12 D. Barros Arana, *Un decenio de la historia de Chile, 1841-1851*, II, p. 313-315 e S. Collier e W.F. Sater, *A History of Chile, 1808-1994*, p. 105-106.

13 Andrés Bello era funcionário público e apoiava os governos de Bulnes e Montt. O fato de Juan ter passado para a oposição após a queda do gabinete de Manuel Camilo Vial em 1849 revela uma tensão entre pai e filho no terreno político. Deve-se notar, porém, que o irmão mais velho de Juan, Carlos, também se aborrecia com a oposição exercida por Juan. Por mais que apoiasse o governo, Bello não se envolvia em questões políticas no dia a dia. José Victorino Lastarria entendeu e mencionou isso em seu *Diario político 1849-1852*, introdução de Raúl Silva Castro, Santiago: Editorial Andrés Bello, 1968, p. 58-59.

Juan foi outra vítima da tuberculose. Não encontrou alívio na Europa e, em 14 de agosto de 1859, comunicou ao pai que não melhorava. Nesse mesmo ano, um compromisso diplomático levou-o aos Estados Unidos, onde a doença entrou em fase terminal. Morreu em Nova York em 16 de setembro de 1860. Bello mergulhou num profundo silêncio ao vivenciar pela primeira vez a morte de um filho a distância.[14]

Nessa época, os Bello já estavam acostumando com a morte dos filhos. A primeira perda foi a de Miguel, o quarto filho, ainda na infância, em 1830. Tiveram uma trégua até 1843, quando Dolores, nascida em 1834, morreu subitamente aos nove anos de idade. Bello recebeu condolências de Tomás Cipriano de Mosquera, um amigo a quem ele abria seu coração: "o consolo dos amigos é a única coisa capaz de atenuar a amargura de uma perda como essa. Espero sinceramente que não tenham que passar por isso." (OC, XXVI, p. 78). Bello contou a Mosquera que sua mulher Elisabeth tinha se adoentado em consequência de um mal súbito e da morte de Dolores, mas que estava se recuperando.[15] A morte de Dolores foi particularmente dolorosa para os pais, e Bello recordou-a no mais comovente e pessoal de seus poemas, "La oración por todos", que foi publicado em 1845.[16] No poema, o pai/poeta primeiro reconhece a realidade da morte:

Ve a rezar hija mía. Ya es la hora

---

14 Bello recebeu condolências de James Melville Gilliss e George Ticknor em 29 de setembro e 1º de outubro de 1860, respectivamente. A morte de Juan foi um choque para os membros do corpo diplomático nos Estados Unidos, que compareceram em grande número ao funeral. Bello também recebeu condolências de Francisco Bilbao em carta de 6 de janeiro de 1861. Essas cartas estão em OC, XXII, p. 103 e OC, XXVI, p. 384, 395-396. Um longo obituário foi publicado cinco anos depois do fato no *El Ferrocaril*, nº 3.061, 21 out 1865.

15 Segundo José Joaquín Vallejo, Carlos ficou arrasado com a morte de Dolores, a irmã que ele mais amava. Ver Vallejo para Francisco Bello, 15 mar 1843, in Jotabeche, *Obras..*, p. 495.

16 O poema "La oración por todos" foi publicado pela primeira vez em *El Crepúsculo*, nº 6, 1º out 1845. Está incluído em OC, I, p. 238-245. Bello dizia ser "uma imitação" de um poema de Victor Hugo. Foi de fato baseado em "La prière pour tous", do próprio Hugo, mas os críticos o consideram não só um dos melhores poemas de Bello, como superior ao próprio modelo. Ver M. Menéndez y Pelayo, *Historia de la poesía hispanoamericana*, I, p. 392. Ver também F. Alegría, *La poesía chilena...*, p. 207-208; R. Silva Castro, *Don Andrés Bello, 1781-1865*, p. 103-109; E. Rodríguez Monegal, *El otro Bello*, p. 334-335; e J. Durán Luzio, "Victor Hugo en un traductor americano: Andrés Bello", in *Siete ensayos sobre Andrés Bello, el escritor*, p. 181-201.

> *de la conciencia y del pensar profundo:*
> *cesó el trabajo afanador, y al mundo*
> *la sombra va a colgar su pabellón.*

> [Vai e reza, minha filha. O tempo
> da reflexão e do pensamento profundo chegou:
> a vida laboriosa cessou, e as sombras
> agora cobrem o mundo.]

O poeta então pede à filha que reze pela mãe que:

> *... Sencilla, buena,*
> *modesta como tu, sufre la pena*
> *y devora em silencio su dolor*

> [... gentil, boa,
> modesta como tu és, suporta a tristeza
> e em silêncio consome sua dor]

Bello pede à filha que reze também pelos irmãos e pela humanidade. E encerra o poema desejando que sua própria morte os volte a reunir:

> *Y yo también (no dista mucho el día)*
> *huésped seré de la morada oscura,*
> *y el ruego invocaré de un alma pura,*
> *que a mi largo penar Consuelo de.*
> *Y dulce entonces me será que vengas*
> *y para mi la eterna paz implores,*
> *y en la desnuda losa esparzas flores,*
> *simple tributo de amorosa fe.*

> [Também eu (e o dia não vai longe)
> habitarei a casa da escuridão,

e pedirei a uma alma pura

que me console em meu longo sofrimento.

E doce será quando ela chegar

e a eterna paz por mim implorar;

e sobre a lápide nua espalhar as flores,

um simples tributo de amorosa fé.]

Na velhice Bello parece lamentar ainda mais os problemas de saúde dos filhos, aos quais se refere com frequência em suas cartas. Em 1849, comunica ao filho Carlos, que estava na Europa, que Andrés Ricardo, com 23 anos de idade, acidentara-se gravemente caindo de um cavalo. Em 1850, mostra-se preocupado com a filha Anita, que teve um parto difícil no dia 9 de dezembro e em 9 de maio do ano seguinte morre de complicações aos 23 anos de idade. "Que golpe para o coração de um pai!", exclamou ele no dia 20 de maio de 1851 em carta para Juan. Em resposta ao irmão Carlos, Bello volta a expressar seus sentimentos pela morte de Anita, "uma das dores mais profundas que já senti na vida" (OC, XXVI, p. 224). Ela morreu logo após a revolta de abril de 1851 e o consequente exílio de Juan. Bello estava destroçado emocionalmente quando escreveu para ele:

> Meu filho, não houve um momento sequer em minha vida em que a separação de qualquer um de meus filhos tenha sido tão triste quanto agora, pois preciso de todos eles para preencher o terrível vazio que a morte deixou nesta casa. Um golpe para o coração de um pai! Carlos e Andrés [Ricardo] estão em Copiapó; Luisa está incapacitada de nos fazer companhia em razão de um parto pendente; Ascención está em Talca; Rosario [mulher de Juan], que considero como filha, está na mesma situação de Luisa. E você! Aprisionado e exilado sem ter conhecido seu filho Héctor e podido chorar a morte de sua amada irmã. Ela sentiu tanto a sua falta em suas últimas horas! (OC, XXVI, p. 222).

A família ainda não tinha se recuperado da morte de Anita quando a irmã mais nova, María Ascensión, morre em 1852, deixando uma menina recém-nascida, Isabel Opazo Bello, que foi criada pelos avós. O casal encontrou algum consolo nas três crianças que corriam pela casa nos anos 1850, mas Bello sentia falta da companhia dos filhos mais velhos. Um dos sobreviventes, Andrés Ricardo, também ficou seriamente doente, mas sobreviveu à tuberculose e morreu em 1869 aos 43 anos de idade.[17]

Elizabeth Dunn enfrentou a morte na família com um estoicismo exemplar. Era, segundo consta, um pilar de força. Ela se adaptou à vida em terras estrangeiras, mas sentia-se melhor entre os residentes e os visitantes de língua inglesa.[18] O pouco de tempo que lhe sobrava era dedicado à leitura de materiais em inglês, especialmente o *The Illustrated London News*, que recebia regularmente. Elizabeth jamais dominou a língua espanhola, apesar de residir por 44 anos no Chile. Bello pedia-lhe delicadamente que usasse os artigos masculinos ou femininos bem como as terminações dos substantivos e adjetivos de maneira consistente, para falar de forma correta ao menos a metade do tempo. O casal se dava bastante bem, mas o lazer era quase todo dedicado aos filhos e netos. Talvez por isso Elizabeth tenha permanecido no Chile após a morte de Bello. Ela morreu oito anos depois, em 5 de setembro de 1873.[19]

Apesar das perdas, os descendentes dos Bello entraram no século XX preservando o bom nome da família. Entre eles destacaram-se os netos Emilio Bello Codecido, político e diplomata renomado, e Belisario Prats Bello, também político e diplomata; os bisnetos Ricardo Montaner Bello, notável advogado, historiador e diplomata, os escritores Joaquín Edwards Bello e Inés Echeverría Bello, e a artista Rebeca Matte Bello entre outros.[20] Foi somente por intermédio de

---

17 Uma carta de Andrés Ricardo a seu pai, de 14 de setembro de 1859, revela a extensão e a gravidade da sua doença (OC, XXVI, p. 383).

18 Mary Elizabeth Causten, uma americana casada com o diplomata chileno Manuel Carvallo, registra em seu diário a amizade com Elizabeth Dunn na década de 1830. Ver "Chile Hace Cien Años", in *Boletín de la Academia Chilena de la Historia*, vol. 8, nº 19, 1941, p. 5-45.

19 Há uma breve referência a sua morte no *El Mercurio*, 9 set 1873.

20 S. Martínez Baeza, "Los descendientes", in *Bello y Chile*, I, p. 75-88. Ver também *Andrés Bello, el hombre*, de Fernando Vargas Bello, também descendente de Bello, p. 78-80. Nenhum desses autores nem qualquer dos biógrafos mencionam que Bello teve um filho fora do casamento

Eduardo, filho de Bello, que o sobrenome chegou até os dias de hoje, mas no Peru, não no Chile.

A DETERIORAÇÃO DA SAÚDE

No início da década de 1840, a saúde de Bello, antes vigorosa, começou a definhar. Ele tinha plena consciência das mudanças que aconteciam em sua condição física, e é possível que em alguns momentos os problemas tenham aumentado com o estresse causado pelo trabalho ininterrupto e pelas doenças e mortes na família. A vista piorava havia algum tempo: em carta de 1844 para Miguel Rodríguez ele afirma *"yo tambíen padesco de los ojos"* [também sofro muito com meus olhos], implicando que teria problemas de visão e dores de cabeça. Para Juan María Gutiérrez, queixa-se, em 7 de outubro de 1845, que está cercado de *"dolencias habituales"* [desconfortos constantes] que o obrigam a trabalhar menos a cada dia (OC, XXVI, p. 108). Não há nenhum registro de quais seriam essas *"dolencias"*, mas talvez estivessem relacionadas ao sobrepeso de Bello e ao enrijecimento das artérias que provocaram um AVC na década de 1850. Alarmado, o filho Juan escreve em 13 de março de 1846 que seu irmão Andrés Ricardo lhe contara que Bello estava muito doente e que o substituiria como editor do *El Araucano* (OC, XXVI, p. 119). Bello recuperou-se, mas no dia 17 de novembro de 1847 escreveu ao filho Carlos, em Paris, que em 26 de junho daquele mesmo ano teve um "grave problema de saúde que me levou à beira da morte". Em novembro estava tão debilitado que suas correspondências eram ditadas. Uma carta de Carlos de 11 de setembro de 1848 nos diz que Bello teve surdez temporária naquele ano. Ele se recuperou, mas logo em seguida caiu em uma profunda depressão. Foi ele mesmo quem relatou isso ao filho Carlos em carta de 28 de agosto de 1848, que não chegou até nós, mas que é citada na resposta de Carlos de 7 de dezembro:

Entendi em sua carta que o senhor está muito triste, mais do que o usual,

---

em 1839. Quem disse isso foi o historiador Ricardo Donoso, para quem o boato tem fundamento. Até agora, porém, não foi encontrada nenhuma evidência conclusiva. Ver "Um hijo de Bello" de Donoso, *Zig-Zag*, 20 ago 1949.

quando fala em "amargas decepções". Mas quem não as tem? Ouso dizer que o senhor as tem menos que outros. Olhe a sua volta: a família vive bem e confortavelmente no Chile, um país que é uma pequena e segura baía em tempos tempestuosos. Isso não o consola? O senhor não estaria melhor na Europa ou na Venezuela (OC, XXVI, p. 178).

Um mês depois, Carlos insiste: "Lamento que o senhor esteja tão melancólico. É imperativo que se livre desse mal" (OC, XXVI, p. 181). O tom das cartas de Carlos revelam quão desanimado Bello estava em meio aos seus sucessos públicos. A *Gramática* tinha sido publicada em 1847 e recebida com ampla aceitação; no ano seguinte ele foi reeleito reitor da Universidade do Chile. Mas o desânimo não passava. Bello adoeceu novamente em dezembro de 1848, assustando a família, mas os médicos não conseguiram determinar a natureza exata da sua condição. Uma carta escrita a Carlos no início de 1849 pode dar uma pista de seus males, porque ele pede ao filho que seja mais expansivo em suas expressões de amor filial, o que de certa maneira sugere que o desânimo tenha contribuído para seus problemas.[21]

Andrés Bello certamente tinha tendência à depressão, mas também sofria com as tribulações típicas da idade. À medida que envelhecia, surpreendia-se por não se sentir pior. Em carta a seu irmão Carlos de 25 de maio de 1851, confessa que "minha saúde não é ótima, mas na minha idade, e tendo trabalhado tanto, especialmente nestes últimos tempos, tenho razões de sobra para agradecer a Deus pela força que me resta" (OC, XXVI, p. 225). Preocupado com a saúde, tornou-se mais filosófico em relação a ela. Em carta ao filho Juan datada de 9 de dezembro de 1851, escreve: "Continuo sofrendo as devastações causadas pela velhice mas, embora às vezes elas enfraqueçam minha cabeça, não alteram a minha constituição." Mostra-se ainda mais bem-humorado quando diz ao filho que "infelizmente, tenho uma doença incurável: fiz 71 anos no dia 30 de novembro último".[22] E acrescenta que havia pouco tempo sua mãe lhe escrevera uma carta de próprio

---

21 A carta de Carlos é de 23 de junho de 1849, in OC, XXVI, p. 195.
22 Bello errava com frequência o dia de seu aniversário. Ele nasceu em 29 de novembro, não no dia 30, e no ano de 1781, não em 1780.

punho, e talvez para tranquilizar Carlos dizia que a longevidade era uma característica familiar (OC, XXVI, p. 230-231). Quando seu irmão Carlos lhe disse que estava pensando em viajar para a Europa, Bello respondeu em 30 de dezembro de 1856:

> Infelizmente, estou incapacitado de fazer essa viagem. Embora eu não esteja em forma tão terrível para a minha idade, e tenha uma saúde tolerável, perdi grande parte da minha mobilidade. Não fico fatigado facilmente quando caminho, mas tenho muita dificuldade para subir ou descer escadas. Já se passaram muitos anos desde a última vez em que montei um cavalo, e uso óculos desde que cheguei ao Chile (OC, XXVI, p. 345).

Passeios a cavalo não era uma atividade regular de Bello, por isso deve-se entender a referência como uma maneira elegante de dizer ao irmão que não tinha mais idade para grandes esforços físicos. Mas ao mencionar a dificuldade com as pernas mostra que a saúde começava a piorar. A vida sedentária aliada a uma dieta comprovadamente pesada em gordura cobrou um alto preço da sua capacidade de caminhar.[23] Por volta de 1852, Carlos já pedira ao pai que se exercitasse, pedido que Bello provavelmente ignorou (OC, XXVI, p. 251). Em 1854, ele feriu o tornozelo, acidente que reforçou a relutância em se movimentar. Bello se queixa de problemas variados em 1855 e 1856, mas relata-os como "golpes dolorosos" em sua vida pessoal que afetaram não só o seu moral como a capacidade de apreciar os seus estudos da literatura. Como veremos a seguir, Bello recuperou-se de todos eles. Em 1857, porém, perdeu o movimento das pernas provavelmente em consequência do AVC. No ano seguinte, enviou ao ministro da Instrução Pública um pedido de licença por motivo de saúde. Agora Bello não conseguia mais cumprir seus compromissos oficiais na Universidade do Chile e no Senado. Daí em diante, raramente se aventurava fora de casa, exceto para assistir à missa na igreja de Santa Ana, próxima a sua casa. Esse isolamento, combinado com as constantes tragédias pessoais, como a morte de Juan em 1860, deixaram-no ainda mais vulnerável. Sua sobrinha Concha

---

23 Essa é a opinião do médico pessoal de Bello, Adolfo Murillo. Ver seu "La ultima enfermedad de Bello", in *Suscripición de la Academia*, p. 35.

Rodríguez escreveu de Caracas no dia 4 de março de 1861: "O quadro que o senhor pinta da sua fragilidade nos entristece e nos preocupa muito." (OC, XXVI, p. 398). Além dos evidentes problemas físicos, as perdas familiares tiveram um efeito fortemente negativo no bem-estar de Bello. Em 1861, ele começa a falar na sua própria morte.[24] Daí para frente, nega-se a integrar comissões de vários tipos alegando problemas de saúde e tenta pedir demissão do cargo de reitor na Universidade do Chile.[25] O pedido não foi aceito, mas ele obtém permissão para conduzir as reuniões do Conselho da Universidade em sua residência.

Uma aposentadoria atarefada

Na época em que o Código Civil entrou em vigor, Bello estava afastado do Ministério do Interior e das Relações Exteriores e também da editoria do *El Araucano*. Mas continuava sendo membro do Senado, cargo para o qual foi reeleito pela terceira vez em 1855. Seu trabalho na reitoria da Universidade envolvia muita correspondência com o ministro da Instrução Pública, o monitoramento de projetos educacionais em todo o país e a preparação de relatórios periódicos, além das reuniões do Conselho da Universidade, que ele presidiu até maio de 1864.

A autoridade de reitor lhe exigia manter correspondência com inúmeras instituições estrangeiras, particularmente com o Smithsonian Institution em Washington. Bello ficou muito amigo do tenente James Melville Gilliss da Marinha norte-americana, que fez observações astronômicas no Chile entre 1849 e 1853.[26] Bello se interessou tanto pela

---

24 Andrés Bello para Miguelo Luis e Gregorio Víctor Amunátegui, 8 out 1861, in OC, XXVI, p. 405.

25 Andrés Bello para o ministro da Instrução Pública, 5 jun 1863, in OC, XXII, p. 177-178. Ele rejeitou o pedido de uma mediação entre o Equador e os Estados Unidos em setembro de 1864, e depois outro pedido de mediação de uma disputa entre Colômbia e Peru em 1865.

26 A extensa documentação dessa expedição, que inclui dezenas de cartas entre americanos e oficiais chilenos, está em "Records of the United States Naval Expedition to the Southern Hemisphere, 1848-1861", grupo 78, National Archives of the United States. Gilliss e seus colaboradores são autores de um volumoso livro com informações sobre astronomia, flora e fauna, bem como comentários sobre política e sociedade. Ver James Melville Gilliss, *The U. S. Naval Astronomical Expedition to the Southern Hemisphere during the Years 1849, 50, 51, 52*, 3 vols., Washington, D.C.: A.O.P. Nicholson, 1855.

astronomia que publicou um livro sobre o assunto em 1848.²⁷ Ao longo da década de 1850 e início dos anos 1860, Bello e Gilliss (e mais tarde também Joseph Henry, Secretário do Smithsonian) mantiveram contato entre suas instituições, trocando publicações e informações científicas, até a Guerra Civil Americana interromper o fluxo da comunicação.

No Chile, Bello continuou preparando relatórios sobre os progressos educacionais. O seu último relatório para a Universidade do Chile (1858) trazia importantes informações estatísticas sobre a expansão do sistema educacional bem como informações detalhadas dos currículos para a educação primária e secundária. Bello fez fortes pronunciamentos exigindo reformas em questões que o preocupavam: a necessidade de melhorar o uso da língua espanhola, a criação de um novo curso de legislação chilena e a expansão do ensino do Direito Romano (OC, XXI, p. 152-192). Tal ênfase revela que Bello defendia a criação de uma nova legislação civil do país diretamente vinculada à Universidade do Chile.

No Senado, ele se concentra em uma questão importante: o efeito retroativo das leis. Esse assunto estava diretamente ligado à legislação civil, e Bello assume a posição de que as leis não poderiam ser aplicadas retroativamente, especialmente as que se referiam ao status das pessoas, a questões de sucessão e contratos. Eram temas complexos e vários cenários a ser analisados, mas por fim ficou estabelecido o princípio de que a nova legislação não eliminava a velha automaticamente. O projeto de lei que o presidente Manuel Montt apresentou em 27 de julho de 1859 era essencialmente o de Bello e foi aprovado em 19 de julho de 1861.²⁸ Bello podia agora relaxar, porque não só a sua legislação civil, mas os procedimentos para implementá-la estavam agora muito bem definidos.

---

27 A. Bello, *Cosmografia, o descripción del universo conforme a los ultimos descubrimientos*, Santiago: Imprenta de la Opinión, 1848, que se tornou parte do vol. 14 da edição chilena e do vol. 24 da edição de Caracas das obras completas de Bello. Para uma análise dessa fonte no contexto de outros escritos sobre assuntos científicos, ver Pedro Cunill Grau, "Bello y la divulgación científica en Chile, en especial de los estudios geográficos", in *Bello y Chile*, II, p. 353-392.

28 Sobre a atuação de Bello no Senado, ver a introdução de Ricardo Donoso ao vol. XX de OC, [Labor en el Senado], p. xi-cxxvii. A documentação do projeto de lei está no mesmo volume, p. 945-957.

Além das suas responsabilidades na universidade e no Senado, Bello supervisionava várias edições de suas publicações. Na área da gramática, fez revisões e introduziu novos materiais à edição de 1853 da *Gramática de la lengua castellana*. A terceira e a quarta edições saíram em 1854 e 1857, respectivamente. A última edição em que Bello introduziu alterações foi a quinta, de 1860. Foram publicadas duas outras edições enquanto ele ainda vivia, em 1862 e 1864, mas não houve interferências em nenhuma delas.[29] Por ser a *Gramática* um texto avançado, Bello preparou uma versão mais curta e simplificada intitulada *Compendio de gramática castellana para el uso de las escuelas primarias*, em 1851, que foi seguida por mais três edições em 1854, 1861 e 1862. Uma indicação do trabalho envolvido está no número de lições: 45 lições na primeira edição e 73 na última. A expansão da educação primária na década de 1850 obrigou-o a preparar esta versão da gramática; ele próprio explica que "é um trabalho para as crianças, mas posso garantir que os adultos também serão beneficiados".[30] Foram publicadas versões diferentes da gramática para cada público, mas isso pouco influenciou o espanhol falado, como poderá perceber quem visita o país hoje em dia. Talvez para incentivar quem tinha um domínio um pouco além do básico da língua espanhola, Bello preparou uma segunda (1850) e uma terceira (1859) edições dos *Principios de la ortología y métrica de la lengua castellana*, originalmente publicado em 1835.[31] Por fim, em colaboração com Louis Vendel-Heyl, seu

---

29 Um estudo detalhado das variações nas cinco edições da *Gramática* revisada por Bello é o de Ramón Trujillo, in A. Bello, *Gramática: Edición crítica*. Talvez a versão mais revisada tenha sido a segunda (1853). Uma cópia desta edição com as notas manuscritas de Bello está na Sala Medina, Biblioteca Nacional, vitrine superior I-2, vol. 16, obra 142. Call # AAE 4830 c.2.

30 O *Compendio* está incluído em OC, V [Estudios gramaticales], p. 233-309. Bello deixou mais uma versão do *Compendio* ainda inédita, até Miguel Luis Amunátegui encontrá-la e imprimi--la em 1937 sob o título *Gramática castellana. Obra inédita dada a luz com un prólogo i anotaciones por Miguel Luis Amunátegui Reyes*, Santiago: Dirección General de Prisiones, 1937. Está incluída em OC, V, p. 311-397, juntamente com um questionário para uso da classe.

31 Uma cópia da primeira edição, com notas e revisões de Bello, está na Sala Medina, Biblioteca Nacional, Museo Bibliográfico, vol. 8, nº 135. Call # AAF 2968. A segunda edição (164 páginas) foi publicada pela Imprenta del Progreso e a terceira (245 páginas) pela Imprenta de la Opinión, ambas em Santiago. A versão final está incluída em OC, VI [Estudios filológicos].

colega na Universidade do Chile, ele publica uma terceira edição da *Gramática de la lengua latina* de seu filho Francisco, em 1854.[32]

No campo do Direito Internacional, em 1864, Bello ampliou substancialmente a terceira edição dos *Principios de Derecho Internacional*. Foram incluídas atualizações de informações bibliográficas e também uma discussão sobre os novos acontecimentos políticos que repercutiam na legislação internacional.[33] Na edição revisada, Bello incorporou referências a trabalhos de Henry Wheaton (1852), August Wilhelm Heffter (1857), Laurent Hautefeuille (1858) e Robert Phillimore (1861). Sobre os novos eventos internacionais, ele explica o conflito entre a Grã-Bretanha e a Grécia em 1850 baseando-se nas perdas financeiras de Dom Pacifico, um português que se dizia cidadão britânico durante os distúrbios na Grécia em 1847.[34] Em vez de se submeter aos tribunais gregos, Dom Pacifico apelou ao governo britânico, que respondeu bloqueando os portos gregos. Bello discute esse caso em detalhes para defender o uso das Cortes nacionais, as quais exigem necessariamente a igualdade entre cidadãos e estrangeiros, em vez do uso da força pelo lado mais forte.[35] Parece claro que Bello, principalmente depois de trabalhar com Direito Civil, quis ampliar seus interesses legais para incluir o campo ainda em desenvolvimento do Direito Internacional "Privado". Como afirmou na edição de 1864 dos *Principios*, queria destacar também os eventos internacionais que "anunciam uma nova era em que os interesses do comércio, esse grande promotor da civilização e da prosperidade, serão levados em conta".[36] Bello tinha esperança de que as garantias à

---

32 Nesse ano foi publicada em dois volumes pela Imprenta Chilena.

33 Uma cópia das anotações de Bello à segunda edição dos *Principios* está na Sala Medina, Biblioteca Nacional, vitrine superior 1-2, vol. 5, obra 132. Call # AAC 3956 c.5. Para um exame das mudanças feitas de uma edição a outra, ver F. Murillo Rubiera, "Variantes de las sucesivas ediciones del Derecho Internacional de Andrés Bello", in *Bello y Chile*, II, p. 161-168.

34 Para uma descrição desse fato, ver Jasper Ridley, *Lord Palmerston*, Nova York: E. P. Dutton & Co., 1971, p. 374-388. Ver também Asa Briggs, *The Age of Improvement, 1783-1867*, 2ª ed., Nova York: David McKay Company, 1965, p. 374-375.

35 A. Bello, *Principios de Derecho Internacional*, 3ª ed., Valparaíso: Imprenta de la Patria, 1864, p. 100-103.

36 Ibid., p. vii-viii.

propriedade e ao livre movimento do capital pudessem ser estendidas ao Direito Internacional. Um momento importante do reconhecimento internacional por suas contribuições aconteceu em Paris, no Congresso de Direito Marítimo, em 1856, quando 45 países assinaram o princípio de sua autoria segundo o qual uma bandeira neutra protegeria as propriedades dos países em guerra.[37]

Além da gramática e do Direito Internacional, Bello continuou cultivando a literatura através da escrita criativa e da tradução. Ele compôs cinco poesias originais[38] e fez dez traduções de poesias e peças teatrais. Talvez a mais importante das traduções poéticas, e certamente a mais longa, é a interpretação da versão de Francesco Berni de *L'Orlando Innamorato* de Matteo María Boiardo (1541). Em carta a Juan María Gutiérrez de 7 de outubro de 1845, Bello comenta:

> Tenho vários textos escritos na minha juventude que hoje teria vergonha de publicar; entre eles, dezesseis longos cantos em *stanzas* de oito [versos]. É uma tradução de *L'Orlando Innamorato*, poema italiano de cavalaria. A tradução é livre e as introduções dos cantos são quase todas originais, de acordo com a concepção moderna. Trata-se de um poema, como você deve saber, de cavalaria-errante repleto de gigantes, monstros, jardins encantados, batalhas, duelos, romances etc. (OC, XXVI, p. 110-111).

Em Londres, Bello tinha feito uma versão preliminar dessa tradução, que agora foi submetida a uma revisão completa. Isso mostra que, nas décadas de 1850 e 1860, ele retoma com renovado vigor os estudos da literatura medieval. Revisa a tradução do *Orlando* e publica-a, para oferecer uma pitada do tipo de literatura que se originou nos feitos do Rei Arthur e de Carlos Magno. Em 1862, publica a tradução em partes no jornal de Santiago *El Correo del Domingo*, e mais tarde, nesse mesmo

---

37 Ver Héctor Gros Espiell, "La influencia del Derecho Internacional de Bello durante la vida de su autor", in *Bello y Chile*, II, p. 157.

38 São "En el album de la cantatriz doña Teresa Rossi"; "A la señora doña Julia Codecido de Mora"; "En el album de la señora Josefa Reyes de Garmendia"; "El hombre, el caballo y el toro"; e "Las ovejas", todos incluídos em OC, I [Poesías].

ano, em forma de livro.³⁹ Diego Barros Arana explica na introdução do livro que Bello "não tinha intenção de publicá-lo", mas que acabou cedendo à "insistência de alguns amigos". Embora isso realmente tenha acontecido, Bello se esforçaria para publicá-lo porque se enquadrava no seu trabalho com a literatura medieval.⁴⁰

Língua e literatura medievais

Em 1852, quando Bello chega aos estágios finais do seu projeto do Código Civil, publica uma revisão erudita do livro *History of Spanish Literature* (1849) do norte-americano George Ticknor (1791-1871) em *Anales de la Universidad de Chile*. Na declaração abaixo, Bello antecipa o trabalho que pretende desenvolver nos próximos anos, e até dá uma ideia do propósito de seus estudos. Ao comentar o tratamento dado por Ticknor ao *Poema de Mio Cid*, ele afirma:

> Sempre tive em alta estima esta antiga relíquia. Estudei-a muito na minha juventude, e até hoje tenho esperança de conseguir preparar uma edição mais completa e minuciosa do que a de [Tomás Antonio] Sánchez [1779]. No entanto, não posso fechar os olhos para os vestígios de inspiração francesa que nela se encontram, bem como das poesias de outros países europeus contemporâneos (*OC*, VII, p. 591).

Realmente, Bello tinha estudado o *Poema de Mio Cid* em Londres, tanto na biblioteca de Francisco Miranda quanto na Biblioteca do Bri-

---

39 A. Bello, *El Orlando enamorado del conde Mateo María Boyardo, escrito de nuevo por Berni*, Santiago: Imprenta Nacional, Outubro de 1862. O manuscrito da versão londrina está em La Casa de Bello, Colección de Manuscritos Originales [CMO], em Caracas. É mantida em separado em uma urna. Também está impressa em OC, I, p. 361-576. As múltiplas variações do texto estão OC, II [em Borradores de Poesía], p. 141-625.

40 Marcelino Menéndez y Pelayo ficou muito entusiasmado com o trabalho que Bello fez no poema, chamando de "obra-prima" e "a melhor tradução do poema italiano em nosso idioma", in *Historia de la poesía hispano-americana*, I, p. 392. Os críticos contemporâneos são menos exultantes em suas avaliações; ver, por exemplo, Giuseppe Carlo Rossi, "Bello en Chile y la poesía italiana", in *Bello y Chile*, II p. 33-60; E. Rodríguez Monegal, *El outro Andrés Bello*, p. 120-123; e P. Grases, "Los borradores de la traduccion del 'Orlando enamorado'", in *ESAB*, II, p. 423-426. Não foi um trabalho muito importante e só faz sentido no contexto dos estudos de Bello sobre literatura medieval.

tish Museum. Como dissemos no Capítulo 2, ele encontrava ecos de sua situação pessoal em um poema que representava o exílio de El Cid em consequência de uma injustiça cometida pelo rei Afonso VI. Bello se deparou com o Direito Romano no terceiro *Cantar* e começou a estudá-lo mais profundamente, porque acreditava que a jurisprudência romana poderia oferecer os fundamentos legais das repúblicas independentes da América espanhola. E porque existia uma relação muito próxima entre a língua em que o poema fora escrito e a ascensão da Espanha como nação distinta. Essas várias linhas de pesquisa e de políticas informaram trabalhos maiores realizados entre as décadas de 1830 e 1850, embora ele não tenha conseguido concentrar a atenção no próprio poema quando chegou ao Chile. Bello mantinha diálogos constantes com seus outros trabalhos, principalmente a *Gramática* e o *Código Civil*, mas não estava convencido de que fizera justiça à riqueza e à importância do *Poema de Mio Cid*.[41]

Foi a publicação da *History* de Ticknor que o estimulou a reunir suas anotações e reflexões sobre a literatura medieval espanhola, especialmente o *Poema de Mio Cid*. Primeiro, leu a *History* na tradução espanhola de Pascual de Gayangos, publicada na Espanha entre 1851 e 1856,[42] e ficou impressionado com a erudição de Ticknor, que juntamente com Washington Irving e William H. Prescott, deram o impulso inicial para que os temas hispânicos fossem estudados nos Estados Unidos. Por intermédio de Manuel Carvallo, representante diplomático chileno nos Estados Unidos, adquiriu a primeira edição em inglês de 1849, e possivelmente também a segunda (1854).[43] E dedicou vários artigos sobre essa obra volumosa

---

41 Estudos sobre o trabalho de Bello com a literatura medieval, com destaque especial para o *Poema de Mio Cid*, incluem Rodolfo Oroz Schreibe, "Los Estudios Filológicos de Andrés Bello", in *Estudios sobre la vida y obra de Andrés Bello*, p. 145-182; Colin Smith, "Los trabajos de Bello sobre el Poema de Mio Cid", in *Bello Y Chile*, II, p. 61-73; P. Grases, "La épica española y los estudios de Andrés Bello sobre el Poema de Mio Cid", e idem, "Andrés Bello y los estudios de literatura medieval europea", in *ESAB*, I, p. 335-459 e 461-472. Ver também "Poema del Cid y otros estudios de poesía medieval", que serve de introdução para os *Estudios Filológicos* de Bello, *OC*, VII, p. xv-cl.

42 George Ticknor, *Historia de la literatura española*, tradução e anotações de Pascual de Gayangos, 4 vols., Madri: Imprenta de la Publicidad, 1851-1856.

43 O envio dos livros de Ticknor é mencionado por Manuel Carvallo em carta para Bello datada de 19 de abril de 1852, incluída em *OC*, XXVI, p. 240-241. Aparentemente, Bello conservou apenas a segunda edição em sua biblioteca particular. Ver B.L. Velleman, *Andrés Bello y sus libros*, p. 269.

que foram publicados nos *Anales de la Universidad de Chile* entre 1852 e 1858.[44] De um modo geral, Bello reagiu bem ao trabalho massivo e erudito de Ticknor, mas discordava em alguns pontos fundamentais que o ajudaram a esclarecer algumas dúvidas sobre áreas literárias e questões históricas centrais da Idade Média. Em *History*, Ticknor levanta o seguinte argumento em defesa da originalidade das antigas baladas espanholas:

> Não me parece razoável buscar, no Ocidente ou em qualquer outro lugar, uma origem externa meramente para a *forma* das baladas espanholas. A estrutura métrica delas é tão simples que prontamente acreditamos que tenha se apresentado tão logo os versos de quaisquer tipos foram percebidos como o desejo popular. Consistem daqueles versos de oito sílabas que são compostos com grande facilidade no castelhano e também em outras línguas, e que são os mais fáceis nas antigas baladas, assim como é pouco observado o número de pés estabelecido para cada verso... A peculiaridade proeminente, porém, mas que consegue impor-se na maior parte da poesia nacional, é aquela que, por não prevalecer em nenhuma outra literatura, pode-se dizer que tem sua origem na Espanha, e ser, portanto, uma importante circunstância na história da cultura poética espanhola.[45]

Para Ticknor, toda literatura genuína era literatura nacional, razão pela qual ele procurava uma expressão indígena espanhola.[46] Descobriu que a "peculiaridade proeminente" que distinguia a literatura espanhola das demais era a assonância, um tipo de rima que consiste na repeti-

---

44 A extensa revisão de Bello foi publicada em seis volumes nos *Anales*: vol. 9 (1852), p. 197-217, e 485-505; vol. 2 (1854), p. 93-113 e 259-262; vol. 12 (1855), p. 627-644, e vol. 15 (1858) p. 1-6. E também sob o título "Observaciones sobre la historia de la literatura española, por Jorge Ticknor, ciudadano de los Estados Unidos", in *OC*, VII, p. 515-687. Bello enviou reimpressões a Ticknor, que conservou-as sob o título "Articles of Dn. Andrés Bello on my Hist. of Spa. Lit.", junto com as cópias dos vários livros de Bello. Elas estão na seção de Livros Raros e Coleção de Manuscritos de Biblioteca Pública de Boston. Ticknor não fez nenhum comentário sobre o conteúdo dos artigos de Bello nas edições de *History* de 1854, 1863 e 1866, mas tinha muita consideração por ele como se pode ver em carta de 1º de outubro de 1860 (*OC*, XXVI, p. 394).

45 G. Ticknor, *History*..., I, p. 111-112. Cito a partir da edição da biblioteca de Bello (3 vols., Nova York: Harper & Brother Publishers, 1854).

46 Ver D.B. Tyack, *George Ticknor and the Boston Brahmins*, especialmente as seções "The Riddle of Spain", p. 73-790 e "Literary Nationalism", p. 142-149.

ção das vogais com sonoridades semelhantes. Ticknor explica *asonante* como "algo entre os nossos versos brancos e a nossa rima, e a arte de usá-la é mais fácil em línguas como o castelhano, que é abundante em vogais e dá sempre o mesmo valor à mesma vogal".[47] Até aqui, havia pouco que Bello pudesse discordar em termos da centralidade e da natureza da assonância no espanhol, mas Ticknor o desafia ao explicar que a assonância é uma peculiaridade da poesia espanhola:

> A única sugestão interfere nessa afirmação está no *Repertorio Americano* (Londres, 1827, Tom. II, p. 21 etc.), onde o autor, que acredito ser dom Andrés Bello, esforça-se para encontrar o *asonante* de "Vita Mathildis", poema do século XII reimpresso por [Ludovido] Muratori [1725]... e de um poema anglo-normando do mesmo século sobre a fabulosa viagem de Carlos Magno a Jerusalém. Mas o poema latino é, creio eu, único nessa tentativa, por ser totalmente desconhecido na Espanha; o poema anglo-normando publicado por Michel [1836]... com notas curiosas, revela-se *rhymed*, embora não de uma forma regular e cuidadosa. [François] Raynouard, no *Journal des Savants* [1833]... comete o mesmo erro que o autor do *Repertorio*, provavelmente porque o seguiu. A rima imperfeita do antigo gaélico parece soar diferente do *asonante* espanhol e, de qualquer modo, talvez nada tenha a ver com ele.[48]

Bello responde contestando os dois pontos centrais de Ticknor sobre a métrica das baladas e a peculiaridade da assonância espanhola. Com relação à primeira, afirma que os romances com versos de oito sílabas que derivaram da métrica mais longa das *chansons de geste* francesas já circulavam pela Espanha por volta do século XII, provavelmente até antes. A razão de um verso mais longo é facilitar a performance oral, para manter o ritmo em um verso simples. Sobre a questão da assonância, Bello insiste em que ela se encontra em vários hinos eclesiásticos latinos que remontam ao século VI. Ele menciona o *Vita Mathildis* em seu artigo *Repertorio* não como um exemplo isolado, mas agora em uma lista mais longa de exemplos que ele extrai do *Rerum Italicarum Scrip-*

---

47 G. Ticknor, *History*, I, p. 113.
48 Ibid., I, p. 112.

tores (1725) de Muratori, dos *Documents inédits pour servir a l'histoire littéraire de l'Italie* (1850) de Antoine Fédéric Ozanam, e de *Recherches sur l'histoire politique et littéraire de l'Espagne pendant le Moyen Âge* (1849) de Reinhart Dozy. E faz uma observação meio humorística: que o "notável estudioso da literatura" Eugenio de Ochoa (1815-1872) lhe dera a honra de concordar com suas concepções de assonância, tanto que as transcreveu na íntegra, embora "esqueceu-se de citar a fonte de onde as tirou" em seu *Tesoro de los romanceros y cancioneros españoles* (1838). Foi, de fato, um triste caso de plágio.[49] Nessa resposta a Ticknor, Bello quer mostrar que a assonância é usada em toda a Europa, principalmente na França, de onde foi levada para a Espanha nas *chansons de geste*:

> Não é surpresa para ninguém que foi o que aconteceu à luz das relações desses dois países e da troca frequente entre eles. À parte os parentescos entre as famílias reinantes; à parte os inúmeros eclesiásticos franceses que ocuparam as dioceses metropolitanas e episcopais, e habitaram os claustros da península desde os tempos de Afonso VI, como ignorar o grande número de nobres e soldados franceses que lutou ao lado dos espanhóis contra os mouros, movidos pelo fanatismo característico da época, por cobiçarem os espólios de um povo cuja riqueza e cultura eram cantadas pelos *trouvères*, ou pela ânsia de obter possessões para si e seu seguidores? (OC, VII, p. 572).

Os *jongleurs* (*jograis*) que erravam pelas estradas, além de oferecerem diversão, levavam consigo a métrica e, especialmente, os versos assonantes típicos das *chansons* francesas. Com o tempo, França e Espanha se diferenciariam claramente, mas naquela época o fluxo era grande o bastante para influenciar as primeiras expressões da poesia castelhana. O conteúdo das *chansons* francesas influenciaria também os romances de cavalaria espanhóis pela ênfase dada aos feitos heroicos na luta contra os mouros. Realmente, o *Dom Quixote* de Cervantes pode ser lido como um compêndio de centenas de lendas ou eventualmente como os

---

49 Ver o "Prólogo" de Ochoa ao seu *Tesoro* (Paris: Imprenta de Casimir, 1838). As páginas xxiii-
-xxix correspondem quase exatamente (com pequenas variações de palavras) às de "Uso antiguo de la rima asonante en la poesía latina de la Media Edad y en la francesa; y observaciones sobre su uso moderno" de Bello, *El Repertorio Americano*, n° 2, jan 1827, p. 21-33. Também cita a poesia que Bello transcreveu dos manuscritos da Biblioteca do British Museum de Londres.

livros que introduziram na tradição espanhola as histórias do Rei Arthur e de Carlos Magno. Isso era claro para Bello, mas não para Ticknor, que para reforçar a singularidade das cartas espanholas não deu o devido valor às influências estrangeiras. Talvez ele reconhecesse a transferência de certos temas de um país para o outro, mas isso não foi elaborado. O caso em questão é a crônica do fictício Turpin, que Ticknor confinou a uma nota de rodapé em *History*.[50]

A CRÔNICA DE TURPIN

A crônica de Turpin é um documento ímpar, quase sempre esquecido pelos críticos contemporâneos, mas não totalmente ausente nos tratamentos dados à literatura medieval espanhola. Realmente, é mais conhecida nas traduções francesas que serviram para transmitir uma série de questões políticas, literárias e historiográficas francesas do século XIII.[51] O autor desconhecido desta crônica do século XII escrita em latim se autodenominou espertamente Arcebispo Turpin, uma das personagens centrais da *Chanson de Roland* [Canção de Rolando], para dar um ar de historicidade às versões altamente distorcidas dos feitos de Carlos Magno. Estudos mais modernos referem-se ao autor como Pseudo-Turpin, para ressaltar tanto o vínculo histórico de Rolando quanto o mistério que envolve o autor. A crônica, que se intitula *Historia Turpini* (mas é citada com mais frequência como *De Vita Caroli Magni et Rolandi*) faz parte do *Codex Calixtinus* (Livro IV),[52] do século XII. Conta a história da expedição de Carlos Magno

---

50 G. Ticknor, *History*, I, p. 219.

51 Ver *"Pseudo-Turpin* and the Problem of Prose" de Gabrielle M. Spiegel, em seu *Romancing the Past: The Rise of Vernacular Prose Historiography in Thirteenth-Century France*, Berkeley: University of California Press, 1993, p. 55-98. Para uma versão francesa da crônica latina, ver Ronald N. Walpole, *The Old French Johannes Translation of the Pseudo-Turpin Chronicle: A Critical Edition*, Berkeley: University of California Press, 1976.

52 Os estudiosos não estão certos da data precisa do Codex. Um renomado estudioso, Manuel C. Díaz y Díaz crê que a cópia existente em Santiago de Compostela é de 1173, o que certamente não exclui uma data anterior de preparação. Ver seu "El *Codex Calixtinus*: Volviendo sobre el tema", in John Willians e Alson Stones (eds.), *The Codex Calixtinus and the Shrine of St. James*, Tübingen: Gunter Narr Verlag Tübingen, 1992, p. 1-9. Está claro, porém, que embora a crônica de Turpin tenha se tornado parte do códex, autores diferentes escrevendo em épocas diferentes se envolveram na preparação do trabalho como um todo. Uma transcrição

à Espanha, embelezada pelos temas e estilos das lendas de cavalaria, provavelmente para exaltar o santuário de São Tiago. Bello estudou muito para entender e contextualizar a crônica de Turpin, por isso reage com exasperação contida, porém explícita, quando se depara com o tratamento superficial que Ticknor dá a ela. Bello dá importância ao documento porque, a seu ver, ele é a prova de que a lenda de Carlos Magno é conhecida e cantada na Espanha séculos antes de Ticknor afirmar, na seguinte passagem de *History*, que:

> Naquela época, porém, à qual nos referimos [o século XII] e que terminou por volta da metade do século XIV, não há nenhuma pretensão razoável [sic] de que essa forma de ficção existisse na Espanha. Lá, os heróis nacionais ainda preenchiam a imaginação dos homens e alimentavam seu patriotismo. Ninguém ouvira falar de Arthur, e Carlos Magno, quando aparece na antiga crônica e nas baladas espanholas, era apenas o invasor imaginário da Espanha que sofre uma derrota inglória nos desfiladeiros dos Pireneus.[53]

A "derrota inglória" refere-se à Batalha de Roncesvalles (ou Roncevaux, em francês) em 778, e trai uma parcialidade da versão espanhola da famosa batalha, provavelmente extraída do *El Bernardo* (1624), de Bernardo de Balbuena, ao qual Ticknor cita com tanta admiração em *History*.[54] A versão anterior francesa da história de Rolando é *De Vita Caroli Magni Imperatoris*, de Einhard (ca. 770-840). Essa versão tornou-se, com justiça, a famosa *Chanson de Roland*, em que Rolando, sobrinho de Carlos Magno, ao lado do Arcebispo Turpin e dos Doze Pares de França, tem morte gloriosa quando são todos entrincheirados no passo de Roncesvalles por tropas muçulmanas.[55] A história do lado francês em

---

do códex é a de W.M. Whitehill (ed.), *Liber Sancti Jacobi. Codex Calixtinus*, 3 vols., Santiago de Compostela: Seminario de Estúdios Galegos, 1944; A crônica de Turpin ou *Historia Turpini* está em I, p. 301-348.

53 G. Ticknor, *History*, I, p. 220.
54 Ibid., II, p. 479-80.
55 Para uma versão dos relatos espanhóis e franceses deste espisódios, ver J. Tolan, "The Battle of Roncesvalles as Nationalist Polemic", in M.P. de Mendiola (ed.), *Bridging the Atlantic: Toward a Reassessment of Iberian and Latin American Cultural Ties*, p. 15-29.

sua forma existente foi escrita em 1100 ou *circa* de, muito provavelmente a data da *Chanson de Roland*.⁵⁶ A lenda, entretanto, circulou de outras formas, transmitida ou oralmente pelos *jongleurs* ou em outras versões escritas. Uma das mais importantes é a *Pseudo-Turpin Chronicle*, que é, nas palavras de Gabrielle Spiegel, "facilmente uma das obras literárias mais populares da Idade Média".⁵⁷ Nessa crônica, a pretensão da França de dominar a infiel Espanha aparece da seguinte forma: São Tiago ordena que Carlos Magno faça uma peregrinação a sua sepultura na Galícia e resgate a Espanha dos muçulmanos. Carlos Magno certamente obedece e passa a ser descrito como o vencedor de todas as batalhas contra os infiéis (exceto no traiçoeiro incidente nos Roncesvalles) e constrói a Catedral de Santiago de Compostela, a cujo bispo ele garante autoridade sobre toda a Espanha.⁵⁸

Bello empenhou-se em mostrar que a lenda de Carlos Magno conhecida em toda a Espanha vai muito além da "derrota inglória" e descreve as motivações e a possível autoria da crônica. Ele consultou oito versões manuscritas na Biblioteca do British Museum tanto em latim quanto em francês.⁵⁹ E também várias versões impressas, como a edição de Sebastiano Ciampi de *De Vita Caroli Magni* (1822). Baseado nessas e em outras fontes, como a *Historia Compostellana* encomendada pelo arcebispo Diego Gelmírez e em circulação por volta da década de 1140,⁶⁰ Bello argumenta que o autor seria um clérigo cluníaco francês residente

---

56 Ver Gerard J. Brault (ed.), *The Song of Roland: An Analytical Edition*, 2 vols., University Park/London: The Pennsylvania State University Press, 1978, I, p. 3-6.

57 G. M. Spiegel, *Romancing the Past*, p. 69.

58 Uma versão inglesa da crônica é de Thomas Rodd, *History of Charles the Great and Orlando*, 2 vols., Londres: James Comptom, Printer, 1812, que Bello possuía em sua biblioteca particular. Uma edição recente da crônica em versos do Pseudo-Turpin é de Paul Gerhard Schimidt, *Karolellus Atque Pseudo-Turpini Historia Karoli Magni et Rotholandi*, Stuttgart/Leipzig: B. G. Teubner, 1996.

59 As fontes de Bello estão detalhadas na terceira parte da sua revisão de Ticknor, ou seja, na edição dos *Anales* de 1854. Ver também *OC*, VII, p. 596-597.

60 Bello usou a versão da *Historia Compostellana* publicada no vol. 20 de *España Sagrada* de Enrique Florez, 43 vols., Madri, 1765, que ele tinha em sua biblioteca. Tinha também uma segunda edição (sem data) da *Historia Compostellana* cujo subtítulo "Escrita por três canónigos desde el año 1100 al 40" deve ter lhe dado uma ideia da data desse texto e da crônica de Turpin. Uma edição recente da *Historia Compostellana* é de Emma Falque Rey (Turnbout: Brepols Editores Pontifici, 1988).

na Espanha que elevou Santiago de Compostela ao status de Diocese Apostólica. Santiago de Compostela já era famoso como centro de peregrinação dos cristãos desde que o rei Afonso II (791-842) das Astúrias mandara erguer o santuário em 818,[61] mas só se tornou bispado em 1096 e arcebispado em 1119.[62] O caminho para Santiago tornou-se local de extrema importância para a ascensão da Espanha como nação e uma das clássicas rotas de peregrinação da Europa medieval. O exame que Bello faz da crônica de Turpin mostra que o caminho de Santiago era um ponto de contato entre as tradições francesa e espanhola.

Bello publicou seus comentários sobre a crônica de Turpin na edição dos *Anales* de 1854, embora nos manuscritos disponíveis em Caracas e em Santiago nota-se que os argumentos foram escritos essencialmente na Inglaterra em algum momento entre 1822 e 1823. A intensidade de seu interesse por essa crônica sugere que ele visitou Santiago de Compostela quando ainda vivia em Londres. Um registro no Arquivo de Simancas, Espanha, mostra que Bello e seu amigo José María Blanco White embarcaram em Falmouth, Inglaterra, para Vigo, Espanha, no dia 31 de maio de 1823. O porto de Vigo, na Galícia, dista 95 quilômetros de Santiago de Compostela. Essa viagem de Bello ao santuário faz todo o sentido por duas razões: em primeiro lugar, ele estava trabalhando intensamente na crônica de Turpin e queria visitar a Catedral e a região, além de consultar alguns documentos. E em segundo lugar, como católico que estava vivendo uma situação pessoal difícil após a morte de sua mulher Mary Ann e do filho Juan Pablo com um ano de idade, em 1821, a peregrinação seria feita por motivos religiosos. Uma carta de Blanco White acusando o recebimento dos

---

61 Sobre Santiago de Compostela, ver R. Fletcher, *Saint Jame's Catapult: The Life and Times of Diego Gelmírez of Santiago de Compostela.*

62 O historiador galego Emilio González López oferece um bom resumo da elevação de Santiago de Compostela a diocese episcopal: "Não é verdade que o episcopado de Iria (Padrón) foi transferido para Compostela logo depois que a sepultura do apóstolo foi encontrada. A mudança só aconteceu em 1096, durante o mandato do bispo Dalmatius, de afiliação cluníaca, um pouco anterior ao bispado de [Diego] Gelmírez. Foi Gelmírez quem elevou a diocese a arcebispado em 119, deslocando a diocese metropolitana de Braga ao norte de Portugal, que foi a igreja principal da Galícia até a invasão árabe". Ver seu *Galicia, su alma y cultura*, Buenos Aires: Ediciones Galicia, 1954, p. 59-60. Ver também Bernard F. Reilly, *The Kingdom of León-Castilla Under Queen Urraca, 1109-1126*, Princeton: Princeton University Press, 1982.

estudos da crônica de Turpin é outra possibilidade: Bello foi a Santiago de Compostela por interesse intelectual.[63]

O fato de ele ter escrito o artigo sobre Turpin em inglês sugere que o ensaio poderia ser para uma revista britânica ou talvez a introdução de alguma versão editada da crônica, mas nada foi publicado. Por ser o único trabalho existente escrito em inglês, vale a pena destacar as conclusões diretamente da versão original. Nela, Bello defende que "os triunfos de Carlos Magno eram meramente uma estrutura destinada a sustentar os milagres, conselhos e privilégios imperiais que tornariam aquela cidade [Santiago de Compostela], depositária dos restos mortais do apóstolo, o segundo mais importante do Cristianismo". E continua, definindo a identidade do fictício arcebispo de Rheims, que ele acreditava ser estrangeiro, porque nenhum espanhol poderia ser tão ignorante, ou conscientemente alheio, a ponto de desconhecer a história da Espanha:

> Toda indicação que tenho encontrado aponta para Dalmatius, bispo de Iria [Iria Flavia, futura Padrón], como a pessoa que produziu a crônica. Ninguém teria mais interesse em ampliar as prerrogativas e o poder daquela diocese que o próprio bispo. Dalmatius foi, além disso, o único estrangeiro que a ocupou entre 1086 e 1150. Ele era francês, e já foi demonstrada a parcialidade do cronista para com a França. Dalmatius era monge e seria difícil encontrar trabalho, não exercido por eclesiástico ou monástico, em que ideias e preconceitos contra o homem que usa capuz não estivessem profundamente interiorizados. Ele veio para a Espanha como comissário do abade de Cluny para inspecionar os conventos que abraçavam as instituições daquele monastério, e depois como dirigente de uma associação numerosa e amplamente disseminada; e, quando na execução do cargo visitou as províncias cristãs da Península, não aproveitou [i.e., faltou] a oportunidade para adquirir o mais ínfimo conhecimento geográfico do país além do que era possível extrair dos livros na época. Ele deve ter visitado a abadia de Sahagún em particular, a principal das fraternidades espanholas

---

63 A data da carta de Blanco White (13 de junho de 1823) sugere que eles viajariam em menos de duas semanas. Era difícil considerar as condições de transporte na época, mas não impossível. Também pode ser que a data do documento também estivesse errada (março em vez de maio). O registro da partida de Bello está no Archivo General de Simancas, Espanha, Sección Estado, Legajo 8226.

da regra de Cluny; não admira que tenha feito uma descrição tão minuciosa da localidade. Seu pontificado pertence à última metade do século XI, época que corresponde perfeitamente aos dados. E tomou a frente, como já foi dito, dos esforços para o progresso da Diocese Iriana.[64]

Na apresentação deste texto em espanhol em 1854, Bello esclarece que, além das ambições do prelado, havia questões literárias envolvidas que Ticknor não poderia ter ignorado. Uma delas era a influência e a disseminação da crônica de Turpin. Bello mostra que o texto, quer se refira ou não a fatos reais, era usado como fonte de informação pelos *trouvères* e pelos poetas já no século XVI. Não importa se Turpin existiu ou não, ele é uma autoridade dos fatos que narrou, como se pode ver no inacabado *L'Orlando Innamorato* (1506) de Matteo María Boiardo, no *Orlando Furioso* (1532) de Ludovico Ariosto, e na versão satírica do *Orlando Innamorato* de Francesco Berni do final do século XVI. Nas palavras de Bello, "Turpin tornou-se o Cide Hamete Benengeli [o historiador árabe apócrifo de *Dom Quixote*] de Carlos Magno e dos Doze Pares de França" (OC, VII, p. 596). O que a crônica demonstra, segundo Bello, é que na época em que foi escrita "já era uma prática antiga narrar histórias de cavalaria na forma métrica":

> Portanto, o capítulo cujo título é *Haec sunt nomina pugnatorum majorum* (Cap. XII) mostra que Turpin descreve como pessoas reais os nobres cavaleiros cujos feitos eram cantados pelos *trouvères* já no final do século XI. Mas não acredito que o autor tenha tomado como verdadeiro e autêntico tudo o que se disse sobre eles. Ele compilou as tradições poéticas que lhe pareceram mais críveis e mesclou-as da melhor maneira com os fatos históricos. O autor da *Crônica de El Cid* fez o mesmo com fatos e lendas de Rodrigo Díaz, e com sucesso similar. Este último trabalho forneceu material em abundância nos dois séculos que se seguiram e que os

---

64 La Casa de Bello, Caracas, CMO, caixa 1, item 24. Nem todo o texto do manuscrito está escrito com a letra de Bello, o que sugere que alguém mais, talvez Elisabeth Dunn, ajudou a copiá-lo do rascunho. Outras notas escritas com letra diferente sugerem revisões, provavelmente de Blanco White. Ver também OC, VII, p. 406-407. Há outros manuscritos das crônicas de Turpin no Archivo Central Andrés Bello em Santiago do Chile, bandeja 3, caixa 23, itens 765, 767, 769, e 771. Os *Cuadernos de Londres* também têm notas sobre Turpin, especialmente o Cuaderno nº 12 (item 677).

poetas engrandeceram, embelezaram e distorceram com invenções diversas e extravagantes. Há, porém, diferenças entre as duas [crônicas]. O Pseudo-Turpin, um falsário tão audacioso quanto ignorante, não conseguiu tornar sua narrativa atraente. O cronista espanhol, por sua vez, entrelaçou de maneira convincente várias histórias; algumas são preciosas e muito vívidas (OC, VII, p. 630-631).

O referido contraste entre a crônica de Turpin e a crônica de El Cid mostra que Bello as via como trabalhos relacionados. A lenda do El Cid, a seu ver, não emergira de fontes puramente espanholas, mas de vários experimentos transnacionais envolvendo histórias de cavalaria. A crônica de Turpin pode não ter sido uma peça literária tão importante quanto a *Canção de Rolando* ou o *Poema de Mio Cid*, mas revela uma troca complexa de tradições literárias que tiveram que ser consideradas para entender a emergência da literatura espanhola. Tendo resolvido essa questão, Bello podia agora fazer um exame mais minucioso da história de El Cid.

A HISTÓRIA DE EL CID

Bello concordava com Ticknor ao menos em um aspecto: que o *Poema de Mio Cid* [doravante PMC], era a forma original mais importante da literatura nacional espanhola.[65] Entretanto, não era possível, como ele mesmo coloca, "fechar meus olhos para os vestígios de inspiração francesa que nele se encontram". O PMC tem variações de métrica que lembram muito as *chansons de geste* francesas, especialmente pelo sistema de sílaba tônica.[66] Ele observou particularmente o uso

---

[65] Talvez o melhor tratamento contemporâneo do *Poema de Mio Cid* seja o do falecido Colin Smith, *The Making of the Poema de Mio Cid*. Uma edição crítica detalhada é a de Alberto Montaner, *Cantar de Mio Cid*, com introdução de Francisco Rico, Barcelona: Crítica, 1993. Outras fontes úteis do poema e do Cid histórico são a de Rico Michel (ed.), *The Poem of the Cid: A New Critical Edition of the Spanish Text*, prosa traduzida por Rita Hamilton e Janet Perry, Manchester: Manchester nUniversityu Pressm, 1975 e a de R. Fletcher, *The Quest for El Cid*, Nova York: Alfred A. Knopf, 1990.

[66] Colin Smith, na p. 115 do seu *The Making*, faz uma comparação muito útil entre os versos do PMC e algumas *chansons* que o poeta provavelmente conhecia. Ele observou, por exemplo, uma semelhança muito grande entre os versos decassílabos do tipo 6 + 4.
Set cenz cameilz e mil hosturs müez (*Canção de Rolando*, 129)

do verso alexandrino, ou de catorze sílabas, em várias outras formas de métrica. Os versos, porém, são compostos consistentemente por dois hemistíquios separados por uma cesura, e usam assonância. Bello não tinha visto a *Canção de Rolando* para comparar, mas certamente conhecia a história. Jean-Gustave Courcelle-Seneuil, seu colega na Universidade do Chile, enviou-lhe de Paris uma versão de François Génin da *Canção*, de 1850, e Bello pôde então afirmar com segurança que ela era composta em versos assonantes (OC, VII, p. 673).[67] Mas não abandonou as suas primeiras conclusões sobre o surgimento das línguas românicas, e continua encontrando evidências que confirmam o vínculo entre as tradições literárias francesa e espanhola.

A longa e minuciosa atenção que Bello dedica ao trabalho de Ticknor prova que ambos tinham assuntos importantes em comum. Eles rejeitavam o "orientalismo" dos estudiosos, para os quais a língua e a literatura espanholas eram derivadas de origens árabes.[68] E consideravam a língua espanhola, com exceção de alguns dialetos, derivada do

---

e sín falcones e sín adtóres mudádos (PMC, 5)
Versos decassílabos 4 + 6
Firza les, chevaler, pos vos comant! (*Girart de Roussillon*, 1287)
Firíd los, cavalléros, tódos sínes dubdánça! (PMC, 597)
E versos alexandrinos 6 + 8
La forest fu parfonde, li bois haus et foilluz (*Florence de Rome*, 3776)
los móntes son altos, las rámas pújan com las núes (PMC, 2698).

67 Courcelle-Seneuil enviou a Bello uma cópia da *Chanson de Roland* em 15 de março de 1858. Bello deve tê-la recebido no final desse ano, a tempo de introduzir um comentário na última seção da sua revisão da *History* de Ticknor nos *Anales de la Universidad de Chile*. A carta de Courcelle-Seneuil sugere que Bello tinha lhe pedido especificamente uma cópia da *chanson*. O texto está em *OC*, XXVI, p. 371.

68 Bello refere-se ao "orientalismo" pela primeira vez em seu artigo sobre a *Littérature du Midi de l'Europe*, de Simonde de Sismondi, *Biblioteca Americana*, n° 2, out 1823, p. 51. Ele amplia a cobertura dos autores que, como Sismondi, destacaram as influências árabes no PMC, em vários artigos publicados no *El Araucano* em 1834 e 1841. Esses artigos estão incluídos em *OC*, VII, p. 471-497 sob o título "Literatura castellana". Bello resumiu esses pontos em uma resposta a Ticknor, especialmente em *OC*, VII, p. 530-533. No século XX, foi mais comum reconhecer a influência da poesia árabe no verso medieval espanhol e na poesia dos trovadores franceses. Ver os importantes trabalhos de Samuel Miklos Stern, *Hispano-Arabic Strophic Poetry: Studies*, seleção e edição de L. P. Harvey, Oxford: Clarendon Press, 1974; e María Rosa Monecal, *The Arabic Role in Medieval Literary History: A Forgotten Heritage*, Filadélfia: University os Pennsylvania Press, 1987. Ver também Linda Compton, *Andalusian Lyrical Poetry and Old Spanish Love Songs: The Muwashshab and its Kharja*, Nova York: New York University Press, 1976.

latim, ou como dizia Ticknor, do "latim corrompido".⁶⁹ Os dois tinham a mesma admiração pelo *PMC*, que consagravam como o próprio alicerce das letras espanholas. Mas também divergiam em aspectos importantes. Ticknor declarava sua estima pelo poema, que considerava "simples, heroico e nacional", mas dava pouca importância a sua estrutura e à complexidade linguística. Nas suas próprias palavras:

> A língua em que o poema é contado é a língua que ele próprio [o Cid] falava, ainda mal desenvolvida; que tinha dificuldade para se desincumbir das características do latim; com novas construções ainda por se estabelecerem; imperfeita na forma e mal fornecida de partículas de ligação nas quais reside grande parte do poder e da graça de todas as línguas; mas ainda respirando o ousado, sincero e original espírito de seu tempo, e mostrando abertamente que disputa com sucesso um lugar entre os outros elementos primitivos do gênio nacional. Por fim, a métrica e a rima nas quais todo o poema é construído são rudes e instáveis: o verso que proclama ter catorze sílabas, divididas por uma abrupta pausa cesural após a oitava, quase sempre foge para a décima sexta ou vigésima, e às vezes recai na duodécima.⁷⁰

Como estudioso atento das línguas românicas emergentes, Bello rejeitava a ideia de que fossem rudimentares e malformadas em vez de simplesmente evoluírem. Também não concordava que as várias métricas indicassem falta de sofisticação poética. Na sua interpretação da poesia espanhola primitiva era possível falar em experimentos, mudanças e evolução gradual. Mas, o mais importante, era preciso determinar como o contato entre as línguas afetava sua lógica interna. A língua não podia se separar da história e da cultura, e a Espanha medieval assistira a confrontos memoráveis entre povos e civilizações. Ticknor, de sua parte, insistia em que o valor do poema residia na fiel rendição ao "rude e heroico período que representa" e à "força selvagem de um entusiasmo religioso primitivo". Em suma, o poema era, como a própria Espanha,

---

69 Para uma história confiável da literatura espanhola, ver R. Lapesa, *Historia de la lengua española*, especialmente os capítulos 3-9, que tratam do espanhol medieval e suas influências latina, francesa e árabe.

70 G. Ticknor, *History...*, I, p. 176-18.

"não menos nacional, cristão e leal".[71] As visões de Ticknor refletem seu passado unitarista bostoniano, segundo o qual as outras formas de Cristianismo, principalmente o Catolicismo, eram consideradas formas primitivas da religião pura incrustrada de erros. Ticknor tinha algum fascínio por PMC, mas mantinha certa distância aristocrática.

Bello, por sua vez, envolveu-se intensamente com as dimensões intelectuais do assunto. Fez longas anotações sobre o PMC na Inglaterra e estudou a edição de 1512 da *Crónica del Cid* de Juan Belorado, que entre os estudiosos contemporâneos é conhecida como *Crónica Particular*.[72] Também consultou a primeira versão publicada do PMC de Tomás Antonio Sánchez (1779), que considerava uma transcrição ruim.[73] Ele então se dispôs a produzir uma cópia mais lapidada, baseada na crônica, na qual poderia aplicar o seu conhecimento filológico adquirido na Inglaterra. Há evidências de que Bello tentou publicar a sua versão do poema em 1846, como se vê em uma carta de seu amigo, o gramático e livreiro Vicente Salvá, que morava em Paris. As notícias, porém não foram boas:

> Eu gostaria muito de ver o seu trabalho sobre o *Poema del Cid*, do qual você já me deu algumas indicações [quando estivemos juntos] em Londres,

---

71 Ibid., I, p. 22.

72 A *Crónica Particular* circulou antes do PMC graças à edição de Belorado. O título completo da crônica, provavelmente anterior a 1312, é *Crónica del famoso cavallero Cid Ruy Díez Campeador*. Duas outras edições apareceram em 1552 e 1593. Ve R. Fletcher, *The Quest for El Cid*, p. 199-200. Os feitos de El Cid foram celebrados de várias maneiras: em latim, em *Carmen Campidoctoris* (1094 ou por volta da morte de El Cid em 1099) e *Historia Roderici* (1144-1147). Em espanhol, na *Crónica de Veinte Reyes*, compilada durante o reinado de Afonso X (1252-1284), e a última compilação intitulada *Estoria de España*, também conhecida como *Primera Crónica General*, do final do século XIII. Para um exame da relação entre o PMC e as várias crônicas, bem como das complexidades de datas entre elas, ver o útil apêndice de Colin Smith à sua edição do *Poema de Mio Cid*, Barcelona: Ediciones Altaya, 1993, p. 354-357, e idem, "Two Historians Reassess The Cid", *Anuario Medieval*, nº 2, 1990, p. 155-171. Ver também o capítulo de R. Fletcher, "The Sources", in *The Quest...*, p. 89-104, a seção de A. Montaner sobre "Historia del texto", in *Cantar de Mio Cid*, p. 76-83 e o clássico *La España del Cid*, de Ramón Menéndez Pidal, especialmente o capítulo "Fuentes históricas", p. 825-975.

73 Tomás Antonio Sánchez, *Colección de poesías castellanas anteriores al siglo XV*, 4 vols., Madri: Antonio de Sancha, 1779. A cópia mais antiga do PMC, provavelmente uma transcrição do original de meados do século XIV, foi encontrada em Vivar, terra natal de Rodrígo Díaz, em 1596. A versão de Sánchez foi a primeira a ser impressa. Fletcher afirma que o manuscrito foi "copiado à mão por volta de 1350" (R. Fletcher, *The Quest...*, p. 192).

mas jamais o encorajaria a publicá-lo. Muito pouca gente compra trabalhos desse tipo: estou certo de que nem cinquenta cópias seriam vendidas em dez anos. Além disso, você teria que supervisionar a impressão, porque não há ninguém aqui [em Paris] que faria isso da maneira apropriada.[74]

Bello não desanimou completamente, mas levaria mais uma década para que retomasse o *PMC*. Ele começou a trabalhar logo que concluiu o Código Civil e fez progressos importantes polindo e atualizando, mas não concluiu a edição que foi lançada postumamente em 1881. Nessa sua última forma, o *PMC* consistiu de um prólogo, um parte da *Crónica del Cid*, o texto inteiro do poema, centenas de notas tanto da crônica quanto do poema, e um glossário de termos medievais espanhóis de 780. Não se deve esquecer que Bello produziu sua versão do *PMC* praticamente sozinho, em uma época em que não existia nenhuma tradição de estudos cideanos, os quais só foram desenvolvidos sob a égide de intelectual espanhol Ramón Menéndez Pidal na virada do século XX. Foi Pidal que reconheceu a importância da contribuição de Bello. Em referência à edição de Bello do *PMC*, comenta que:

> Esta edição continua sendo útil até hoje por ter entendido melhor que qualquer outra o sistema de assonância do poema, e também pela prudência e precisão das correções que introduz ao texto de Sánchez [1779]. Seus principais defeitos são entender a língua do *Cantar* [PMC] como sendo aquela do início do século XIII, e ter usado as crônicas de forma inapropriada. Mas esses defeitos são em parte compreensíveis quando se considera que este é um trabalho antigo e incompleto, que não representa o pensamento maduro [de Bello] nem as últimas ideias do autor.[75]

Menéndez Pidal não sabia que Bello tinha retomado o trabalho no *PMC* na década de 1850 e entendeu que suas visões seriam aquelas da

---

74 Vicente Salvá para Andrés Bello, 18 de outubro de 1846, in *OC*, XXVI, 137-138.
75 R. Menéndez Pidal, *Cantar de Mio Cid: Gramática, Texto y Vocabulario*, p. 1016-1017. Bello também recebeu o reconhecimento por discernir três seções ou *cantares* no PMC. Hoje, isso é universalmente aceito pelos estudiosos, mas Bello foi o primeiro a questionar a divisão em duas partes de Sánchez. Ver P. Grases, "Poema del Cid", in *OC*, VII, p. xciii.

época de Londres. Bello não terminou a sua versão do poema, e nesse sentido Menéndez está certo ao considerar o trabalho incompleto. Com uma distância maior e com mais materiais de Bello à disposição, em 1954, Menéndez Pidal procurou remediar o "imperdoável esquecimento" a que Bello tinha sido relegado em relação ao seu trabalho pioneiro sobre a literatura medieval espanhola. Ele afirma que Bello reconheceu a beleza e grandiosidade do *PMC* "quando ninguém mais ousou avaliar [dessa maneira] a poesia medieval espanhola", e conclui que "não existia nenhum especialista na sua época, e nem mesmo depois, que tenha usado métodos psicológicos tão claros para entender a poesia e a língua do antigo texto".[76]

No Chile, sabia-se que Bello tinha retomado um trabalho que lhe era muito caro e que fora iniciado em Londres. E também que estava reagindo ao trabalho de outros estudiosos, especialmente Ticknor, para refutar a alegação de que a língua e o espírito do *PMC* eram reflexos do período rude em que ele tinha surgido. Realmente,

> [...] o Poema de Mio Cid talvez não se compare a alguns dos mais famosos romances dos *trouvères*. Mas não lhe faltam formas verdadeiramente poéticas. A propriedade do diálogo; a vívida representação dos costumes e das personagens; a energia e a beleza homérica de algumas passagens; e o tom de seriedade e o decoro que predominam em sua maior parte permitem que *Poema* se orgulhe de se situar entre as produções das línguas modernas emergentes (OC, VII, p. 24).

Bello considerava o *PMC* um produto genuíno da Espanha, mas deixa claro nessa passagem que não quis separá-lo das *chansons* francesas e da cultura medieval europeia comum que informavam seus conteúdos e suas línguas.[77] Além disso, a abordagem que ele faz do poema sugere

---

76 Menéndez Pidal escreveu esses comentários na *Revista Nacional de Cultura*, Venezuela, n⁰ˢ 106-107, set-dez 1954). O artigo está incluído em P. Grases (ed.), *España honra a don Andrés Bello*, p. 251-255.

77 Colin Smith chegou mais ou menos à mesma conclusão: "Em Burgos ou muito provavelmente durante o período de estudo e residência na França, [Per Abad] desenvolveu um amplo conhecimento e um amor pelas *chansons de geste* francesas, o estilo literário vernacular dominante na época, e em vários graus pagou o tributo pela imitação de alguma versão

que não o via como propriedade apenas da Espanha, mas do mundo hispânico como um todo. Realmente, ao preparar a edição do *PMC*, ele afirma que quer "lançar luz sobre as origens da *nossa* língua e *nossa* poesia" (*OC*, VII, p. 30, ênfase minha). Assim como a *Gramática* e o Código Civil, o *PMC* é uma declaração da continuidade cultural da Europa medieval para a América espanhola pós-colonial.

Se seus propósitos estavam claros, as conclusões específicas derivadas de suas leituras tanto do poema quanto da crônica eram mais problemáticas, e refletem a falta de fontes disponíveis nas décadas de 1850 e 1860. Bello levantou várias hipóteses sobre a data e a autoria do *PMC* que estudiosos posteriores questionaram e até contestaram de forma conclusiva. Ele acreditava, por exemplo, que a cópia do *PMC* assinada por Per Abad, da qual surgiram as versões subsequentes, era de 1307. Também concluiu que Per Abad seria um transcritor, e não o poeta real, e que a cópia produzida por ele era a do poema original com data de 1207.[78] Bello não estava totalmente errado ao afirmar que "a data do *Poema*, considerando-se os fatos aos quais ele se refere, e a língua que é usada, apesar das mudanças que foram introduzidas [na cópia], é plausivelmente pouco antes ou pouco depois do ano de 1200" (*OC*, VII, p. 554). Onde ele erra é pensar que outro poeta, ou poetas, tinha escrito o poema originalmente por volta dessa data, e que Per Abad teria então transcrito o poema em 1307.

Reconstruir o poema foi um trabalho árduo, considerando-se principalmente a vista fraca de Bello e a dificuldade para ler seus próprios manuscritos. Mas ele dedicou a maior parte do seu tempo, especialmente na década de 1860, a essa tarefa.

A dedicação de Bello ao poema chamou a atenção de José Victorino Lastarria, então reitor da faculdade de Filosofia e Humanidades da Universidade do Chile. Ele e seus colegas decidiram enviar uma petição ao governo solicitando apoio financeiro para publicar a *PMC*, na sessão de 22 de julho de 1862. O governo respondeu favoravelmente em 18 de agosto de 1862. Segundo Miguel Luis Amunátegui, o presidente José

---

do *Rolando* e talvez por uma dezena de épicos compostos na última década do século XII" (C. Smith, *The Making...*, p. 217).

78 Ibid., p. I.

Joaquín Pérez viu na publicação do poema a oportunidade de retribuir um presente que recebera de Isabel II da Espanha, o retrato de Pedro de Valdivia, conquistador do Chile e fundador da cidade de Santiago.[79] Agradecido, Bello escreveu a Lastarria em 20 de agosto:

> [...] é meu dever expressar minha profunda gratidão por sua participação tão espontânea e generosa nessa questão, sem qualquer intervenção de minha parte, quando comecei a pensar que as chances de publicá-lo eram nulas. Como você sabe, é um trabalho que tem me custado um grande esforço. Tentarei preparar o manuscrito para imprimi-lo assim que eu possa (OC, XXII, p. 166-167).

Lastarria informou seu antigo mentor José Joaquín de Mora, agora membro da Real Academia Espanhola em Madri, dos esforços que estavam sendo feitos no Chile para publicar a versão do PMC de Bello, e pediu o seu apoio. Mora concordou, e apresentou uma proposta nesse sentido à Academia na sessão de 7 de maio de 1863. Os membros foram receptivos, mas se depararam com um problema anterior, porque já tinham encomendado ao marquês de Pidal (que possuía a única cópia do manuscrito existente do poema) uma edição do PMC. Não podiam voltar atrás nesse compromisso com o colega nem publicar duas edições simultaneamente.[80] Por fim, a Real Academia não publicou nem um nem outro. Bello chegou à conclusão de que mesmo que a Academia apoiasse a publicação, e mesmo que o governo do Chile a financiasse, não haveria tempo para terminar o trabalho. Em 18 de junho de 1863, ele decidiu escrever uma carta ao secretário da Real Academia, Manuel Bretón de los Herreros, oferecendo suas anotações e conclusões. Pedro Grases chamou acertadamente essa carta de o "testamento cidiano" de Bello.[81] Este afirmou que:

> Meu projeto é sugerir emendas que são tão necessárias quanto possíveis ao texto, e sei que são muitas. E também explicar o verdadeiro caráter da sua

---

79 M.L. Amunátegui, Vida..., p. 175.
80 A carta de Lastarria a Mora é de 17 de maio de 1863. Mora responde a Lastarria em 28 de junho de 1863 descrevendo a discussão na Real Academia. Ver D. Amunátegui Solar (ed.), Archivo Epistolar de don Miguel Luis Amunátegui, I, p. 155-156.
81 P. Grases, "El Poema del Cid", in ESAB, I, p. 391-392.

versificação que em meu julgamento ainda deve ser determinado, e que, por isso mesmo, alguns [estudiosos] têm exagerado na aspereza e no barbarismo do trabalho. E para compensar os versos ausentes que hoje reduzem o mérito do trabalho (OC, XXVI, p. 428).

Bello já antecipara os dois primeiros pontos sobre emendas e versificação em seus artigos de 1820, e encontrara uma recepção positiva entre vários contemporâneos. Mas com relação a este último ponto, os versos ausentes do *PMC*, ele parte do princípio que as partes iniciais do poema cobriam toda a trajetória do herói. Era assim na *Crónica Particular* e, deve-se acrescentar, também na *Crónica General* de Afonso X; Bello acreditava que o poeta teria feito o mesmo na versão original. Mas os estudiosos contemporâneos não aceitam isso e acreditam que apenas alguns versos, e não páginas, estejam faltando ao poema; mas naquela época era uma hipótese razoável. Na carta a Bretón de los Herreros, Bello incluiu uma interpretação de como devia ter sido o desafio que Mio Cid faz ao rei Afonso VI, conhecido como "Jura de Santa Gadea", na Espanha do século XIII. Ele pressupõe que na cena da "Jura" estava a explicação do exílio do Cid. E também que as crônicas derivavam do *PMC*, e que por isso era então possível reconstruir o poema segundo as regras da métrica e da assonância, que foi o que ele fez nas páginas seguintes, em que Mio Cid pressiona Afonso a jurar inocência pelo assassinato do rei Sancho:

> *¿Vos venides jurar por la muerte de vuestro hermano,*
> *Que non lo mataste, nin fueste em consejarlo?*
> *Decid: Si juro, vos e esos fijosdalgo.*
> *E el rey e todos ellos dijeron: Sí juramos.*
> *Rey Alfonso, si vos ende sopistes parte o mandado,*
> *Tal muerte murades, como murió el rey Sancho,*
> *Villano vos mate, que no sea fijodalgo.*
> *De outra tierra venga, que non sea castellano.*
> *Amen, respondió el rey, e los que com él juraron.* (OC, XXVI, p. 429)

Esta parte da versão de Bello é baseada na seguinte passagem da crônica:

> Rei dom Alfonso, viestes aqui jurar sobre a morte do rei dom Sancho vosso irmão, que nem assassinastes nem tomastes conselho da sua morte; jurem agora vós e vossos hidalgos. E o rei e os hidalgos responderam e disseram sim, juramos. E o Cid disse, se soubésseis disso, ou se désseis comando de que fosse feito, poderíeis morrer a mesma morte de vosso irmão o rei dom Sancho, pela mão de um vilão em quem confiásseis; um que não fosse um hidalgo, de outra terra, não um Castelhano; e o Rei e os nobres que com ele estavam disseram Amém.[82]

A seção conclui com uma expressão de raiva por parte de Afonso: "E deste dia em diante não haverá mais amor por meu Cid no coração do rei", declaração que reforça fortemente a crença de Bello de que aí está a chave do banimento do Cid.

Além da sua interpretação dos versos ausentes, na carta escrita a Bretón de lo Herreros, Bello retoma a questão que já tinha sido levantada com George Ticknor, ou seja, que o verso de oito sílabas dos romances espanhóis não era uma forma autóctone de versificação, mas uma derivação do antigo verso alexandrino. Este último originava-se nas *chansons* francesas, que adotavam esta e também outras formas de métrica. E o *PMC*, a seu ver, era a melhor demonstração dessa influência na poesia épica espanhola. Bello encerra a carta com uma oferta:

> A Real Academia pode fazer o uso desses pontos como bem o desejar. Eu ficarei muito grato se forem considerados pela comissão, mesmo que seja só para descartá-los ou julgá-los improcedentes. Ao mesmo tempo, ficarei lisonjeado se os membros passarem os olhos por algumas das anotações que fiz durante o preparo de uma nova edição do [PMC]. É um trabalho que comecei a fazer há quarenta anos, mas agora não tenho possibilidade de terminá-lo. Se a Academia aceitar este humilde tributo, eu o enviarei imediatamente e o submeterei ao vosso iluminado julgamento (OC, XXVI, p. 432).

---

82 Tradução livre (N. da T.) da tradução de Robert Southey, *The Chronicle of the Cid*, Haarlem: Limited Editions, 1958, p. 47. A edição da crônica existente na biblioteca de Bello era de D. V. A. Huber, *Chrónica del Famoso Caballero Cid Rey Díaz Campeador*, Marburg: Bayhoffer, 1844. Ver B.L. Velleman, *Bello y sus libros*, p. 54, 194.

Deve ter sido um duro golpe para Bello ter mandado essa carta e não receber nenhuma resposta. Ele fora eleito membro honorário (1851) e membro correspondente (1861) da Real Academia Espanhola por suas contribuições ao estudo da língua espanhola. Obviamente, ele valorizava muito os seus relacionamentos acadêmicos e era igualmente bem considerado pelos seus membros. Neste caso, fatos de naturezas diversas interferiram no fluxo das comunicações: as relações com a Espanha que Bello alimentara com tanto carinho após a independência foram bruscamente interrompidas quando, em abril de 1864, a antiga metrópole invadiu as ilhas Chincha na costa do Peru. A invasão provocou protestos imediatos em vários países hispano-americanos, entre eles o Chile. Na Universidade do Chile, Bello, bastante envelhecido, presidiu as sessões do Conselho da Universidade de 8 e 14 de maio de 1864, sendo esta a sua última sessão, quando foi emitido um forte protesto contra a invasão espanhola e prometido o apoio ao governo chileno se houvesse uma escalada do conflito, o que de fato aconteceu. Ele ainda estava vivo quando o Chile declarou guerra à Espanha em 5 de setembro de 1865, e talvez tenha tido a sorte de não assistir ao bombardeio espanhol em Valparaíso, a estação de veraneio que ele tanto adorava, em 31 de março de 1866.[83] Quaisquer esperanças de restabelecer o vínculo com a nação mãe baseado em um novo entendimento das suas conexões culturais comuns devem ter sido brutalmente frustradas por esses eventos. Demorou muitos anos para que Espanha e Chile pudessem retomar as relações amigáveis que Bello cultivara desde a década de 1830, através de diplomacia e erudição.

Por que Bello quis tanto retomar o trabalho sobre a literatura medieval espanhola? Depois de fazer trabalhos tão necessários e envolventes como o Direito Civil e Internacional, ou a gramática e a educação, por que teria achado que a literatura medieval era tão importante que merecia dedicar a ela os últimos anos de sua vida? Uma maneira de entender o porquê é lembrar que, por formação e inclinação, Andrés Bello era um estudioso das Humanidades. Qualquer trabalho sério no campo das Humanidades ao longo de sua vida implicou engajamento com um am-

---

[83] Ver relatos de dois contemporâneos sobre esses fatos, B. Vicuña Mackenna, *Historia de la Guerra de Chile con España, 1863-66* e A. Cifuentes (1836-1928), *Memorias*, I, p. 105-120.

plo espectro de questões referentes à língua. O domínio que ele possuía das línguas, clássicas e modernas, era notado por todos que o conheciam e era evidente nos interesses pesquisados e na maneira como utilizava as fontes. Não chega a surpreender, então, que em seus últimos anos de vida retornasse aos seus antigos interesses medievais, porque envolviam questões sobre as origens da língua espanhola. O PMC desafiava seus conhecimentos filológicos e reverberava de muitas outras maneiras. Certamente existia o desejo de retornar a um trabalho que capturara a sua imaginação ainda na juventude e que o ajudara a atravessar os difíceis anos que passou em Londres. Havia também uma identificação com o herói que era exemplo de sobriedade e prudência, que amava as leis e o país, e que poderia ser um modelo de cidadania na nova república. Além disso, a intensidade da polêmica entre Bello e Ticknor e o trabalho concentrado no *PMC* também sugerem que o principal objetivo de estudar a emersão da língua e da literatura espanholas era ressaltar a sua ligação com as origens da nacionalidade. O processo de independência deu um novo significado e uma urgência a essa busca.

Para George Ticknor, nacionalidade era sinônimo de singularidade. Bello, por sua vez, via nacionalidade como um conjunto mais complexo de elementos, inclusive políticos, culturais e linguísticos. No contexto da América espanhola pós-independência, ele estava convencido de que o sucesso da construção de nação dependia não do isolamento de outros países, mas da abertura de uma nação para o mundo e para outras culturas em um dinâmico, porém gradual, processo histórico. A discussão sobre os antecedentes do *Poema de Mio Cid*, fossem eles espanhóis ou de origem europeia em geral, era altamente carregada porque envolvia duas visões radicalmente diferentes da criação e consolidação das nações.

Desconhecido para a maioria de seus contemporâneos, Bello era política, intelectual e pessoalmente comprometido com a criação e consolidação das repúblicas que combinavam elementos clássicos e modernos em seu tecido cultural e político. Farto de lideranças personalistas e consciente de que a época da legitimidade monárquica já tinha passado, ele investiu todo o seu talento na construção de nações cuja legitimidade deriva do compromisso impessoal com o Estado de direito. Essa ênfase em uma ordem autossustentável se deve, em parte, ao fato de ter testemunhado os distúrbios da independência e temer uma reversão a uma situação social e individualmente tão instável. Ele evoluiu ao longo dos anos, mas retomou repetidamente os temas da fragmentação, do caos e da recriação da ordem, como que para se certificar de que os sintomas da desintegração social e política não passassem despercebidos no novo contexto histórico.

A lição-chave da experiência medieval espanhola é que o país emergira do caos da desagregação do Império Romano e da invasão muçulmana graças a um engajamento com a autoridade centralizada. O *Poema de Mio Cid* oferece a Bello um exemplo claro do sacrifício pessoal aí envolvido e um modelo de identidade nacional que emerge não da singularidade cultural, mas do comprometimento com os valores atemporais de lealdade à terra, nação política e o Estado de direito.[84] Foi essa certamente a leitura que ele fez do poema, e se deu conta com alguma decepção que não era compartilhada universalmente por uma geração emergente de estudiosos. Mas manteve a sua interpretação por acreditar que o destino das novas repúblicas hispano-americanas dependia da adequada apreciação das lições ensinadas pelo próprio país que sua geração tinha combatido.

---

84 Richard Fletcher, que parece desconhecer o trabalho de Bello, se aproxima dessa ideia ao descrever seus objetivos: "Vê-se que o Cid do Poema teve uma repercussão especial no Castelo de Afonso VIII. Ali estava um reino ameaçado por aqueles que põem o interesse horizontal à frente do bem comum, que abandonam o patriotismo cristão e esquecem seus deveres para com o rei. O poeta lembra aos seus compatriotas quais eram suas responsabilidades. Ele deixa claro que interesse coincide com dever." (R. Fletcher, *The Quest*, p. 195).

8.
Conclusão:
O adeus a Nestor

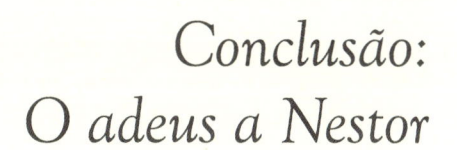

Nos últimos cinco anos de vida, Bello viveu num ambiente silencioso de reflexão e estudos. Foi nessa época, em 1861, que recebeu a visita do intelectual francês Théodore Mannequin, que mais tarde fez uma revisão do estudo de José María Torres Caicedo sobre literatura hispano-americana.[1] Na revisão, Mannequin escreve:

> Conheci alguns dos autores selecionados pelo sr. Torres Caicedo, e acrescento ao dele o meu próprio testemunho. Mencionarei especialmente o sr. Andrés Bello, a quem considero o Nestor das letras hispano-americanas. O sr. Andrés Bello logo será nonagenário e ainda escreve com o mesmo vigor da juventude. O sr. Diego Barros Arana [...] levou-me à casa de Bello há quatro anos [1861], em Santiago do Chile. O velho sábio estava em seu escritório, onde passa de oito a dez horas por dia. É ali que ele deseja morrer. Jamais vi uma cabeça mais bela nem um temperamento mais dócil e benevolente. Ao contrário dos homens mais velhos, ele fala pouco e gosta de ouvir. Há sempre alguma coisa a se aprender, diz ele, quando se conversa com os outros. Rara e encantadora modéstia que hoje em dia não se encontra em nenhum lugar! O sr. Bello, porém, teria toda vaidade justificada por seus respeitados trabalhos sobre Direito Internacional e Civil, gramática e filosofia, sem dizer os muitos e belos poemas que por si só

---

1   A revisão de Mannequin foi publicada no *Journal des Économists*, vol. 45, fev. 1865, p. 311-313. O livro de Torres Caicedo, um dos primeiros levantamentos detalhados da literatura hispano-americana, intitula-se *Ensayos biográficos y de crítica literaria sobre los principales poetas y literatos hispanoamericanos*.

teriam conferido um nome ao sr. Bello. E acrescento que ele desfrutou de uma reputação literária e científica desde o início de sua carreira.

A descrição de Mannequin confirma que os últimos anos de Bello foram dedicados aos estudos. Sua neta Isabel (filha de María Ascensión) ajudava-o a localizar os livros que queria entre os três mil e tantos volumes que formavam sua biblioteca pessoal. Ele passava a maior parte do tempo sentado a sua mesa, em geral sozinho ou na companhia de seu fiel gato Micifuz.[2] É nessa mesa que ele foi fotografado em alguns momentos entre 1862 e 1863, às vezes sozinho, outras com sua esposa Elizabeth. Em quase todas as fotos, Bello exibe uma expressão de dor emoldurada por um esgar.[3] Em 1º de março de 1864, ele faz uma calma descrição de seu estado de saúde a Manuel Ancízar, talvez o seu mais caro correspondente:

> Não domino mais minhas pernas e posso dizer que nem as minhas mãos, porque minha letra está ilegível até mesmo para mim já faz alguns dias. Preciso da luz do sol para ler e mesmo assim se a impressão estiver boa e as letras forem grandes. Preciso de uma pessoa que me ajude (como acontece agora) com todas as minhas comunicações escritas (OC, XXVI, p. 440).

E em 8 de junho de 1865, acrescenta que "você não poderia imaginar as minhas limitações. Preciso de todas as minhas forças até para assinar meu nome, e tenho que, por necessidade, transmitir meus pensamentos mais íntimos por intermédio de uma pena emprestada" (OC, XXVI, p. 472).

A correspondência de Bello é subitamente interrompida em 22 de agosto de 1865, quando ele dita seu último memorando, sobre um as-

---

2 Miguel Luis Amunátegui observou o carinho que Bello tinha por seu gato e mencionou-o em *Estudios Biográficos*, II, p. 231. Paulino Alfonso (1862-1923) relata que esse gato fazia parte da família e mais tarde tornou-se uma lenda nacional. Micifuz recusava-se a sair do lado de Bello quando ele morreu, e pulou sobre o caixão quando seu corpo foi levado para a Catedral. Ver seu "Don Andrés Bello", in Feiú Cruz (ed.), *Estudios...*, I, p. 172. Ver também S. Collier e W.F. Sater, *A History of Chile*, p. 234.

3 Essas fotos não estão reunidas em um só volume, mas podem ser vistas no Arquivo Fotográfico da Biblioteca Central da Universidade do Chile. Uma boa seleção é a de P. Grases, *Los retratos de Bello*.

sunto de rotina, ao ministro da Instrução Pública.⁴ Pouco depois, em 1º de setembro, ele passou mal. Seu médico pessoal, Adolfo Murillo, diagnosticou bronquite. Em seu estado de fraqueza, também contraiu tifo, epidemia que assolava Santiago (e que matou um dos médicos de Bello, Lorenzo Sazié, nesse mesmo ano). Bello entrou em delírio; pessoas que o assistiam se assustaram quando, em seu estado febril, recitou passagens da *Ilíada* de Homero e da *Eneida* de Virgílio. Era como se Bello lesse os versos escritos nas cortinas do quarto, muitas vezes com dificuldade para pronunciar as palavras.⁵ Após trinta dias de cama a febre cede, mas a imobilidade prolongada tinha provocado áreas gangrenadas em suas costas. Sem conseguir comer absolutamente nada, e sem força nenhuma, Bello entra em um silencioso estado comatoso. "É uma luz que está se apagando, senhora", disse o médico e amigo de Bello, William Blest, para Elizabeth Dunn. Não havia mais nada que pudesse ser feito. Andrés Bello morreu num domingo, 15 de outubro de 1865, às 7h45 da manhã, a seis semanas de seu 84º aniversário.

Homenagem

"Santiago está de luto", anunciou o jornal *El Ferrocarril* na segunda-feira, 16 de outubro de 1865, dando voz ao choque causado pela morte de Bello em um país que se acostumara com sua presença na vida pública. "A morte do señor Bello,", diz a matéria, "é uma tragédia nacional. O Chile e a América perderam seu mais notável e universal pensador jamais nascido neste nosso continente."⁶ *El Mercurio* veio em seguida, no dia 17, com um longo artigo detalhando a carreira de Bello e anunciando que "Santiago prepara a mais digna homenagem à memória de seu eminente cidadão".⁷

Os preparativos começaram imediatamente. Na segunda-feira, 16 de outubro, o Conselho da Universidade reuniu-se em sessão extraordi-

---

4   Andrés Bello para o ministro da Instrução Pública, 22 ago 1865, in OC, XXII, p. 225.
5   Ana Luísa Prats Bello (neta), "Andrés Bello, silhueta del abuelo", in Feliú Cruz (ed.), *Estudios...*, I, p. 233. Ver também F. Murillo Rubiera, *Andrés Bello*, p. 56.
6   "El sr. Andrés Bello", *El Ferrocarril*, nº 3056, 16 out 1865. O jornal tinha noticiado brevemente a morte de Bello no dia anterior, logo depois que aconteceu.
7   *El Mercurio*, nº 11.478, 17 out 1865.

nária, convocou todos os membros da faculdade a comparecer ao funeral e designou Ignacio Domeyko, amigo de Bello e respeitado cientista, para fazer o discurso fúnebre em nome da instituição.[8] O governo, por sua vez, convocou o Gabinete, o Senado, o Congresso e todos os membros da administração pública para comparecerem aos serviços.[9] Além desses, estudantes e oficiais do exército e da guarda nacional também foram convocados. Uma missa foi marcada na Catedral na terça-feira, 17 de outubro, às 10h de manhã. O que não foi marcada foi a onda de condolências recebidas de amplos segmentos da sociedade.

As visitas começaram a chegar à casa de Bello logo após a sua morte. O ex-presidente Manuel Bulnes foi acompanhado do filho Gonzalo, que se tornaria importante historiador, e lhe disse: "Aqui, meu menino, está um dos grandes homens da América."[10] Eles compartilharam um sentimento silencioso, porém não menos eloquente, com o grande número de pessoas que compareceu ao funeral. *El Mercurio* relatou que 10 mil pessoas acompanharam o féretro na terça-feira. A multidão se formou em sua casa às 9h30 e seguiu para a Catedral, onde o cônego José Manuel Orrego, reitor da faculdade de Teologia da Universidade do Chile, rezou a missa na ausência do arcebispo Rafael Valdivieso, que estava doente e não pode presidi-la. O corpo de Bello vestido com os ornamentos acadêmicos foi colocado em caixão aberto e preparado para seguir em procissão até o cemitério. Nesse momento, um grupo de estudantes se aproximou da carruagem fúnebre, removeu os cavalos e eles próprios puxaram o veículo. Atrás da carruagem seguiam mais estudantes, membros da universidade, a família e os amigos. Um destacamento da cavalaria fechava a procissão. O repórter do *El Mercurio* foi tomado pela intensidade do evento e descreveu-o como segue:

> Acompanhava o corpo de Bello ao cemitério o mais numeroso e soberbo féretro que jamais vi. Todas as carruagens da cidade, públicas e particula-

---

8 "Sesión Extraordinaria del 16 de octubre de 1865", *Anales de la Universidad de Chile* (doravante AUCH), 27, nº 4, out 1865, p. 463-464. A ata da sessão também foram publicada no *El Ferrocarril*, nº 3057, 17 out 1865.
9 "Honores funebres", *El Ferrocarril*, nº 3056, 16 out 1865.
10 S. Collier, "The Life and Work of Andrés Bello (1781-1865)". Palestra proferida no Conselho Hispânico e Luso-Brasileiro, Londres, 1981, p. 18.

res, não seriam suficientes para conduzir a multidão ao cemitério, que para lá seguia a pé. As ruas e calçadas estavam literalmente tomadas. Impossível não admirar esse tributo popular prestado não só a um guerreiro mas a um sábio cujo talento e cuja fama são reconhecidos nos dois continentes.[11]

A procissão chegou ao cemitério ao meio-dia, onde discursaram o ministro da Instrução Pública Federico Errázuriz Zañartu (futuro presidente do Chile), o secretário-geral da Universidade do Chile Miguel Luis Amunátegui, o representante do Congresso Manuel Antonio Tocornal e o representante do Conselho da Universidade Ignacio Domeyko. Foram discursos especialmente importantes, porque revelaram a importância de Bello na época de sua morte. Errázuriz expressou essa importância como segue:

> O Chile tem mil motivos para lamentar a perda do homem cuja morte tirou-o de nós. Nossas maiores realizações na literatura e na ciência são inseparáveis de seu nome. Ele é pai e fundador da nossa literatura nacional, a cujos esforços deve o seu florescimento. O campo do Direito deve a ele trabalhos imortais, excelentes manuais, discípulos cultos e diferenciados, leis sábias e aquele monumento de sabedoria e genialidade que é o Código Civil. Nossa política deve a ele a direção das nossas questões externas, que por ele foram conduzidas por muitos anos com brilhantismo, bom senso e dignidade. A nobreza e a elevação da nossa diplomacia inspiraram-se nele. O espírito de dom Andrés Bello vive, e sempre viverá, na justiça e na correção dos sentimentos que têm guiado nossos homens públicos nas nossas relações com as nações estrangeiras.[12]

O discurso de Errázuri refere-se consistentemente a Bello como intelectual e cidadão, e não como o ativo servidor público que ele também foi. O próprio *El Mercurio* publica que foi uma surpresa Bello ser mais respeitado e elogiado como intelectual.

---

11 "Exequias en honor del sr. Andrés Bello!", *El Mercurio*, nº 11.479, 18 out 1865.

12 O discurso de Errázuriz foi publicado no *El Mercurio*, nº 11.479, 18 out 1865. Também em AUCH, p. 410-411. A *Revista Católica* endossou o discurso de Errázuriz e acrescentou um comentário no nº 886, 21 out 1865. Foi na presidência de Errázuriz que foi promulgada a lei que garantiu a publicação das obras completas de Bello (5 de setembro de 1872).

A própria composição do grupo encarregado de fazer seu discurso fúnebre, todos envolvidos com educação, é um sinal de que foi precisamente esse aspecto do trabalho de Bello que perdurou. De fato, a partir desse momento, sua imagem como intelectual, educador e jurista fixou-se na memória histórica do continente. Amunátegui reforça essa imagem ao homenagear "o primeiro dos nossos poetas [hispano-americanos], o primeiro dos nossos literatos e o primeiro dos nossos juristas".[13] Amunátegui foi, inquestionavelmente, o estudioso que melhor conhecia o trabalho de Bello. Foi o incansável organizador e copista de seus manuscritos, bem como o editor da primeira coleção de suas obras completas em 1881 (embora tenha morrido antes de ver todos os volumes impressos). No funeral, Amunátegui leu uma lista dos trabalhos de Bello mais importantes, alguns dos quais ainda inéditos. Citou a *Gramática*, o *Poema de Mio Cid*, a *Filosofía del Entendimiento* e o Código Civil, seleção que pavimentam o terreno para futuras análises de seu trabalho. Mais importante que isso, Amunátegui destacou sua imagem como personalidade internacional:

> O nome de Bello não é apenas venezuelano ou chileno, mas americano; e não só americano, mas europeu. Seu nome passou de um continente ao outro graças à sua fama. Seu berço foi a Venezuela e sua tumba está no Chile. Mas sua glória está em toda parte em que seus trabalhos são conhecidos.[14]

Bello, o intelectual, o educador, o jurista, também foi homenageado como o homem que se levantou para denunciar a invasão da Espanha em sua última palestra na Universidade do Chile, transmitindo toda a ansiedade da nação à beira de uma guerra. Vê-se, então, especialmente nos discursos de Errázuriz e de Amunátegui, um retrato que fala de uma vida exemplar e equilibrada e que dá um senso de direção ao país em um momento de grande dificuldade. Mas a sensação de que ainda há muita coisa que ainda não se disse sobre Bello está muito clara no discurso de Manuel Antonio Tocornal, o discípulo que o sucedeu como reitor da Universidade do Chile. Ele encerra seu breve e emocionante

---

13 M.L. Amunátegui, in *AUCH*, p. 413.
14 Ibid., p. 414. Também no *El Mercurio*, nº 11.479, 18 out 1865.

discurso afirmando "*Tanto homini nullum par elogium*" [Não há elogio que faça justiça à grandeza desse homem]. Ignacio Domeyko traduz o momento de maneira ainda mais eloquente: "É impossível nestas circunstâncias enumerar friamente os méritos e os serviços prestados por dom Andrés Bello." E mesmo que fosse possível, ele acrescenta: "até a razão duvidaria que um homem, em uma única vida, pudesse saber tanto, fazer tanto, amar tanto."[15]

Este livro procurou demonstrar que tanto a personalidade quanto a importância de Bello são enormemente complexas e só podem ser entendidas através da contextualização histórica. O Bello que aparece sob essa luz é uma pessoa que foi forçada a deslocar suas bases políticas e ideológicas, confrontar a experiência do exílio e as tragédias familiares, e que temeu o tempo todo o caos social. O Bello que emerge destas páginas é uma pessoa profundamente ambivalente em relação à perda da legitimidade monárquica e que abraçou a nova ordem republicana pós-colonial depois que teve a oportunidade de estabilizá-la sobre bases intelectuais e institucionais muito firmes. As áreas que ele estudou, especialmente a Língua, a Literatura e o Direito, foram todas cultivadas com esse fim. E o resultado foi uma visão muito específica de nacionalidade que nos desafia a reconsiderar não só o seu trabalho, mas a emergência dos Estados-nações na América Latina no século XIX.

Não há dúvida de que Bello tenha sido uma pessoa singular, mas uma parte importante dessa singularidade vem das circunstâncias de seu nascimento no fim do período colonial venezuelano, os longos anos que viveu em Londres durante as guerras da independência e sua última residência no Chile em um período crítico de construção de nação. Bello era um intelectual bem-dotado que recebeu uma educação clássica invejável de mentores motivados em sua Caracas nativa. Mas a importância dos eventos da independência devem ser incluídas em qualquer avaliação de sua personalidade. Não há como questionar o apego de Bello à ordem colonial, apego que só desapareceu, lenta e dolorosamente, com uma nova visão de nacionalidade, quando todas as esperanças

---

15 I. Domeyko, in *AUCH*, p. 411-412. Uso a tradução de Simon Collier de "Andrés Bello", in *Enclyclopedia of Latin American History and Culture*, editado por Barbara Tenenbaum, 5 vols., Nova York: Charles Scribner's Sons, 1996, I, p. 327.

de restituir o governo espanhol deixaram de existir. A experiência do exílio, especialmente nas circunstâncias em que aconteceu, ou seja, o desaparecimento do Império Espanhol na América, talvez tenha sido mais importante do que é reconhecida até agora. A perda traumática do lar colonial tornou-se um fator fundamental na derradeira fixação de uma visão política de nacionalidade. Ele declarou explicitamente em algum momento que o Estado de direito era o único lar desejável, declaração que foi muito mais política do que biográfica. Foi só depois que os laços com a terra nativa foram desfeitos, a terra de seus afetos e de seu sangue, que ele pôde idealizar um novo país, uma nova ordem em que a lei imperasse. Essa mudança não aconteceu sem muito sofrimento, como vimos em suas comunicações repletas de culpa com sua mãe e as lembranças nostálgicas de Caracas. Mas Bello era um homem que conseguia recomeçar e que lutou por uma nova ordem política com uma convicção inquestionável. Sua lealdade não era a líderes específicos, mas a um sistema legal e político que ele ajudou a criar.

Bello era também um homem que temia o caos social. Ele nunca participou de guerras sanguinárias, mas, por ter sido afastado para a longínqua Londres, sua tendência era magnificar a catástrofe. Sua época, porém, era a época das Guerras Napoleônicas, período de grandes realinhamentos políticos e estratégicos internacionais, e também de dificuldades para amplos segmentos da população europeia. Ele não era indiferente às realidades da guerra, ou às dificuldades de se construir uma nova ordem após a guerra. Após o colapso do Império Espanhol, Bello nunca mais teve certeza quanto à duração de qualquer sistema político: um único evento, nacional ou internacional, poderia destruir uma ordem social e política delicadamente construída. Daí a sua convicção de que princípios sólidos de ordem só poderiam emanar de um sistema de leis e de um forte vínculo individual com elas. Sua visão de ordem envolvia não obediência formalística a um sistema legal, mas a certeza pessoal de que as leis eram necessárias para a ordem social, principalmente doméstica, mesmo à custa de gratificação individual. Essa talvez tenha sido a razão pela qual estava sempre tão atento para qualquer desvio das regras do comportamento individual e coletivo, e porque passou mais de vinte anos construindo os artigos do Código Civil e definindo o escopo do Direito Internacional Privado. A aderência de Bello à ordem portaliana, apesar de duas revoluções sangrentas e expressões múltiplas de instabilidade civil, sugere que ele entendia essas convulsões sociais como sendo mais que uma incompreensão das regras básicas do comportamento individual e social.

A ênfase de Bello na educação, gramática e literatura clássica é uma clara demonstração de que as paixões ou, como ele preferia chamar, as licenciosidades, foram postas em xeque. O sistema legal conseguia punir transgressões, mas ele esperava que a censura viesse de fontes internas ativadas por exemplos de restrições e de sacrifícios individuais. Exemplos que poderiam ser encontrados na boa literatura, especialmente a literatura clássica, bem como na própria disponibilidade para os estudos e a reflexão. Ele próprio admitiu por ocasião da inauguração da Universidade do Chile que tinha se beneficiado com o estudo das letras em épocas de adversidades. A primeira vez que um filho morreu, ele duvidou de suas crenças religiosas. As mortes que se seguiram na família despertaram um cruel desespero que foi comunicado aos amigos, mas que, obviamente, ele desejaria reprimir. Quanto mais sofria com as tragédias familiares, mais buscava alívio na literatura e na poesia, que não apenas lia, mas também escrevia nessas ocasiões tão difíceis. Esperava que o consolo proporcionado pelas letras, da mesma maneira que a religião, trouxesse não apenas alívio individual, mas também contribuísse para a ordem social.

O conflituoso relacionamento de Bello com a religião era em grande parte produto dos esforços do século XIX de construir nações baseadas no Estado de direito. Bello viu-se trabalhando pelo estabelecimento de Estados fortes e centralizados, preparando uma legislação que fosse secular e propondo uma filosofia da educação que, não sendo antagônica à religião, fosse voltada para a construção da lealdade ao Estado secular. Em suma, a criação de nações, era, ao menos em parte, prejudicial aos interesses e prerrogativas da Igreja católica. Ao mesmo tempo, apesar das dúvidas ocasionais, Bello era um homem profundamente religioso. Entretanto, sua devoção era privada. Em um nível muito pessoal, a dualidade entre responsabilidades públicas e privadas gerava conflitos internos que ele canalizava criativamente na escrita e na catolicidade de seus interesses.

Compreender as motivações e a história pessoal de Bello é importante, mas não é a única explicação para as suas atividades. Afinal, Bello era um eterno organizador. Editava jornais, escrevia discursos presidenciais, criou a universidade e, como senador, introduziu legislação sobre assuntos que iam de pensão e política monetária a herança. É claro que existiam necessidades nacionais que ele estava em posição de atender, e o fez como parte de um grupo de construtores de nação que entendia a magnitude das tarefas, grandes e pequenas, a serem feitas para construir a ordem pós-colonial. A esse respeito, Bello encontrou as habilidades necessárias e se mostrou à altura dos acontecimentos. Mas nenhum outro país tinha mais condições que o Chile de se beneficiar com aquilo que Bello podia oferecer: não era teatro de grandes guerras ou de desastres econômicos resultantes dos conflitos da independência. Era um país compacto com território pequeno e uma população sem fortes clivagens regionais. Não fora vítima dos mesmos males do controle imperial que as outras colônias e beneficiou-se com importância dada pelos Bourbon à centralização. O país que Bello encontrou na década de 1830 tinha condições de suportar uma transformação para a república, porque o modelo republicano não altera drasticamente nada que já esteja no lugar. Bello pôde então contribuir para adaptar as instituições existentes a uma estrutura republicana, e no processo transformar um remanso colonial em uma nação respeitada aberta ao comércio internacional. Sua experiência de quase duas décadas na Grã-Bretanha, que lhe permitiu familiarizar-se com os procedimentos diplomáticos bem como entender a política internacional, provou ser uma vantagem a mais para uma nação que desejava ter acesso mais aberto para o mundo.

Graças a sua longevidade, Bello viu-se muitas vezes em meio aos grandes acontecimentos não apenas hispano-americanos, mas também da história europeia. Pouca gente podia se orgulhar de conhecer e interagir pessoalmente com Alexander von Humboldt, Simón Bolívar, Francisco Miranda, James Mill, Jeremy Bentham, José María Blanco White, George Canning e praticamente todos os importantes líderes hispano-americanos de 1820 a 1860. Pouca gente poderia evocar memórias específicas do período colonial, do colapso do Império Espanhol, das guerras da independência, da revolução liberal na Espanha em 1820, do reconhecimento europeu da independência, da emergência de uma nova ordem mundial após as Guerras Napoleônicas e da construção da nacionalidade na América espanhola do século XIX. Poucos viveram tempo suficiente para assistir à desastrosa tentativa da Espanha de retomar partes do território hispano-americano nos anos 1860.

O tempo todo, Bello combinou seu conhecimento sobre as questões internacionais com análises politicamente perspicazes da situação local. Captou precocemente a relutância de muitos líderes e também de amplos segmentos da sociedade hispano-americana, equiparando independência com mudança revolucionária. Entendia a necessidade da mudança principalmente para introduzir o Estado de direito, mas suas propostas de reforma eram cautelosas, até mesmo parcimoniosas. Portanto, não surpreende que alguns contemporâneos o rotulassem de reacionário e monarquista. Mas a avaliação que se faz hoje é mais desapaixonada: Bello realizou talvez a mais difícil das tarefas, a introdução de um novo sistema de legislação civil, exatamente por ser gradualista e disposto a se comprometer tanto com os legados do passado quanto com as políticas de parlamentos ainda incipientes.

A introdução de um sistema nacional de educação aconteceu sem maiores extravagâncias, mas alterou a paisagem social do Chile e de outros países da América espanhola de tal forma que só agora estamos começando a avaliar. Quando se estuda a evolução da Literatura ou da Pesquisa Científica, Filologia ou História, Gramática ou Direito Romano, encontra-se a assinatura da Bello. Ninguém em toda a América espanhola do século XIX, parafraseando Ignacio Domeyko, conhecia tanto e realizou tanto.

Bello reconheceu que o desafio da construção de nação na América espanhola após a independência era de que maneira conciliar a autonomia política local e regional com as demandas de uma economia internacional e a emergência de nações poderosas como a Grã-Bretanha. Ele resistia equiparar independência com isolamento autossuficiente, como também resistia ver a América espanhola tornar-se um mero satélite de uma ordem mundial definida por nações poderosas.

Bello buscava um equilíbrio entre as duas coisas e de várias maneiras investigou essa questão central. Pessoalmente, continuou ligado ao seu país de origem, mas era também cidadão do Chile e um morador de longa data na Inglaterra, onde também formou uma família. Todos os três países fizeram parte da sua identidade. Quanto à educação, defendeu a importância do estudo dos clássicos na América espanhola, assim como promoveu o conhecimento sobre o continente na Europa. Com a gramática, ele se esforçou muito para manter a língua espanhola vinculada à suas origens na Espanha, mas também pelo reconhecimento das contribuições dadas pela América espanhola, esforço que foi coroado com a aprovação da Real Academia na Espanha. Politicamente, Bello não rejeitou o passado espanhol em sua totalidade, nem fechou os olhos para as promessas de uma nova ordem revolucionária. Nas relações internacionais, lutou muito, e contribuiu de muitas maneiras, pela adoção de normas e comportamentos universalmente aceitos. Mas também defendeu intensamente a integridade das nações, especialmente das mais novas e menores.

Em suma, Andrés Bello foi profundamente afetado pelas realidades da independência, mas conduziu as novas nações de maneira que fossem satisfeitos os anseios da América espanhola por uma autonomia mais compatível com relações mais estreitas com a emergente comunidade das nações. Talvez essa ênfase num relacionamento dinâmico entre mundo e localidade seja uma das razões pelas quais Bello continua atraente para o mundo hispano-americano que se aproxima do bicentenário da independência. Nesta época de maior conscientização dos efeitos da globalização e da interdependência, o trabalho de Bello talvez agrade a outros, além da região, onde quer que as questões de língua, identidade nacional e ordem política atravessem fronteiras, demandem o reconhecimento da diversidade e busquem instituições que sejam mais suscetíveis ao nosso mundo em mudança.

Anexos

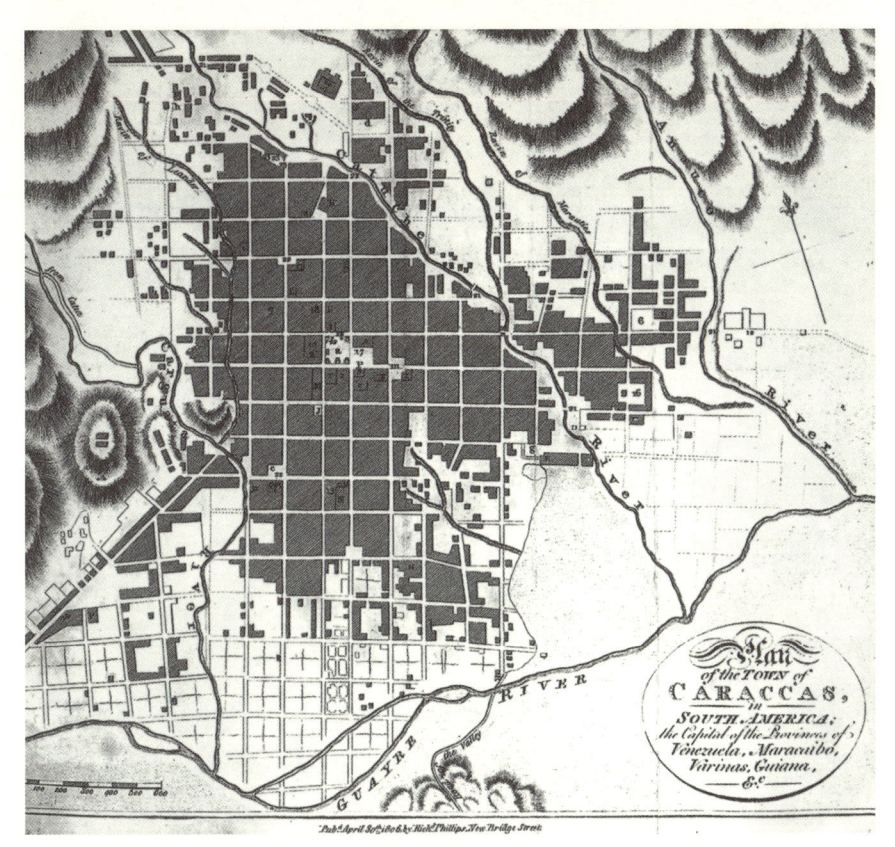

1. Mapa de Caracas em 1806. Por François Depons, *Travels in Parts of South America, During the Years 1801, 1802, 1803 & 1804* (Londres: J. G. Barnard, 1806). Vários mapas subsequentes de Caracas usaram este Depons como base. Um deles foi incluído no *Resumen de la historia de Venezuela*, de Rafael María Baralt (1841), livro que Carlos, irmão de Bello, enviou de Caracas para ele e ao qual se refere em uma carta de 30 de abril de 1842: "Abro o atlas e examino os mapas: quantas lembranças, quantas imagens cruzam minha imaginação! Não me canso de olhar Caracas [...]. A vista de Caracas ficará pendurada na frente da minha cama, e provavelmente será o último objeto que meus olhos verão quando eu morrer." No mapa veem-se claramente os rios Catuche, Guaire e Anauco, dos quais Bello nunca se esqueceu. Sua casa ficava no Callejón de la Merced, em frente ao Mosteiro Mercederiano.

2. Simón Bolívar em Londres, 1810, por Charles Gill. Unidad de Fotografia, Archivo Central Andrés Bello, de la Universidad del Chile. Bello ensinou Geografia e Literatura a Bolívar antes de eles viajarem para Londres como emissários da primeira missão diplomática venezuelana na Inglaterra. Embora fossem muito amigos na juventude, o relacionamento posterior foi marcado por divergências. Em carta para José Fernández Madrid (27 de abril de 1829), Bolívar escreve sobre Bello: "Eu conhecia os talentos superiores deste nativo de Caracas que é meu contemporâneo: ele foi meu professor quando tínhamos a mesma idade, e eu o amava com respeito." Bello declarou admiração por Bolívar em várias ocasiões e se ressentia da distância que se criou entre eles nos anos 1820.

3. Mapa de Londres, 1827, por C. e J. Greenwood (Londres: Pringle and Co., 1827). Guildhall Library, Corporation of London. Este mapa mostra a parte de Londres, hoje praticamente extinta, em que Bello viveu durante os quase dezenove anos passados na Inglaterra. Ele morou nos arredores da Clarendon Square nas ruas Bridgewater e Clarendon, em Evesham Buildings, em vielas pouco mais distantes como Solls Row e Egremont Place (hoje St. Pancras Station), e também no bairro de Somers Town. Seus filhos foram batizados na St. Aloysius, e a primeira esposa está sepultada no cemitério de St. Pancras. Somers Town era um bairro francês e irlandês, mas muitos exilados espanhóis e hispano-americanos também viviam lá.

4. Diego Portales (1793-1837) por Eduardo Armstrong. Unidad de Fotografia, Archivo Central Andrés Bello, de la Universidad de Chile. Figura polêmica, Portales foi o arquiteto do Estado chileno pós-independência. Embora relutasse em assumir o cargo mais alto, Portales governou efetivamente o Chile na década de 1830, quando recrutou Bello e outros servidores talentosos para ajudá-lo a transformar as instituições políticas do país. Portales admirava Bello e foi padrinho de sua filha María Ascensión. Morreu prematuramente em 1837 nas mãos de soldados amotinados, quando o Chile estava em guerra contra a Confederação Peru-boliviana (1836-1839).

5. Andrés Bello, por Raymond Monvoisin, 1844. Unidad de Fotografia, Archivo Central Andrés Bello de la Universidad de Chile. Aqui, Bello é retratado no auge da sua influência no Chile, quando era reitor da Universidade do Chile (1843). Exibindo a distintiva medalha de ouro de reitor, tinha na época 62 anos. Foi também senador, o renomado autor dos *Principios de Derecho Internacional* e o principal redator do Código Civil chileno. Foram tempos difíceis, quando perdeu sua filha predileta Dolores (em janeiro de 1843), para quem escreveu talvez seu melhor poema, "La oración por todos".

6. Manuel Montt (1809-1880), por Alexandro Capalti, 1865. Unidad de Fotografía, Archivo Central Andrés Bello de la Universidad de Chile. Montt foi educador, jurista, membro do governo e presidente do Chile (1851-1861). Homem de tendências conservadoras, Montt era ferrenho apoiador do Estado portaliano e entendia a necessidade de reformas políticas e administrativas. Nos anos 1840, trabalhou ao lado de Bello na elaboração do sistema educacional nacional e na preparação do Código Civil do país, que ele próprio apresentou ao Congresso em 1855. Como presidente, modernizou e trouxe prosperidade ao Chile, mas também contribuiu para a polarização da política, enfrentando duas rebeliões armadas em 1851 e 1859.

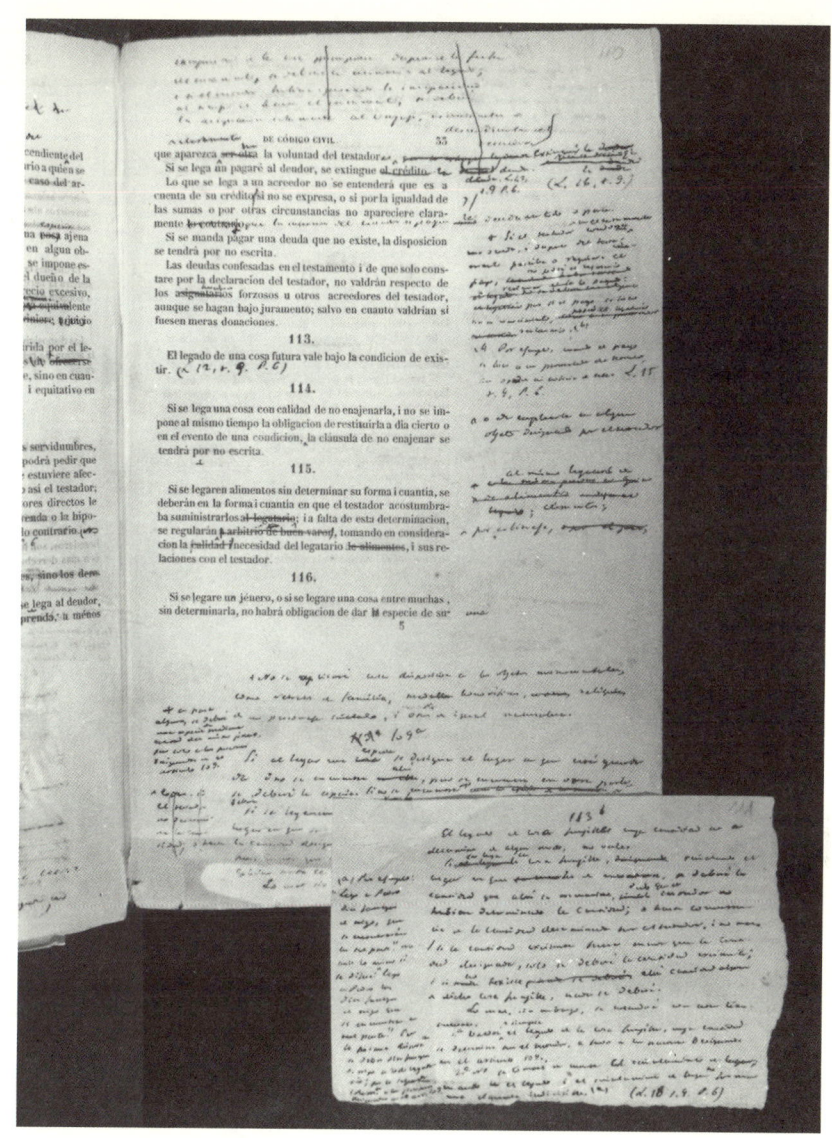

7. Revisões feitas por Bello em um rascunho do Código Civil, 1853. Unidad de Fotografía, Archivo Central Andrés Bello de la Universidad de Chile. Bello trabalhou no Código Civil por mais de duas décadas, revisando e incorporando inúmeros aditivos ao longo dos anos. Na foto, as revisões de Bello na sessão sobre sucessão. Essa edição cuidadosa era típica do trabalho de Bello e está presente nas várias edições da sua *Gramática* e dos *Principios de Derecho Internacional*. A maior parte da coleção de manuscritos está em Santiago, mas a Fundación Casa de Bello em Caracas também abriga uma importante seleção dos trabalhos intelectuais e da correspondência.

8. Elizabeth Dunn (1804-1873). Coleção Geral, Museu de História Nacional de Santiago. Unidad de Fotografia, Archivo Central Andrés Bello de la Universidad de Chile. Elizabeth Dunn e Bello se conheceram em Londres e se casaram em 1824. Tiveram doze filhos, cuja maioria morreu antes deles. Elizabeth nunca mais voltou à Inglaterra, embora tivesse sobrevivido oito anos após a morte de Bello. Ela se mantinha informada sobre os acontecimentos em sua terra natal através dos vários periódicos e do contato frequente com residentes ingleses no Chile. A foto não tem data, mas deve ter sido tirada em meados de 1860.

9. Miguel Luis Amunátegui (1828-1888), por Giovanni Mocci, Unidad de Fotografia, Archivo Central Andrés Bello de la Universidad de Chile. Amunátegui era renomado historiador, congressista e funcionário do governo. Ele e seu irmão mais moço, Gregorio Víctor, escreveram a primeira biografia de Bello em 1854. Mais tarde ele ampliou a biografia com um estudo abrangente da vida e obra de Bello, o clássico *Vida de don Andrés Bello* (1882). Também foi editor do primeiro conjunto das obras completas de Bello (1881-1893), mas morreu antes de ver os quinze volumes impressos. Grande admirador de Bello, dedicou grande parte de sua vida a organizar e decifrar seus originais.

BIBLIOGRAFIA

Obs.: Esta bibliografia inclui a maioria das fontes citadas no texto, mas por uma questão de espaço muitos trabalhos editados são citados apenas em notas.

Arquivos e Coleções Especiais

Arquivo Central Andrés Bello, Santiago, Chile
Arquivo do Arcebispado de Santiago
    Paróquia del Sagrario
    Paróquia Santa Ana
Arquivo General de Indias, Sevilha, Espanha
    Audiencia de Caracas
Arquivo General de la Nacion, Argentina
    Division Gobierno Nacional, Sala 10
Arquivo General de Simancas, Simancas, Espanha
    Section Estado
Arquivo Histórico Nacional, Madri, Espanha
    Section Estado
Arquivo Nacional de Chile, Santiago, Chile
    Fondos Varios
Arquivos do Royal Institution of Great Britain, Londres
    Managers' Minutes, 1823
Bancroft Library, University of California em Berkeley
Biblioteca Nacional, Santiago de Chile
    Sala José Toribio Medina
Biblioteca Central de la Universidad de Chile
    Sala Domingo Edwards Matte
Bodleian Library, Oxford University
Boston Public Library
    Artigos de George Ticknor, Livros Raros e Coleção de Manuscritos
British and Foreign Bible Society, Cambridge University
    Correspondência Interna
British Museum, Londres, Inglaterra
    Arquivos Centrais, Entradas à Sala de Leitura
La Casa de Bello, Caracas, Venezuela

Coleção de Manuscritos Originais
Guildhall Library, Londres, Inglaterra
   Sala de Impressão
Harvard University
   Houghton Library
   Law School Library, Special Collections
Lilly Library, Bloomington, Indiana
   Latin American Manuscripts, Venezuela
Manchester College Library, Oxford University
   Joseph Blanco White Papers
National Archives of the United States, Washington, D.C.
   Registros da Expedição Naval dos Estados Unidos ao Hemisfério Sul, Grupo 78
Public Records Office, Kew Gardens, Londres
   Aliens Office and Home Office
Sidney Jones Library, University of Liverpool
   Special Collections and Archives
   Correspondence and Papers of Joseph Blanco White

Fontes primárias impressas

Jornais e periódicos
Anales de la Universidad de Chile
El Araucano (Chile)
Biblioteca Americana (Inglaterra)
El Censor Americano (Inglaterra)
La Clave (Chile)
El Crepúsculo (Chile)
El Español (Inglaterra)
Faro Industrial de la Habana (Cuba)
El Ferrocarril (Chile)
Gazeta de Caracas (Venezuela)
El Mercurio (Chile)
El Museo de Ambas Américas (Chile)
El Philopolita (Chile)
El Popular (Chile)

El Progreso (Chile)
El Repertorio Americano (Inglaterra)
Revista Católica (Chile)
El Valdiviano Federal (Chile)
Variedades, o Mensagero de Londres (Inglaterra)

Livros, cartas e documentos de Andrés Bello ou relacionados a sua vida
AMUNÁTEGUI SOLAR, Domingo (ed.). *Archivo epistolar de don Miguel Luis Amunátegui*. Santiago: Prensas de la Universidad de Chile, 2 vols., 1942.
ANONYMOUS. *Interesting Official Documents Relating to the United Provinces of Venezuela*. Londres: Longman and Co., 1812.
BEAVER, Philip. *The Life and Services of Captain Philip Beaver, Late of His Majesty's Ship Nisus*. Londres: J. Murray, 1829.
BELLO, Andrés. *Obras completas*. Caracas: La Casa de Bello, 26 vols., 1981-84.
_____. *Gramática de la lengua castellana destinada ao uso de los americanos*. Edición crítica por Ramón Trujillo. Tenerife: Cabildo Insular/Instituto Universitario de Linguística Andrés Bello, 1981.
_____. *Obras completas*. Santiago: Imprenta Pedro G. Ramirez/Imprenta Cervantes, 15 vols., 1881-1893.
_____. *Opúsculos literários i criticos, publicados en diversos periódicos desde el año de 1834 hasta 1849*. Santiago: Imprenta Chilena, 1850.
BOLÍVAR, Simón, *Cartas del Libertador*. Caracas: Fundación Vicente Lecuna, 8 vols., 1969.
BLANCO WHITE, José María. *The Life of the Rev. Joseph Blanco White, Written by Himself; With Portions of His Correspondence*. Ed. por John Hamilton Thom. Londres: John Chapman, 3 vols., 1845.
CAUSTEN, Mary Elizabeth. "Chile hace cien años". *Boletín de la Academia Chilena de la Historia*, vol. 8, nº 19, 1941, p. 5-45.
CHILIAN Loan. *A Report of the Trial of Yrisarri v. Clement, in the Court of Common Pleas, 19th December, 1825 for Libel; before Lord Chief Justice Best and a Special Jury*. Londres: E. G. Triquet, 1826.
DEPONS, François. *Travels in Parts of South America, During the Years 1801, 1802, 1803 & 1804*. Londres: J. G. Barnard, 1806.
DÍAZ, José Domingo. *Recuerdos de la rebelión de Caracas*. Caracas: Biblioteca de la Academia Nacional de la Historia, [1829] 1961.

EGAÑA, Juan. *Cartas de don Juan Egaña a su hijo Mariano, 1824-1828*. Santiago: Sociedad de Bibliófilos Chilenos, 1946.

EGAÑA, Mariano. *Cartas de don Mariano Egaña a su padre, 1824-1829*. Santiago: Sociedad de Bibliófilos Chilenos, 1948.

Gilliss, James Melville. *The U.S. Naval Astronomical Expedition to the Southern Hemisphere during the Years 1849, 50, 51, 52*. 3 vols. Washington, D.C.: A.O.P. Nicholson, 1855.

GONZÁLEZ ECHENIQUE, Javier (ed.). *Documentos de la misión de don Mariano Egaña en Londres (1824-1829)*. Santiago: Ministerio de Relaciones Exteriores de Chile, 1984.

GRASES, Pedro (ed.). *Los libros de Miranda*. Caracas: La Casa de Bello, 1979.

GUIRAO MASSIF, Ana. *Historia de la Facultad de Filosofía y Humanidades de la Universidad de Chile hasta la fundación del Instituto Pedagógico, 1843-1889*. Santiago: Facultad de Filosofía y Education, Universidad de Chile, vol. 1 de *Memorias de los egresados*, 1957. [Contém as atas das reuniões da faculdade].

HUMBOLDT, Alexander von. *Personal Narrative of Travels to the Equinoctial Regions of America During the Years 1799-1804*. Trad. e ed. de Thomasina Ross. Londres: George Bell & Sons, 3 vols., 1907.

LASTARRIA, José Victorino. *Recuerdos literarios: Datos para la historia literaria de la américa española i del progreso intelectual de Chile*. Santiago: Librería de M. Servat, 2ª ed., 1885.

_____. *Miscelánea histórica i literaria*. Valparaíso: Imprenta de la Patria, 3 vols., 1868.

LECUNA, Vicente e BIERCK, Harold (eds.). *Selected Writings of Bolívar*. Trad. de Lewis Bertrand. Nova York: The Colonial Press, 2 vols., 1951.

MENDOZA, Cristóbal de (ed.). *Las Primeras Misiones Diplomáticas de Venezuela*. Caracas: Academia Nacional de la Historia, 2 vols., 1962.

MIER, Servando Teresa de. *Ideario político*. Introdução e Notas de Edmundo O'Gorman. Caracas: Biblioteca Ayacucho, 1978.

MIRANDA, Francisco de. *América espera*. Editado, com Introdução de J. L. Salcedo-Bastardo. Caracas: Biblioteca Ayacucho, 1982.

PALACIO FAJARDO, Manuel. *Outline of the Revolution in Spanish America*. Londres: Longman, Hurst, Rees, Orme and Brown, 1817.

PERÚ DE LA CROIX, Luis. *Diario de Bucaramanga: Vida pública y privada del Libertador Simón Bolívar*. 8ª ed. Medellín: Editorial Bedout, 1967.

PORTALES, Diego. *Epistolario de don Diego Portales, 1821-1837*. Ed. por Ernesto de la Cruz e Guillermo Feliú Cruz, Santiago: Ministerio de Justicia, 3 vols., 1937.

SARMIENTO, Domingo Faustino. *Recuerdos de provincia (1850)*. Santiago: Imprenta Gutenberg, vol. 3 de *Obras de D. F. Sarmiento*, 1885.

TORRENTE, Mariano. *Historia de la revolución hispanoamericana*. Madri: Imprenta de Moreno, 3 vols., 1830.

VALENCIA AVARIA, Luis. *Anales de la República. Textos Constitucionales de Chile y Registros de los Ciudadanos que han Integrado los Poderes Ejecutivo y Legislativo desde 1810*. Santiago: Editorial Andrés Bello, 2ª ed., 2 vols., 1986.

WEBSTER, Charles Kingsley (ed.). *Britain and the Independence of Latin America, 1812-1830. Select Documents from the Foreign Office Archives*. Londres: Oxford University Press, 1938.

ZAPIOLA, José. *Recuerdos de treinta años (1810-1840)*. Santiago: Biblioteca de Autores Chilenos, 5ª ed., 1902.

Fontes secundárias

Biografias e estudos de Andrés Bello

ACADEMIA DE BELLAS LETRAS. *Suscripción de la Academia de Bellas Letras a la estatua de don Andrés Bello*. Santiago: Imprenta de la Libreria del Mercurio, 1874.

AMUNÁTEGUI, Miguel Luis. *Vida de don Andrés Bello*. Santiago: Imprenta Pedro G. Ramirez, 1882.

_____. *Ensayos biográficos*. Santiago: Imprenta Nacional, 4 vols., 1893-1896. [Vol. II, p. 5-242 são dedicadas a Bello].

_____. e AMUNÁTEGUI, Gregorio Victor. *Don Andrés Bello*. Santiago: Imprenta Nacional, 1854.

_____. e _____. *Juicio crítico de algunos poetas hispanoamericanos*. Santiago: Imprenta del Ferrocarril, 1861. [O capítulo sobre Bello está nas p. 181-245].

AVILA MARTEL, Alamiro de. *Mora y Bello en Chile, 1829-1831*. Santiago: Ediciones de la Universidad de Chile, 1982.

BARROS ARANA, Diego. "Elojio del señor don Andrés Bello" In vol. 13 das *Obras Completas de Diego Barros Arana*. Santiago: Imprenta, Litografia i Encuadernación Barcelona, 1914. [Capítulo sobre Bello está nas p. 233-257].

BECCO, Horacio Jorge. *Bibliografia de Andrés Bello*. Caracas: La Casa de Bello, 2 vols., 1989.

_____. *Medio siglo de Bellismo en Chile, 1846-1900*. Caracas: La Casa de Bello, 1980.

_____. *Ediciones chilenas de Andrés Bello (1830-189)*. Caracas: La Casa de Bello, 1980.

BLANCO FOMBONA, Rufino. *Grandes escritores de América (siglo XIX)*. Madri: Renacimiento, 1917. [p. 1-75 são dedicadas a Andrés Bello].

BREWER-CARIAS, Allan R. *La Concepción de Estado en la obra de Andrés Bello*. Madri: Instituto de Estudios de Administration Local, 1983.

CALDERA, Rafael. *Andrés Bello: Philosopher, Poet, Philologist, Educator, Legislator, Statesman*. Trad. de John Street. Caracas: La Casa de Bello, 1994.

_____. *Andrés Bello*. Caracas: Editorial Dimensiones, 7ª ed., [1935] 1981.

CASTILLO DIDIER, Miguel. *Miranda y la senda de Bello*. Caracas: La Casa de Bello, 2ª ed., Colección Zona Tórrida, 1996.

COLLIER, Simon. "The Life and Work of Andrés Bello, 1781-1865". Palestra nos Hispanic and Luso-Brazilian Councils, manuscrito não publicado, Londres, 1981.

_____. "Andrés Bello", in *Encyclopedia of Latin American History and Culture*. Ed. de Barbara Tenenbaum. Nova York: Charles Scribner's Sons, vol. I, p. 326-27, 1996.

CONCHA, Jaime. "Gramáticas y códigos: Bello y su gestión superestructural en Chile", *Revista de Humanidades y Ciencias Sociales*, vol. 42, nº 2, 1997, p. 17-36.

CREMA, Edoardo. *Trayectoria Religiosa de Andrés Bello*. Caracas: Talleres de Gráficas Sitges, 1956.

CUSSEN, Antonio. *Bello and Bolívar: Poetry and Politics in the Spanish American Revolution*. Cambridge: Cambridge University Press, 1992.

DAWSON, Frank Griffith. "The Influence of Andrés Bello on Latin American Perceptions of Non-Intervention and State Responsibility", *The British Yearbook of International Law*, 1986, p. 253-315.

DURÁN LUZIO, Juan. *Siete ensayos sobre Andrés Bello, el escritor*. Santiago: Editorial Andrés Bello, 1999.

EDWARDS BELLO, Joaquín. *El bisabuelo de piedra*. Santiago: Editorial Nascimento, 1978.

FELIÚ CRUZ, Guillermo. *Andrés Bello y la redacción de los documentos oficiales administrativos, internacionales y legislativos de Chile*. Caracas: Biblioteca de los Tribunales del Distrito Federal/Fundación Rojas Astudillos, 1957.

_____. (ed.). *Estudios sobre Andrés Bello*. Santiago: Fondo Andrés Bello/Biblioteca Nacional, 2 vols., 1966-71.

FERNÁNDEZ LARRAIN, Sergio. *Cartas a Bello en Londres, 1810-1829*. Santiago: Editorial Andrés Bello, 1968.

FUNDACIÓN LA CASA DE BELLO. *Bello y Caracas*. Caracas: La Casa de Bello, 1979.

_____. *Bello y Londres*. Caracas: La Casa de Bello, 2 vols., 1980-81.

_____. *Bello y Chile*. Caracas: La Casa de Bello, 2 vols., 1981.

_____. *Bello y America Latina*. Caracas: La Casa de Bello, 1982.

_____. *Bello y el derecho latinoamericano*. Caracas: La Casa de Bello, 1987.

GAYOL MECÍAS, Manuel (ed.). *Andrés Bello: Valoración múltiple*. La Habana: Ediciones Casa de las Américas, 1989.

GOMES, Miguel. "Las silvas americanas de Andrés Bello: Una relectura genológica", *Hispanic Review*, vol. 66, nº 2, primavera 1998, p. 181-196.

GRASES, Pedro. *Estudios sobre Andrés Bello*. Caracas/Barcelona/México: Editorial Seix Barral, 2 vols., 1981.

_____. (ed.) *Andrés Bello y la Universidad de Chile. Homenaje del sesquicentenario (1843-1993)*. Caracas: La Casa de Bello, 1993.

_____. (ed.) *Andrés Bello: Obra literaria*. Caracas: Biblioteca Ayacucho, 2ª ed., 1985.

_____. (ed.). *Antología del Bellismo en Venezuela*. Caracas: Monte Ávila Editores, 1981.

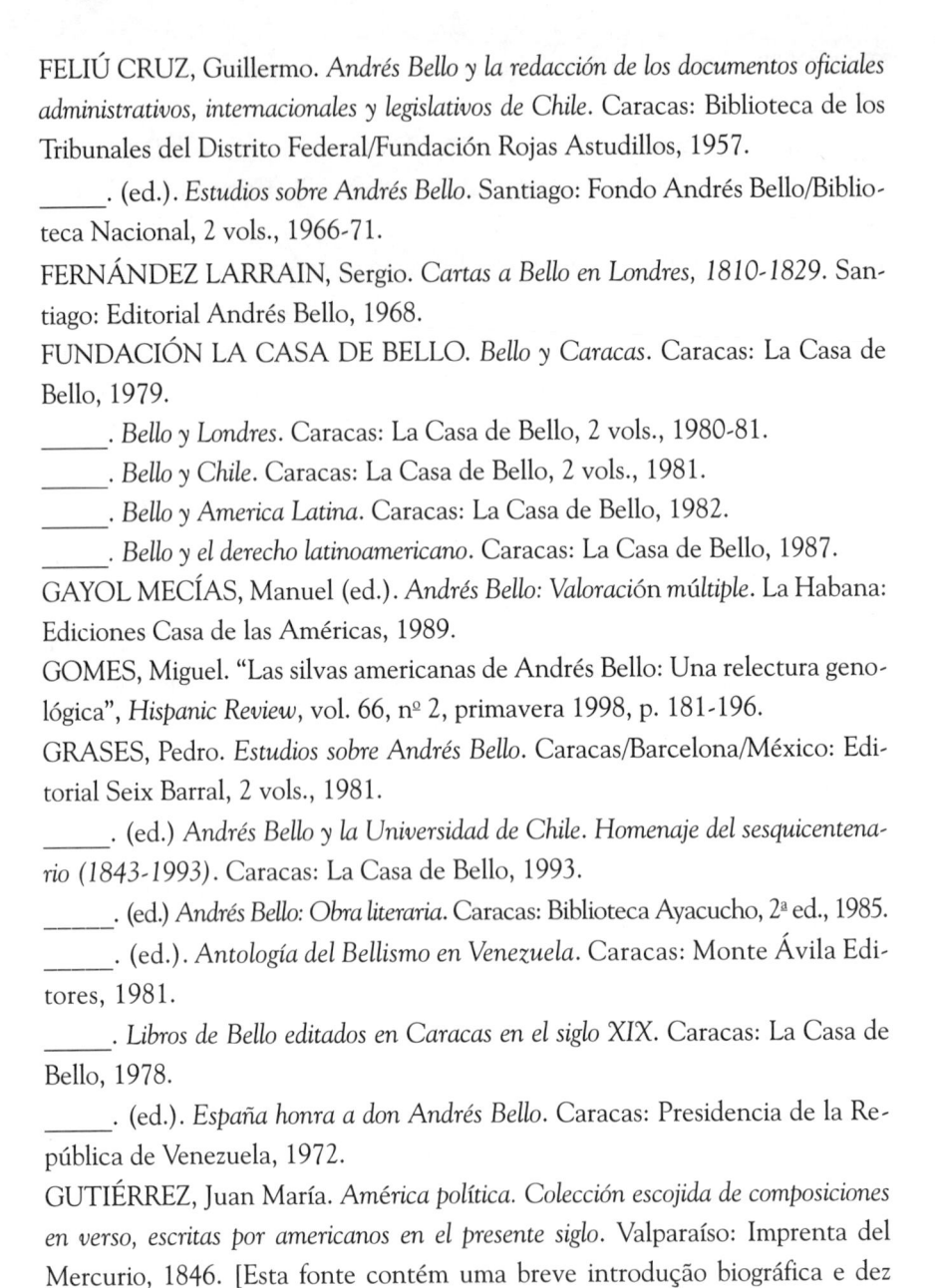

_____. *Libros de Bello editados en Caracas en el siglo XIX*. Caracas: La Casa de Bello, 1978.

_____. (ed.). *España honra a don Andrés Bello*. Caracas: Presidencia de la República de Venezuela, 1972.

GUTIÉRREZ, Juan María. *América política. Colección escojida de composiciones en verso, escritas por americanos en el presente siglo*. Valparaíso: Imprenta del Mercurio, 1846. [Esta fonte contém uma breve introdução biográfica e dez poemas de Bello].

GUZMÁN BRITO, Alejandro. *Andrés Bello Codificador. Historia de la fijación y codificación del derecho civil en Chile*. Santiago: Ediciones de la Universidad de Chile, 2 vols., 1982.

INSTITUTO DE CHILE. *Homenaje a don Andrés Bello con motivo de la conmemoración del bicentenario de su nacimiento.* Santiago: Editorial Jurídica de Chile/ Editorial Andrés Bello, 1982.

IRIS [Inés Echeverría Bello]. *Nuestra raza: A la memoria de Andrés Bello: Su cuarta generación.* Santiago: Ediciones de la Universidad de Chile, s.d.

JAKSIĆ, Iván (ed.). *Selected Writings of Andrés Bello.* Trad. de Frances M. López-Morillas. Nova York/Oxford: Oxford University Press, 1997.

_____. "Racionalismo y fe: La filosofía chilena en la época de Andrés Bello", *Historia*, vol. 29, 1995-96, p. 89-123.

JOBET, Julio César. *Doctrina y praxis de los educadores representativos chilenos.* Santiago: Editorial Andrés Bello, 1970. [Capítulo sobre Bello nas p. 155-279].

KILGORE, William J. "Notes on the Philosophy of Education of Andrés Bello", *Journal of the History of Ideas*, vol. 22, out-dez 1961, p. 555-560.

KRISTAL, Efrain. "Dialogues and Polemics: Sarmiento, Lastarria, and Bello"., in CRISCENTI, Joseph T. (ed.). *Sarmiento and His Argentina.* Boulder: Lynne Rienner Publishers, 1993, p. 61-70.

LIRA URQUIETA, Pedro. *Andrés Bello.* México/Buenos Aires: Fondo de Cultura Económica, 1948.

LYNCH, John (ed.). *Andrés Bello: The London Years.* Richmond/Surrey: The Richmond Publishing House Co., 1982.

MARTÍNEZ BAEZA, Sergio. "Bello, Infante y la enseñanza del Derecho Romano: Una polémica histórica, 1834", *Revista Chilena de Historia y Geografia*, nº 132, 1964, p. 196-229.

MELÉNDEZ, Mariselle. "Miedo, raza y nación: Bello, Lastarria y la revisión del pasado colonial", *Revista Chilena de Literatura*, nº 52, abril 1998, p. 17-30.

MENÉNDEZ Y PELAYO, Marcelino. *Historia de la poesía hispanoamericana.* Madri: Libreria General de Victoriano Suárez, 2 vols., 1911. [Capítulo sobre Bello incluído em I, p. 353-393].

MIROW, Matthew C. "Borrowing Private Law in Latin America: Andrés Bello's Use of the Code Napoleon in Drafting the Chilean Civil Code", *Louisiana Law Review*, vol. 61, 2001.

MONTALDO, Graciela. "El cuerpo de la patria: Espacio, naturaleza y cultura en Bello y Sarmiento", in *Esplendores y miserias del siglo XIX. Cultura y sociedad en America Latina.* Ed. por Beatriz Gonzaález Stephan, Javier Lasarte, Graciela Montaldo e María Julia Daroqui. Caracas: Monte Ávila Editores, 1994, p. 103-123.

MURILLO RUBIERA, Fernando. *Andrés Bello: Historia de una vida y una obra*. Caracas: La Casa de Bello, 1986.

ORREGO VICUÑA, Eugenio. *Don Andrés Bello*. Santiago: Imprenta y Litografia Leblanc, 3ª ed., 1940.

PI SUNYER, Carlos. *Patriotas americanos en Londres (Miranda, Bello, y otras figuras)*. Caracas: Monte Ávila Editores, 1978.

PRATS BELLO, Ana Luisa. *Andrés Bello (estudio biográfico), 1781-1865*. Santiago: Imprenta Universitaria, 1916.

RACINE, Karen. "Nature and Mother: Foreign Residence and the Evolution of Andrés Bello's American Identity, London, 1810-29", in *Strange Pilgrimages: Exile, Travel, and National Identity in Latin America, 1800-1900s*. Ed. por Ingrid E. Fey e Karen Racine. Wilmington, DE: Scholarly Resources, 2000, p. 3-19.

RAMOS, Julio. "Saber decir: Lengua y política en Andrés Bello", in *Desencuentros de la modernidad en America Latina: Literatura y política en el siglo XIX*, 35-49. México: Fondo de Cultura Económica, 1989.

RODRÍGUEZ MONEGAL, Emir. *El otro Andrés Bello*. Caracas: Monte Ávila Editores, 1969.

RUIZ SCHNEIDER, Carlos. "Política de la moderación: Notas de investigación sobre las ideas filosóficas y políticas de Andrés Bello", *Escritos de Teoría*, vol. 1, dez. 1976, p. 9-26.

_____. "Moderacion y filosofía: Notas de investigación sobre la filosofía de Andrés Bello", *Teoria*, vols. 5-6, dez 1975, p. 15-39.

SACKS, Norman P. "Andrés Bello y José Victorino Lastarria: Conflicto de generaciones y tensiones intelectuales", *Cuadernos Americanos*, vol. 2, nº 62, mar-abr. 1997, p. 183-213.

SAMBRANO URDANETA, Oscar. *El Andrés Bello universal: crónica del bicentenario de su nacimiento*. Caracas: La Casa de Bello, 1991.

_____. *Cronología de Andrés Bello, 1781-1865*. Caracas: La Casa de Bello, 1986.

_____. "Crónica del bicentenario de Andrés Bello", in *Anales de la Universidad de Chile*, Quinta Serie, nº 2, ago 1983.

SILVA CASTRO, Raul. *Don Andrés Bello, 1781-1865*. Santiago: Editorial Andrés Bello, 1965.

STOETZER, O. Carlos. "The Political Ideas of Andrés Bello", *International Philosophical Quarterly*, vol. 23, nº 4, dez 1983, p. 395-406.

TORREJÓN, Alfredo. *Andrés Bello y la lengua culta. La estandarización del castellano en America en el siglo XIX*. Boulder, CO: Society of Spanish and Spanish American Studies, 1993.

_____. "Andrés Bello, Domingo Faustino Sarmiento y el castellano culto de Chile", *Thesaurus: Boletín del Instituto Caro y Cuervo*, vol. 44, nº 3, set-dez 1989, p. 534-57.

TORRES CAICEDO, José María. *Ensayos biográficos y de crítica literaria sobre los principales poetas y literatos hispanoamericanos*. Paris: Libraire Guillaumin et Co., Editeurs, 3 vols., 1863-68. [O capítulo sobre Andrés Bello está no vol. 1, p. 87-111].

UNIVERSIDAD DE CHILE. *Andrés Bello, 1865-1965. Homenaje de la Facultad de Filosofía y Educación de la Universidad de Chile*. Santiago: Facultad de Filosofía y Educación, Universidad de Chile, 1966. [Ensaios de Eugenio González Rojas, Julio Heise González, Roberto Munizaga Aguirre, Guillermo Feliú Cruz, Rodolfo Oroz, Ricardo Donoso, Gastón Carrillo Herrera, Graciela Mandujano e Julio César Jobet].

_____. *Estudios sobre la vida y obra de Andrés Bello*. Santiago: Ediciones de la Universidad de Chile, 1973. [Ensaios de Alamiro de Avila Martel, Ernesto Barros Jarpa, Pedro Lira Urquieta, Rodolfo Oroz Scheibe, Manuel Salvat Monguillot, Raúl Silva Castro e Armando Uribe Arce].

_____. "Crónica del bicentenario de Andrés Bello", in *Anales de la Universidad de Chile*, Quinta Serie, nº 2, ago 1983.

UNIVERSIDAD DE CONCEPCIÓN. "Homenaje al centenario de la muerte de don Andrés Bello", in *Atenea: Revista Trimestral de Ciencias, Letras y Artes*, vol. 160, nº 410, out-dez 1965. [Ensaios de Milton Rossel, Ignacio González Ginouvés, Fidel Araneda Bravo, Alfonso Bulnes, Joaquín Edwards Bello, Guillermo Feliú Cruz, Sergio Galaz, Pedro Grases, Pedro Lira Urquieta, Luiz Muñoz G., Rodolfo Oroz e Santiago Vidal Muñoz].

VARGAS BELLO, Fernando. *Andrés Bello, el hombre*. Santiago: Editorial Andrés Bello, 1982.

VALDERRAMA ANDRADE, Carlos. *Escritos sobre don Andrés Bello*. Bogotá, Instituto Caro y Cuervo, 1981.

VELLEMAN, Barry L. *Andrés Bello y sus libros*. Caracas: La Casa de Bello, 1995.

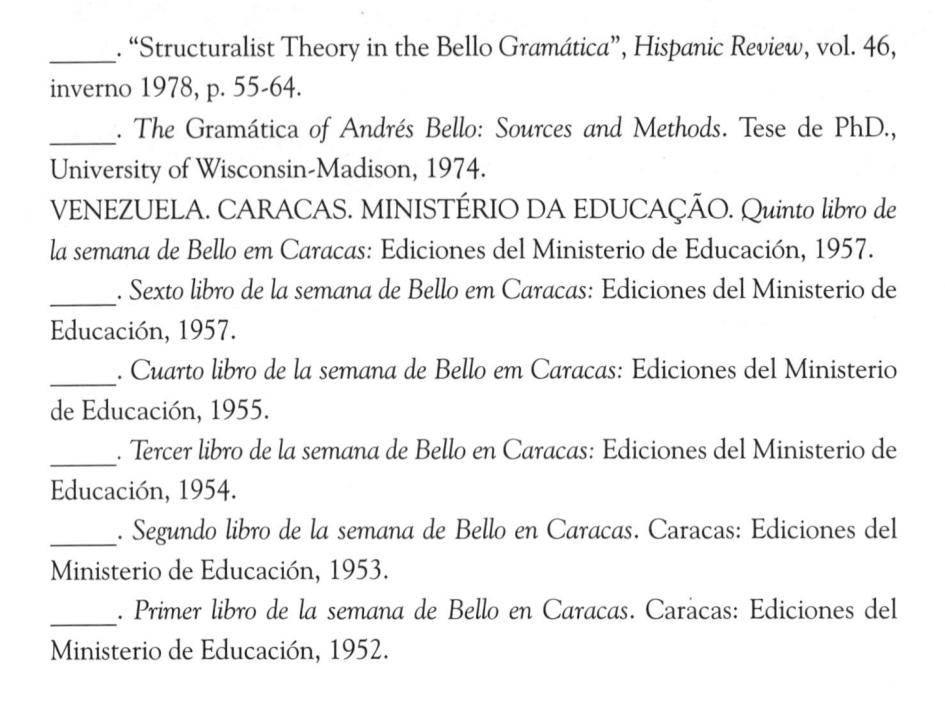

_____. "Structuralist Theory in the Bello *Gramática*", *Hispanic Review*, vol. 46, inverno 1978, p. 55-64.

_____. *The Gramática of Andrés Bello: Sources and Methods*. Tese de PhD., University of Wisconsin-Madison, 1974.

VENEZUELA. CARACAS. MINISTÉRIO DA EDUCAÇÃO. *Quinto libro de la semana de Bello em Caracas*: Ediciones del Ministerio de Educación, 1957.

_____. *Sexto libro de la semana de Bello em Caracas*: Ediciones del Ministerio de Educación, 1957.

_____. *Cuarto libro de la semana de Bello em Caracas*: Ediciones del Ministerio de Educación, 1955.

_____. *Tercer libro de la semana de Bello en Caracas*: Ediciones del Ministerio de Educación, 1954.

_____. *Segundo libro de la semana de Bello en Caracas*. Caracas: Ediciones del Ministerio de Educación, 1953.

_____. *Primer libro de la semana de Bello en Caracas*. Caracas: Ediciones del Ministerio de Educación, 1952.

GERAL

AARSLEFF, Hans. *The Study of Language in England 1780-1860*. Princeton: Princeton University Press, 1967.

ADELMAN, Jeremy. *Republic of Capital: Buenos Aires and the Legal Transformation of the Atlantic World*. Stanford: Stanford University Press, 1999.

ALEGRÍA, Fernando. *La poesía chilena. Orígenes y desarrollo del siglo XVI al XIX*. México: Fondo de Cultura Económica, 1954.

ALCALÁ GALIANO, Antonio. *Recuerdos de un anciano*. Buenos Aires: Espasa Calpe, [1878] 1951.

ALONSO, Amado. *Castellano, español, idioma nacional: Historia espiritual de tres nombres*. Buenos Aires: Editorial Losada, 2ª ed., 1949.

AMUNÁTEGUI, Miguel Luis. *Don José Joaquín de Mora. Apuntes biográficos*. Santiago: Imprenta Nacional, 1888.

AMUNÁTEGUI SOLAR, Domingo. *Mora en Bolivia*. Santiago: Imprenta Cervantes, 1897.

_____. *El Instituto Nacional bajo los rectorados de don Manuel Montt, don Francisco Puente y don Antonio Varas, 1835-1845*. Santiago: Imprenta Cervantes, 1891.

_____. *Los primeros años del Instituto Nacional, 1813-1835.* Santiago: Imprenta Cervantes, 1889.

ANDERSON, Perry. *Lineages of the Absolutist State.* Londres: NLB, 1974.

ANNA, Timothy. *Spain and the Loss of America.* Lincoln/Londres: University of Nebraska Press, 1983.

AVILA MARTEL, Alamiro de. *Sarmiento en la Universidad de Chile.* Santiago: Ediciones de la Universidad de Chile, 1988.

_____. "The Influence of Bentham in the Teaching of Penal Law in Chile", *Revista de Estudios Histórico-Jurídicos*, vol. 5, 1980, p. 257-265.

_____. et al. *Estudios sobre José Victorino Lastarria.* Santiago: Ediciones de la Universidad de Chile, 1988.

BARROS ARANA, Diego. *Un decenio de la historia de Chile, 1841-1851.* Santiago: Imprenta y Encuadernación Universitaria, vol. I, 1905.

_____. *Un decenio de la historia de Chile, 1841-1851.* Santiago: Impresso pela Imprenta y Litografia Barcelona, vol. II, 1913.

BARTLEY, Russell H. *Imperial Russia and the Struggle for Latin American Independence, 1808-1828.* Austin: University of Texas Press, 1978.

BAUER, Arnold J. *Chilean Rural Society from the Spanish Conquest to 1930.* Cambridge: Cambridge University Press, 1975.

BERRUEZO LEON, María Teresa. *La lucha de hispanoamerica por su independencia en Inglaterra, 1800-1830.* Madri: Ediciones de Cultura Hispanica, 1989.

BOTANA, Natalio R. "Las transformaciones del credo constitucional", in *De los imperios a las naciones: Iberoamérica.* Ed. por Antonio Annino, Luis Castro Leiva e François-Xavier Guerra. Zaragoza: Ibercaja, 1994, p. 473-494.

BRADING, David A. *The First America: The Spanish Monarchy, Creole Patriots, and the Liberal State, 1492-1867.* Cambridge: Cambridge University Press, 1991.

BROWNING, John. *Vida e ideología de Antonio José de Irisarri.* Guatemala City: Editorial Universitaria de Guatemala, 1986.

BUSHNELL, David. *The Making of Modern Colombia: A Nation in Spite of Itself.* Berkeley/Los Angeles/Oxford: University of California Press, 1993.

_____. e MACAULAY, Neill. *The Emergence of Latin America in the Nineteenth-Century.* Nova York: Oxford University Press, 2ª ed., 1994.

CAMPOS HARRIET, Fernando. *Desarrollo educacional, 1810-1960.* Santiago: Editorial Andrés Bello, 1960.

CARLYLE, Thomas. *The Life of John Sterling*. Londres/Nova York/Toronto: Oxford University Press, 1907.

CARPENTER, Kirsty. *Refugees of the French Revolution: Emigres in London, 1789-1802*. Londres: Macmillan Press, 1999.

CARRASCO DOMÍNGUEZ, Selim. *El reconocimiento de la independencia de Chile por España: La misión Borgoño*. Santiago: Editorial Andrés Bello, 1961.

CIFUENTES, Abdón. *Memorias*. Santiago: Editorial Nascimento, 2 vols., 1936.

CODAZZI, Agustín. *Resumen de la geografía de Venezuela (Venezuela en 1841)*. Caracas: Biblioteca Venezolana de Cultura, 3 vols., 1940.

COLLIER, Simon. "Religious Freedom, Clericalism, and Anticlericalism in Chile, 1820-1920", in HELMSTADTER, Richard (ed.). *Freedom and Religion in the Nineteenth Century*. Stanford: Stanford University Press, 1997, p. 302-338.

_____. "Chile from Independence to the War of the Pacific", in *The Cambridge History of Latin America*. Ed. por by Leslie Bethell. Cambridge: Cambridge University Press, vol. 3, 1985, p. 583-613.

_____. "The Historiography of the Portalian Period (1830-1891) in Chile", *Hispanic American Historical Review*, vol. 57, nº 4, nov. 1977, p. 660-690.

_____. *Ideas and Politics of Chilean Independence, 1808-1833*. Cambridge: Cambridge University Press, 1967.

_____. e SATER, William F. *A History of Chile, 1808-1994*. Cambridge: Cambridge University Press, 1996.

COLMENARES, Germán. *Las convenciones contra la cultura: Ensayos sobre la historiografia hispanoamericana del siglo XIX*. Bogotá: Tercer Mundo Editores, 1987.

CONCHA Y TORO, Melchor. *Chile durante los años de 1824 á 1828*. Santiago: Imprenta Nacional, 1862.

CONTRERAS F., Lidia. *Historia de las ideas ortográficas en Chile*. Santiago: Centro de Investigaciones Barros Arana, 1993.

COSTELOE, Michael P. *Response to Revolution: Imperial Spain and the Spanish American Revolutions, 1810-1840*. Cambridge: Cambridge University Press, 1986.

DAWSON, Frank Griffith. *The First Latin American Debt Crisis: The City of London and the 1822-25 Loan Bubble*. New Haven/Londres: Yale University Press, 1990.

DEAS, Malcolm. *Del poder y la gramática, y otros ensayos sobre historia, política y literatura colombianas*. Bogotá: Tercer Mundo Editores, 1993.

_____. "Venezuela, Colombia and Ecuador: The First Half-Century After Independence", in *The Cambridge History of Latin America*. Ed. por Leslie Bethell. Cambridge: Cambridge University Press, vol. 3, 1985, p. 507-538.

DOMEYKO, Ignacio. *Mis viajes: Memorias de un exiliado*. Santiago: Ediciones de la Universidad de Chile, 2 vols., 1978.

DONOSO, Ricardo. *Diego Barros Arana*. Cidade do México: Instituto Panamericano de Geografia e Historia, 1967.

_____. *Las ideas políticas en Chile*. México: Fondo de Cultura Económica, Coleccion Tierra Firme, nº 23, 1946.

_____. *Antonio José de Irisarri, escritor y diplomático*. Santiago: Prensas de la Universidad de Chile, 1934.

EDWARDS, Alberto. *El gobierno de don Manuel Montt, 1851-1861*. Santiago: Editorial Nascimento, 1932.

FERRY, Robert J. *The Colonial Elite of Early Caracas: Formation and Crisis, 1567-1767*. Berkeley/Los Angeles/Londres: University of California Press, 1989.

FLETCHER, Richard. *The Quest for El Cid*. Nova York: Alfred A. Knopf, 1990.

_____. *Saint James's Catapult: The Life and Times of Diego Gelmírez of Santiago de Compostela*. Oxford: Clarendon Press, 1984.

FONTANA, Biancamaria. (ed.). *The Invention of the Modern Republic*. Cambridge: Cambridge University Press, 1994.

_____. *Benjamin Constant and the Post-Revolutionary Mind*. New Haven: Yale University Press, 1991.

GOBBI, Claire H.G. "The Spanish Quarter of Somers Town: An Immigrant Community, 1820-30", *The Camden History Review*, nº 6, 1978, p. 6-9.

GÓNGORA, Mario. *Ensayo histórico sobre la noción de Estado en Chile en los siglos XIX y XX*. Santiago: Editorial Universitaria, 2ª ed., 1986.

HALPERÍN DONGHI, Tulio. *El espejo de la historia: Problemas argentinos y perspectivas hispanoamericanas*. Buenos Aires: Editorial Sudamericana, 2ª ed., 1998.

_____. *Reforma y disolución de los imperios Ibéricos*. Madri: Alianza Editorial, 1985.

_____. et al. (eds.). *Sarmiento: Author of a Nation*. Berkeley/Los Angeles/London: University of California Press, 1994.

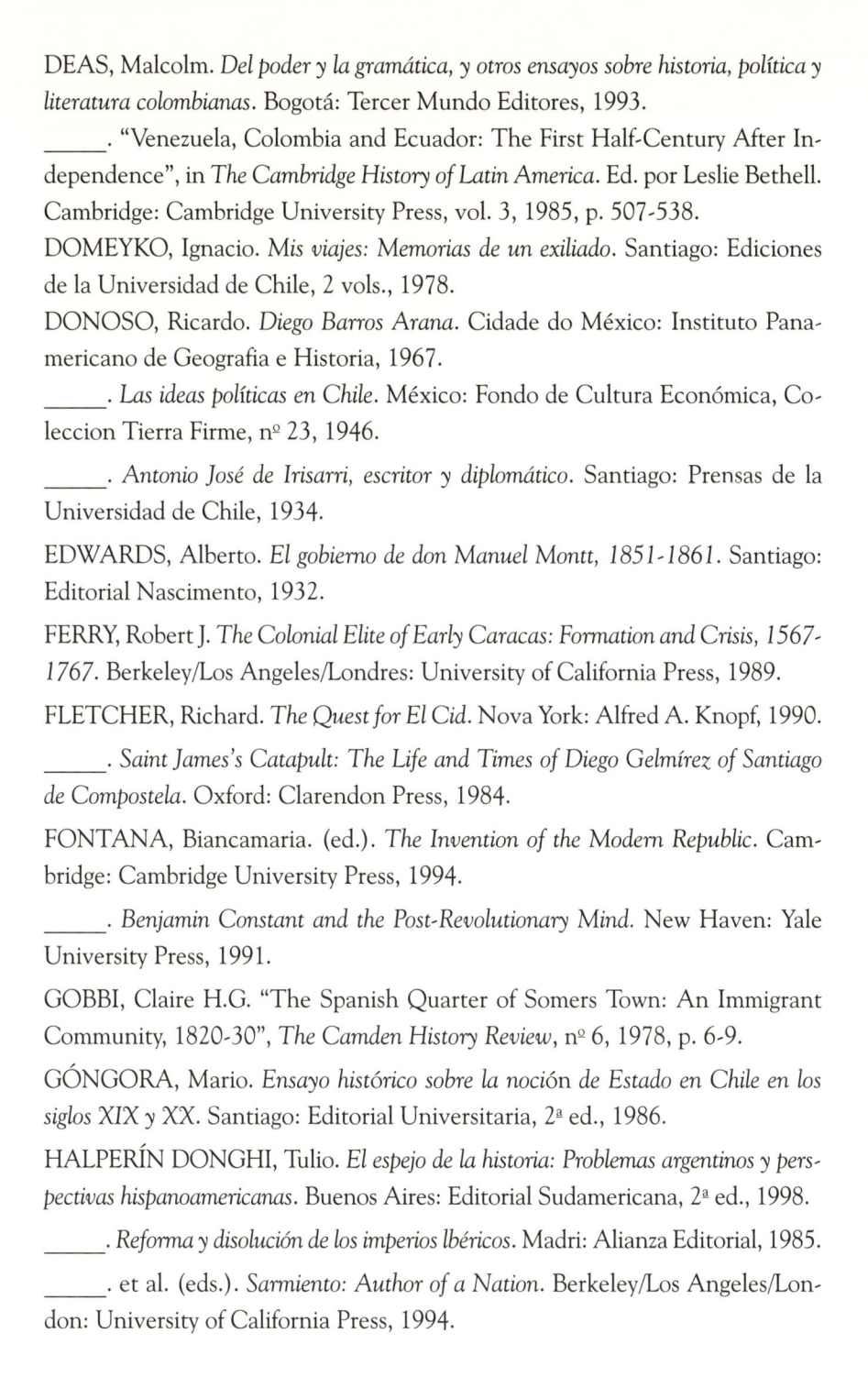

HANISCH ESPÍNDOLA, Walter. *El latin en Chile*. Santiago: Fondo Andrés Bello, Biblioteca Nacional, 1991.

HELGUERA, J. León. "Tres Cartas de Nariño", *Boletín de Historia y Antiguedades*, vol. 48, nº 555, jan-fev. 1961, p. 113-116.

HENRÍQUEZ UREÑA, Pedro. *Obra crítica*. Ed. por Emma Speratti. Prólogo de Jorge Luis Borges. México/Buenos Aires: Fondo de Cultura Económica, 1960.

HUNEEUS GANA, Jorge. *Cuadro histórico de la producción intelectual de Chile*. Santiago: Biblioteca de Escritores de Chile, 1910.

JAKSIĆ, Iván. *Academic Rebels in Chile: The Role of Philosophy in Higher Education and Politics*. Albany, NY: State University of New York Press, 1989.

JOCELYN-HOLT LETELIER, Alfredo. *El peso de la noche: Nuestra frágil fortaleza histórica*. Buenos Aires: Ariel, 1997.

_____. *La independencia de chile: Tradición, modernización y mito*. Madri: Editorial Mapfre, 1992.

JOTABECHE (José Joaquín Vallejo). *Obras de don José Joaquín Vallejo*. Ed. por Alberto Edwards. Santiago: Biblioteca de Escritores de Chile, 1911.

KATRA, William H. *Domingo F. Sarmiento: Public Writer (Between 1839 and 1852)*. Tempe: Center for Latin American Studies, Arizona State University, 1985.

LAPESA, Rafael. *Historia de la lengua española*. Madri: Editorial Gredos, 9ª ed., 1981.

LARRAÍN, Carlos J. "Peñalolén", *Boletín de la Academia Chilena de la Historia*, vol. 59, 1958, p. 56-97.

LIDA, Raimundo. *Estudios hispánicos*. Ed. por Antonio Alatorre. México: El Colegio de Mexico, 1988.

LIPP, Solomon. *Three Chilean Thinkers (Francisco Bilbao, Valentin Letelier, and Enrique Molina)*. Waterloo, Ontário: Wilfrid Laurier University Press, 1975.

LLORENS, Vicente. *Liberales y románticos: Una emigración española en Inglaterra, 1823-1834*. Madri: Editorial Castalia, 2ª ed., 1968.

LOVEMAN, Brian. *The Constitution of Tyranny: Regimes of Exception in Spanish America*. Pittsburgh/Londres: University of Pittsburgh Press, 1993.

_____. *Chile: The Legacy of Hispanic Capitalism*. 2ª ed. Nova York: Oxford University Press, 1988.

MASUR, Gerhard. *Simón Bolívar*. Albuquerque: University of New Mexico Press, 2ª ed., 1969.

MATTA, Manuel Antonio. *Documentos para un capitulo de la historia diplomática de Chile en su ultima guerra con españa*. Santiago: Imprenta del Ferrocarril, 1872.

MCKINLEY, P. Michael. *Pre-Revolutionary Caracas: Politics, Economy, and Society, 1777-1811*. Cambridge: Cambridge University Press, 1985.

MEDINA, José Toribio. *Historia de la Real Universidad de San Felipe de Santiago de Chile*. Santiago: Sociedad, Imprenta y Litografía Universo, 2 vols., 1928.

MELLAFE, Rolando et al. *Historia de la Universidad de Chile*. Santiago: Ediciones de la Universidad de Chile, 1992.

MENÉNDEZ PIDAL, Ramón. *Cantar de Mio Cid: Gramática, texto y vocabulario*. Madri: Espasa-Calpe, 3 vols., [1908-1911] 1976-1980.

_____. *La Espana del Cid*. Madri: Espasa-Calpe, 5ª ed., 2 vols., 1956.

MERRYMAN, John Henry. *The Civil Law Tradition: An Introduction to the Legal Systems of Western Europe and Latin America*. 2ª ed. Stanford: Stanford University Press, 1985.

MITCHELL, Leslie. *Holland House*. Londres: Duckworth, 1980.

MITRE, Bartolomé. *Historia de San Martín y de la Emancipación Sudamericana*. Buenos Aires: Ediciones Peuser, 1946.

MONGUIÓ, Luis. *Don José Joaquín de Mora y el Perú del Ochocientos*. Berkeley/Los Angeles: University of California Press, 1967.

MONTANER BELLO, Ricardo. *Historia diplomática de la independencia de Chile*. Santiago: Editorial Andrés Bello, 1961.

MORLA VICUÑA, Carlos (ed.). *Don Miguel Luis Amunátegui, 1828-1888*. Paris: Imprenta de A. Lahure, s.d.

MUIR, Rory. *Britain and the Defeat of Napoleon, 1807-1815*. New Haven/Londres: Yale University Press, 1996.

MURPHY, Martin. *Blanco White: Self-Banished Spaniard*. New Haven/Londres: Yale University Press, 1989.

NEBRIJA, Antonio de. *Gramática de la lengua castellana*. Ed. por Antonio Quilis. Madri: Editorial Centro de Estudios Ramón Areces, [1492] 1989.

PAGDEN, Anthony. *Spanish Imperialism and the Political Imagination: Studies in European and Spanish-American Social and Political Theory, 1513-1830*. New Haven/Londres: Yale University Press, 1990.

PARRA-LEÓN, Caracciolo. *Filosofía universitaria venezolana*. In *Obras*. Madri: Editorial J. B., 1954.

PARRA-PÉREZ, Caracciolo. *Historia de la Primera República de Venezuela*. Caracas: Biblioteca Ayacucho, [1939] 1992.

PINILLA, Norberto. *La generación chilena de 1842*. Santiago: Editorial Manuel Barros Borgollo, 1943.

POCOCK, John Greville Agard. *The Machiavellian Moment: Florentine Political Thought and the Atlantic Republican Tradition*. Princeton: Princeton University Press, 1975.

POLANCO ALCÁNTARA, Tomás. *Simón Bolívar: Ensayo de una interpretación biográfica a través de sus documentos*. Caracas: Academia Nacional de la Historia, 1994.

POSADA-CARBO, Eduardo (ed.) *In Search of a New Order: Essays on the Politics and Society of Nineteenth-Century Latin America*. Londres: Institute of Latin American Studies, 1998.

PRATT, Mary Louise. *Imperial Eyes: Travel Writing and Transculturation*. Londres/Nova York: Routledge, 1992.

RACINE, Karen. "Imagining Independence: London's Spanish American Community, 1790-1829". Tese de Ph.D., Tulane University, 1996.

ROBERTSON, William Spence. *The Life of Miranda*. Nova York: Cooper Square Publishers, 2 vols., 1969.

RODRÍGUEZ O., Jaime E. *The Independence of Spanish America*. Cambridge: Cambridge University Press, 1998.

RODRÍGUEZ, Mario. *"William Burke" e Francisco de Miranda: The Word and the Deed in Spanish America's Emancipation*. Lanham: University Press of America, 1994.

SCHOULTZ, Lars. *Beneath the United States: A History of U.S. Policy Toward Latin America*. Cambridge, MA: Harvard University Press, 1998.

SERRANO, Sol. "Emigrados argentinos en Chile (1810-1855)", in EDWARDS, Esther (ed.). *Nueva Mirada a la Historia*. Buenos Aires: Editorial Ver, 1996, p. 107-126.

_____. *Universidad y Nación: Chile en el siglo XIX*. Santiago: Editorial Universitaria, 1994.

SHER, Richard B. *Church and University in the Scottish Enlightenment: The Moderate Literati of Edinburgh*. Princeton: Princeton University Press, 1985.

SHURBUTT, T. Ray. (ed.). *United States-Latin American Relations, 1800-1850: The Formative Generations*. Tuscaloosa: The University of Alabama Press, 1991.

SILVA CASTRO, Raúl. *Prensa y periodismo en Chile, 1812-1956*. Santiago: Ediciones de la Universidad de Chile, 1958.

SMITH, Colin. *The Making of the "Poema de Mio Cid"*. Cambridge: Cambridge, University Press, 1983.

SMITH, Olivia. *The Politics of Language, 1791-1829*. Oxford: Clarendon Press, 1984.

STUARDO ORTIZ, Carlos. *El Liceo de Chile, 1828-1831. Antecedentes para su historia*. Santiago: Imprenta Universitaria, 1950.

SUBERCASEAUX, Bernardo. *Cultura y sociedad liberal en el siglo XIX (Lastarria, ideología y literatura)*. Santiago: Editorial Aconcagua, 1981.

TEMPERLEY, Harold. *The Foreign Policy of Canning, 1822-1827: England, the Neo-Holy Alliance, and the New World*. Londres: Frank Cass & Co., 1966.

TENENBAUM, Barbara (ed.). *Encyclopedia of Latin American History and Culture*. Nova York: Charles Scribner's Sons, 5 vols., 1996.

TICKNOR, George. *History of Spanish Literature*. Nova York: Harper & Brothers, Publishers, 2ª ed., 3 vols., 1854.

THE POEM of the Cid: A New Critical Edition of the Spanish Text. Introdução de Ian Michael. Trad. de Rita Hamilton e Janet Perry. Manchester, Manchester University Press, 1975.

TOLAN, John. "The Battle of Roncesvalles as Nationalist Polemic", in MENDIOLA, Marina Pérez de (ed.). *Bridging the Atlantic: Toward a Reassessment of Iberian and Latin American Cultural Ties*. Albany, NY: State University of New York Press, 1996, p. 15-29.

TYACK, David B. *George Ticknor and the Boston Brahmins*. Cambridge, MA: Harvard University Press, 1967.

URZÚA VALENZUELA, Germán. *Historia política de Chile y su evolution electoral (desde 1810 a 1992)*. Santiago: Editorial Jurídica de Chile, 1992.

VALENZUELA, Julio Samuel. *Democratización vía reforma: La expansión del sufragio en Chile*. Buenos Aires: Ediciones del IDES, 1985.

VARONA, Alberto J. *Francisco Bilbao: Revolucionario de América*. Buenos Aires: Ediciones Excelsior, 1973.

VELIZ, Claudio. *The New World of the Gothic Fox: Culture and Economy in English and Spanish America*. Berkeley/Los Angeles/Londres: University of California Press, 1994.

_____. *The Centralist Tradition of Latin America*. Princeton: Princeton University Press, 1980.

VELLEMAN, Barry L. "Domingo F. Sarmiento y la funcion social de la lengua", *Historiographia Linguística*, vol. 24, n°s 1-2, 1997, p. 159-174.

VERDEVOYE, Paul. *Sarmiento, éducateur et publiciste (entre 1839 et 1852)*. Paris: Centre de Recherches de l'Institute d'Etudes Hispaniques, 1964.

VERGARA QUIROZ, Sergio. *Manuel Montt y Domingo F. Sarmiento. Epistolario, 1833-1888*. Santiago: LOM Ediciones/Centro de Investigation Diego Barros Arana, 1999.

VICUÑA MACKENNA, Benjamín. *Historia de la guerra de Chile con España, 1863-66*. Santiago: Imprenta Victoria, 1883.

VILLALOBOS, Sergio. *Portales: Una falsificación histórica*. Santiago: Editorial Universitaria, 1989.

WHITAKER, Arthur P. *The United States and the Independence of Latin America, 1800-1830*. Nova York: W.W. Norton & Co., 1964.

WHITEHILL, Walter Muir (ed.) *Liber Sancti Jacobi. Codex Calixtinus*. Santiago de Compostela: Seminario de Estudios Gallegos, 3 vols., 1944.

WILLIFORD, Miriam. *Jeremy Bentham in Spanish America: An Account of his Letters and Proposals to the New World*. Baton Rouge/Londres: Lousiana University Press, 1980.

WOLL, Allan. *A Functional Past: The. Uses of History in Nineteenth-Century Chile*. Baton Rouge/Londres: Lousiana State University Press, 1982.

YEAGER, Gertrude M. *Barros Arana's "Historia Jeneral de Chile" Politics, History, and National Identity*. Forth Worth: Texas Christian University Press, 1981.

_____. "Elite Education in Nineteenth-Century Chile", *Hispanic American Historical Review*, vol. 71, nº 1, fev 1991, p. 73-105.

Índice remissivo

A

agricultura, 53, 56, 57, 99
Alamán, Lucas, 20
Alberdi, Juan Bautista, 19, 200
Alcalá Galiano, Antonio, 114
Afonso II, 281
Afonso VI, 88, 274, 277, 292. *Ver também* Espanha; literatura espanhola
Afonso X, 292
Alonso, Amado, 211, 213 n.61
América espanhola
    construção de nação e nacionalidade, 18, 19, 62, 91, 94, 101, 104, 108, 110, 112, 120, 155, 156, 214, 241, 242, 244, 274, 295, 303, 304, 305, 306, 307
    cultura e identidade, 215
    independência, 21, 76, 77, 78, 82, 88, 92, 93, 96, 99, 100, 147, 153, 164, 169, 174, 210, 211, 214, 236, 238, 295, 306
    legado colonial, 191
    representação nas Cortes espanholas, 60
    república, 61, 62, 82, 112, 113, 121, 130, 175, 240, 296
    transição de colônia a nação, 18, 244, 248
    visões do passado colonial, 153, 192, 193, 211
Amunátegui, Gregorio Victor, 30 n.3, 93 n.63
Amunátegui, Miguel Luis, 30 n.3, 34, 35, 43, 46 n.45, 55 n.68, 59, 74 n.34, 92 n.63, 160, 171, 199, 255, 290, 298 n.2, 301, 302
    Vida de don Andrés Bello, 11, 17, 30 n.3
Anales de la Universidad de Chile, 207, 273, 275, 281
Ancízar, Manuel, 233, 239, 240, 253, 257, 298

Anderson, Perry, 247
El Araucano, 44, 156, 158, 163, 166, 167, 172, 174, 191, 203, 221, 224, 225, 265, 268
Ardao, Arturo, 212
Arnott, dr. Neil, 111
Anauco. *Ver* Venezuela
Argüelles, Agustín, 114
Ariosto, Ludovico: *Orlando Furioso*, 283
Arriagada, Carmen, 207
assonância. *Ver* poesia
Avila Martel, Alamiro, 238
Ayacucho, Batalha de, 130
Ayala, Mauricio, 159

B

Balmis, Francisco Javier de, 41. *Ver também* vacina contra a varíola
Barante, Amable Guillaume Prosper de, 198
Barra, Miguel de la, 138, 181
Barros, Diego Antonio, 151
Barros Arana, Diego, 75 n.36, 199, 273, 297
Bayonne (França), 44, 58
Beauzée, Nicolas, 54
Beaver, capitão Philip, 45, 46
Bello, Andrés
    e Simón Bolívar, 35, 37, 51, 61 n.76, 63-64, 66, 67, 80 n.49, 95-96, 136-137, 138-139, 140-141, 170, 172, 180, 246, 306
    como comissário de Guerra, 42, 124
    crenças religiosas, 69, 79, 280, 305
    educação, 33-37, 62, 117
    estudos e especialização em Filosofia, 35, 36, 38, 55, 61, 62, 211-213, 297
    família, 29-31, 61, 71, 74-76, 117-120, 140, 171-172, 249-265, 281, 303

filiação na Real Academia Espanhola, 294
El Helechal (fazenda da família na Venezuela), 39
ideias políticas, 62, 153, 249
interesses científicos, 38, 61, 112, 113, 269
interesses gramaticais, 62, 174, 212, 248, 272, 294, 297, 305, 308
interesses literários, 38, 203, 246, 249, 271, 303, 304, 305. Ver literatura medieval
memórias da Venezuela, 249-255
monarquismo, 80-83, 160, 175
morte, 229, 300, 301
papel na administração colonial, 40-48, 223
papel na diplomacia hispano-americana e relações internacionais, 106, 150, 153-160, 173, 295; nomeações em Portugal e França, 138-139; Embaixada chilena em Londres, 124-131, 248; Embaixada da Grão-Colômbia em Londres, 131-137, 248
poesia, 39, 52, 53, 54, 57, 61, 62, 92-101, 185, 249, 272, 297, 305
polêmica sobre romantismo e classicismo, 202-204
e Diego Portales, 149-153, 172-174
primeira esposa. Ver Boyland, Mary Ann
como reitor da Universidade do Chile, 215, 266, 267, 268; discurso inaugural na Universidade do Chile, 182-186, 188, 189
e Sarmiento, Domingo Faustino, 200-208
saúde, 265-268, 298
como senador, 103, 121, 154, 163 n.22, 164, 176, 177, 197, 199, 228
trabalho e especialização em filologia, 84, 90, 166, 174, 287, 295
trabalhos e interesses históricos, 55-58, 59, 60, 84-85, 96-97, 189-200
traduções, 93, 203, 272
treinamento e especialização em latim, 34, 37, 40, 52, 221, 225-226

treinamento e interesses legais, 35 n.13, 40, 62, 83-84, 242-248, 294, 297, 304
vida em Londres, 63-101, 103-140; na Venezuela, 29-62
Bello, Andrés, Obras
"Advertencias sobre el uso de la lengua castellana", 167
"Alocución a la poesía" [Alocução à poesia], 16, 93, 94, 95, 96, 101
Análisis ideológica de los tiempos de la conjugación castellana [Análise ideológica dos tempos na conjugação castelhana], 54, 55, 204, 212
"Bosquejo del origen y progresos del arte de escribir" [Busca pela origem e o progresso da arte da escrita], 111
"Carta escrita de Londres a París por un americano a otro", 118-119
"Codificación del derecho civil" [Codificação do Direito Civil], 221
Código Civil de la república de Chile, 214, 215, 218, 232, 239, 240, 241, 242, 243, 274, 288, 302
Compendio de Gramática Castellana, 270
Cuadernos de Londres, 83-86
Filosofía del entendimiento, 36, 55, 62, 114, 211-212, 302
"Gramática castellana" (artigo), 166, 209
Gramática de la lengua castellana, 62, 92, 166, 178, 206, 208-211, 266, 270, 274, 290, 302
Gramática de la lengua latina (de Francisco Bello Boyland), 258, 271
"Indicaciones sobre la conveniencia de simplificar y uniformar la ortografía en América" [Observações sobre a conveniência de simplificar e uniformizar a ortografia na América], 109
Instituciones de Derecho Romano, 162, 237
Obras Completas: edição chilena (1881-1893), 15, 302; edições venezuelanas, 16, 25

"Observancia de las Leyes" [Observância às Leis], 243, 245
"Oda a la vacuna", 52, 53, 97
"La oración por todos", 261-262
Poema de Mio Cid, 83-92, 284-296, 302
Principios de Derecho (Internacional) de Gentes, 141, 153-155, 246, 271
Principios de la ortología y métrica, 166, 168, 169, 270
"Reformas a la Constituición" [Reformas à Constituição], 152
Resumen de la historia de Venezuela, 56-61, 97
"Silva a la agricultura de la zona tórrida" [Ode à agricultura tropical], 16, 53, 93, 94, 96, 97, 101, 251
"Sobre los fines de la educación e los medios para difundirla" [Sobre as metas da educação e os meios para alcançá-las], 178-179
Bello, Bartolomé, 29, 30
Bello Boyland, Carlos, 30, 71, 76, 172 n.56, 251, 252, 254, 256, 257, 259, 263, 265, 266
Bello Boyland, Francisco, 73, 76, 77 n.40, 117, 172, 256, 257-259, 271
Bello Boyland, Juan Pablo Antonio, 69, 73, 74, 281
Bello Codecido, Emilio, 264
Bello Dunn, Ana Margarita, 117, 172 n.58, 263
Bello Dunn, Andrés Ricardo, 117, 118, 256, 263, 264, 265
Bello Dunn, Dolores Isabel, 172, 261
Bello Dunn, Eduardo Benjamín, 172, 165
Bello Dunn, Emilio, 259
Bello Dunn, Francisco, 257, 258, 259
Bello Dunn, Josefina Victoria, 172, 256
Bello Dunn, Juan, 117, 130 n.52, 174 n.59, 256, 259-261, 263, 265, 266, 267
Bello Dunn, Luisa Isabel, 172, 263
Bello Dunn, Manuel José Anselmo, 172
Bello Dunn, María Ascensión del Rosario, 151, 172, 263, 298

Bello Dunn, José Miguel, 117, 172, 261
Bello López, Carlos, 30, 61, 250, 253, 255, 256, 260 n.13, 263, 266, 267
Bello López, María de los Santos, 251
Bello López, Rosario, 251
Benavente, Diego José, 157 n.29, 231-232
Bentham, Jeremy, 74, 75, 78-79, 160, 221, 222, 306
Berkeley, George, 36
Berni, Francesco, 272, 283. Ver também Boiardo, Matteo María
Biblioteca Americana, 44, 48, 94, 108, 111
Biblioteca do British Museum, 83, 84, 85, 86, 111, 118, 123, 138 n.76, 248, 273, 277 n.49, 280
Bilbao, Francisco, 193, 194, 257, 261 n.14
Blair, William, 72. Ver também Grã-Bretanha: British and Foreign Bible Society
Blanco Encalada, Almirante Manuel, 150, 172 n.56, 173
Blanco Fombona de Hood, Miriam, 71
Blanco White, José María (José María Blanco y Crespo), 12, 42 n.33, 69-70, 71, 72, 73, 74, 79, 80, 81, 105, 106, 107, 114, 120, 123, 281, 360. Ver também El Español; Variedades, o Menragero de Londres
Blest, William, 299
Bogotá, 137, 138, 233. Ver também Grão-Colômbia
Boiardo, Matteo María
   L'Orlando Innamorato, 272, 283
Bolívar, Simón, 15, 35, 37, 38, 39, 50 n.56, 51, 59 n.74, 61 n.76, 65, 66, 67, 69, 80, 83, 95, 96, 101, 120, 124, 132, 134, 136, 138, 139, 140, 170, 172, 180, 222 n.14, 246
   Angostura, discurso de, 80, 101, 120
   Aroa, minas de 135-137
   atividades na Inglaterra, 63-65
   "Carta da Jamaica", 101
   pensamento político, 180, 246
Bolívia, 150
   Constituição de 1826, 180. Ver também Peru; Chile: Guerra contra a Confederação Peru-boliviana

Bonaparte, José, 44, 45, 58
Bonpland, Aimé, 38
Boyacá, 81, 120, 240. *Ver tambem* Bolívar, Simón
Boyland, Mary Ann, 71, 76, 117, 256, 257, 281
Bravo Lira, Bernardino, 241
Bretón de los Herreros, Manuel, 291, 292, 293
British Museum, 56
Brown, Thomas, 183. *Ver também* filosofia escocesa
Buenos Aires, 72, 132, 144, 147, 210
Bulnes, Manuel (presidente do Chile, 1841-1851), 22, 150, 177, 181, 185, 187, 194, 195, 201, 202, 215, 260 n.13, 300
Burke, Edmund, 146
Byron, Lorde George Gordon Noel, 203

C

Caballeros Racionales (loja maçônica em Londres), 67
Cabildo (conselho municipal), 45, 46, 50, 60. *Ver também* Venezuela
Caldera, Rafael, 17, 18: *Andrés Bello*, 11, 12
Calderón de la Barca, 34
Callao, 150. *Ver também* Peru
Campbell, George, 113
Canga Argüelles, José, 114
Canning, George, 83, 104, 105, 125, 126, 127, 131, 306. *Ver também* Grã-Bretanha
Carabobo, 81, 120. *Ver também* Bolívar, Simón
Caracas. *Ver* Venezuela
Caribenhos, ilhas e portos, 32, 40, 63
Carlos III, 57. *Ver também* Império Espanhol: período Bourbon e reformas
Carlos IV, 41, 44, 52. *Ver também* Império Espanhol
Carlos Magno, 272, 276, 278, 279, 280, 282, 283. *Ver também* literatura francesa; literatura espanhola
Carlyle, Thomas, 115
Caro, Miguel Antonio, 52 n.61, 92 n.63

Carvallo, Manuel, 264 n.18, 274
Casas, Juan de, 40, 42, 43, 44, 45, 46, 58. *Ver também* Venezuela: Capitania Geral
Castlereagh, lorde, 104. *Ver também* Grã-Bretanha
Catarina, a Grande da Rússia, 32
catolicismo, 213
Catuche. *Ver* Venezuela
caudillos, 20
Cea, José Manuel, 142. *Ver também* Portales, Diego
El Censor Americano, 75, 107-108, 122
Cervantes y Saavedra, Miguel de, 34, 114
  Dom Quixote, 277, 283
Chacón, Jacinto, 196, 197, 198, 199, 200, 239
Chénier, André, 184
Chile, 139, 170, 198, 209, 294, 306
  Congresso, 150, 158, 181, 217, 219, 221, 225, 226, 228, 229, 231, 240, 243, 248, 260, 300, 301; Câmara dos Deputados, 219, 220, 224, 232; Senado, 219, 220, 224, 226, 231, 232
  conquista espanhola, 191-192
  ciência, 183, 184, 189
  Conselho de Estado, 153, 224, 225, 226
  Constituição de 1823, 126, 144
  Constituição de 1828, 144, 147, 152
  Constituição de 1833, 142, 151-152, 174, 181, 183, 243
  construção de nação, 20-22, 214, 215, 218
  Copiapó, 256, 260, 263
  exilados argentinos no, 178, 200-201
  governo e país, 124, 129, 137, 144, 186, 195, 300
  e Grã-Bretanha, 126-127, 144
  guerra contra a Confederação Peru-boliviana, 150, 172, 173, 177, 226
  guerra contra a Espanha (1865-1866), 294
  história legal, 165, 242
  Igreja católica, 182, 193, 233
  imprensa, 22, 122, 145, 148, 205, 208, 243

independência, 120, 188, 190, 201
legação em Londres, 75, 76, 116, 122, 124-131
legado colonial, 191, 193, 196, 199
Lei de Imprensa de 1828, 157, 193
Lei de Imprensa de 1846, 193
leis coloniais, 191, 217, 219, 230
Patria Vieja, 146, 196
Quillota, 256
rebelião de abril 20, 1851, 260, 263
Reconquista espanhola, 196
Revolução de 1829-1830, 143, 145, 207
sistema educacional, 181, 200, 246, 269
sistema republicano e instituições, 142, 143, 163, 177, 215, 219-220, 224, 226, 244, 245, 306
Talca, 207, 263
Valparaíso, 141, 145, 172, 256, 294
El Cid. Ver Díaz de Vivar, Rodrigo
cidadania, 180, 183, 214, 215, 242-248, 295. Ver também modelos políticos: repúblicas e republicanismo; Estado de direito
Clave, La, 145
Cobo, Juan Manuel, 227
Cochrane, almirante Alexander, 46
Codazzi, Agustín, 39
Codecido, Bernardino, 172 n.56, 251, 256
codificação. Ver Código Civil
Código Civil, 159, 164, 218, 226-234, 235, 236, 237, 238, 239, 240, 241, 242, 243, 245, 248, 249, 268, 273, 288, 290
    influência na América Latina, 239-242
    fundamentos do Direito Romano, 230, 234-239, 242
Código Civil francês, 217, 222, 230, 231, 234, 235, 239
Código Napoleônico. Ver Código Civil francês
Colegio de Santiago, 148, 160, 162, 178
Colômbia, 20, 239-240. Ver também Grão-Colômbia
Condillac, Etienne Bonnot de, 36, 55
Constant, Benjamin, 159
Coro. Ver Venezuela
Corpus Iuris Civilis. Ver Direito Romano

El Correo del Domingo, 272
Courcelle-Seneuil, Jean-Gustave, 285
Cousin, Victor, 114, 183
El Crepusculo, 189, 193, 212 n.57. Ver também Lastarria, José Victorino
Cuervo, Rufino José, 211
Cumaná. Ver Venezuela
Cundinamarca, 71, 240. Ver também Colômbia; Grão-Colômbia
Curaçao, 47
Cussen, Antonio, 13, 53, 94

D

Dalmatius, bispo, 281 n.62, 282. Ver também Pseudo-Turpin
Dante, 184
Davy, sir Humphry, 111. Ver também Grã-Bretanha: Royal Institution
El Defensor de los Militares Denominados Constitucionales, 149
Del Real, José María, 72
Delille, Jacques, 93
Depons, François, 43
Descartes, René, 36
Diario de Bucaramanga, 96. Ver também Bolívar, Simón
Díaz, José Domingo, 42, 50
Díaz de Vivar, Rodrigo, 87, 283, 287 n.73. Ver também: literatura espanhola: *Poema de Mio Cid*
Direito Canônico, 230, 233
Direito Civil, 161, 164, 215, 221, 222, 223, 271, 294. Ver também Chile: Código Civil, Direito Romano
Direito Internacional, 161, 271, 305
Direito Natural, 161
Direito Penal, 79, 161
Direito Romano, 89, 90, 161, 162, 163, 164, 165, 174, 184, 230, 238, 239, 241, 247, 274
    Corpus Iuris Civilis, 237
    ensino do, 218, 219
Domeyko, Ignacio, 300, 301, 303, 307
Donoso, Ricardo, 265 n.20

Dozy, Reinhart, 277
Dunn, Elizabeth, 117-118, 172, 259, 264, 298, 299

E

Echeverría, Joaquín, 108, 123
Echeverría Bello, Inés, 118, 264
Economia Política, 113
Edinburgh Review, 78, 79, 80, 111. *Ver também* Grã-Bretanha: jornais e revistas
educação, 175, 181, 183, 215
Edwards Bello, Joaquín, 264
Egaña, Juan, 126, 127, 128, 219
Egaña, Mariano, 125, 127, 128, 129, 130, 131, 133, 137, 144, 146, 151, 152, 172, 181, 202
Emparán, Vicente, 40, 46, 49, 50, 51, 72 n.27. *Ver também* Venezuela: Capitania Geral
empréstimo chileno de 1822, 124, 125, 127, 128, 132. *Ver também* Huller Brothers
Equador, 110, 137, 240, 241
Errázuriz, Crescente, 199
Errázuriz, Fernando, 150, 220
Errázuriz Zañartu, Federico, 301, 302
Escalona, Rafael, 35
escola escocesa do senso comum. *Ver* filosofia escocesa
Escola Normal (Chile), 201, 206
escola romântica francesa, 197, 198
escolástica, 36
España, José María, 32
Espanha, 81, 192, 210, 211, 289, 294
    bombardeio de Valparaíso, 294
    Conselho da Regência, 49, 50, 51, 59, 60, 63, 64, 68, 77
    Constituição de 1812, 81, 103
    Cortes, 49, 60
    Embaixada em Londres, 65, 68
    história medieval, 69, 89, 235, 282, 286, 296
    invasão das ilhas Chincha, 294, 302, 307
    invasão francesa, 43, 44, 58

Isabel II, rainha, 291
Juntas, 46, 48, 50, 58, 78
liberais, 104
Real Academia, 16, 73, 110, 166, 208, 209, 291, 293, 294, 308
reconhecimento da independência hispano-americana, 155, 156-157
revolução liberal (1820), 103, 307
El Español, 69, 80. *Ver também* Blanco White, José María
Estado de direito, 62, 87, 90, 92, 160, 175, 242, 244, 246, 295, 296, 304, 305, 307
Estados Unidos, 114, 173, 180, 185, 208, 261
    doutrina do presidente James Monroe, 104
    Guerra Civil, 269
    reconhecimento da independência da América espanhola, 104
Europa, 109, 198, 208, 210, 260
    Idade Média, 86, 87, 92, 275, 281, 290
    política externa, 78, 82, 103
Eyzaguirre, José Alejo, 218

F

federalismo. *Ver* modelos políticos: repúblicas e republicanismo
federalismo chileno, 145, 146, 147, 156. *Ver também* Infante, José Miguel
Fernando VII, 44, 45, 46, 47, 50, 58, 60, 64, 68, 76, 77, 81, 88, 103, 104, 114, 125, 127, 147, 155, 156. *Ver também* Império Espanhol
Fernández Garfias, Pedro, 204
Fernández Madrid, José, 38, 110, 135, 136, 137, 139, 141, 170
El Ferrocarril, 299
Ferry, Robert J., 31
Figueroa, Francisco de, 54
filosofia escocesa, 36, 113-115
Fleeming, Charles, 70 n.20
Florez Estrada, Alvaro, 78
França, 32, 164, 174
Freire, Ramón, 126, 144, 219

G

Gallardo, Bartolomé José, 114
Gandarillas, Manuel José, 157 n.29
García del Río, Juan, 108, 109, 110, 127, 173
García Reyes, Antonio, 196, 227 n.25, 258 n.9
Garcilaso de la Vega, 54, 114
Garfias, Antonio, 150, 151, 152
Gayangos, Pascual de, 274. Ver também Ticknor, George
Gazeta de Caracas, 43-48, 56, 58, 59
Gelmirez, arcebispo Diego, 280, 281 n.62. Ver também Santiago de Compostela
Gibbon, Edward, 237-238
Gilliss, tenente James Melville, 261 n.14, 268
Godoy, Juan, 162
Goldsmith, Oliver, 253
González Ortega, Pedro, 40. Ver também Venezuela: Capitania Geral
Gordon, Murphy & Co., 73. Ver também Murphy, John
Grã-Bretanha
    British and Foreign Bible Society, 12, 72
    crise financeira da 1825-1826, 99, 132
    emigrados espanhóis, 115-116
    governo, 65, 72, 78, 82, 144
    jornais e revistas, 35, 44, 47, 48, 65, 67, 68, 131
    literatura, 86
    Ministério das Relações Exteriores e política externa, 47, 63, 64, 77-78, 126, 271
        aliança com a Espanha, 46, 48, 63, 78, 101, 103
        América espanhola, 101, 103, 104-105, 125, 144
        tratado com a Grão-Colômbia, 104, 131, 133, 144
    Royal Institution, 111
gramática 36, 55, 213, 214, 218
    latina, 166. Ver também língua espanhola
    universal, 54

Grão-Colômbia, 82, 104, 116, 120, 121, 127, 131, 132, 133, 134, 135, 136, 137, 138, 139
    empréstimos, 132
    legação em Londres, 82, 130, 131-137, 170
    tratado com a Grã-Bretanha (1825), 131, 132, 144
Grases, Pedro, 12-13, 18, 40, 43 n.36, 54, 55 n.68, 56, 57 n.70, 84, 86, 291
Grecian, 140, 141
Guaire, Ver Venezuela
Gual, Manuel, 32
Gual, Pedro, 82, 83, 116, 117, 120, 130, 170
Guevara Vasconcelos, Manuel, 40, 42. Ver também Venezuela: Capitania Geral
Guipúzcoa, Companhia. Ver Venezuela
Guizot, François, 197
Gutíerrez, Juan María, 59, 92 n.63, 160 n.37, 265, 272
Gutíerrez Moreno, Antonio, 129
Guzmán Brito, Alejandro, 235

H

Haiti, 33
Hamilton, William Richard, 73
Hautefeuille, Laurent, 271
Heffter, August Wilhelm, 271
Heineccius, Johannes Gottlieb, 161, 162, 237
Henríquez Ureña, Pedro, 15
Henry, Joseph. Ver Smithsonian Institution
Herder, Johann Gottfried von, 194-195, 203 n.46
Heredia, José María, 169
Herring, Graham and Powles, 132
historiografia chilena, 189-200, 217
    história "narrativa", 197
    história "filosófica", 197, 198, 199, 200
Holland House, 70, 73 n.30, 74, 80, 146
Holland, Lorde e Lady, 69, 70, 79, 80
Homero: *Ilíada*, 299
Horácio, 34, 54, 93, 100 n.67. Ver também literatura latina

Hugo, Victor, 203
Hullet Brothers, 124
Humboldt, Alexander von, 31, 37-39, 53, 54, 62, 97, 107, 306
Humboldt, Wilhelm von, 39
Hurtado, Manuel José, 130, 131, 134, 135, 172. Ver também Grão-Colômbia: Embaixada em Londres

I

Idade Média. Ver Europa
ideologia, escola francesa de, 36
Igreja católica, 120, 305; patrocínio real, 121
Iluminismo, O, 61, 111, 199, 205, 210
Iluminismo escocês, 183
Império Espanhol, 32, 49, 51, 101, 146, 218
    colapso, 43, 45, 85, 103, 241, 304, 306
    conquista do Novo Mundo, 191-192
    Coroa, 51, 58, 59, 77, 81
    legislação colonial, 164, 165, 218, 230, 237, 239, 246, 247, 248
    período Bourbon e reformas, 30, 31, 35, 303, 306
    regime colonial, 56, 109, 192, 193, 244
    Vice-Reino do Peru, 75, 81
Império Romano, 85, 99, 296
Infante, José Miguel, 145, 146, 156, 157, 158, 159, 160, 163-166, 170, 174, 182 n.10, 184, 193, 205
Instituto Nacional, 147, 148, 162-163, 178, 196, 257, 258
Interesting Official Documents Relating to the United Provinces of Venezuela, 78-79, 106
Irarrázaval, Ramón Luis, 227
Irisarri, Antonio José de, 75, 76, 81, 106, 107, 122-123, 124, 125, 126, 128, 129, 131, 144
Irving, Washington, 274
Isnardy, Francisco, 48
Iturbide, Agustín de, 80, 83

J

Jacobinismo, 21, 99, 112, 147. Ver também França: Revolução Francesa

Jefferson, Thomas, 180. Ver também Estados Unidos
Jotabeche. Ver Vallejo, José Joaquín
Justiniano, 161, 165, 237, 238. Ver também Direito Romano

L

Lamanon, tenente Paul de, 45, 58
Lastarria, José Victorino, 149, 174, 187-189, 199, 200, 257, 260 n.13, 290
    "Bosquejo histórico de la constitución del gobierno de Chile", 196, 197
    "Investigaciones sobre la influencia social de la conquista", 190, 194, 196, 197
    Recuerdos literarios, 161, 187, 188 n.17, 257
Lavoisier, Antoine Laurent, 184
Leibniz, Gottfried Wilhelm von, 36, 236
Lerminier, Jean Louis Eugène, 236
liberalismo, 20
liberalismo chileno, 161, 177, 219
liberdade, 185, 195, 245
Liceo de Chile, 147, 148, 149, 162. Ver também Mora, José Joaquín
    alfabetização, 110, 177, 206
    literatura, 184, 185, 188, 189
língua, 168, 175, 195, 202, 215, 286, 308
    estruturas da, 54
    neologismos, 148, 203, 210
    e política, 203-204
língua castelhana. Ver língua espanhola
língua espanhola, 55, 87, 90, 91, 110, 111, 162, 165, 169, 248, 294, 295, 308
    no Chile, 167, 168, 269
    contribuições hispano-americanas, 208-209
    etimologia, 111, 208
    fonética, 208
    gramática, 61, 166, 208, 209, 213
    ortografia, 37, 109, 110, 166, 206-207
    prosódia, 110 n.12, 168
    relação com o latim, 109, 166, 208, 285-286

substantivos, 166
verbo, 54, 55, 61, 204
vocabulário, 210
língua latina, 54, 83, 87, 91-92, 113, 162, 165, 174, 209
línguas românicas, 83, 86, 90, 285, 286
literatura espanhola (prosa e poesia), 34, 52, 53, 87, 88, 90, 169, 275, 276, 277, 278, 284-285, 286
    baladas, 275, 276, 279
    El Bernardo, de Bernardo de Balbuena, 279-280
    Poema del Mio Cid, 83, 86, 87-90, 91, 92, 101, 169, 235, 273, 274, 284-295, 296; métrica, rima, e uso da assonância, 284, 285, 286, 292
literatura francesa
    Chanson de Roland (Canção de Rolando), 278-280, 284, 289 n.77
    chansons de geste (canções de gesta), 87, 276, 277, 284, 289, 293
literatura latina (poesia e prosa), 34, 87, 100 n.67, 257
literatura medieval, 249, 273, 274, 289, 294
Llorens, Vicente, 114
Locke, John, 36, 113, 160; *Ensaio sobre o entendimento humano*, 36, 113
Londres, 115, 119, 120, 128
    Bridgewater St., 75
    capela de St. Patrick's (Soho Square), 71
    casa e biblioteca de Miranda, 68, 70 n.17, 86, 273
    cemitério de Old St. Pancras, 71
    Clarendon Square, 70, 75, 117, 118
    Egremont Place, 118
    Euston Square, 115
    Evesham Buildings, 70
    Gravesend, 128, 140
    paróquia de St. Pancras, 76
    Poland Street, 69
    Solls Row, 118
    Somers Town, 71, 75, 76, 115, 118
    St. Pancras (nova igreja), 115
Lope de Vega, 34, 87

López, Ana Antonia, 29, 61, 249, 251, 253-255
López, Juan Pedro, 29
López, Vicente Fidel, 200, 203
López Méndez, Luis, 51, 61 n.76, 63, 65, 66, 67, 68, 76, 80 n.49
Loynaz, família, 43
El Lucero, 48
Lucrécio (Tito Lucrécio Caro), 100 n.67

M

Mably, Gabriel Bonnot de, 199
Maine, sir Henry Sumner, 218
Mannequin, Théodore, 297, 298
Marín, Ventura, 162
Marrero, Baltasar, 36
Matte Bello, Rebeca, 264
Mayorazgos, 233, 234, 248
McKinley, P. Michael, 33
Medina, José Toribio, 199
Meléndez Valdés, Juan, 114
Mendíbil, Pablo, 110, 114
Menéndez Pidal, Ramón, 16, 86 n.58, 288, 289
Menéndez y Pelayo, Marcelino, 52, 90, 93 n.63, 273 n.40
Meneses, Juan Francisco, 148, 181, 225
El Mercurio, 202, 232, 299, 300, 301
México, 20, 31, 94, 132, 144, 210
Michelena, Santos, 133, 134, 135. *Ver também* Grão-Colômbia: Embaixada em Londres
Micifuz (o gato de Bello), 298
Mier, Servando Teresa de, 70, 82, 83, 105, 107
Mill, James, 74, 78, 79, 106, 306
Mill, John Stuart, 74
Miranda, Francisco, 15, 32-33, 40, 41, 64-65, 66, 67, 72 n.27, 74, 77, 79, 96, 306. *Ver também* Londres: casa e biblioteca de Miranda
Mitre, Bartolomé, 200
Miyares, Fernando, 68
modelos políticos
    democracia, 143

monarquia, 20, 62, 81, 82, 83, 105, 159, 160, 175, 295, 303
monarquia constitucional, 20, 62, 77, 80, 105, 106, 107, 126, 127
repúblicas e republicanismo, 20, 62, 80, 81, 82, 83, 96, 99, 100, 101, 144, 158, 159, 160, 175, 178-179, 180, 183, 184, 214, 215, 243, 244, 246, 295, 296, 303, 306
monarquia. Ver modelos políticos
monarquia constitucional. Ver modelos políticos
Montaner Bello, Ricardo, 264
Monte Ávila. Ver Venezuela
Montenegro, José Antonio, 34, 35, 42
Montesquieu, Charles Secondat, Baron de, 179, 180
Monteverde, Diego, 66
Montt, Manuel, 162, 181, 182, 201, 206, 208, 260
    como presidente do Chile (1851-1861), 22, 150, 231, 233, 269
    seu papel na preparação do Código Civil chileno, 227, 228, 232, 234
Monvoisin, Raymond, 186
Mora, José Joaquín de, 70 n.17, 114, 144, 147, 148, 149, 173, 187, 291
Morillo, general Pablo, 71
The Morning Chronicle, 131. Ver também Grã-Bretanha: jornais e revistas
Mosquera, Tomás Cipriano, 254, 261
Muñoz Bezanilla, Santiago, 219
Muratori, Ludovico, 276, 277
Murillo, Adolfo (médico particular de Bello), 267 n.23
Murphy, John, 70

N

nação, conceito de, 167, 196
Nações Unidas, 17
Napoleão, 43, 44, 45, 58, 78, 80, 304, 307. Ver também Império Espanhol: invasão francesa
Nebrija, Antonio de, 206

Neruda, Pablo, 16
Norton, Andrews, 185
Norton, Charles Eliot, 185
Nugent, Christopher, 127
Núñez, conde Fernán. Ver Império Espanhol: Embaixada em Londres
Núñez, Rafael, 240. Ver também Colômbia

O

Ocampo, Gabriel, 227 n.25
Ochoa, Eugenio de, 277
Ocios de Españoles Emigrados, 115
O'Higgins, Bernardo, 122, 123, 126, 144, 146, 172, 217, 218
Olmedo, José Joaquín, 110, 118-120, 136, 169, 251
Opazo Bello, Isabel, 264, 298
ordem, 18, 21, 22, 186, 208, 244, 246, 296
Orrego, José Manuel, 300
Ovalle, José Tomás, 149, 150
Ovídio, 96. Ver também literatura latina
Oviedo y Baños, José, 97

P

Páez, José Antonio, 240
Palacio Fajardo, Manuel, 46 n.45, 72
Paley, William, 113
Palma, José Gabriel, 181
Palmerston, Lorde, 144. Ver também Grã-Bretanha
Pardo Aliaga, Felipe, 170
Paris, 131, 135
Paris Congresso de Direito Marítimo (1856), 272
Parra-León, Caracciolo, 36
patrocínio real. Ver Igreja católica
Peñalolén, 172
Peñalver, Fernando, 120
Pérez, José Joaquín (presidente do Chile, 1861-1870), 291
Pérez Vila, Manuel, 47
período colonial. Ver Império Espanhol
Peru, 136, 144, 210, 265
    Confederação Peru-boliviana, 150. Ver

também Chile: guerra contra a Confederação Peru-boliviana
Petrarca, 109
Phillimore, Robert, 271
El Philopolita, 157 n.29, 158 n.31
Pi Sunyer, Carlos, 78
Piar, Manuel, 96
Pinto, Aníbal, 146
Pinto, Francisco Antonio, 145, 146, 169, 172 n.56, 177
Pio VI, 121. *Ver também* Igreja católica
Poema de Mio Cid. Ver literatura espanhola
Poesia, 168, 185, 202
    assonância, 87, 90, 91, 275, 276, 277
    métrica e rima, 87, 215, 275
    neoclássica, 52, 53, 93
    provençal, 87
    romana, 53
    versificação, 92, 168, 169, 174, 292, 293
Portales, Diego, 22, 142-143, 145, 148, 149-153, 169, 174, 177, 189, 201, 224, 225, 234, 246, 248
    assassinato de, 177, 226
    Estado e legado portaliano, 156, 170, 174, 177, 178, 185, 195, 205, 208, 219, 247, 305
Portalis, Jean Etienne Marie, 235
Portsmouth (Inglaterra), 63
Prats Bello, Ana Luisa, 299 n.5
Prats Bello, Belisario, 264
Prescott, William H., 274
Prieto, Joaquín (presidente do Chile, 1831-1841), 145, 150, 154 n.23, 162, 174, 177, 201, 220, 226
El Progreso, 202
prosódia, 87, 110 n.12. *Ver também* língua espanhola
Pseudo-Turpin, 278
    a crônica de Turpin, 278-284
Puigblanch, Antonio, 114
Pulido, Lucio, 252

Q

Quarterly Review, 78, 79. *Ver também* Grã-Bretanha: jornais e revistas

Quesada, Cristóbal de, 34
Quinet, Edgard, 194. *Ver também* Herder, Johann Gottfried von
Quintana, Manuel José, 114

R

Racine, Jean Baptiste, 35
Raynal, Guillaume Thomas, 199
Raynouard, François, 276
Reid, Thomas, 113, 114
Religião, 113, 180, 183, 184, 305
El Repertorio Americano, 44, 48, 94, 108, 110, 112, 114, 276
República. *Ver* modelos políticos
República romana, 93, 99, 101, 180, 238. *Ver também* modelos políticos
Restrepo, José Manuel, 136
Revenga, José Rafael, 82, 83, 113, 133, 134, 136. *Ver também* Grão-Colômbia: Embaixada em Londres
Revista de Santiago, 189. *Ver também* Lastarria, José Victorino
Revolução Americana, 99, 179. *Ver também* Estados Unidos
Revolução Francesa, 21, 53, 80, 99, 112, 244, 238
Reyes, Rosario, 263
Ribas Galindo, Francisco, 124
Ricardo, David, 113
Riego, Rafael, 81, 103. *Ver também* Espanha: revolução liberal
Rio de Janeiro, 141
Rivadavia, Bernardino, 222 n.14
Robertson, John, 47-48
Rocafuerte, Vicente, 131
Rodríguez, Miguel, 251, 255, 258, 259, 265
Rodríguez Bello, Concha, 252, 254, 267
Rodríguez del Toro, Francisco, 49
Rodríguez Monegal, Emir, 52
Rojas, Arístides, 30 n.3, 43, 93 n.63
romances de cavalaria, 277, 284. *Ver também* literatura francesa: chansons de geste
romantismo, 55 n.68, 86 n.57, 202, 203, 204
Rosas, Juan Manuel, 200

Roscio, Juan Germán, 51, 61, 65. *Ver também* Venezuela: independência
Rousseau, Jean-Jacques, 22, 161

S
Salas, Manuel de, 108
Salvá, Vicente, 110, 114, 209, 287
San Martín, José de, 67, 80, 81, 95, 108, 222 n.14
Sánchez, Tomás Antonio, 86, 273, 287, 288. *Ver* literatura espanhola: *Poema de Mio Cid*
Sanfuentes, Salvador, 203
Santa Aliança, 104, 125, 126, 127
Santa Cruz, Andrés de, 150, 173
Santa Rosa, Seminário, *Ver* Venezuela
Santander, Francisco de Paula, 38, 130, 132, 133, 137, 222 n.14
Santiago, 171, 182, 291, 297, 299
  Catedral, 300
  Santa Ana, igreja de, 267
Santiago de Compostela, 279, 280, 281, 282
Sarmiento, Domingo Faustino, 157, 186, 187, 193 n.30, 200-208, 210
Sarratea, Manuel de, 71
Savigny, Friedrich Karl von, 235, 237
Say, Jean Baptiste, 113
Sazié, Lorenzo, 299
Scott, Walter, 203
Semanario de Santiago, 189. *Ver também* Lastarria, José Victorino
Siete Partidas, 230, 231, 234, 235, 248. *Ver também* Direito Civil; Direito Romano; Espanha
Sismondi, Simonde de, 197, 285 n.68
sistema educacional lancasteriano, 123-124
Smith, Adam, 113
Smith, Colin, 86, 90
Smithsonian Institution, 268, 269
Sociedad Literaria (Santiago, Chile), 187, 188, 190
Solar, José Miguel, 138 n.76
Spiegel, Gabrielle, 280
Staël, Madame de, 203

Stewart, Dugald, 113
Sucre, Antonio José, 42
Sucre, María Josefa, 42-43

T
Tácito, Cornélio, 197
Tagle, Domingo, 161
Tagle, Gregorio, 72
Talavera, Manuel, 207, 258 n.9
Teixeira de Freitas, Augusto, 241
Thierry, Augustin, 197
Tibulo, Álbio, 93, 100 n.67. *Ver também* literature latina
Ticknor, George, 90, 261 n.14, 276, 277, 279, 283, 287, 289, 293, 295
  History of Spanish Literature, 273-274, 278-280
Tocornal, Gabriel José, 220
Tocornal, Joaquín, 151
Tocornal, Manuel Antonio, 227 n.25, 301, 302
Torrente, Mariano, 50 n.56, 159
Torres Caicedo, José María, 93 n.63, 297
Trinidad, 69 n.16
El Trompeta, 149
Tucídides, 197
Turpin. *Ver* Pseudo-Turpin

U
Universidade de Caracas. *Ver* Venezuela
Universidade de San Felipe, 181, 183, 225, 257
Universidade do Chile, 178-187, 190, 194, 200, 201, 227, 259, 260, 269, 285, 290, 300, 301, 302, 306
  Conselho da Universidade, 268, 294, 299, 301
Urriola, coronel Pedro, 260
Uruguai, 200
Ustáriz, família (Venezuela), 38, 251
Ustáriz, Luis, 40

V
Valdivia, Pedro de, 291
El Valdiviano Federal, 145, 146, 156, 157,

158, 163. Ver também Infante, José Miguel
Valdivieso, arcebispo Rafael Valentin, 300
Vallejo, José Joaquín, 149, 203, 206-207, 258 n.9, 261 n.15
Valparaíso. Ver Chile
Varas, Antonio, 196
Vargas, José María, 251
Variedades, o Mensagero de Londres, 115. Ver também Blanco White, José María
varíola, 53
varíola, vacina contra a, 41, 52, 107. Ver também Venezuela: Junta Central de Vacinação
Vaticano, 120, 121. Ver também Igreja católica
Velleman, Barry, 213
Vendel-Heyl, Louis, 270
Venezuela, 82, 137
    Anauco, 39, 252
    Capitania Geral, 30, 31, 40-42, 68
    Caracas, 29, 30, 31, 34, 38, 41, 44, 54, 65, 137, 170, 250, 253, 303, 304. Ver também, *Cabildo* (conselho municipal)
    Catuche, 39, 250, 252
    Companhia Guipúzcoa 30, 31, 57
    Coro, 32, 40, 65
    Cumaná, 29, 42, 43, 44, 107
    Guaire, 39, 250, 252, 253
    imprensa escrita, 41, 43
    Independência e Primeira República, 65, 66, 67, 77, 78, 85, 96, 120, 146
    Junta Central de Vacinação, 41-43
    Junta Suprema Conservadora, 33, 41, 50, 51, 58, 59, 61, 63, 64, 76, 77, 78, 89
    monte Ávila, 38, 252
    Petare, 39, 252
    primeira missão diplomática a Londres (1810), 37, 51, 63-65
    Real Audiencia, 31, 49
    Real Consulado, 31, 48
    Seminário Santa Rosa, 34
    Sociedad Patriótica, 66
    Los Teques, 39, 253
    Universidade de Caracas, 34, 35, 36, 113, 117
    vale do Aragua, 39
Vergara, José María, 359
versificação. Ver poesia
Vial, Manuel Camilo, 220, 221, 222, 223, 224, 260 n.13
Vicuña, Francisco Ramón, 219
Vicuña, Mackenna, Benjamín, 39, 188 n.17, 294 n.83
Villanueva, Joaquín Lorenzo, 114
Vinnius, Arnold, 161
Virgílio, 34, 54, 100 n.67
    Eneida, 95, 299
    Geórgicas, 52
virtude, 89, 93, 98, 99, 169, 179, 180, 246
Voltaire, 35, 199

W

Webster, Noah, 109, 110, 214
Wellesley, Marquês Richard, 63-64, 70, 78. Ver também Grã-Bretanha
Wheaton, Henry, 271
Whig, ideologia, 112, 153

Z

Zea, Francisco Antonio, 132-133

*Este livro foi editado na cidade de
São Sebastião do Rio de Janeiro
e publicado pela Edições de Janeiro
em março de 2018.
O texto foi comporto com a
tipografia Goudy OlSt BT e
impresso em papel Pólen 70 g/m²
nas oficinas da gráfica Zit.*